KB008943

국경일기

국경일기

타
이
·
버
마
·
라
오
스
·
캄
보
디
아

편

BORDER DIARY |||||||||||||||||||||||||||||||||||||||||||||||||||
||||||||||||||||||||||||||||||||||||||||||||||||||| **전선기자 정문태**
잃어버린 현대사를 찾아 떠난 여행 |||||||||||||||||||||||||||

원더박스

그 땅엔 비틀고 감춘 역사가 겹겹이 쌓였고,
모질게 해코지당해온 사람들이 아우성쳤다.
그러나 지레 절망 따위를 말하고 싶진 않다.
끝끝내 내릴 수 없는 깃발들을 본 까닭이다.
나와 당신, 우리를 닮은 '그 밖들'의 세상을
찾아 길 떠나는 여행자한테 이 책을 올린다.

국경 여행에 힘을 보탠
고마운 이름들을 기억한다.

와산 싯티껫Vasan Sitthiket │ 예술가 │ 타이공산당

첼로 세일리Chello Seili │ 농부 │ 타이공산당

니왓 로이깨오Niwat Roi-kaeo │ 메콩강 지킴이 │ 타이

똥탐 낫쭘농Tongtham Natjumnong │ 〈시암랏〉 전 편집장 │ 타이공산당

수니 차이야로스Sunee Chaiyarose │ 랑싯대학 교수 │ 타이공산당

아눈 한빠니쯔뿐Anun Hanpanichpun │ 랑싯대학 교수 │ 타이공산당

피 짤라워룩스Phi Chalawlux │ 언론인 │ 타이

뿌이 끼어Puy Kea │ 언론인 │ 캄보디아

탄케Than Khe │ 버마학생민주전선 의장

서니 마힌더Sonny Mahinder │ 버마학생민주전선 사무총장

탄독Than Doke │ 노동운동가 │ 버마노동자연대기구 의장

끄웨투윈Kwe Htoo Win │ 까렌민족연합 부의장

조니 장군Gen. Jonny │ 까렌민족해방군 사령관

비투 장군Gen. Bee Htoo │ 까레니군 사령관

욧석 장군Gen. Yawd Serk │ 샨주남부군 사령관

벗들에게

이 여행길을 끌어준 내 친구 고경태와 최우성, 정회엽, 그리고 지칠 때마다 든든한 뒷심을 댄 리처드 파월Richard Powell, 수띨락 위차이야Suttiluck Witchaiya, 게오르그 뮐러Georg Müller한테 거듭 고마운 마음을 전한다.

해묵은 고백

"선배, 여행기 하나 써주세요."

2008년 봄쯤이었나, 〈한겨레〉 편집국에서 느닷없이 여행기를 닦달했다. 골치 아파 전화를 피했다. 그날 데스크가 고경태라고, 내가 존경하는 후배였다. 물고 늘어지는 그이를 당해낼 사람은 이 세상에 흔치 않다. 끝내, 사로잡히고 말았다.

머리를 싸맸다. 이야깃거리는 마땅찮고 째깍째깍 마감이 다가왔다. 그제야 깨달았다. 나는 여행다운 여행을 해본 적이 없었다. 여태나도 경태도 다들 헛짚었다. 내가 숱한 국제뉴스 현장을 취재했으니 여행도 엄청 다녔을 것이라고들.

하기야, 다닌 걸로만 따진다면 그럴 수도. 딱히 헤아려보진 않았으나 한 백 나라는 될 듯하니. 근데, 그건 여행이 아니고 일터를 오간 출장이었다. 오죽했으면 네팔을 예닐곱 번 드나들고도 눈에 빤히 보이는 히말라야를 지나쳤을까. 요르단을 수도 없이 들락거리고도 엎어지면 코 닿을 사해에 발 한 번 못 담갔을까.

뭐, 그렇다고 죽어라 일만 하며 다녔다거나 잠깐 틈도 낼 수 없을 만큼 늘 바빴다는 건 아니다. 굳이 핑계 대자면, 국제정치판이나 전선으로 출장 갈 때 들고 다니는 '긴장감'이란 놈이 여행 기분이나 내며 한눈팔도록 내버려두지 않았던 탓이다.

외신기자 일이란 게 이렇다. 뉴스거리를 잡으면 정보 수집과 자료 공부로 진이 빠지고, 현장에선 취재로 혼이 빠지고, 돌아 나오면 기사 마감으로 기가 빠진다. 끝나면 맥이 빠진다. 녹초다. 노동 강도가 제법 만만찮은 직업이다. 그러니 틈이 난들 어지간히 독하게 마음먹지 않고서야 일터를 벗어나 여행을 한다는 게 쉽지 않다. 재주 좋은 기자들이야 일을 걸어놓고도 틈틈이 여행을 다니는지 모르겠지만, 나는 그렇다는 말이다.

게다가 나는 어딜 가나 사람들과 어울려 커피나 홀짝거리지 여행 실적을 쌓고자 여기저기 기웃거리는 편이 아니니까. 아, 이건 내게으름도 한몫했다는 뜻이다.

그리하여 나는 늘 '다음'을 기약했다. "다음에 오면 하늘이 두 쪽 나도 히말라야 골짜기를 따라 걸어야지." "다음에 올 땐 만사 제쳐놓고 사해에 드러누워 신문을 읽으리라."

다만, 내 인생에 그 '다음'이 너무 많았을 뿐.

시월의 첫날, 끝물 장마가 발악하듯 장대비를 퍼붓는다. 흠뻑 젖은 치앙마이가 또 내 속을 흔들어놓는다.

"더 늦기 전에 비 보러 가야 할 텐데…." "살윈강 친구들은 다 잘 있을까?" "메콩강 못 본 지도 열 달 넘었고."

주절주절 신호가 온다. 두어 달 잠잠했으니.

으레 나는 어디론가 훌훌 떠날 생각을 한다. 오늘처럼 비라도 내리면 반쯤 미쳐 들썩이고. 빠르면 내일이나 모래쯤, 늦어도 사나흘 뒤쯤 나는 어느 국경 강기슭에 넋 놓고 앉아 있을 게 뻔하다.

'비'는 나를 꼬드기는 부추김일 뿐 별 뜻이 없다. '살원강'이니 '메콩강'은 그 비에 따라붙은 꾸밈새쯤. 비는 볼 수 있으면 좋고, 꼭 살원강이나 메콩강이 아니어도 괜찮다. 내 속내는 그저 '떠남'일 테니. 마냥 옮겨 다니는 짐승들 본능에 가까운.

사람들이 맘속으로 그려온 여행이란 게 저마다 다를 텐데, 내겐 이런 게 여행이라면 여행이다. 거긴 잘 짠 일정표도, 꼼꼼한 채비도, 깊은 사색도 없다.

이 '떠남'은 내 삶의 해묵은 화두였다. '떠나야 한다'는 강박감이 몸에 밴 나는 언제든 훌쩍 떠날 수 있게끔 꾸린 가방을 머리맡에 두고 살았다. 나는 이걸 팔자려니 여겼다. 'G형'(집시Gypsy) 피의 숙명 같은 건데, 그 원천이 어딘지는 나도 모른다. 현조의 현조의 현조뻘 할아버지가 몽골 초원에서 묻혀왔는지 아니면 돌연변이인지, 이도 저도 아니면 스스로 길들인 후천성 변태인지, 어쨌든.

다만, 문득문득 이런 생각이 든다. 어디론가 떠나도록 입력된 이 떠돌이 피의 명령어가 외신기자라는 직업으로 출력된 게 아닌가 싶은. 말하자면 내 삶과 일이 애초 '떠남'이라는 고리로 이어져왔다는 뜻이다. 그러니 새삼스레 여행이란 말이 내겐 좀 거령맞았을 수밖에. 내가 여행기를 놓고 크게 망설였던 까닭이다.

오늘, 그 망설임의 기록을 여행기라 부르기로.
비록, 여행이란 말이 아직도 낯설고 서먹서먹하지만.

2020년 10월 1일
도이수텝Doi Suthep 자락에서

차 례

일러두기

• 타이, 버마, 라오스, 캄보디아의 인명과 지명은 현지음에 가깝게 표기합니다.

• 버마, 라오스 국경 편은 〈한겨레〉에 연재한 '정문태의 국경일기'를 밑감 삼았습니다.

1장
미래의 유산

방콕의
아이들

2020년 7월 3일
방콕Bangkok | 타이

아침나절, 커피숍에 앉아 미스 땡이 출근하기를 기다린다. 맞은편
환락가 팟뽕은 아직 깊은 잠에 빠져 있다.

꽃 파는 소녀가 수줍게 말을 붙여온다.
무뚝뚝한 할머니가 길바닥을 쓸어댄다.
방콕은행 아가씨가 총총걸음 내딛는다.
택시기사가 고래고래 소리를 질러댄다.
배불뚝이 경찰관이 멀뚱멀뚱 쳐다본다.
젊은이가 줄담배를 피워대며 서성인다.

그때도 그랬다. 내가 처음 보았던 실롬Silom road의 아침 풍경 그

대로다. 나는 30년 전을 살고 있는지도 모르겠다.

반쯤 남은 커피를 한 모금에 들이켜고 자리에서 일어난다. 먼지 낀 책갈피에서 만난 해묵은 단풍잎의 기억을 좇듯 실롬을 걷는다. 기자들 사랑방이었던 프론트페이지 카페, 외신기자클럽이 자리 잡았던 두짓타니호텔, 숱한 현장을 함께 뛴 쿠사카베가 세상을 뜨기 전에 살았던 실롬콘도, 늘 골치 아픈 취재 노선을 용케 잡아주던 타이항공 지점, 유고 출신 마당발 사진기자 보야가 살았던 골목집, 내 사무실로 많은 친구들이 들락거렸던 실롬플라자, 사진 원고를 보낼 때마다 헐레벌떡 달려갔던 중앙우체국, 걸핏하면 둘러앉아 삶과 일을 술잔에 담아 돌렸던 짜오프라야강 기슭 선술집들….

다 그 자리에. 기억 속 사람들만 사라졌을 뿐, 실롬은 예나 이제나 그대로다.

꼭 30년 전, 방콕의 심장이란 말만 듣고 얼떨결에 디딘 실롬이었다. 모든 게 낯선 풋내기였던 나는 실롬에서 방콕을 배웠고, 방콕에서 타이를 보았고, 타이에서 더 넓은 세상으로 뛰쳐나갔다. 20대를 접으면서 다시 태어난 내게 실롬은 요람이자 고향이었다.

1997년, 예닐곱 해 발붙였던 실롬을 떠나 집과 사무실을 수쿰윗Sukhumvit road으로 옮기고는 고향을 잊고 살았다. 가끔 실롬을 오갔지만 기억을 좇아본 적은 없다. 실롬도 나도 늘 바쁘기만 했으니.

오늘에야 깨달았다. 모두들 떠나버린 실롬에서 과거행 통로는 오직 하나만 남았다. 실롬콤플렉스 3층 미용실, 30년 가까이 내 머리를 잘라준 미스 땡은 오늘도 반갑게 옛날을 맞아준다. 어느덧 쉰

이 넘은 그이는 오늘내일 손자를 본다지만 내겐 여전히 수다쟁이 미스 땡이다.

"인사들 해. 내 30년 단골손님이야."

미스 땡은 다들 아는 이야기를 또 자랑스레 늘어놓는다.

"난 쭈글쭈글한데 미스터 정은 하나도 안 변했어."

언젠가부터 미스 땡은 늘 똑같은 레퍼토리다. 들을 때마다 나는 30대로 되돌아간다. 누군가와 같은 기억을 나눠 가질 수 있다는 건 참 기분 좋은 일이다. 마음씨도 얼굴도 몸매도 목소리도 변함없이 세월을 견뎌온 그이가 고맙다.

30년 기억을 고스란히 지녀온 미스 땡은 내 거울이다. 만나면 버릇처럼 그이한테 나를 비춰본다. 비록 머리숱이 옅어지고 잡티가 늘어나고, 온갖 세월의 배설물이 주름마다 쌓여갈지언정 마음만은 서른에 꽁꽁 묶어두리라 다짐하며.

"미스 땡이 안 아프고 오래오래 잘 살았으면 참 좋겠다!"

입 밖에 낸 적은 없지만, 이런 맘을 담아 오늘도 나는 머리를 잘라준 미스 땡한테 사탕과 초콜릿을 건넨다. 익숙해질 법도 한데, 이 장면에서 우리는 언제나 30년 전처럼 서로 쑥스러워 잘 못 쳐다본다. 맛있는 밥도 사주고 싶고, 커피도 사주고 싶지만 행여 실룸의 내 마지막 기억 통로가 깨질세라 여태 말 한 번 못 꺼내봤다. 대신, 나는 미스 땡이 불편하지 않도록 비현실적인 인사를 해왔다.

"가족과 함께 치앙마이 집에 놀러 와요."

오늘도 그랬다.

실롬콤플렉스와 이어진 살라댕역에서 스카이트레인을 기다린
다. 멍하니 쳐다보는 철길을 따라 희끗희끗 아지랑이가 피어오른
다. 애써 들어 올리는 무거운 눈꺼풀 사이로 지난 세월이 언뜻언뜻
스쳐간다.

1989년이었으니까, 30년도 넘었다. 나는 흔들리는 20대를 접
으면서 세 달 동안 아시아를 돌아다녔다. 뚜벅뚜벅 혼자 걷는 그 길
에서 처음으로 나와 많은 이야기를 나눴다. 내 속에 담긴 사연들을
귀담아들었다. 어리석음을 감추려고 늘어놓았던 숱한 말질과 두려
움을 숨기려고 부풀렸던 온갖 짓거리를 고백하는 나를 보았다. 내
가 지키고자 애쓴 원칙들이 겉만 번지르르 꾸미는 연장이었던 사
실도 드러났다.

20대의 모든 것이었던 나의 연극도, 나의 혁명도 모조리 복제품
으로 판가름 났다. 머리만 뛰었을 뿐 정작 심장이 못 따라가는 괴물
이었다. 그 기형적인 20대를 열정으로 포장했던 얄팍한 꼴이 한없
이 부끄러웠다.

나의 20대는 하염없이 허물어졌다. 어울리지 않는 남의 옷을 걸
치고 살았던 나는 발가벗은 채로 20대와 이별했다.

"이제 어떤 옷을 걸쳐야 하나?"

연민인지 다짐인지 알 수 없는 혼잣말을 중얼대는 사이, 나는 어
느덧 30대 들머리에 서 있었다.

그렇게 세 달짜리 여행에서 돌아온 나는 노잣돈을 댄 〈해인〉을 비롯한 몇몇 잡지에 밀린 원고를 썼다. 두어 달 동안 머리를 싸매고 글을 쓰던 나는 문득, 어렴풋한 길을 보았다. 그 길 언저리에서는 지난 세 달의 기억들이 나긋이 손짓했다.

중학교만 나온 열여덟 먹은 천재 기자를 만났던 콜롬보의 〈에이피AP〉 지국, 백발 날리는 영국 기자의 베트남전쟁 이야기를 넋 놓고 들었던 방콕 외신기자클럽, 핵폭탄을 안주 삼아 일본 기자들과 핏대를 올렸던 히로시마 선술집, 히말라야를 향한 열망을 접고 일주일 내내 시위대만 쫓아다니다 끝난 까뜨만두, 사막의 별을 글로 옮길 수 없어 애태웠던 모헨조다로, 군인독재 타도를 외치며 총 든 버마 학생군과 한 심장으로 울분을 토했던 살윈강….

어디로 뻗었는지도, 어떻게 가야 하는지도 알 수 없는 낯선 길이지만 마냥 따라가보고 싶었다. 두렵지 않았다. 오히려 내 몸에 흐르는 G형 피가 꿈틀대며 호기심을 부추겼다.

"먼 길을 돌아 이제야 내 길을 찾은 걸까?"
"어쩌면, 내가 가야 할 운명적인 길인지도!"
"세상 모든 길은 내 발에서부터 시작한다."

어느덧, 자기암시는 믿음으로 바뀌어갔다. 열여덟 살 때부터 품어왔던 바람을 고이 꺼내 그 길에 바쳤다.

"세상을 돌아다니고 글 쓰며 살고 싶다."

대여섯 달이 지날 무렵, 나는 이미 짐을 싸고 있었다. 이제 새로운 길을 찾아간다. 방콕으로 떠나던 날, 나는 정체를 알 수 없는 눈물을 흘렸다. 그게 시위대를 몰아붙이는 매캐한 최루탄 탓이었는지, 아픈 우리 사회를 남겨두고 떠나는 미안함 탓이었는지, 아니면 작별의 억지 신파였는지 또렷치는 않았지만, 아무튼.

1990년 9월, 나는 가방 하나 달랑 메고 다시 방콕에 내렸다. 환한 방콕 햇살이 지친 내 영혼을 보듬어주었다. 우중충한 20대를 보낸 나는 방콕의 밝은 기운을 한껏 들이켰다. 아는 이도 반겨주는 이도 없지만 외롭지 않았다. 아니, 외로울 겨를조차 없었다. 찾아갈 주소도 두드릴 전화번호도 하나 없는 나는 길바닥을 헤매느라 정신없었으니까.

애초 나는 방콕을 몰랐다. 하여 아침마다 쭐랄롱꼰대학 도서관으로 출근하고 저녁엔 서점을 돌아다니며 정보를 캐느라 한동안 입시생처럼 살았다. 낯설기만 했던 타이 역사와 정치가 조금씩 눈에 차오를 즈음 나는 언론판으로 발길을 옮겼다. 신문과 잡지를 닥치는 대로 구해 광고까지 샅샅이 훑어가며 방콕을 익혔고, 〈내이션Nation〉, 〈마띠촌Matichon〉을 비롯한 현지 신문과 〈에이피〉, 〈로이터Reuters〉, 〈교도뉴스Kyodo News〉 같은 외신 지국을 뻔질나게 드나들었다. 그렇게 길바닥을 헤매며 정보를 줍는 넝마주이 동냥기를 거쳐 비로소 나는 방콕의 가치에 눈떴다.

그 시절 풋내기 눈에 비친 방콕은 한마디로 거대한 '국제뉴스공장' 같았다. 이름깨나 날리는 뉴스에이전시, 신문사, 방송사가 저마다 지국을 차린 방콕에는 700명 넘는 외신기자가 득실댔다. 외신 등록 없이 오가는 기자들까지 합하면 1,000명을 웃돌았고.

말할 나위도 없이 방콕 한복판인 실롬은 그 외신판의 사자어금니 노릇을 했다. 무엇보다 1981년 실롬 끝자락 오리엔탈호텔, 1984년 실롬 들머리 두짓타니호텔, 1995년 실롬 한가운데 쥬얼리트레이드센터로 옮겨 다닌 타이외신기자클럽(FCCT)이 그 실롬시대를 이끌었다.

자연스레 〈에이피〉, 〈로이터〉, 〈아에프페AFP〉를 비롯한 숱한 외신 지국과 〈방콕포스트Bangkok Post〉 같은 현지 신문이 실롬 언저리로 몰려들었다. 그즈음 "실롬엔 개 반 저널리스트 반"이란 우스개가 나돌 정도였다.

방콕이 아시아 외신판의 심장 노릇을 해온 건 제2차 세계대전 뒤부터였으니 꽤 긴 역사를 지녔다. 전후 언론이 앞다퉈 국제면을 키우던 흐름과 맞물려 1950년대 초부터 〈유피UP〉, 〈에이피〉, 〈비비시BBC〉, 〈뉴욕타임스New York Times〉를 비롯해 숱한 언론사가 방콕에 지국을 차렸다. 냉전이 극으로 치닫던 그 시절, 사회주의 싹쓸바람이 휘몰아친 이웃 라오스, 캄보디아, 베트남, 버마와 달리 타이는 서구 자본주의를 향해 대문을 활짝 열어젖히면서 국제 언론사들을 빨아들였다.

으레 동남아시아 한복판에 자리 잡은 방콕의 지리적 이점도 크게 한몫했다. 예부터 아시아와 유럽을 잇는 다리 노릇 해온 방콕이 아시아에서 가장 먼저 국제선을 띄운 게 우연이 아니었듯이.

그러다 1960년대 들어 방콕 외신판은 황금기를 맞았다. 프랑스에 이어 베트남전쟁에 뛰어든 미국이 타이를 보급기지 겸 전진기지로 삼자 더 많은 국제 언론사가 방콕으로 몰려들었다. 머잖아 베트남전쟁 불똥이 라오스와 캄보디아로 튀면서 방콕은 전선기자를 꿈꾼 세계 각국 젊은이들로 붐볐다.

베트남전쟁과 미국의 제1차 이라크 침공 취재로 이름 날린 뉴질랜드 출신 피터 아넷Peter Arnett도, 크메르루즈 동행 취재 기록을 세운 일본 출신 나오끼 마부치Naoki Mabuchi도, 〈에이비시 뉴스ABC News〉 특파원으로 인도차이나전쟁판 전설이 된 한국 출신 조리Joe Lee(이요섭)도 모두 그 시절 방콕의 아이들이었다. 그렇게 방콕은 외신기자의 고향으로 자리 잡아갔다.

1975년 미국을 쫓아낸 베트남의 해방전쟁이 끝났다. 그러나 방콕 시계는 멈추지 않았다. 그즈음 타이, 말레이시아, 버마 국경 곳곳에서 사회주의 무장혁명투쟁이 불을 뿜은 데다, 1978년 베트남의 캄보디아 침공으로 인도차이나는 여전히 국제뉴스판을 뜨겁게 달궜다. 하여 베트남전쟁을 뛰었던 이른바 '사이공 기자'들이 새 일감을 찾아 줄줄이 방콕으로 흘러들었으니.

한동안 바삐 돌아가던 방콕 시계는 1980년대 들고부터 가다서 다를 되풀이했다. 세계적인 경기호황과 시들해진 인도차이나 사회주의 무장투쟁이 맞물린 시기였다.

멈칫거리던 방콕 시계는 1988년 버마 민주화운동을 이끈 학생들이 타이 국경으로 빠져나와 까렌민족해방군(KNLA)을 비롯한 소수민족해방세력과 손잡고 반독재 무장투쟁에 뛰어들면서 다시 숨가쁘게 움직였다. 그렇게 버마-타이 국경이 달아오르자 전선 뉴스에 목말랐던 외신기자들이 줄지어 방콕으로 몰려들었다. 그러나 국제사회 눈길을 제대로 못 받은 버마전선 뉴스는 이내 숙졌고 방콕 시계도 밥이 떨어졌다. 그즈음 서울 올림픽도 버마전선 뉴스를 묻어버리는 데 한몫 단단히 했다.

바로 여기쯤이 내가 뛰어든 방콕 외신판이다. 돌이켜보면, 이 버마전선은 베트남전쟁세대와 신세대를 가르는 경계선이었다. 방콕 외신판에 소리 없는 세대교체가 시작된 것도 그 무렵이었다. 나는 그 경계선에 서서 베트남전쟁세대가 하나둘씩 떠나는 자리를 신세대가 메워나가는 물갈이판을 보았다. 말하자면, 나는 신세대의 맨 앞줄쯤에서 방콕 황금기의 끝물을 맛보았던 셈이다.

그즈음 나는 무엇보다 책으로만 봐왔던 인도차이나 혁명사를 현장발 경험으로 듣는 엄청난 행운을 누렸다. 그 베트남전쟁세대를 통한 귀동냥, 눈동냥 하나하나는 모두 값진 배움이었다. 학교에서 배운 적도 없고, 언론사에서 훈련받은 적도 없는 나는 그 선배들을 보며 외신기자로서 일과 삶을 익혀나갔다. 풋내기를 기꺼이 받아준 그 선배들은 모두 내게 귀한 스승이었고.

애초 내가 베트남전쟁세대와 어울렸던 건 배움도 배움이지만, 그보다 기질이나 정서적 동질감을 느꼈던 게 아닌가 싶다. 이렇게 견줘 볼 만하다. 예컨대 신세대가 좋은 학벌에다 기자 훈련을 거친 정규군 냄새를 풍긴다면, 베트남전쟁세대는 현장에서 구르며 익힌 게릴라 같다고나 할까. 달리, 똑똑하고 야무진 신세대가 논리적이라면, 얼렁뚱땅 어눌한 구석을 지닌 베트남전쟁세대는 촉을 좇는 편이었고.

그러니 정규교육과 거리가 먼 현장체질인 내가 그 게릴라들 쪽으로 쏠린 건 자연스러운 일이었는지도 모르겠다. 더구나 일도 삶도 적당히 비논리적이며 비합리적인 나는 너무 사리에 밝고 똑 부러지는 이들과 정서적으로 잘 안 맞는 편이었으니.

나는 운명론 따위를 안 믿지만, 히피 세례를 받은 베트남전쟁세대의 몸에 배인 '될 건 된다'는 투, 이른바 케세라세라Que Sera Sera 같은 긍정적이고 자연스러운 기운이 참 좋았다. 어슬어슬 게으름 피우다 일이 터지면 불처럼 달아오르고, 교범이니 규칙 따위를 달갑잖게 여기고, 틀에 얽매이지 않는 자유로움을 좇는 그이들을 나는 동지로 여겼던 셈이다.

그이들이 포연 속에서 베트남전쟁을 취재할 때, 잠자리를 좇아다니는 아이였던 나는 그런 동질감을 통해 세대차를 뛰어넘을 수 있었다. 더 정확히 말하자면, 내가 넘었다기보다 그이들이 받아주었다. 하여 나는 베트남전쟁세대와 어울리면 영혼이 편했다.

베트남전쟁세대와 신세대의 차이는 일터에서도 또렷이 드러났다. 취재를 협업으로 즐기는 베트남전쟁세대와 경쟁으로 여기는 신세대, 그 둘은 취재 정보를 다루는 태도부터 달랐다. 전선에서 '정보공유'를 생존법으로 익힌 베트남전쟁세대와 도시에서 '정보독점'을 미덕처럼 배운 신세대 사이엔 체험에서 비롯된 서로 다른 문화가 존재했던 셈이다.

보물 같은 정보도 거리낌 없이 흘려주는 베트남전쟁세대와 개똥도 정보랍시고 신줏단지마냥 끼고 다니는 신세대, 그 두 문화 사이에서 내가 택할 길은 처음부터 너무 또렷했다. 현장에서 정보공유란 건 취재 목적이 다가 아니다. 그건 인간적 정을 나누는 통로다. 정보를 주고받으며 우리는 우정을 쌓았고, 일보다 사람을 먼저 생각하는 법을 배웠으니.

이 세대 이야기는 그저 내 체험일 뿐, 옳고 그름을 가리자는 게 아니다. 나를 비롯해 이미 구닥다리가 된 그 시절 신세대를 이제 와서 나무랄 일도 없다. 따지고 보면 그 두 세대의 차이는 서로가 경험한 속도에서 비롯된 게 아닌가 싶다. 예컨대 베트남전쟁세대는 기사를 날리고 아무리 빨라야 사나흘에서 한 주 뒤쯤 지면에 뜨는 시대를 살았다면, 신세대는 그 시절 이미 위성전화와 팩스를 통해 '하루치기' 시대로 접어들었으니.

나는 그 속도의 차이가 경쟁 강도는 말할 것도 없고 기자의 태도나 기질에 적잖이 영향을 끼쳤으리라 믿어왔다. 말하자면 서로 다른 언론환경이 두 세대의 문화적 차이에 도사렸다는 뜻이다.

1990년대 중반을 지날 무렵부터 방콕 외신판에서 베트남전쟁세대가 밀려난 까닭도 속도전 탓으로 볼 만했다. 실제로 그즈음 노트북, 모바일폰, 인터넷으로 무장한 신세대 앞에서 타이프라이터를 두들기던 베트남전쟁세대는 저마다 급변하는 세상을 따라잡지 못해 힘겨워했으니.

이제 방콕 외신판에서 베트남전쟁세대는 거의 사라지고 없다. 하기야 그 시절 속도전을 이끌었던 신세대마저 스마트폰, 디지털카메라, 와이파이, 소셜 네트워크를 앞세운 광속전에 밀려나 기껏 몇몇만 남은 판이니.

그렇게 해서 요즘 방콕 외신판은 21세기에 등장한 '초치기' 신세대가 주인공으로 자리 잡았다. 걸핏하면 몇 날 밤이고 함께 둘러앉았던 질펀한 기자의 시대도 끝났다.

세대를 견주다 보니 뭉뚱그린 일반화의 위험성이 없진 않은데, 내가 겪은 방콕 외신판이 그랬다는 말이다. 어쨌든 틀림없는 사실 하나, 나는 아직도 그 베트남전쟁세대를 몹시 그리워한다.

누구 자동차 할 것 없이 서로 얻어 타고, 누구 방 가릴 것 없이 짐을 풀고, 귀한 정보를 주고받으며 현장을 뛰었던 그 시절, 그 선배들은 모두 내게 값진 선물이었다. 여태 입 밖에 낸 적은 없지만, 내가 취재 현장에서 만난 낯선 기자들한테도 정보든 자동차든 밥이든 커피든 아낌없이 풀어온 건 그 그리운 시대를 간직하고 싶었던 까닭인지도 모르겠다.

세대 이야기가 한참 길어졌는데, 아무튼 버마전선 반짝경기로 버티던 방콕 외신판은 1991년 미국의 제1차 이라크 침공 유탄을 맞고 서서히 김이 빠졌다. 베트남전쟁 뒤 첫 대규모 국제전에 엄청난 돈을 뿌렸던 언론사들이 비용 절감을 내걸고 1990년대 중반부터 하나둘씩 방콕 지국 문을 닫은 탓이다. 이건 냉전 동안 정치 중심 편집을 해왔던 언론사들이 경제 중심 편집으로 틀을 바꿔나가는 시점과도 맞물린다. 이때부터 국제 언론은 '뉴스 나는 곳에 기자 간다'는 전통적 언론관을 팽개치고, '기자 가는 곳에 뉴스 난다'는 자본 논리를 휘두르며 입맛대로 뉴스를 생산하기 시작했다.

2000년대 들어 방콕 외신판은 눈에 띄게 움츠러들었다. 2020년 현재, 타이 외무부에 등록한 외신기자 수는 250여 명으로 줄었다. 국제정세와 언론환경의 변화 못잖게 타이 국내정치에도 큰 영향을 받은 탓이다. 무엇보다 2006년과 2014년 거푸 쿠데타를 일으킨 군인들이 14년째 휘둘러온 반언론관에 타이 내신과 외신이 모두 치명상을 입었다.

요 몇 년 전부터 군인정부는 대놓고 "외신기자 수를 25% 줄이겠다."며 눈엣가시로 여겨온 외신판을 겨냥했다. 실제로 군인정부는 외신기자 자격조건과 등록을 아주 까다롭게 바꿨다. 특히, 합법을 내세운 이 새로운 언론통제술에 전통적으로 방콕 외신판을 끌어온 프리랜스 저널리스트들이 직격탄을 맞았다. 오랫동안 인도차이나를 누빈 전문기자를 비롯해 적잖은 이들이 외신등록조건을 못 채워 방콕을 떠났고.

굳이 멀리서 본보기를 찾을 것도 없다. 내 경험을 보면 된다. 2006년 〈한겨레〉와 타이 정부가 왕실 관련 기사로 부딪쳤을 때다. 그동안 〈한겨레〉 특파원으로 외신기자 등록을 해온 내게 곧장 불똥이 튀었다. 타이 정부는 문제가 된 기사를 내가 쓰지 않았다는 사실을 확인하고도 기어이 비자, 노동허가증, 외신기자증 재발급을 거부한 데 이어 출국을 요구했다. 마침 비자갱신기간이 걸렸던 터라 타이 정부는 '합법적' 추방을 한 셈이었다.

이내 타이 안팎에서 언론탄압이라며 말썽이 났다. 언론인보호위원회(CPJ)가 움직이는 사이 타이 언론과 언론학계가 이 사안을 들고 나섰다.

그러자 외무부 외신국이 대안을 내밀었다.

"왕실 관련 건은 추밀원이 결정하다 보니 우리(외무부)가 할 수 있는 게 없다. 우선 출국하면 관광비자로 되돌아올 수 있게 해주겠다. 신분 복귀는 우리가 애써보겠다."

그날 외무부가 보여준 문서철에는 "〈한겨레〉: 금지", "정문태: 금지(재심)"란 붉은 글씨가 섬뜩하게 박혀 있었다.

결국 관광비자로 방콕에 되돌아온 나는 재심을 거쳐 여섯 달짜리 방문기자 자격을 얻었고, 1년이 지난 뒤에야 특파원 신분이 되살아났다. 그러나 〈한겨레〉는 아직도 타이에서 모든 공식 활동이 금지당한 상태다. 해서 나는 그 뒤부터 인도네시아 언론사 〈뗌뽀Tempo〉 특파원으로 외신등록을 해왔지만 갱신 때마다 여전히 애먹는다.

가까운 시간에 나나 〈한겨레〉가 자유로워질 낌새는 안보인다. 앞서 타이 정부, 사실은 탁신 친나왓 총리 비판으로 특파원이 추방당하고 금지당했던 영국 〈비비시〉나 〈이코노미스트Economist〉가 한 해 뒤쯤 풀린 현실과 견줘볼 만하다. 왕실은 신성불가침 금역이란 뜻이다.

오랫동안 방콕이 외신기자들 입에 오르내린 데는 언론통제와 탄압으로 악명 떨쳐온 이웃 버마, 말레이시아, 라오스, 캄보디아, 싱가포르, 베트남에 견줘 '그나마' 자유로운 언론환경이 한몫했다. 물론, 왕실만 건드리지 않는다면.

근데, 이젠 다 흘러간 옛날이야기가 되고 말았다. 2020년 국경없는기자회(RSF)는 180개국 언론자유지표에서 타이를 140위에 올렸다. 전쟁 중인 아프가니스탄이 122위라면 타이 언론 상황을 쉽사리 가늠할 수 있을 듯.

참고로 베트남이 175위, 라오스가 172위, 싱가포르가 158위, 캄보디아가 144위, 버마가 139위, 말레이시아가 101위다. 한마디로 인도차이나는 세계 최악 언론탄압지역이다.

비록 언론환경이야 갈수록 나빠지지만 그래도 방콕 시계는 돌아간다. 방콕은 여전히 아시아의 뉴스 기지로서 중요한 구실을 한다. 어쩌면, 방콕 외신판은 나날이 새로운 얼굴들을 맞으며 나름 잘 굴러가는지도 모르겠다. 베트남전쟁세대가 사라진 뒤로는 방콕 외신판에 데면데면한 내게만 맥 빠진 것처럼 비쳤을 수도.

방콕과 인연을 맺은 지도 어느덧 30년이 지났다. 본디 나는 방콕 예찬론자도 아니었고 방콕에 뿌리내릴 생각도 없었다. 처음엔 방콕과 자까르따를 놓고 고민이 참 많았다. 오히려 마음은 자까르따로 향했지만 뉴스 기지로서 이점과 인도차이나 혁명사에 끌려 결국 방콕행 비행기에 올랐다.

그 시절 자까르따는 국제뉴스 현장 접근성이 떨어지는 데다 수하르또Suharto 독재가 날뛰는 탓에 언론환경도 방콕만 못했으니.

그러니 방콕에 터를 잡고도 마음은 늘 들쑥날쑥했다. 서너 해쯤 지날 무렵부터 "떠날 때가 됐다."는 말을 입에 달고 살았다. 까닭도 없이 방콕에 싫증이 났다. 날마다 보는 동네 사람들도 길거리 강아지도, 즐겨 찾던 커피집도 책방도, 드나드는 정치판도 언론판도 모조리 따분해졌다. 해서 걸핏하면 방콕 탈출 음모를 꾸몄다. 자까르따로, 아테네로, 카이로로, 아디스아바바로 떠나자며.

근데, 나는 아직도 방콕을 못 벗어났다. 그 까닭은 나도 모르고 아무도 모른다. 방콕에서 떼돈을 번 적도 없고 앞으로도 그럴 가능성은 결코 없다. 울고불고 매달리는 가슴 아린 사랑을 방콕에 숨겨둔 것도 아니다. 방콕에서 무슨 야망을 품었다거나 명예가 걸린 일도 없다. 그렇다고 방콕에 뼈를 묻겠다는 결심 따위를 한 건 더욱 아니다.

내가 아는 건 딱 하나다. 방콕 탈출을 꿈꾸었던 많은 이들이 오늘도 실롬을 돌아다니고, 큰맘 먹고 방콕을 떠났던 이들도 슬며시 되돌아와 스쿰윗을 기웃거린다는 사실.

"싫지만 미워할 수 없는 도시." 우리는 방콕을 이렇게 불러왔다. 떠날 땐 속이 다 후련한데 사흘만 지나면 이내 그리워지는 도시, 방콕의 마력인지도 모르겠다. 나는 그렇게 방콕이라는 곡두를 만나 외신기자로 일하며 살아가는 법을 배웠다.

여태 꿈꾸며 살아왔고, 꿈만 꾸다 사라질 게 뻔한 나는 방콕의 아이였다. 덮칠 듯이 달려드는 스카이트레인이 블랙홀마냥 과거를 빨아 삼킨다. 나는 30년 세월을 뒤에 남기고 살라뎅역을 떠난다.

되돌아오지 않을
먼 길 떠나며

2017년 12월 1일
치앙마이|Chiang Mai | 타이

Ⅰ. 꿈

백발 날리며 현장 뛰는 내 모습을 그려왔다.
외신판에 발 딛고부터 바람이고 다짐이었다.
또렷한 얽이나 분 넘치는 야망 따윈 없었다.
끝까지 현장 기자로 살고 싶은 꿈이었을 뿐.

서른 해쯤 국제뉴스를 정신없이 쫓아다녔다.
굴러가는 역사를 내 눈으로 본 행운과 함께.
한데 내 속은 늘 허전하고 뭔가 답답하기만.
틀에 박힌 일과 글에다 마감을 쫓아 헤매며.

그래도, 다가올 날들을 믿고 스스로 달랬다.
"예순쯤 되면 훨훨 자유로이 날아다니겠지."
시간은 쏜살처럼 흘러 어느덧, 그 언저리에.
아뿔사! 자유는커녕 여태 올가미에 갇힌 꼴.

아, 세월이 곡두 같은 놈인 걸 미처 몰랐다.
정작, 시간은 뭉그적거린 내 편이 아니었다.
마냥 애달프게 나만을 기다려주지도 않았다.
무릇, 보듬지 않은 사랑이 훌쩍 떠나버렸듯.

밤새 뒤척였다. 둔한 눈꺼풀로 스민 새벽녘,
주섬주섬 짐을 꾸린다. 공책과 지도와 펜과.
"그래 떠날 때가 되었다. 뒤돌아보지 말자."
비로소, 찌푸렸던 세월의 눈살이 쫙 펴진다.

자유 하나 남긴 채 겉치레를 다 벗어던진다.
이젠, 따라야 할 꼴도 지켜야 할 틀도 없다.
오직 내가 내린, 내가 받들 명령만 있을 뿐.
홀로 걷는 '단독자', 길도 글도 내키는 대로.

월화향 두어 묶음 따 봇짐 옆구리에 꽂는다.
"길에서 만날 고마운 인연에게 안겨주리다."
그예 나를 닮은 이를 찾아 국경으로 떠난다.

소수, 비주류, 경계인의 땅을 향해 북녘으로.

II. 국경

우리는 휴전선을 국경이라 여기며 살아왔다.
그 너머는 갈 수도 볼 수도 없는 저주의 땅.
막힌 길 갇힌 정서, 꿈마저도 꿀 수 없었다.
하여 몸도 맘도 늘 정체불명 한계를 느꼈고.

오래도록 국경 너머 세상이 참 보고 싶었다.
그 열망만큼 국경환상도 무럭무럭 자라났다.
국경은 내게 자유를 향한 통로로 콱 박혔다.
내가 첫 현장 취재로 국경을 택한 까닭이다.

그러나 기자로 첫발 디딘 국경은 참 아렸다.
그 땅은 내가 상상 못한 일들로 아우성쳤다.
민족, 영토, 문화, 종교, 빈곤, 자원, 환경….
인류의 온갖 패악거리를 파묻은 현장이었다.

그 땅엔 모진 차별과 박해에 시달려온 이들,
정치폭력에 치이고 역사에서 버림받은 이들,
이쪽도, 저쪽도 아닌 경계인이 살고 있었다.

내 국경환상은 마침내 처절하게 깨져버렸다.

도시로 돌아온 나는 넋 빠진 나날을 보냈다.
포성, 주검, 밀수, 마약, 노동, 벌목, 십자가,
팔려가는 소녀, 굶주린 아이, 질린 얼굴들…
끝도 없이 아른대는 그 국경에 사로잡힌 채.

"오냐, 끝을 보자." 다시금 국경길에 올랐다.
온갖 언턱거리를 들이대며 국경을 다루었다.
하나 현실은 팍팍했고 외로움도 만만찮았다.
도시자본에 목맨 언론판은 쌀쌀맞게 굴기만.

"제기랄! 국경은 파고들지면마저 마땅찮다."
그렇게 노상 성이 차지 않았고 힘이 부쳤다.
다짐했다. "머잖아 오롯이 국경을 품겠노라."
한데 마음뿐, 전쟁취재로 늘 바쁘고 지쳤다.

Ⅲ. 여행

10년쯤 지날 무렵, 다시 국경을 뽑아들었다.
두어 달 동안 길을 찾아 이리저리 고민했다.
"도시에 앉아 국경?" 문득, 내 꼴이 웃겼다.

'방콕 탈출' 때가 왔다. 내친 김에 국경으로.

"버마 국경을 낀 북쪽?" 곧장, 맘을 굳혔다.
새즈문해 치앙마이에 새 보금자리를 꾸몄다.
마당엔 나무를 심었다. 길도 한결 편해졌다.
가끔씩 밀려오는 쓸쓸함도 내겐 즐거움이고.

그렇게 해서, 오늘도 나는 국경길에 오른다.
취재 대신, 여행이란 말을 조심스레 만지며.
다만, 이제부터 나의 여행은 나의 혁명이다.
해묵은 꿈, 나와 약속을 하나둘 지켜나가는.

"개인의 체험도 공적도구가 될 수 있을까?"
내가 여로에 오직 하나 데리고 가는 화두다.
저 국경을 허투루 밟고 싶지 않은 까닭이다.
먼 길 떠나며 가슴 깊이 담아가는 바람이다.

2장
국경의 밤

국민당 잔당,
반공팔이
마약전선을 가다

2017년 12월 14일
탐응옵Tham Ngop | 타이

국경으로 떠나는 들뜬 마음, 일찌감치 대문 앞에 나선다.

30분이 지났다. 슬슬 화가 난다.

"추아쩻티디쩻혼(일곱 번 나쁘면 일곱 번 좋다)."

타이 속담을 오물거리며 성난 새벽을 달랜다.

50분이 지나서야 나타난 운전기사 솜삭은 빙그레.

산골 촌장과 잡아둔 아침 약속은 이미 물 건너갔다.

참 밉다. 그래도 참아야지.

해묵은 꿈을 좇아 길 떠나는 새벽을 위해!

"추아쩻티디쩻혼."

5시 50분을 가리키는 시계를 보여주며 인사 대신 휙 던진다.

속내를 아는지 모르는지, 솜삭은 또 빙그레.

겨울로 접어든 12월, 새벽 공기가 제법 차다. 솜삭은 아예 두툼한 털옷을 걸쳤다. 뭐, 겨울이라 해야 낮엔 30℃를 오르내리고 아침저녁으로 기껏 20℃ 안팎이지만 아열대가 몸에 밴 이 동네 사람들은 오그라들 만도.

치앙마이 집을 나서 북쪽으로 지방도 107을 타고 두어 시간 달려 치앙다오Chiang Dao에서 아침을 때운다. 여기서부터 다시 북서쪽 샛길 1178로 갈아탄다. 25년 전 황톳길을 달렸던 기억은 뿌연 먼지로 남았을 뿐, 어디가 어딘지 도무지 가늠할 수 없다. 지방도 107까지는 자신만만했던 솜삭도 슬그머니 꽁무니를 내린다.

이리저리 헤매길 40여 분, 기어이 길을 잘못 들었다. 버마를 마주보는 타이 국경수비대 초소, 놀라 뛰쳐나온 중무장군인들 눈초리가 날카롭게 을러댄다. 민간인 통행금지 구역이란 뜻이다. 외신기자증을 한참 노려본 뒤에야 바리게이트를 올린다. 열어준 샛길로 빠져 국경마을 아루노타이Arunothai에 들러 시장통 커피 한잔으로 숨을 돌린 뒤, 다시 샛길 1178에 올라 왼쪽으로 버마 국경을 낀 타이 최북단 길을 달린다.

"질리도록 아름다운 풍광이 고맙고, 이 풍광 속에 담긴 내 떠돌이 팔자가 고맙고, 이 떠돌이 팔자가 정해준 내 직업이 고맙고…, 모든 게 고마울 따름이다. 지금 죽어도 여한 없다."

잠깐 감상에 젖는 동안 또 길이 헷갈린다. 오락가락 산길 30km, 샛길 1178을 가리키는 지도와 이정표의 샛길 1340이 따로 논다. 무선길잡이(GPS)도 먹통이다. 산악 국경 무인지대, 물을 데도 마땅찮다. 나침반을 보며 무턱대고 북동쪽으로 길을 잡아나간다. '헤맴', 떠돌이 G형 피가 데리고 다녀야 할 숙명인가 보다.

한 시간쯤 헤맸을까, 사람도 자동차도 지칠 즈음 작은 산골마을이 눈에 차오른다. 25년 만에 다시 찾은 탐응옵에서 기억의 자취를 쫓는다. 걸리는 게 없다. 사람도, 집도, 마을도 낯설기만.

산악 관광지로 이름난 도이앙캉Doi Ang Khang 남쪽 16km쯤에 터를 다진 탐응옵은 지도에도 없고 눈여겨보는 이도 없다. 마을 들머리에 차린 열두어 가게들이 머루니 차니 꿀을 놓고 길손을 기다리지만 멈췄다 가는 자동차마저 드물다. 어쩌다 도이앙캉을 오가며 뒤가 급한 이들이 잠깐 들렀다 갈 뿐. 딱히 볼거리도 먹을거리도 없는 이 마을은 어귀에서부터 맥 빠진 기운이 흐른다. 100여 가구에 600 주민을 거느린 제법 큰 마을인데도.

"일거리도 일손도 없다. 젊은이들은 치앙마이나 방콕으로 다 나가버렸고. 동네 늙은이들은 나물 캐고 머루 따서 먹고산다."

방콕에서 닥치는 대로 일하다 그나마 관광객이 지나다니는 12월 쯤 마을로 돌아와 두어 달 장사를 한다는 아메이(36세) 말마따나 여긴 사람 냄새도 맡기 힘들다.

이 외진 산골마을 탐응옵이 한때 아시아 현대사의 비밀 무대로 엄청난 돈줄을 굴렸다는 사실을 아는 이가 흔치 않다. 마을 사람들조차 그 속내를 모르긴 마찬가지다. 기껏 40~50년 전 역사가 이토록 야무지게 가려진 경우도 드물다. 미국, 타이완, 중국, 타이, 버마 정부를 낀 비밀전쟁과 그 밑천이었던 마약이 어우러진 탓이다.

탐응옵은 흔히 '잃어버린 군대'니 '잊어버린 군대' 따위로 감상을 섞어 불러온 장제스의 국민당 잔당 가운데 제3군이 본부를 차렸던 곳이다. 여기서 미리 짚고 갈 게 하나 있다. 이 국민당 잔당은 몰래 부려먹었던 정부들이 숨기고 감춰왔을 뿐, 한 순간도 잃어버리거나 잊어버린 적 없는 아시아 현대사의 첫 반공용병이자 국제마약시장을 폭발적으로 키운 주인공이었다.

탐응옵에 서린 역사를 잠깐 훑고 가자. 중국 쪽부터. 1945년 제2차 세계대전이 끝나자 장제스의 국민당은 8년에 걸쳐 실질적인 항일무장투쟁을 이끌었던 공산당의 민중연합정부 창설 제의를 마다한 채, 1946년 6월부터 오히려 공산당 해방구를 무차별 공격했다. 제2차 국공내전이었다. 맞선 마오쩌둥은 인민 지원을 업고 반격에 나서 1949년 1월 베이징을 점령한 데 이어 항저우, 우한, 상하이를 비롯한 국민당 주요 거점들을 차례로 무너뜨린 뒤, 10월 1일 중화인민공화국을 선포했다.

장제스는 12월 9일 쳉투에서 특별기를 타고 타이완으로 도망쳐 중화민국 정부를 세웠다. 장제스의 마지막 희망이었던 리미李彌 장군이 이끈 국민당 제8군과 뤼궈취안呂國銓 장군의 제26군 그리고 평청影程 장군의 제93사단은 인민해방군에 쫓겨 12월 말부터 윈난성 국경을 넘어 버마로 탈출했다. 그렇게 국민당 잔당이 태어났다.

여기서 탐응옵의 주인공 리원환李文煥 장군(1917~2000년)이 등장한다. 윈난성 천캉에서 버마, 타이, 라오스를 오가며 아편이나 차 같은 지역 산물들을 사고 파는 마방馬幫(말 수송단을 낀 갱)을 이끌던 스물여섯 먹은 리원환은 1951년 초 무장 500여 명을 데리고 버마 국경을 넘어 국민당 잔당에 합류했다.

길을 헤매느라 약속 시간을 못 맞췄다. 그사이 리원환의 딸은 장 보러 간다며 사라져버렸고. 별수 없다. 마을 앞 삼거리 기념품가게 에 앉아 커피를 홀짝이며 동네 사람들과 어울려 논다.

"이 마을 세운 리원환 장군 가족들과는 잘 지내나?"

홀리듯 리원환을 입에 올리자 다들 시큰둥하다. 직감이란 게 있 다. 리장군 가족한테 별 도움을 못 받았다는 뜻이다. 주뼛거리는 이 들을 이리저리 구슬러본다. 가게 주인 쯔우승원(42세)이 한참 빼더 니 "우린 죽도록 일하는데 왜 가난한지 모르겠다."며 길 건너 탐응옵 인Tham Ngop Inn을 가리킨다. 옛 제3군 본부를 리장군 딸이 몇 해 전 수수한 호텔로 꾸민 곳이다. 옆 가게에서 놀러온 아메이가 혼잣말로 슬쩍 끼어든다. "저렇게 대를 이어 잘살면서 우릴 본 척도 않으니."

불만이 흐르는 1,300m 산골마을, 그 맥 빠진 기운의 정체가 드 러난 셈이다.

해묵은 사연을 좀 더 따라가 보자. 국민당 잔당이 버마 국경을 넘 은 1950년 초, 동남아시아의 공산주의 확장에 놀란 미국 대통령 해 리 트루먼은 합동참모본부(JSC)가 내민 국민당 잔당 지원안을 승인 한 데 이어 극비리에 중앙정보국(CIA) 요원을 버마에 투입했다. 국민당 잔당 지도자 리미 장군은 CIA 지원을 받아 산주Shan State 몽양 Mong Yang에서 윈난반공구국군雲南反共救國軍을 창설한 뒤, 지역 소수 민족까지 끌어들여 1만 병력으로 몸집을 불렸다.

6월 들어, 위기감을 느낀 버마 총리 우누U Nu가 국민당 잔당 토벌 명령을 내렸다. 버마 정부군 공세에 밀린 리미 장군은 두어 달 뒤 타이와 국경을 맞댄 몽삿Mong Sat으로 본부를 옮겼다.

그즈음부터 국민당 잔당은 라후Lahu를 비롯한 지역 소수민족을 을러메 아편 생산을 폭발적으로 늘려나갔다. 1950년 전까지 연간 30톤이었던 버마 국경의 아편 생산량이 1950년대 중반 300~600톤으로 불어났다. 잔당 지도부는 그 아편으로 군자금을 마련하는 한편 개인적인 부를 쌓아나갔다. 훗날 '큰 아편'으로 불리게 될 탐응옵 마을 시조 리원환의 뿌리였다.

여기서 눈여겨볼 대목은 CIA의 역할이다. CIA는 전비 지원 대신 자신들이 비밀스레 운영해온 에어아메리카 항공편으로 국민당 잔당이 생산한 아편을 몽삿에서 타이 북부 치앙마이를 거쳐 방콕까지 실어다주었다. 그 아편은 CIA 끄나풀로 타이 정치판을 주물렀던 경찰 총수 파오 시야논Phao Sriyanond 비호 아래 아무 탈 없이 홍콩, 미국, 말레이시아, 인도네시아로 퍼져나갔다.

현대 정치사에서 온갖 음모를 꾸미며 라오스, 멕시코, 온두라스, 니카라과, 파나마로 이어진 CIA의 '마약팔이' 버릇이 바로 여기 버마-타이 국경에서 비롯되었다. 이 CIA란 놈은 1947년에 태어났으니 기껏 세 살에 마약부터 손댄 셈이다.

그렇게 마약을 앞세운 국민당 잔당이 인도차이나[1] 지역 안보에 말썽을 일으키자 국제사회가 들썩였다. 1953년, 버마 총리 우누는 1951년에 이어 다시 유엔에서 미국의 국민당 잔당 비밀 지원을 거세게 나무랐다. 결국, 버마와 중국의 밀월관계를 걱정한 미국 대통령 드와이트 아이젠하워는 국민당 잔당 철수 결정을 내렸다.

유엔은 미국과 타이완 비난 결의안을 통과시킨 뒤 버마, 타이완, 미국, 타이로 '4개국 군사위원회'를 꾸려 국민당 잔당 송환을 맡겼다. 그에 따라 1953~1954년 국민당 잔당 5,770명과 그 관련자 880명이 타이완으로 철수했다. 1954년 5월 30일, 리미 장군은 타이완으로 떠나면서 윈난반공구국군 해체를 선언했다. 이게 제1차 송환이었다.

그러나 국민당 잔당 가운데 송환을 거부한 이들은 버마 국경에서 류위안린柳元麟 장군을 총사령관으로 내세워 제1군(사령관 뤼런하

---

1 말이 난 김에 '인도차이나Indochina'란 용어를 미리 짚고 가는 게 좋겠다. 앞으로도 이 말을 숱하게 써야 할 테니. 본디 인디아와 중국 문화권의 영향을 받은 베트남, 라오스, 캄보디아를 가리키는 이 말은 19세기 프랑스가 세 나라를 식민지로 삼키면서 '프랑스령 인도차이나 연방'이라 부르고부터 국제적 용어로 굳어졌다. 문제는 그 세 나라 시민사회가 '식민지'와 동남아시아 '공산권'을 떠올리는 이 용어를 달갑잖게 여긴다는 점이다. 하여 한동안 이 말을 쓰지 말자는 움직임도 있었으나 마땅한 대안을 찾지 못한 상태다. 요즘은 국제정치나 사회과학 쪽에서 이 인도차이나를 타이, 버마, 말레이시아와 중국 남부까지 확장한 개념어로 쓰고들 있다. 어쨌든 세 나라 시민들이 불편하게 여기는 인도차이나란 말을 쓰는 게 늘 마음에 걸리는데, 적합한 대안이 나올 때까지는 그 속내라도 알고 썼으면 좋겠다는 바람이다.

오묘仁豪), 제2군(사령관 푸징원甫景雲), 제3군(사령관 리원환), 제4군(사령관 장웨이청張偉成), 제5군(사령관 돤시원段希文)으로 조직을 재편했다. 한동안 숨죽였던 국민당 잔당은 제1차 송환자 가운데 비밀스레 되돌아온 600여 명에다 1958년 중국의 대약진운동을 피해 온 이들을 받아들여 다시 덩치를 키워나갔다.

그러던 1961년 초, 버마 정부군이 국경을 불법으로 드나들던 타이완 정부 소속 미제 군용기(PBY)를 격추하면서 미국의 비밀 지원이 또 말썽을 일으켰다. 곧장 존 F. 케네디 미국 대통령은 그 책임을 장제스한테 돌리며 잔당 송환을 다그쳤다. 그해 봄, 본토 수복 꿈을 접은 장제스는 국민당 잔당 3,371명과 그 관련자 825명을 타이완으로 데려갔다. 장제스는 지원 중단과 관계 단절을 선언해 형식상 국민당 잔당에서 손 뗐다. 이게 제2차 송환이자 마지막이었다.

그러나 국민당 잔당은 사라지지 않았다. 버마에서 쫓겨난 잔당은 몰래 타이 국경을 넘었다.

이때 리원환 장군이 제3군 1,400여 명을 이끌고 바로 이 탐응읍에 본부를 차렸다. 탐응읍 역사는 그렇게 출발했다. 한편 돤시원 장군은 제5군 1,800여 명을 데리고 탐응읍에서 동북쪽으로 100km쯤 떨어진 도이매살롱에 본부를 꾸렸다. 이렇게 제3군과 제5군에다 마쥔궈馬俊國 장군의 제1독립부대 정보요원을 포함해 4,000명 웃도는 국민당 잔당이 타이 국경으로 흘러들었다.

근데 왜 이 잔당은 편안한 타이완을 마다하고 험난한 산악 국경에 남았을까? 장제스의 아들로 나중에 총통을 한 장징궈蔣經國의 행적에 그 답이 숨어 있다. 그즈음 국방부 정보국(IBMND)을 이끈 장징궈는 제2차 송환 직전 비밀리에 돤시원 장군을 타이완으로 불러 잔당 지도자로 임명하면서 국경 잔류 명령을 내렸다. 그 자리에서 장징궈는 돤시원한테 "미국의 눈길이 수그러들 3개월 뒤부터 자금 지원을 하겠다."고 약속했다.

이건 장제스의 공식적인 관계 단절 선언과 달리 타이완 정부가 여전히 국민당 잔당을 정치적 연장으로 써먹겠다는 뜻이었다. 그러나 미국 눈치를 본 타이완 정부는 오늘내일하며 끝내 그 자금 지원 약속을 저버렸다. 목 빠지게 돈줄을 기다렸던 돤시원과 리원환은 배신감을 앞세워 '독자적 생존'을 외치며 마약사업에 스스로 정당성을 갖다 붙이게 된다.

"제3군과 제5군의 국경 잔류는 타이완 정부의 자금 지원과 미국 정부의 비밀반공용병정책이라는 큰 틀에서 나왔지만, 그 밑바탕엔 잔당 지도부의 마약 돈줄이 걸려 있었다."

잔당 소년병 출신으로 국민당 역사를 연구해온 친이후이覃怡輝(타이완 중산인문사회과학연구소) 말마따나, 그 시절 극으로 치닫던 냉전이라는 국제정치와 마약루트를 쥐고 있던 국민당 잔당의 이권이 절묘하게 맞물렸던 셈이다.

그로부터 제3군 리원환은 제5군 돤시원과 손잡고 타이, 버마, 라오스 국경을 낀 이른바 골든트라이앵글 마약 패권전에 뛰어들었다.

그게 '아편왕'으로 불린 버마 샨주 출신 군벌 쿤사Khun Sa와 맞붙은 '1967년 아편전쟁1967 Opium War'이었다. 그 전쟁 끝에 리원환과 돤시원은 국경 마약루트 90%를 손에 쥐었고, 골든트라이앵글은 세계 최대 마약 생산지로 악명 떨치게 되었다. 제2차 세계대전 전까지 연간 60톤에 지나지 않던 인도차이나의 아편 생산량이 1970년대 중반 베트남전쟁이 끝날 무렵 1,000톤을 웃돌았다. 바로 리원환, 돤시원의 국민당 잔당과 쿤사의 마약 경쟁이 낳은 결과였다.

그사이 국민당 잔당은 1960~1970년대 미국의 대라오스 '비밀전쟁Secret War'에 이어 1970~1980년대 타이 정부의 타이공산당(CPT) 박멸작전에 용병으로 투입되었다. 그로부터 국민당 잔당은 '코드네임 04'로 타이 합참의장이 직접 조종하는 중국비정규군(CIF)이란 이름을 달았다. 그 대가로 타이와 미국 정부는 국민당 잔당의 마약사업을 눈감아주었고, 타이 영내 정착을 허락했다. 그렇게 국민당 잔당은 1950~1980년대를 통틀어 '국제반공전선'과 '국제마약전선'이라는 쌍둥이전선을 달리며 아시아 현대사를 난도질했다.

현재 탐응옵을 비롯한 타이-버마, 타이-라오스 국경에는 할아비의 역사를 모르는 국민당 잔당 후손 6만여 명이 60여 마을을 일궈 3대째 흘러내리고 있다.

산골마을 탐응옵은 이렇게 미국, 타이완, 타이, 버마, 중국, 라오스를 낀 거대한 비밀전쟁 속에서 태어났다. 리원환 장군을 비롯한 국민당 잔당은 흐르는 세월에 휘말려 하나둘씩 사라지고, 이제 탐응옵에는 기억도 가물거리고 말도 어눌해 역사의 증언자로 유효기간이 끝난 노병 넷만 남았다.

탐응옵은 겉보기에 여느 타이 마을과 다를 바 없다. 그러나 한 꺼풀만 들쳐보면 이 마을은 중국이다. 사람들은 타이 말을 쓰고 타이 이름을 지녔지만 저마다 가슴속에 중국을 품고 살아간다. "내 주민증에 담긴 이름은 타이지만 내 심장은 중국제다." 자랑스레 중국 이름을 앞세우는 기념품가게 주인 쯔우승원처럼.

이제 리원환 장군의 딸을 만나러 갈 시간이다. 마을 앞 삼거리 한 귀퉁이 제3군 옛 본부 들머리에는 일주문 같은 게 하나 서 있다. 이 문 앞에서 심사가 복잡해진다. 오른쪽 현판 '펀더우奮鬥'와 왼쪽 현판 '투창圖强'이야 붙여서 그냥 '나라를 위해 싸우자'쯤으로 넘어가면 되는데, '전거다이단枕戈待旦'이라 쓴 한복판 현판이 섬뜩하게 다가온다. 《진서-류곤전晉書-劉琨傳》에 나오는 '베개 맡에 창을 두고 새벽을 기다린다'는 이 한자가 '적을 죽이고자 결연하게 전투를 준비한다'는 무시무시한 속뜻을 지닌 탓이다. 이 마을 내력을 모른다면 중국인들조차 고개를 갸웃거릴 이 현판들이 비밀을 간직한 탐응옵의 상징 아닌가 싶다.

이 문 안쪽은 3,000~4,000m²쯤 될 법한 휑한 마당이다. 제3군 연병장이었다. 왼쪽 병영 자리는 몇 해 전 호텔 방으로 바뀌었고, 정면 길쭉한 제3군 옛 사무실은 식당으로 쓴다. 그 오른쪽 아담한 정원을 낀 집은 리장군이 사무실 겸 숙소로 썼던 곳인데 지금은 기념관으로 꾸며놓았다. 뭐, 기념관이라곤 하지만 리장군이 걸쳤던 군복, 망원경, 라디오 통신장비가 다다. 다만 벽에 붙인 빛바랜 복사판 사진들은 훑어볼 만하다. 리장군이 장제스와 타이 전 국왕 푸미폰 아둔야뎃Bhumibol Adulyadej을 비롯해 CIA 공작원들과 함께 찍은 사진들은 그 시절 국민당 잔당을 부려먹은 국제정치판의 발뺌할 수 없는 증거니까.

12월이면 한창 관광철인데 기념관, 호텔 할 것 없이 모조리 먼지투성이고 자물통으로 채워놓은 걸 보면 찾아드는 사람이 아예 없다는 뜻이다. 옛 병영을 한 바퀴 휙 돌아보고 식당 앞뜰에 앉자마자 리장군 딸이 전화를. "30분만 더 기다려달라."

장군의 딸, 눈물로 가린 국민당 잔당사

빠우라니 짜이시리|Pauranee Chaisiri | 국민당 잔당 제3군 사령관 리원환 장군의 딸

이윽고, 누런 먼지를 일으키는 자동차 한 대가 제3군 연병장으로 들어선다. 자동차 문이 열리자 아주 단단해 보이는 여성이 내린다. 흔한 눈인사도 악수도 없다. 첫인상이 한마디로 당차다. 그이는 말 없이 손짓만으로 식당 한구석을 가리킨다. 자리에 앉아서야 인사를 나눈다.

"당신이 리원환 장군 딸 리젠위안李健圓인가?" "응, 빠우라니 짜이시리." 그이는 타이 이름으로 맞받는다. "심장은 어느 쪽?" "타이." 끊어 치는 대답에 찬 기운이 휙 돈다.

으레 던지는 탐색용 질문 따위는 쓸모없을 듯. 바로 들어간다. "반공투사로 마약꾼으로 논란 몰고 다닌 리원환 장군 딸로 살아온 인생 어땠나?" "나쁠 게 뭐 있나. 다 좋았다." "뭐가 좋았나?" "살아온 게 다." 이야기가 겉돈다. 만만찮은 상대다. 속내를 안 드러내겠다는 다짐 같은 게 짚힌다. 경계심부터 누그러뜨려야 할 듯. 이름에 얽힌 사연에다 치앙마이에 산다는 오빠 이야기에다 관광 경기에다…, 언저리를 건드린다. 한참 만에 그이가 옅은 미소를 띤다. 이때다.

"독선으로 소문난 리장군인데, 아버지로서는 어땠나?" "참 정이 많았지. 출장 갔다 올 때면 늘 예쁜 선물을," 문득 말을 멈춘 그이 얼굴에 줄줄줄 눈물이 흘러내린다. 직업 탓에 온갖 눈물을 봐왔지만,

예순여덟 먹은 당찬 여인의 빗줄기 같은 눈물과 마주치긴 처음이다. 몸 둘 바를 몰라 어정쩡. 노년에 접어든 여인의 눈물을 달래본 적 없었으니! 달리 마땅한 수가 안 떠오른다. 망설이다 용기를 낸 게 기껏 우스개다. "눈물 사진 한판 찍어 올릴까?"

빠우라니는 손사래 치며 자리를 뜬다. 눈물 닦고 화장을 고치려나 했더니, 웬걸 그이는 차우리개와 찻잔을 들고 이내 되돌아온다. 차 한 잔 나오기까지는 인터뷰 시작하고 20분이 걸렸다. 차를 따르는 그이 손길에서 말문을 열겠다는 신호를 잡는다.

슬슬 심장으로 파 들어간다. "리장군이 아편으로 부를 쌓은 건 세상이 다 아는," 빠우라니는 사정없이 말을 자르고 든다. "당신들, 기자들이 문제야. 반공투쟁 본질을 빼놓고 늘 우리를 마약꾼으로만 몰아붙였어. 그래서 아버지가 생전 기자를 안 만났던 거야." "해서, 내가 아버지 대신 당신을 만나러 온 것 아니겠나. 반공투쟁도 맞고 마약도 맞다." 빠우라니는 다시 야무진 장군의 딸로 되돌아간다. "마약이라면 인터뷰 안 한다."

분위기가 또 싸늘해진다. 구슬려보는 수밖에. "반공투쟁 뭘로 했나? 마약 판 돈이었다. 그 둘을 뗄 수 없다는 걸 당신이 잘 알잖아? 그러니 당신들 이야기도 들어보겠다는 뜻이다. 기록에 남기자. 이게 당신 아버지 위한 일이다."

빠우라니가 다시 차를 따른다. 좀 수그러드는 낌새다. "이제 당신 말고는 국민당 잔당 역사를 말할 수 있는 사람도 별로 없다." "나는 군대니 전쟁이니 잘 모른다." "몇 가지 확인만 해보자. 국민당 잔당과 아편전쟁 벌였던 쿤사가 1984년 치앙마이의 리장군 집 앞에 500kg짜리 다이너마이트 터트렸던 사건 기억하나?" 그이는 흠칫하며 짧게 한숨을 내뱉는다. "그 옛날 일을 어떻게 알고? 다행히 그날 아버지와 나는 방콕에 있었고, 혼자 집 지키던 사촌이 좀 다친 게 다였다." "사건 뒤 그 집은 어떻게 되었나?" "그 뒤론 아무 일 없었고, 지금도 내가 그 집에 산다." "그게 바로 마약 끼고 벌인 상징적인 사건이었다. 발뺌할 것도 없다. 어떻게 생각하나?"

빠우라니는 회상에 젖는가 싶더니 또 핏대를 올린다. "아무도 우릴 안 도와줬다. 미국도 타이완도 다 배신했다. 아버지는 공산주의자들에 맞서 싸우며 혼자 군대를 먹여 살렸다. 이런 산속에서 그(아편) 말고 달리 뭐가 있었겠나?" 그이는 억울한 듯 되묻는다. "국민당 역사를 잘 알 텐데, 그 시절 당신이 우리 아버지였다면 어떻게 했겠나?"

참 머쓱하다. 인터뷰를 하다 이런 되물음을 당할 때면 언제나. "중국공산당과 손잡고 배신자 미국과 타이완으로 총부리 돌렸겠지." 농담이 목구멍까지 넘어오는 걸 가까스로 참으며 그냥 웃는다. 빠우라니는 "대답해보라."고 닦달한다. 사실은 빠우라니 말이 낯설지 않다. 이건 국민당 잔당이 반공전선과 마약전선의 공생관계를 말할 때마다 들이대온 아주 고전적 논리였으니.

현실은 어떤가? '군대를 먹여 살렸다'는 그 국민당 잔당 지도자들은 전쟁이 끝나고도 자손대대 부를 대물림했다. 이게 마약의 정치경제학이다. 그 돈줄이 몰렸던 곳이 치앙마이다. 그 시절 국민당 잔당 지도부와 쿤사를 비롯한 모든 마약군벌들이 그랬듯이 리원환도 치앙마이를 마약사업 발판 삼았다.

알음알음 전해지던 치앙마이 마약거점설이 세상에 드러난 건 1972년이었다. 그것도 미국 정부의 마약퇴치쇼를 통해서다. 그즈음 베트남전쟁에 투입한 미군한테 흘러드는 골든트라이앵글 마약으로 골머리를 앓던 미국 정부가 치앙마이에서 국민당 잔당이 생산한 아편 26톤을 불태웠다. 그 공개적인 쇼의 대가로 미국 정부는 국민당 잔당한테 100만 달러, 요즘 시세로 70억 원 가까운 돈을 건넸다. 그 돈은 리원환을 비롯한 국민당 잔당 지도부의 치앙마이 비밀 금고로 고스란히 들어갔다.

그날 리원환은 아편에서 손을 씻는다고 선언했다. 미국 정부가 머리카락 뒤에서 숨바꼭질한 꼴인 그 쇼는 아편에 콩과 온갖 잡것들을 섞어 태웠다는 의혹에다, 리원환의 가짜 은퇴설까지 불거지면서 두고두고 말썽을 일으켰다.

마약꾼을 잡아 가두기는커녕 오히려 미국 정부가 대놓고 아편을 구입한 꼴인 그 희한한 쇼는 결국 던진 놈의 목을 치는 부메랑이 되었다. 그 결과 1975년 베트남전쟁이 끝났을 때 참전 미군 10~15%가 마약에 중독돼 미국 사회를 뒤흔들어놓았다. 국제마약시장이 폭발적으로 커진 것도 바로 그 무렵이다.

그 마약이 모두 미국 정부가 부려먹은 반공용병 손에서 나왔다. 그 하나가 국민당 잔당이었고, 다른 하나는 라오스 비밀전쟁에 투입한 몽족Hmong이었다. 그 두 반공용병의 마약사업을 지원한 게 CIA였다. 그렇게 CIA가 뒤를 받친 마약이 베트남전쟁으로 흘러갔고, 오늘날까지 이어지는 국제 마약 카르텔의 뿌리가 되었다. CIA의 그 비밀작전을 직접 승인하고 지원했던 주인공이 트루먼, 아이젠하워, 케네디, 존슨, 닉슨으로 이어지는 미국 대통령들이었다. 마약, 누구를 탓하랴?

그렇게 1990년대 중반까지 치앙마이는 마약을 비롯한 온갖 검은 돈줄이 몰린 인도차이나의 비밀금고 노릇을 했다. 그 돈줄은 치앙마이에서 이름만 대면 알 만한 호텔, 유흥업소, 보석상, 여행사, 부동산업체로 대물림했다.

빠우라니가 좋은 본보기다. 미국에서 대학을 마치고 돌아와 리장군의 일을 도왔던 빠우라니는 공식적으로 보석상이 주업인데 '태국치앙마이중화상회영원명예주석泰國淸邁中華商會永遠名譽主席'이란 직함에서 드러나듯 치앙마이 사업판을 주물러온 인물이다.

"리장군 마약 돈줄이 당신 가족 사업 밑천이었을 텐데?" "천만에, 우린 다르다. 본디 중국에서 사업했던 아버지는 돈과 은괴를 갖고 나왔다. 국민당 본부 지원받으며 편하게 온 도이매살롱 돤시원 장군과 달리 아버지는 갖고 온 돈으로 군대 먹여 살리느라 고생했다." 빠우라니 입에서 기다렸다는 듯 돤장군이 튀어나온다. 경쟁심의 대물림인가 보다.

제5군 사령관 돤시원과 제3군 사령관 리원환은 경쟁심을 앞세운 적대적 공생관계로 소문이 자자했다. 엘리트 코스를 밟은 국민당 정규군 출신 돤시원과 지역 군벌 출신 리원환의 태생적 차이가 그 뿌리였다면, 마약선을 낀 두 진영의 패권 다툼이 그 몸통이었다.

"말이 난 김에 사나웠던 두 장군 관계 좀 들어보자?" "지어낸 소문일 뿐, 사실이 아니다. 둘은 아무 문제 없었다. 특히 1981년 둰장군 돌아가시기 10년쯤 전부터는 아주 가깝게 지냈다. 그쪽이 어려울 때 우리가 돈도 보태줬고." 으르렁댔던 두 진영이 돈을 주거니 받거니 서로 도왔다는 건 어떤 사료에도 없고, 들어본 적도 없는 이야기다. 호기심이 뻗친다. "도운 게 아니라 마약 대금이었겠지? 근데, 그 돈 주고받은 걸 당신이 어떻게 아나?" "내가 왜 몰라. 아버지 자금 관리를 내가 했는데." "그러면 마약자금에서부터 온갖 비밀스런 내막을 다 알고 있겠네?" "그런 건 아니고, 그저 작은 돈들만 만졌을 뿐." 빠우라니는 빙그레 웃으며 이내 말을 거둬들인다.

요리조리 떠보지만 그이는 꿈쩍도 않는다. 입만 열게 할 수 있다면 숨겨진 현대사의 보물덩어리를 캐는 셈인데, 못내 아쉽다. 첫 만남에서 여기까지가 한계인가 싶다. 다음을 기약할 수밖에.

이쯤에서 화제를 돌린다. "당신 기다리는 동안 산 밑 마을 룽민즈쟈榮民之家 다녀왔다. 왜 아무도 그이들 안 돌보나?" "왜 안 돌봤겠나. 어머니가 명절 때마다 이것저것 많이 도왔다." "어떻게?" "먹을거리에서부터 옷가지들까지. 한데 새 옷이라도 갖다주면 날름 술로 바꿔 마셔버리니." "명절만 아니라 하루하루가 다 삶이다. 사람이 밥만으론 살 수 없다. 술도 마셔야 하고." "도움도 모르는 어리석은 이들."

마약 멍에를 지닌 국민당 잔당 지도부는 스스로 역사의 희생자라 우겨왔다. 리원환의 딸 빠우라니도 마찬가지다. 그 시절 국제정치판을 따진다면 아주 틀린 말은 아니지만, 진짜 희생자는 따로 있다. 중국내전에서 열대여섯 살 철부지로 영문도 모른 채 국민당 쪽에 줄 섰다가 한평생 반공전선 용병으로 끌려 다닌 전사들이다. 그 가운데도 가족 없이 쓸쓸히 사라져가는 전상자들이 있다. 바로 룽민즈자 수용자들이다.

탐응옵에서 산을 내려가 12km쯤 떨어진 곳에 반마이농부아Ban Mai Nong Bua라는 제법 큰 마을이 하나 있다. 그 마을 언덕배기 108 계단을 오르면 깨지고 낡아빠진 수용소 건물 네 채가 나온다. 한때 홀아비 전상자 100여 명을 수용했던 룽민즈자다. 2004년 취재 때만 해도 마흔네 명이 살아 있었는데 13년 세월에 휩쓸려가고 이제 딱 열 명만 남았다. 그이들을 반공용병으로 부려먹었던 미국, 타이완, 타이 정부는 애초 눈길 한 번 준 적 없다. 그동안 타이완 자선단체가 한 사람 앞에 다달이 500밧(16,500원쯤)을 보태준 게 다다. 2004년에도 500밧이었다.

1972년 타이공산당 박멸작전 때 지뢰를 밟아 한쪽 다리를 잃은 자잉왕(73세)은 "500밧으로 쌀 사면 끝이다. 어쩌다 동네 사람들이 찬거리를 보태준다."며 13년 전과 똑같은 말을 되풀이한다. 살아 있는 게 기적이다. 예나 이제나 소원도 똑같다. "죽기 전에 고향(윈난성)으로 돌아가고 싶다."

반마이농부아 한복판에 멋들어지게 우뚝 선 리원환 장군 추모관과 귀신이 나올 법한 룽민즈자 사이에는 영혼마저 값이 다른 국민당 잔당사가 흐른다.

"왜 리장군 무덤을 탐응읍이 아닌 반마이농부아에?" "거기 땅을 아버지가 모두 사서 마을로 개발했으니까. 여긴 너무 외지고 교통도 힘들고 해서." 빠우라니 말처럼 리원환 장군은 한 마을을 통째로 사고 지을 수 있는 부와 능력을 지닌 인물이었다.

리원환은 왜 자신을 따라 목숨 걸고 일생을 전선에 바친 부하들, 그 '자잉왕들'을 내팽개쳐버렸을까? 리원환의 부를 대물림한 그 가족은 왜 '자잉왕들'을 보살피지 않을까?

어리석은 의문을 혼자 삭이고 만다. 아무도 돌보지 않는 무책임한 국민당 잔당사란 답이 이미 나와 있는 까닭이다. 굳이 빠우라니의 변명을 듣고 싶지 않은 까닭이다.

세계전사의 마지막 장은 늘 이런 비극적 결함을 안고 시시껄렁한 의문을 남긴 채 끝났다. 여기 장군의 딸은 "아버지가 자랑스럽다."며 그리움의 눈물을 흘렸다. 그러나 '자잉왕들'은 자랑거리도 흘릴 눈물도 없다.

일그러진 국민당 잔당사를 품은 탐응읍을 저녁노을에 묻어둔 채 무거운 마음으로 산을 내려간다. 콧노래를 흥얼대며 집을 나선 국경 여행 첫날의 끝은 입닫음이다. 무력감인지도 모르겠다. 활만 들었지 과녁은 안 보이는 답답함 같은.

국경선,
인류 최악 발명품

2017년 12월 15일
도이앙캉Doi Ang Khang | 타이

온몸이 뻐근하다. 기지개를 편다. 허리와 어깻죽지가 쑤신다. 다시 이불 속에 몸을 파묻는다. 아기집 속 태아를 떠올리며 웅크린다. 눈을 떴다 감았다를 되풀이한다. 밤새 추위에 떨다 맞은 아침이 용기를 시험한다. 뒤척이는 30여 분, 지옥과 천당을 오간다.

기어이 자리를 박차고 수건을 챙겨 드는 내 모습에서 용감한 전사를 엿본다. 한데 부풀린 감상은 찰나일 뿐, 전사는커녕 외마디 비명 아래 자지러진다. 찬물이 온몸으로 쏟아진다. 가스가 바닥났다. 온수기가 비웃듯 내려다본다. 40℃ 땡볕에도 찬물 먹을 꺼리는 내게 이 아침은 오롯이 저주다. 이를 악 물고 온몸으로 그 저주를 받아낸다.

아침 8시, 부랴부랴 햇살을 찾아 나서며 후회한다.

"관광철이니 호텔 예약하고, 겨울옷도 넉넉히 챙기게."

"관광객이 온들 얼마나…, 이 동네 추위쯤이야 뭐…."

치앙마이 동무들 훈수를 귀담아들었어야 하는데 건성건성 대꾸하고 말았으니.

사실은 어젯밤 9시쯤 여기 반쿰Ban Khum에 들어설 때부터 후회했다. 식당이고 시장통이고 발 디딜 틈 없이 빼곡한 관광객을 보며 깜짝 놀랐고, 열두어 개 넘는 호텔이란 호텔을 모조리 뒤지고 다녔지만 빈방이 없었으니. 10시 넘어서야 겨우 얻은 민박집 방 하나에 짐을 풀고는 밤새 추워서 덜덜덜.

도이앙캉 한복판 마을 반쿰은 이른 아침부터 관광객들로 북적인다. 여긴 12월부터 이듬해 2월까지 겨울을 흐노는 타이 사람들이 몰려드는 이른바 '겨울왕국'이다. 한 10년쯤 됐을까, 아열대에선 드물게 겨울을 느낄 만한 곳이라 입 타면서.

얼음이나 눈은 볼 수 없지만 반쿰 풍경만큼은 영하 15℃쯤 된다. 파카에다, 털목도리, 털모자, 털장갑으로 온몸을 휘감은 관광객들을 보노라면. 얇은 셔츠에 천목도리만 달랑 걸친 나는 동물원 원숭이, 다들 힐끗힐끗 쳐다보며 지나간다. 내 비록 파트타임코리언part-time Korean이지만 그래도 겨울나라 출신인데…, 가슴팍을 파고드는 찬 기운에 오들대면서도 아무렇지 않은 척 싱긋 웃어준다.

전통 옷을 걸친 산악 소수민족 라후 아낙들이 기념품을 팔며 눈길을 끄는 반쿰은 본디 국민당 잔당이 세운 마을이고 지금도 그 후손이 상권을 쥐고 있다. 여기 눈요깃거리는 앙캉왕립농장Ang Khang Royal Agricultural Station이 아닌가 싶다. 주로 고랭지 채소와 차에다 복숭아, 배, 감 같은 과일을 키우는데, 요즘은 장미를 비롯한 50여 가지 꽃을 길러 재미를 본다고도.

현재 도이앙캉 아홉 개 산악마을 100만 평을 아우르는 이 로열 프로젝트는 1969년 푸미폰 아둔야뎃 임금이 아편 퇴치를 내걸고 땅을 기증한 게 그 출발이었다고 한다.

여기저기 볕 쬘 데를 기웃거리다 왕립농장 한 귀퉁이에 문 연 커피숍을 찾아낸다. 기쁨은 '신대륙발견급'이다. 벽에 붙은 온도계가 영상 5℃를 가리킨다. 30년 동안 타이에 살면서 눈으로 본 최저기온이다. 커피 한 잔 받아 들고 꽃밭에 앉아 햇살을 쬔다. 내가 1,928m 도이앙캉의 겨울을 너무 얕잡아 봤다!

9시를 넘어서자 농장 안은 찍사들로 난리가 난다. 삼삼오오 떼지어 카메라로 겨울을 담는 이들을 물끄러미 바라보다 문득 든 생각.

'저이들은 여기가 전선이란 걸 알고나 있을까?'

관광 홍보에 가렸지만, 버마의 샨주와 국경을 맞댄 이 도이앙캉은 해묵은 전선지대다. 이 동네는 1990년대 중반까지 버마 쪽 쿤사의 몽따이군(MTA)[2]과 와주연합군(UWSA)[3]이 마약패권 전쟁을 벌이며 넘나들었고, 1990년대 후반부터는 샨주 독립을 외치는 샨주 남부군(SSA-S)[4]과 버마 정부군이 부딪쳤던 곳이다. 그 불똥이 여기 언저리 타이 영내로 날아들곤 했다.

다가 아니다. 여긴 샨주남부군을 국경 완충제 삼아 몰래 지원해온 타이 정부군과 버마 정부군 사이에 전선이 펼쳐지기도 했다. 특히 2001년엔 두 정부군이 대놓고 수백 발을 주고받는 포격전까지 벌였다. 그 통에 버마 정부군이 타이 전 국왕 푸미폰의 상징인 앙캉왕립 농장을 포격해 한동안 두 나라 관계가 극단으로 치닫기도.

2011년 버마 정부군과 샨주남부군을 비롯한 소수민족해방세력이 휴전협정을 맺은 뒤론 도이앙캉전선이 숙졌지만, 국경을 넘나드는 마약꾼들과 타이 국경수비대의 총격전 소식은 아직도 심심찮게

---

2 몽따이군Mong Tai Army(1985~1996년). 버마 정부에 맞서 샨주 독립을 외친 쿤사가 창설한 무장조직. 2만 병력을 거느렸던 몽따이군은 한때 버마 내 소수민족 가운데 최대 화력을 자랑하며 골든트라이앵글을 낀 마약사업으로 악명 떨쳤다.

3 와주연합군United Wa State Army. 버마공산당(BCP)에서 떨어져 나와 1989년 소수민족 와 지역(샨주북부-특별구2)에서 창설한 무장조직으로 버마 내 소수민족 가운데 최대 화력을 지녔다. 바오유샹Bao You Xiang이 이끄는 3만 병력은 버마 정부군과 협력·갈등 관계를 되풀이하면서 이웃 소수민족해방세력들과도 충돌해왔다. 그 정치조직인 와주연합당(UWSP)은 와주의 자치와 독립을 선언했으나 국제사회로부터 세계 최대 마약군벌로 낙인 찍혔다.

4 샨주남부군Shan State Army-South. 1996년 욧석Yawd Serk이 샨주 독립을 내걸고 창설한 뒤 1만 웃도는 병력을 거느리고 버마 정부군에 맞서온 샨주복구회의(RCSS)의 무장조직.

들려온다. 이 동네 마약전선은 여전히 살아 있다는 뜻이다.

그러니 도이앙캉 국경지역은 두 나라 사이에 건널목이 없다. 버마 쪽 산악이 빤히 보이지만 국경으로 통하는 길목들을 타이 국경수비대가 모조리 틀어막았다. 이 동네에선 국경선을 볼 수 없다는 말이다. 꼭 국경선을 보겠다면 딱 한 곳이 있긴 한데, 반쿰에서 북쪽으로 12km쯤 험한 산길을 더 들어가야 한다. 반노래Ban Nor Lae라고, 버마의 산주에서 넘어온 소수민족 따앙Ta'ang이 삶터를 다진 곳이다.

2001년 도이앙캉 포격전을 취재할 때 짬을 못내 그 반노래를 지나쳤던 나는 다음을 기약했다. 그 뒤로도 서너 번 도이앙캉 언저리를 지나다녔지만 때마다 형편이 안 돼 또 다음으로 넘겼다. 내겐 그 해묵은 '다음'이 바로 오늘이다. 어젯밤을 여기 반쿰에서 묵었던 까닭이다.

반쿰에서 반노래로 가는 길도 만만찮다. 이정표가 또렷잖은 데다 길도 좁고 낡아 애먹는다. 같은 길을 들락날락 40여 분, 굽이굽이 산길을 도니 넓은 차밭과 채소밭을 낀 반노래가 눈에 든다. 150여 가구는 될 법한 반노래를 한 바퀴 휙 훑는다.

300m쯤 한길을 따라 늘어선 시멘트집들 사이에 파리 날리는 식당 둘, 그 너머 안쪽으론 대나무로 만든 산골 전통 집들, 구멍가게 앞엔 동네 늙은이 네댓이 모여 하품을 하거나 담배를 피우거나. 풀 바구니를 머리에 진 할머니가 무심히 지나고, 우는 아이를 달래는 아낙네 서넛이 소리를 질러대기도. 강아지는 세 갈래다. 마냥 널

브러진 놈, 괜히 서성거리거리는 놈, 지나는 자동차에 달려들어 짖어대는 놈.

겉보기엔 여느 타이 산골마을과 다를 바 없다. 다만, 마을 한가운데 난데없이 솟은 언덕이 좀 별나다. 언덕배기를 피해 마을을 짓는 타이 전통을 놓고 보면 흔치 않은 풍경이다.

언덕 들머리에 버틴 초소, 이름을 적고 여권을 내보이자 군인 하나가 대뜸 몸을 흔들며 '강남스타일'을 흥얼댄다. 온 세상 구석구석 들쑤셔놓은 대한민국 대표상품 싸이란 가수의 위력을 다시 본다. 상표 가치를 따지자면 이 가수가 삼성이나 LG보다 한 수 위가 아닌가 싶다. 특히 오지에서는 더 그렇다.

2013년, 버마 정부에 맞서 해방을 외쳐온 소수민족 까친의 무장조직인 까친독립군(KIA)[5] 본부 라이자Laiza 취재 때였다. 아침나절 버마 정부군 포탄이 날아들어 종일 뒤숭숭했던 라이자에 어둠이 내리자 스피커를 통해 '강남스타일'이 흘러나왔다. 달려가 보니 동네 마당 에어로빅 판이었다. 전선에서 에어로빅도 놀랍지만, 바깥세상과 닿지 않는 국경 산악까지 파고든 싸이에 적잖은 충격을 받았다. 자본주의 상업예술이 해방혁명투쟁의 동력이 될 줄이야!

---

5 까친독립군Kachin Independence Army. 버마 정부로부터 까친의 자치·독립을 외치며 1961년 창설한 까친독립기구(KIO)의 무장조직으로 감샤웅Gam Shawng이 이끄는 15,000 병력이 2020년 현재 버마 정부군과 전쟁 중이다.

초소를 지나 기울기 30도는 넘을 법한 언덕배기를 따라 100m쯤 올라간다. 길 따라 차린 20여 개 기념품가게 앞에는 따앙 전통 옷을 차려 입은 아낙네들이 관광객을 기다린다. 관광철인데도 하루 고작 열댓 명이 다라지만, 그래도.

쓸쓸히 이는 바람에 날려온 관광 안내용 쪽지를 주워든다. 크게 쓴 '빨라웅Palaung'이 눈으로 툭 튀어든다. 이 빨라웅은 버마 사람들이 소수민족 따앙을 일컫는 말인데, 영국 식민정부를 거쳐 공식 용어처럼 굳어졌다. 웬만한 책과 문서에도 모두 빨라웅으로 나온다. 타이 사람들이 빨롱Palong으로, 중국 사람들이 더앙쭈우De'angzu로 부르는 게 모두 이 따앙을 가리킨다.

나는 소수민족 현장을 취재할 때마다 늘 이런 게 안타까웠다. 적어도 이름만큼은 본디 내 몸에 붙은, 내가 원하는 대로 불러주는 게 예의다. 빨라웅을 따앙이라 부르는 데 무슨 어려움이 있을까? 따앙을 빨라웅이라 불러 어떤 이문이 있을까? 남이 내 이름을 아무렇게나 부르는 걸 원치 않듯이 민족도 마찬가지다. 아무리 작아도 민족은 민족이고, 저마다 역사와 정체성을 지녔다. 그 상징이 바로 이름이다.

이 함부로 부르는 이름에 소수민족 문제의 본질이 담겼다. 다수민족이나 주류사회가 소수를 아무렇게나 버릇없이 대했다는 증거고, 그 결과가 충돌로 드러났다. 소수민족 문제를 풀어가는 길도 본디 이름을 되돌려주는 일에서부터 출발해야 옳다는 뜻이다.

버마에서 가장 오래된 토착민으로 꼽는 따앙은 샨주의 빨라웅 자치구(2011년 설치)에 삶터를 다졌다. 따앙은 중국 윈난과 타이 북부로 넘어간 이들까지 다 합해도 60만이 채 안 되는, 소수민족 가운데도 그야말로 소수민족이다. 1963년부터 버마 정부에 맞서 민족해방을 외쳐온 따앙의 정치·군사 조직들은 그동안 전쟁과 휴전을 되풀이해왔다. 1992년 조직한 따앙민족해방군(TNLA)[6]은 오늘도 버마 정부군과 독하게 싸우고 있다.

오늘날 반노래를 비롯해 타이에 삶터를 다진 5,000여 따앙은 20여 년 전부터 버마 정부의 압제와 전쟁에 시달리다 국경을 넘은 피난민이다. 타이에 뿌리내린 70여 소수민족 가운데 가장 작고 짧은 역사를 지닌.

으레 따앙은 응웨Ngwe, 슈웨Shwe, 루마이Rumai, 세 갈래로 나눈다. 흔히들 응웨를 실버 빨라웅, 슈웨를 골드 빨라웅 그리고 루마이를 블랙 빨라웅이라 부르기도 한다. 반노래 사람들을 포함해 타이로 건너온 따앙은 거의 모두 응웨 사람들이다. 이 셋은 뿌리내린 곳이 달라 서로 말투가 좀 다를 뿐, 또렷한 구분점이 없다. 다만 서로 다른 기원설화를 통해 몫몫이 정체성을 지켜온 게 아닌가 싶다. 역사적 사실과 상관없이 같은 기원설화를 믿는 이들은 공동체 의식을

---

6 따앙민족해방군Ta'ang National Liberation Army. 1992년 창설한 빨라웅주해방전선(PSLF)의 무장조직으로 따아익봉Tar Aik Bong 사령관이 6,000 병력을 이끌고 까친독립군(KIA), 샨주북부군(SSA-N)과 함께 북부동맹군 일원으로 버마 정부군에 맞서 싸우고 있다.

갖기 마련이니까. 사실은, 따앙의 기원설화란 것도 여러 갈래로 복잡한데 여기서는 재미난 몇 토막만 보고 가자.

"먼 옛날 샨주 북쪽에서 온 한 왕자가 따앙 처녀와 결혼하면서 선물로 엄청난 황금을 주었고, 그때부터 슈웨(골드 빨라웅)라 부르게 되었다."

"아주 먼 옛날, 젊고 예쁜 일곱 낀나리Kinnari(동남아시아 신화 속의 반은 사람이고 반은 새인 신의 창조물)가 살았는데, 어느 날 호수에서 물장난을 치는 그이들 앞에 한 왕자가 나타났다. 다들 도망쳤지만 가장 어린 낀나리는 그 왕자가 지닌 마법의 덫에 걸렸다. 왕자는 궁전으로 데려간 그 낀나리가 못 돌아가게 헝겊 띠, 옻칠한 등나무 띠, 은으로 만든 띠, 세 겹을 허리에 채웠다. 그렇게 해서 응웨(실버 빨라웅)로 부르게 되었다."

짧고 단조로운 슈웨에 견줘 응웨는 제법 이야깃거리가 된다. 특히 응웨 설화는 따앙 여성이 걸치는 전통 옷의 유래, 말하자면 고대 신념을 담고 있어 찬찬히 살펴볼 만하다.

"갑작스레 나타난 왕자에 놀란 낀나리는 옷을 제대로 입을 틈이 없어 급히 론지(치마처럼 허리에 걸치는 버마의 전통 두르개)를 가슴팍까지 올리고, 그 위에 헐레벌떡 저고리를 걸치면서 단추를 채우는 대신 정글 가시를 끼웠다."

이 설화 속에 오늘날 타이로 넘어온 웅웨 따앙 여성의 전통 차림새가 고스란히 담겼다. 따앙 여자들은 별나게 론지를 가슴팍까지 높이 올리고 그 위에 저고리를 걸치는데, 요즘은 정글 가시 대신 옷핀을 채운다는 게 다를 뿐이다. 세 겹 허리띠, 특히 두껍게 두른 은띠는 지금도 여전히 따앙 차림새의 상징이다.

설화란 게 다 그렇듯이, 이 따앙 설화도 언제 어떻게 생겨났는지 아는 이가 없다. 다만 요즘 눈으로 보면 불편한 구석이 많다. 이건 한마디로 '남자가 여자를 잡아서 도망치지 못하게 허리를 띠로 묶었다'는 얘기다. 현재 형법으로 따지면 공공장소 침입(성폭력범죄의 처벌 등에 관한 특례법 제12조), 납치(형법 제276조 체포·감금죄), 폭력(폭력행위 등 처벌에 관한 법률)을 포함하는 중대한 범죄다. 선택적 정의감에 불타는 대한민국 검사들한테 걸렸다면 한 10년 형은 거뜬히 받았을 법한.

말하자면, 따앙 여성이 허리에 두르는 세 겹짜리 띠라는 건 남근중심주의 사회의 유산인 셈이다. 고대 설화에 흔히 등장하는 '왕자'라는 건 사회적 윤리, 문화, 법 위에 군림하는 상징을 통해 남성의 행위에 정당성을 갖다 붙인다는 공통점을 지녔다. 그 결과는 늘 뻔하다. 여성은 언제나 인격 없는 연장 노릇만.

여성 꾸밈새, 특히 산악 소수민족 여성들 몸치레가 볼 때마다 아리게 다가오는 까닭이다. 따앙 여성이 허리에 두르는 은띠도 그렇

지만, 흔히 '롱넥 까렌Long Neck Karen'이나 '빠다웅Padaung'으로 불러
온 라흐위Lahwi 여성이 목에 찬 고리를 비롯해 아카Akha 여성이 쓰
는 은장식 감투 같은 건 형틀과 다를 바 없다.

이런 꾸밈새들은 거친 산악환경에 어울리지도 않을뿐더러, 먹고
살기도 힘든 판에 여성 쪽만 치러야 하는 만만찮은 성적 차별 비용
이기도. 꾸밈새란 게 이렇듯 뒤집어 보면 강요당한 아름다움, 그 압
제의 연장이었던 셈이다.

"세 겹 허리띠를 모두 벗을 수 있다면 본디 우리 고향인 은빛 하
늘나라로 날아갈 수 있다."

따양 여성이 간직해온 이 해묵은 믿음, 그 해방의 날이 빨리 왔으
면 참 좋겠다는 생각을 하다 보니 어느새 언덕 꼭대기다.

집채만 한 타이 국기가 펄럭였다 움츠렸다 마음대로 날뛴다. 이
언덕 꼭대기에서 반대쪽 내리막 150m 지점이 국경선이다. 버마 정
부군 진영이 한눈에 드는 여기서부터 공기가 사뭇 다르다. 군사지역
으로 들어왔다는 신호다.

언덕 꼭대기와 국경선 사이에는 노래 기지Nor Lae military base라 부
르는 타이 정부군 병영과 진지가 자리 잡았다. 근데, 군인들이 슬리
퍼를 신고 어슬렁댄다. 요즘 국경이 조용하다는 뜻이다. 국경선 코
앞 참호도 텅텅 비었다. 기념사진 찍는 관광객 네댓이 들락거릴 뿐.

그렇더라도 맨눈으로 버마 정부군 동선이 잡히는 맞은편 코아
후아론Khoa Hua Lon 기지, 빠끼Pa Kee 기지, 코아후아녹Khoa Hua Nok 기
지 쪽엔 거북한 기운이 돈다. 언제든 불을 뿜을 수 있는 준비된 긴

장갑 같은.

1,800km에 이르는 타이-버마 국경선에서 여기처럼 철망을 치고 대나무 빗장을 걸고 그 앞에 참호를 파서 군사적 대치를 한 곳은 흔치 않다. 두 나라 국경선이 지리적으로 거의 모두 강이나 무인 산악지대를 지나는 판에 군이 엄청난 돈을 들여 철책 따위를 칠 만큼 적대관계도 아닐뿐더러 또렷한 구실거리도 없었으니. 그동안 두 정부군이 심심찮게 총격전이나 포격전을 벌였더라도 월경 영토점령전은 없기도 했고.

여기 반노래를 낀 타이-버마 국경선은 군사적 대치만 있을 뿐, 국경 통로가 없어 두 쪽 시민들한테는 별 의미가 없다. 두 나라 사이에 교통선이나 무역선이 깔린 것도 아니고.

정작 문제는 버마 안쪽 800m 지점에 삶터를 다진 따양 사람들이다. 타이 쪽에서 볼 수 없는 마을인데, 국경선과 군사기지 사이에 끼여 오도 가도 못하는 신세다. 타이 쪽 반노래 사람과 자매형제인 그이들은 버마 쪽에서 생필품이나 먹을거리마저 구할 수 없는 형편이다.

하여 타이 쪽에서 숨통을 열어준 게 반노래 언덕 아래 개구멍이다. 사람 하나 겨우 빠져나올 만한 쪽문 안쪽엔 쌀이나 식용유를 구하려는 버마 쪽 따양 사람들이 줄지어 기다린다. 거드름 피우는 타이 국경수비대 막대기 아래로 마치 죄인인 양 조아리는 이들 모습이 참 아프게 다가온다.

국경을 건너오는 사람들한테 조심스레 말을 붙여본다.

"뭘 사러 오셨나?" "버마 안쪽엔 가게가 없는지?" "반노래엔 몇 시간 머물 수 있나?" …

두려움에 사로잡힌 눈동자들은 아무 말이 없다. 누구도 이방인을 향해 입을 떼지 않는다. 이들 몸에 배인 방어본능은 차별과 박해의 유산임에 틀림없다. 국경 사람들 현실이다.

동네 사람들 생존권마저 짓밟는 국경선에 원초적 의문을 던진다. 인류사적 현상인 '분리'와 '단절'의 발원지인 국경은 근대국가란 괴물에서 태어나 현대사를 거치며 이기적인 국가주의와 배타적인 민족주의의 흥기로 둔갑했다. 그 국경에 볼모로 잡힌 세계시민사회는 태생적 권리인 여행과 이전의 자유마저 빼앗기고 말았다. 그 아픈 증거가 여기 타이와 버마라는 국가의 이름 아래 숨죽이고 살아온 따앙 사람들이다.

이게 '하나의 이상', '하나의 정체성', '하나의 공동체'를 내걸고 입만 떼면 통합을 외쳐온 아세안(ASEAN), 그 축인 타이와 버마의 진짜 모습이다. 노래 국경은 말치레뿐 시민 없는 아세안의 정체를 폭로한 현장이다. 노래 국경은 인본주의를 외쳐온 21세기의 꿈도, 국경 없는 세상을 외쳐온 세계시민사회의 바람도 모조리 절망 속에 파묻어버린 현장이다.

나는 국경선에 막혀 자유를 빼앗긴 채 경계인境界人으로 살아온 따앙 사람들, 그 아린 모습을 기록으로 남긴다.

국경선은 인류 최악 발명품이다!

현대사의 공백,
'한국전쟁 제2전선'

2017년 12월 16일
도이매살롱Doi Mae Salong | 타이

길은 희망이었고, 자유였고, 사랑이었다.

길은 노여움이었고, 연민이었고, 눈물이었다.

길은 내가 따른 명령이었고, 살아온 자취였다.

길은 내가 사라지며 남길 세상 마지막 연인이리.

길은 오늘도 내 앞에 펼쳐진다. 정신없이 오르내리는 도이앙캉 산길 1089를 따라 한 시간, 지방도 107로 빠져나와 타똔Thaton에 닿을 때까지 화두는 오직 길이다.

타똔에서 버마 국경 산악을 끼고 동북쪽으로 또 한 시간, 반로짜 Ban Lo Cha라는 작은 마을을 지나 검문소 앞 삼거리에서 왼쪽 길로 꼬부라져 가파른 산악으로 접어든다. 국민당 잔당 제5군이 본부를 차렸던 도이매살롱으로 가는 길목이다.

산길로 들어서자마자 겨울을 알리는 신호가 곳곳에 피어오른다. 산사람들은 해마다 이맘때쯤 잡초 태우기로 한 해 농사를 시작한다. 12월부터 이듬해 4월까지 타이, 버마, 라오스 국경 하늘을 누렇게 뒤덮는 화전의 계절이 돌아왔다는 뜻이다. 머잖아 치앙마이를 비롯한 타이 북부지역은 미세먼지 지수가 300~800마이크로그램까지 치솟을 것이고. 이건 세계보건기구(WHO) 안전치 50, 서울에서는 100만 넘어도 난리가 난다는 바로 그 지표다.

여기서 꼭 짚고 넘어가야 할 게 있다. 화전 연기 배출구다. 10년 전쯤만 해도 치앙마이를 비롯한 타이 북부 하늘이 이렇지 않았다. 이건 도시 공룡농산자본이 전통 농지를 사들여 사료용 옥수수니 기름용 팜나무를 마구잡이로 심어 생태계를 깨트리고부터 벌어진 일이다. 연기 주범이 농산자본의 대규모 화전이라는 뜻이다. 연기 논란이 일 때마다 연구자들은 오히려 산사람들이 대물림해온 돌려짓기 화전이 땅을 북돋우고 병충해를 막아준다며 보존과 지원을 외쳐왔다. 손바닥만 한 화전을 일구는 산사람들이 이 연기의 주범이 아니라는 것쯤은 이제 모두가 안다.

근데 화전금지령을 내린 타이 정부는 정작 눈에 빤히 보이는 도시 '큰 고기'는 놔둔 채 산골 '잔챙이'만 잡아 가뒀다. 그러니 이 동네처럼 그냥 서 있기도 힘든 40~70도 산비탈에 대대로 밭을 일궈 한줌 먹을거리를 얻어온 산사람들은 눈치 보랴 농사지으랴 죽을 맛이다. 이렇게 자본을 낀 도시 정치에 치인 국경 사람들의 억울한 삶이다.

결과는 뻔하다. 방콕 한복판에 화전 농사를 짓지 않는 한, 올 건기에도 타이 북녘의 누런 하늘이 걷힐 가능성은 절대 없다. 정치는 오직 방콕을 위해 방콕에만 존재함으로.

자동차마저 가쁜 숨을 몰아쉬는 험한 꼬부랑길 40여 분, 이윽고 반도이매살롱Ban Doi Mae Salong이 저만치 눈에 차오른다. 도이앙캉에서 기껏 100km, 세 시간이나 걸렸다.

"옛날 사람들은 걸어 다녔을 텐데, 얼마나 걸렸을까?"

운전기사 솜삭이 혼잣말로 투덜투덜.

듣고 보니 잣대가 하나 있다. 도이앙캉 쪽 탐응옵에 진 친 국민당 잔당 제3군이 밤낮 꼬박 나흘 걸어 여기 도이매살롱 제5군 진영에 합류한 기록이다. 1967년 쿤사와 겨룬 아편전쟁 때다. 산악 게릴라전에 이골이 난 국민당 잔당이 어림잡아 하루 25km밖에 행군할 수 없었다는 건 이 동네 험한 산세를 가리키는 좋은 밑감이다.

견줘보면 중국 인민해방군이 대장정 때 하루 최대 130km를 행군했다는 전설적인 기록이 있고, 요즘 세계 각국 특수전 보병들은 60~80km를 갈 수 있다고들 한다. 펀펀한 길에서 그렇다는 말이다. 이러니 짐작컨대 도이앙캉에서 도이매살롱까지 보통 사람들 걸음으로는 적어도 10여 일쯤 걸리지 않을까 싶다.

반도이매살롱 들머리에서부터 또 헷갈린다. 그동안 수도 없이 들락거렸지만, 몇 해 전부터는 올 때마다 낯설기만. 여섯 달 전에 왔을 때 없던 호텔과 찻집이 마치 토박인 양 떡하니 고개를 내미는 판이니.

버마 국경에서 6km 떨어진 도이매살롱 산기슭에 터를 다진 이 마을은 1990년대까지만 해도 비포장 외길로 장마철엔 자동차가 다니기도 힘들었다. 하기야, "도이매살롱 오가는 사람은 총잡이와 마약꾼뿐이다."는 말이 나돌던 때였으니. 사실은 그렇게 멀리 갈 것도 없이 중국 관광객이 몰려들기 전과 견줘봐도 엄청나게 달라졌다. 그게 기껏 7~8년 전이다.

산자락 밭이었던 마을 들머리엔 호텔, 식당, 찻집, 기념품가게가 들어찼고, 마을을 가로지르는 200m 길 하나에 매달렸던 꾀죄죄한 상권도 이제 2km는 족히 넘을 듯.

"주민은 23,000이고, 한 해 찾아드는 관광객은 20만쯤."

반도이매살롱 촌장 따위(41세) 말로 이 마을 크기를 어림쳐볼 만하다. 2004년 내 취재 노트에 기록된 주민 수가 14,000이니 그 사이 9,000명이나 불어난 셈이다. 인구가 크게 줄어드는 타이 산골마을들과 거꾸로 가는 반도이매살롱은 한마디로 일거리와 돈줄이 넘친다는 뜻이다. 여긴 겉보기부터 여느 산골마을들과 다르다. 집집마다 자동차에다 위성안테나에다 컴퓨터에다 와이파이까지.

타이 산골에서는 흔치 않은 풍경이다. 한 해 20만 관광객이 뿌리는 돈도 돈이지만 그보다는 차, 고랭지 채소, 과일이 이 마을 진짜 돈줄이다. 무엇보다 도이매살롱 하면 차다. 타이완에서 씨를 들여온 이 마을 우롱차는 특품으로 꼽는다. 32km² 밭에서 해마다 거두는 차 200톤은 이 반도이매살롱의 현금작물 노릇을 톡톡히 해왔다.

마을을 한 바퀴 둘러본다. 때마다 느끼지만 중국 윈난Yunnan 어디쯤에 온 것 같다. 곳곳에 널린 윈난식 사찰에다 전통가옥들, 한자로 뒤덮은 가게와 식당 간판들, 윈난투 중국말을 쓰는 주민들, 대형 관광버스가 쏟아내는 중국 관광객을 보노라면 윈난 산골마을이라 한들 곧이들을 만도.

함께 거닐던 솜삭이 마을 한복판에 우뚝 선 현대식 타이군사은행 앞에서 고개를 갸웃거린다.

"이 외진 산골에 웬 은행이? 그것도 하필 타이군사은행이?"

옳다. 그이가 날카롭게 본 셈이다. 이 타이군사은행은 도이매살롱에 돈줄이 흐른다는 뜻이기도 하지만, 그보다 이 마을 내력을 담은 상징이기도 하다.

앞서 탐응옵에서 살펴보았듯이, 1950년 초 인민해방군에 쫓겨 버마 국경을 넘었던 장제스의 국민당 잔당은 다시 버마 정부군에 밀려 1960년대 초 타이 국경을 넘었다. 그 가운데 돤시원 장군이 이끈 국민당 잔당 제5군이 1963년 본부를 차렸던 곳이 바로 이 반도이매살롱이다.

국민당 잔당은 1970~1980년대 초까지 타이 정부의 공산당 박멸 작전에 용병 노릇을 한 대가로 여기 정착 허가를 얻었다. 그렇게 군사기지로 출발한 반도이매살롱은 1990년대까지만 해도 마약사업 거점이었다. 그즈음 여기 도이매살롱의 국민당 잔당 제5군은 도이앙캉 쪽 탐응옵의 제3군과 함께 세계 최대 아편 생산지였던 타이-버마-라오스를 낀 골든트라이앵글의 마약루트 90%를 쥐고 있었다.

애초 국민당 잔당은 버마 국경을 넘고부터 CIA와 타이군 도움 아래 아편으로 군자금을 마련했고, 그 지도부는 막대한 개인적 부를 쌓았다. 오늘날 반도이매살롱의 밑천이 아편이었던 건 말할 나위도 없다. 이 깊은 산골에 버텨선 타이군사은행의 정체가 드러난 셈이다. 타이군사은행은 돈과 군대와 정치가 어우러진 도이매살롱을 굴려온 '보이지 않는 손'이었다.

그러고 보니 타이 정부는 이 마을이 지닌 악명을 씻겠다고 이름까지 바꾼 지 오래다. '평화로운 언덕'이란 뜻을 지닌 산띠키리 Santikhiri로. 근데 사람들은 여전히 반도이매살롱을 입에 달고 산다. 제 몸 뿌리인 데다 부를 가져다준 이름을 바꿀 마음이 없는지.

마을 한 귀퉁이 단골 찻집에 들러 지친 몸을 반쯤 누인다. 변했다. 옛날을 돌아보지만 이제 그 기운은 온데간데없고 낯설기만.

별빛마저 없는 아주 어두운 밤
대포 소리만 사방에서 울린다
…
칠흑 같은 어둠을 헤치고
용감한 동지들이 적진으로 향한다
…
우리는 적의 심장으로 쳐들어간다
…

찻집마다 둘러앉아 추억을 씹는 노병들 너머로 낡은 스피커가 뿜어대던 국민혁명군가 '예시夜襲(야간공격)'는 이제 들리지 않는다. 대신 그 자리엔 타이완 최신 유행가가 흐르고, 모바일폰을 움켜쥔 3세들이 재잘거린다. 내가 처음 도이매살롱을 찾았던 1992년과 견줘 귀로 느끼는 이 마을 변화다.

해거름을 쫓아 국민당 제5군 병영이었던 도이매살롱리조트에 짐을 푼다. 도이매살롱에 올 때마다 묵는 이 단골집은 제5군 사령관 돤시원 장군의 오른팔이자 마을 지도자 노릇을 한 레이위톈雷雨田 장군이 주인장이었다. 그이는 2012년 세상을 뜨기 전 내게 아주 귀한 선물을 주고 갔다.

2004년이었다. 아직도 한국 현대사의 공백으로 남아 있는 '한국전쟁 제2전선'을 쪼가리 사료로 확인한 나는 사실을 받쳐줄 만한 증언자를 찾아 타이와 타이완을 뒤지고 다녔다.

"1951년(4월 14일) 우리 윈난반공구국군(리미 장군이 이끈 국민당 잔당) 2개 종대縱隊 2,000명이 버마의 꼬깡Kokang 산악을 타고 윈난으로 쳐들어갔지. 1주일 만에 컹마Kengma를 점령했어. 그때 CIA 군사고문관 열댓이 헬리콥터를 타고 현장에 왔고, 리미 장군은 우리한테 '한국전쟁 도와야 한다'며 공격 명령 내렸어."

그즈음 나는 레이장군을 세 번씩이나 찾아가 매달린 끝에 이 몇 마디를 얻어냈다. 이게 한국 현대사에서 한국전쟁 제2전선 존재 사실을 확인한 첫 증언이었다. 내게도 한국 현대사에도 더할 수 없이 값진 선물이던 셈이다. 그이 증언으로 한국전쟁 제2전선 존재 사실

을 확신한 나는 전직 CIA 조직책 빌 영Bill Young과 국민당 잔당 제8
군 709연대장으로 참전했던 타이완 외교관 슈쯔정修子政 장군 같은
증언자를 찾아낼 수 있었다.

그 증언들을 통해 CIA 지원을 받은 국민당 잔당이 1951년 4월
부터 1952년 5월 사이에 최소 일곱 번 윈난을 공격했던 사실도 드
러났다. 이게 한국전쟁에 뛰어든 중국 인민해방군 전력 분산을 노
리며 미국 대통령 해리 트루먼이 승인한 CIA의 극비작전 '오퍼레
이션 페이퍼Operation Paper'였다. 앞서 맥아더 장군의 중국 본토 공격
과 해상 봉쇄 요구를 매몰차게 뿌리쳤던 트루먼은 비밀스레 국민
당 잔당을 투입해 한반도에서 3,000km나 떨어진 중국 남부 윈난에
그렇게 한국전쟁 제2전선을 펼쳤다. 그러나 미국 정부는 국민당 잔
당 투입으로 노렸던 멍하이Menghai를 비롯한 윈난 전략요충지 장악
도, 민중봉기도 모조리 실패했다. 그로부터 한국전쟁 제2전선도 역
사에 묻히고 말았다.

한국전쟁 제2전선으로 국민당 잔당 덩치만 키운 꼴인 미국은 결
국 잔당을 낀 인도차이나 지역 안보 문제로 골머리 앓으며 국제마
약시장의 폭발적 팽창이라는 부메랑을 맞게 된다.

'한국전쟁 제2전선 실패'와 '인민해방군의 한국전쟁 불참 오판',
이 둘은 미국 정부의 부실한 정보력과 낭만적 예측이 낳은 한국전
쟁 최대 희극이었다.

그렇게 한국전쟁 제2전선을 달렸던 국민당 잔당이 바로 이 반도

이매살롱의 시조다. 그이들이 아시아 현대사에 처음 등장한 비밀반
공용병이었다. 서울에서 3,276km나 떨어진 이 국경 산골마을이 한
국 현대사와 비밀스레 얽혀 있었던 셈이다.

　한국전쟁 제2전선을 이끌었던 제5군 사령관 돤시원 장군은
1981년 세상을 떠나 이 마을 중턱에 꾸민 화려한 무덤으로 들어갔
다. 레이위톈 장군은 대궐 같은 영웅기념관泰北義民文史館 한복판 위
패로 앉아 있다. 그사이 노병들은 하나둘씩 사라지고, 이제 그 시절
영문도 모른 채 전선을 달렸던 소년병 출신 몇만 남았다. 국민당 잔
당의 시간도 얼마 남지 않았다. 머잖아 국민당 잔당의 역사는 깊은
어둠 속에 묻혀버리고 말 것이다.

　"역사는 묻지 않는 이들에게 답하지 않는다."
　오랫동안 내가 국경을 쫓아다녔던 까닭이다.

쿤사, 아편왕인가
독립투사인가?

2017년 12월 17일
반힌땍Ban Hin Taek | 타이

"해의 심리적 효과는 희한하다. 해는 아직 땅위로 안 솟았
지만 상상만으로 따스함을 느끼며 편안해졌다. … 내 운명
이 여행과 맞아떨어진다는 걸 깨달았다."

스물셋 먹은 미래의 혁명가 체 게바라가 남미대륙 여행일기에
남긴 한 구절이 떠오른다. 국민당 잔당 제5군 본부였던 도이매살롱
을 떠나 반힌땍으로 달리는 새벽녘 국경 산길, 찬 기운에 움츠린 내
몸은 해를 그리워하며 꼬물거린다. 저만치 손에 잡힐 듯한 버마 산
악은 안개 사이로 얼굴을 내밀었다 감췄다를 되풀이하고.
　김찬삼의 《끝없는 여로》를 길잡이 삼아 그려나갔던 열두 살짜리
아이의 세계일주지도는 이제 기억에서 사라져버렸지만, 그 꿈은 오

늘처럼 국경 골짜기를 달린다.

애초 국경은 내가 가야 할 땅, 운명이었는지도 모르겠다. 전쟁을 취재한답시고 얻은 쑥스런 이름 '국제분쟁 전문기자'란 것도 따지고 보면 국경에서 비롯되었다. 여태 내가 취재한 40여 개 전쟁과 분쟁이 거의 모두 국경에서 벌어졌고, 그 국경은 내 직장이었으니.

그러고 보니 전쟁 취재 때 국경을 안 거치고 오를 수 있는 전선이란 건 이 세상에 없다. 근데 이 국경이란 놈은 전쟁만 터지면 자동 폐쇄다. 하여 전선기자들한테 그 닫힌 국경 돌파는 반드시 거쳐야 할 통과의례가 되고 만다. 그러니 국경 뚫는 재주로 전선기자 급수를 매긴다는 게 괜한 말이 아니다. 예멘에서도 아프가니스탄에서도 코소보에서도 이라크에서도 시리아에서도 모두 그랬다. 단, 미군을 따라 돌아다니는 이들, 이른바 임베디드 저널리스트embedded journalist를 우리는 전선기자라 부른 적이 없다. 그자들은 군대를 쫓아다니는 종군기자일 뿐.

그리하여 내 뇌에 박힌 국경은 언제나 몰래 뚫어야 할 장애물이었고, 내 심장은 국경 냄새만 맡으면 자동으로 뛰기 시작했고, 내 몸엔 늘 '불법 월경자' 딱지가 붙어 다녔다. 내가 평화로운 국경선 앞에서도 남달리 긴장하는 까닭이다. 내 직업적 경험이 모든 국경을 적진마냥 '돌파' 대상으로 느끼도록 만들어버린 셈이다. 이번 여행만 해도 그렇다. 관광객들이 재잘거리며 드나드는 국경지역을 '합법' 신분으로 다니면서도 쓸데없이 뻣뻣해지는 걸 보면.

꿈과 운명이 1,000m 국경 산길 1234를 따라 오르락내리락 50여 분, 도이매살롱에서 28km 떨어진 반힌땍이 발에 차인다. '깨진 돌 마을'이란 속뜻을 지닌 반힌땍은 타이 지도를 펼쳐놓고 보면 북동쪽 끄트머리, 마치 손가락으로 버마 산주를 가리키는 듯한 곳에 자리 잡았다. 근데 이 반힌땍은 지도에도 이정표에도 반텃타이Ban Thoed Thai로 나온다. '타이를 기리는 마을'이란 뜻인데, 1982년 타이 정부가 마약 오명을 씻겠다며 바꾼 이름이다. 국민당 잔당 제5군 본부였던 반도이매살롱을 산띠키리로 바꾼 것과 같은 속내다. 그렇든 말든 사람들 입엔 아직도 반힌땍이다. 타이에서 반텃타이라 부르는 사람을 본 적도 없고.

아침을 여는 시장통에서 갓 따온 버섯으로 출출한 배를 채운 뒤, 옛 기억을 따라 마을을 한 바퀴 돈다. 25년 전 처음 반힌땍을 찾았을 때와는 영 딴판이다. 무엇보다 덩치가 몰라보게 커졌다. 마을 한복판을 가로질러 버마 국경 쪽으로 뻗은 길을 따라 빽빽이 들어선 가게와 집 들을 보며 옛 자취를 더듬어보겠다던 생각을 슬며시 접는다.

어딜 가나 마주치는 전통 옷을 걸친 아카Akha 사람들과 말이라도 섞어보고 싶어 손짓 발짓했던 내 기억 속의 반힌땍은 다 흘러간 이야기가 되고 말았다. 한길을 따라 현금지급기, 세븐일레븐, 위성안테나, 무선기지국, 송전탑, 테니스장이 줄줄이 이어지고 와이파이가 날아다니는 판에 전통을 기대한 건 지나친 감상이었는지도 모르겠다.

1903년 버마에서 내려온 아카 사람들이 터를 다진 이 반힌땍은 세월이 흐르면서 다인종 마을로 바뀌었다. "4,000 주민 가운데 아카가 40%로 아직은 다수지만 라후Lahu, 리수Lisu, 야오Yao에다 샨 사람과 윈난 사람까지 한데 어울려 산다." 아카 출신 읍장 뻬이친(42세) 말마따나 이제 반힌땍에서 아카색은 점점 옅어지고 있다. 두어 시간 마을을 돌아다녀도 아카 전통 옷을 걸친 이들을 볼 수 없을 만큼.

서로 다른 인종의 어울림은 인류의 꿈이다. 그리고 변화는 인류의 역사다. 국경 산골 반힌땍도 마땅히 그 꿈과 역사의 소중한 한 장이다. 다만 이 마을의 다인종 색깔과 그 변화를 보는 마음이 편치만은 않다. 어디든 국경 산골이 그렇듯이 반힌땍의 변화에도 온갖 신들이 도사렸다. 이 깊은 골짜기에 교회, 성당, 모스크, 절이 곳곳에 널렸다. 절만 해도 타이, 버마(샨), 중국(윈난) 불교가 다투듯 덩치를 뽐낸다.

타이 정부는 이 신들의 결투장인 반힌땍을 '다인종, 다문화의 상징'처럼 포장해 관광상품으로 내났다. 근데, 정작 이 동네서 다인종, 다문화를 한눈에 담을 만한 게 없다. 깊이 파고든다면야 왜 없겠냐마는, 그런 건 학술탐사지 관광이 아닐 테니까. 하여 산골마을 다인종, 다문화를 보고자 반힌땍을 찾은 관광객이라면 얼핏 후회하기 딱 좋을 만도. 만약, 타이 정부가 들이댄 그 다인종, 다문화의 상징이 종교라면 숨 막혀 죽을 사람도 적잖을 듯. 나처럼.

뭐, 어쨌든 좋다. 한데, 왜 신들은 하나 같이 볼썽사나운 콘크리트 건물을 이렇게 좋아들 하는지? 이 아름다운 산골과 어울려 자연에 녹아드는 나무교회, 진흙성당, 돌모스크, 갈대사원으로는 이문을 낼 수 없는 탓일까? 모조리 무슨 군사시설마냥 묵직하고 칙칙한게. 신들은 뭐가 그리 무서워 이런 콘크리트 방벽 속에 숨었을까?

신이 설쳐대는 땅에서 인간이 설 자리는 줄어들 수밖에. 그래서 반힌땍이 더 맥 빠지고 메마른 느낌이 드는지도 모르겠다. 타이 북부 산골마다 관광객이 넘쳐나는 12월인데도 여긴 그저 괴괴하기만. 하기야 한 해 기껏 1,000명쯤 찾아드는 두메마을이니 애초 관광객을 기대할 바도 아니지만.

이 반힌땍은 옛날부터 그랬다. 교통도 마땅찮고 치안 상태도 신통찮은 데다 딱히 볼거리나 먹을거리도 변변찮았다. 해서 우르르 몰려다니며 기념사진 한판 찍고 후다닥 떠나는 관광객들한테는 별로였다. 한 해 1,000명도 요즘 말이지, 20~30년 전엔 전통문화나 역사를 좇는 몇몇 멋쟁이 여행자들만 찾던 곳이다.

자, 여기까지는 반힌땍을 찬찬히 뜯어보지 않으면 심심한 두메산골일 뿐이라는 뜻이다. 누가 저작권을 지닌 말인지 몰라도 "아는 만큼 보인다."고들 하는데, 딱 어울리는 곳이 바로 반힌땍이다. 역사를 한 꺼풀만 벗겨보면 눈이 번쩍 뜨일 만큼 놀라운 동네다.

여기가 1970년대 연간 1,000톤 웃도는 아편을 생산한 버마-타이-라오스 국경을 낀 이른바 골든트라이앵글의 심장이었다. 그 마약 생산과 루트를 쥐고 있던 자가 '아편왕'으로 이름난 쿤사Khun Sa였다. 그 쿤사가 이끈 샨연합군(SUA)이 본부를 차렸던 곳이 여기 반힌땍이다.

"쿤사는 아주 따뜻한 사람이었다. 가난한 이들한테 돈도 나눠주고 병원과 학교도 지어주고… 우린 그이를 못 잊는다." 토박이 농꾼 기(70세)처럼 반힌땍 사람들 가슴속엔 아직도 쿤사가 살아 있다.

실제로 반힌땍에는 가는 곳마다 쿤사의 자취가 서렸다. 1,000명 가까운 학생들이 공부하는 따통중·고등학교도, 현대식 매파루앙병원도, 마을마다 통하는 길도 모두 쿤사가 남긴 유산이다. 세상이 뭐라 하든 반힌땍 사람들은 그런 쿤사를 '아버지'니 '아저씨'니 '사령관'이니 부르며 여태 큰 은인으로 떠받들어왔다.

"나이 많은 어른들 말로는 그 시절 여긴 아편도 없었고, 쿤사는 오히려 사람들이 아편에 손도 못 대게 아주 엄히 다스렸다고 한다." 읍장 떼이친 말이 반힌땍 사람들 믿음이기도. 물론 이건 내 경험과 아주 다른 말이다. 1990년대까지도 한길을 좀 벗어난 산자락 어디든 흔해 빠진 게 양귀비 밭이었으니. 관광객들은 20밧(500~600원)짜리 한 장으로 그 양귀비 밭에서 생아편 맛을 보았고, 시장 구석엔 아편 뭉치가 나돌기도 했다.

'아편왕'과 '민족해방투쟁 지도자', 이 어울릴 수 없는 별명 둘을 달고 다닌 쿤사만큼 논쟁적인 인물도 흔치 않다. 쿤사는 1934년 버마 샨주의 몽야이Mongyai에서 태어났다. 중국계 아버지와 샨계 어머니를 둔 쿤사는 장치푸張奇夫로도 잘 알려진 인물인데, 애초 샨주 로이마우에서 까끄웨예Ka Kwe Ye(KKY)를 이끈 군벌이었다. 까끄웨예는 1962년 쿠데타로 권력을 잡은 네윈 장군Gen. Ne Win이 버마공산당과 샨주 반군에 맞서고자 지역 군벌들을 자경단처럼 부린 민병조직이다. 버마 군사정부는 그 대가로 까끄웨예의 아편 밀매를 눈감아줬다. 그 사이 쿤사는 국민당 잔당과 아편전쟁을 벌일 만큼 거대한 아편제국을 건설했다. 그러나 까끄웨예가 지역방위보다 아편사업에만 매달리자 군사정부는 1969년 쿤사를 감금한 데 이어, 1973년 까끄웨예를 불법집단으로 낙인찍었다.

감옥살이를 하던 쿤사는 1973년 부하들이 납치한 러시아 의사와 맞교환으로 풀려난 뒤, 가족을 데리고 이 반힌땍으로 넘어왔다. 그게 1976년이었다. 그로부터 쿤사는 까끄웨예가 아닌 샨 독립을 외치는 샨연합군 지도자로 변신해서 버마-타이 국경 무대에 등장했다. 그러나 2만 병력을 거느린 쿤사는 여전히 국민당 잔당과 마약 패권을 다투며 국제마약시장을 폭발적으로 키워나갔다. 제2차 세계대전 전만해도 연간 60톤에 지나지 않던 인도차이나 아편 생산량이 1970년대 중반 1,000톤을 웃돌았고, 그 무렵 버마에서 생산한 아편 40%와 미국으로 흘러간 마약 70%가 쿤사 손을 거쳤다.

그 시절 국제마약시장은 CIA가 지원한 두 반공용병인 국민당 잔당과 라오스의 몽족 그리고 쿤사가 쥐고 흔들었다.

그러다 1975년 베트남전쟁이 끝나자 CIA가 우려먹던 인도차이나 아편의 군사적 유효기간도 끝났다. 곧장 미국 정부는 CIA와 마약단속국(DEA)을 앞세워 쿤사를 공적 제1호로 지명수배했다. 말할 나위도 없이 반힌땍은 타격목표 제1호가 되었다. 결국 1980년 미국 정부의 압박 끝에 타이 총리 쁘렘 띤나술라논 장군Gen. Prem

Tinsulanonda이 마약박멸 깃발을 올렸다. 그동안 알게 모르게 쿤사 뒤를 봐주며 이문을 챙겨온 타이군은 1982년 탱크와 전투기를 동원해 반힌땍을 공격했다. 그렇게 해서 두메산골 반힌땍은 난데없이 전쟁터가 되었다. 며칠 동안 거세게 저항했던 쿤사는 샨연합군을 이끌고 버마 국경을 넘었다.

그 뒤 쿤사는 타이와 국경을 맞댄 버마 샨주 호몽Ho Mong에 샨연합군 본부와 헤로인 제조창을 차린 데 이어, 1985년 샨 지역 군벌 연합인 샨연합혁명군(SURA)을 끌어들여 몽따이군(MTA)을 창설했다. 그렇게 호몽에서 덩치를 키운 쿤사는 1996년 버마 군사정부에 투항할 때까지 국제마약시장을 주름잡았다. 버마 군사정부는 미국을 비롯한 국제사회 압박 속에서도 끝내 쿤사를 기소하지 않은 채 여생을 보장했고, 쿤사는 2007년 10월 26일 랭군에서 삶을 마감했다.

반힌땍 사람들은 그해 11월 7일 떠들썩하게 쿤사 추모식을 치르며 슬픔을 달랬다. 이어 시장통 뒤 나지막한 산속에 자리 잡은 쿤사의 옛 본부를 '쿤사박물관'이라 이름 붙여 세상에 내놨다. 옛 연병장 터에는 말 탄 쿤사 동상을 세웠고, 병영 한쪽에는 쿤사의 샨주 독립투쟁을 기리는 온갖 사진과 자료를 붙여놓았다. 물론 아편이니 마약 이야기는 한마디도 없다. 그리고 쿤사는 섬뜩한 기운이 도는 어두컴컴한 옛 사무실에 밀랍인형으로 앉아 있다.

"쿤사는 샨주 독립 위해 싸웠다. 쿤사가 있을 땐 요즘처럼 먹고 살기도 힘들지 않았고. 그래서 우린 쿤사를 존경한다." 쿤사는 사

라지고 없지만, 반힌땍 사람들은 오늘도 떼이친처럼 쿤사에게 경
의를 표한다.

'아편'과 '민족해방', 이 화합할 수 없는 두 조건을 달고 다닌 쿤
사의 일생은 1990년대 말부터 와주연합군(UWSA)으로 대물림했
다. 세계 최대 마약군벌로 떠오른 와주연합군은 와주 독립을 외치며
버마 정부군과 싸워왔다.

버마-타이 국경에는 이렇듯 '민족해방'을 상표 삼은 마약이 굴
러다닌다. 앞서 국민당 잔당이 '반공'을 상표 삼았듯이. 이게 바로
마약의 정치경제학이다. 외진 두메산골 반힌땍은 그 민족해방전선
으로 포장한 국제마약전선의 심장이었다.

사라진 아카 문,
길 잃은 사람들

2017년 12월 18일
반파노이-아카Ban Pha Noi-Akha | 타이

따앙민족해방군(TNLA) 전투상보

-따앙민족해방군 정보부

2017년 12월 14일 1725~1800시

"버마 정부군 제88사단 제344보병대대,

만똔읍 만샤와 까이꼬르 마을 아군 공격.

아군 제101대대 반격, 버마 정부군 3명 사살.

아군 전상자 1명 발생."

버마 국경 산악을 바라보는 타이 북부 여행길이 즐겁지만은 않
다. 하루가 멀다 않고 날아드는 따앙민족해방군 전투상보가 자꾸 마
음에 걸린다. 벌써 3년째다. 샨주 한 모퉁이 산악에 외따로 갇혀 지

푸라기라도 잡고 싶은 심정일 텐데….

참 안타깝다. 마음과는 달리 현실은 녹록잖으니. 따앙을 몇 번 기사로 다루긴 했지만 소수 가운데도 소수인지라 지면 잡기마저 힘든 실정이고. 본디 언론이란 건 돈 안 되는 이런 소수민족엔 관심도 없고.

세상은 참 고르잖다. 산악 밀림에 국경선이란 걸 그어놓고 타이쪽은 관광객 웃음소리가 귀를 때리는데, 엎어지면 코 닿을 버마 쪽은 공포에 질린 사람들 비명이 끊이질 않으니. 이 근대국가 요물인 국경선 하나가 갈라놓은 숱한 이들의 운명이 참 아리게 다가온다. 그러니 이 빌어먹을 국경선을 기웃거리는 심사가 복잡할 수밖에는.

감상을 떨치고 해묵은 기억을 더듬어 반파노이-아카 마을을 찾아 간다. 반힌땍에서 북서쪽으로 기껏 2km 떨어진 이 마을을 콕 찍어주는 사람이 없어 오락가락 애먹는다.

꼭 25년 만이다. 산악 소수민족 아카가 삶터를 다진 이 마을도 그사이 몰라보게 달라졌다. 누런 먼지 날리던 마을 앞길엔 깔끔한 포장도로가 깔렸고, 집집마다 현대식 물탱크에다 위성안테나가 걸렸다. 어디를 둘러봐도 25년 전 자취를 찾기 힘들다. 그저 마을 생김새쯤이 어렴풋이나마 짚인다. 산비탈 아래쪽 물길과 말안장처럼 생긴 지형은 아카가 마을을 지을 때 반드시 따지는 두 가지 조건인데, 이 마을이 그 전형적인 모습을 지녀 오래도록 잔상에 남은 게 아닌가 싶다.

1982년 버마 샨주에서 온 아카 사람들이 지은 이 반파노이도 세월이 흐르면서 다인종 마을로 변했다. 현재 115가구 735명 주민 가운데 아카가 80%로 여전히 다수이긴 하지만 윈난 사람 10%, 샨 사람 5% 그리고 소수민족 라후 5%가 뒤섞여 산다. 그사이 아카의 전통문화와 신앙을 일컫는 '아카짜우'도 사라져버렸다.

이 마을 변화는 이탈리아 출신 하느님이 이끌었다. 마을 들머리에 버텨 선 콘크리트 성당, 본디 여기는 아카 문을 일컫는 '노콩'이 서 있어야 할 자리다. 전통적으로 아카는 마을 들머리에 노콩을 세우고 그 위에 희망을 뜻하는 새를 깎아 올렸다. 노콩 밑에는 나무로 깎아 만든 남녀 인형 한 쌍을 앉혀 아카 마을 상징으로 삼았고.

아카는 이 노콩 안쪽을 사람 세상으로, 그 바깥쪽 숲을 혼령 세상이라 믿어왔다. 말하자면 노콩은 아카의 현실세계와 정신세계를 가르는 살피인 셈인데, 그 속내가 마을 경계선이자 한편으론 마귀나 병을 쫓는 수호신인 걸 보면 우리 장승과 한 뿌리 아닌가 싶다.

그토록 중요한 노콩이 아카 마을에서 사라졌다는 건 전통과 헤어졌고, 달리 기독교가 파고들었다는 신호로 보면 틀림없다. 기독교와 전통문화가 함께 살 수 없다는 건 아카뿐 아니라 모든 소수민족 마을이 하나 같이 겪어온 실화다. 적어도 타이 산골에서는 그렇다는 말이다.

"우리 마을은 가톨릭이다. 주민 100%가 신자다."

반파노이 촌장 떼찐(35세) 말을 굳이 들을 것도 없다. 눈이 먼저 알아차린다. 아카 하면 때깔 고운 전통 옷인데, 이 마을에서는 자취도 없이 사려져버렸다. 눈 닦고 뒤져봐도 전통 옷을 걸친 이가 없다. 아무리 기독교가 파고든 마을이라도 여기처럼 전멸한 곳은 흔치 않다. 메시아 신화가 한 마을을 통째로 삼켰다는 뜻이다.

25년 전 내가 이 마을을 찾았을 때만 해도 어른 아이 할 것 없이 모두가 전통 옷을 걸치고 살았다. 수천 년 동안 입었던 옷을 기껏 한 세대 만에 벗어던진 반파노이의 변화 앞에서 심사가 참 복잡하다.

"여자들이 제대로 차려입고 은으로 꾸미려면 17만 밧(560만 원)이 든다. 그 무게만도 6~7kg이다. 이젠 그런 전통이 우리한테 안 맞다."

떼쩐 말이 틀렸다는 건 아니다. 나도 누구도 아카한테 전통을 우기거나 그 짐을 지울 권리가 없다. 한데, 내가 놀란 건 따로 있다. 아카 사람이 아카 전통을 마다하며 그 말을 입 밖에 냈다는 사실이다. 이건 가히 혁명적이다. 변화를 인정하는 것과 전통을 부정하는 건 전혀 다르다. 아카가 누군가? 아카짜우를 목숨처럼 여겨온 아카는 소수민족 가운데도 가장 고집스레 전통을 지켜온 이들 아니던가!

티벳에서 중국 윈난을 거쳐 버마, 라오스로 흘러든 아카가 타이에 건너와 첫 삶터를 다진 곳이 여기 언저리 반힌땍이고, 기록으로는 그게 1903년이었다. 100년이 지난 오늘, 타이 북부 산골에는 어림잡아 7만여 아카가 320개 마을에 뿌리내렸다. 아카는 본디 조상과 정령을 함께 모셔왔는데, 이젠 반도 넘는 이들이 미국 기독교 감리회나 가톨릭으로 갈아탔다.

"선교사가 들고 온 의료나 교육 지원을 받아들였을 뿐, 소수민족들이 신앙심까지 넘겨줬다고 보기는 힘들다. 그렇더라도 정신과 문화를 이끌어온 제사장들이 설 자리를 잃으면서 머잖아 전통문화는 사라져버릴 것이다."

치앙마이대학 문화인류학 교수 짜얀 왓다나푸띠Chayan Vaddhana-phuti가 오래전부터 해왔던 경고다. 이건 예부터 공동체를 이끌고 전통문화를 가르쳐온 제사장인 '조우마'가 선교사들한테 밀려나버리면 아카의 정체성을 대물림할 길이 없다는 뜻이다. 조우마는 제사와 기도 같은 의식에서부터 잔치, 춤, 노래, 옷을 비롯한 전통문화에 이르기까지 아카의 길잡이일 뿐 아니라, 말을 가르치고 병을 고치고 천기를 읽는 공동체의 심장 노릇을 해온 이들이다.

"아카 전통문화를 기록으로 보존하고 전수하면 된다."

이건 기독교 쪽 전문가란 자들이 대안이랍시고 떠벌여온 말이다.

천만에! 뜬구름 잡는 소리다. 삶의 본질이자 양식인 온갖 제의식은 제쳐놓고라도, 들리는 소리와 흐르는 시간에도 혼이 담겼다고 믿어온 이들이 아카다. 이 혼이 전통문화로 대물림했다. 이 혼을 어떻게 기록할 것이며, 어떻게 기록으로 전수할 것인가?

더 본질적인 문제는 따로 있다. 아카는 혼을 글로 옮길 수 없다는 강한 믿음을 지녔다. 이건 창조주한테 물소 가죽에 적은 아카 책(글)을 받아오던 선조가 배고파 먹어버린 뒤 영영 찾을 수 없다는, 이른바 '잃어버린 책' 신화에서 비롯되었다.

그로부터 아카는 제 몸에 서린 전통문화를 문자로 기록할 수 없다고 믿어왔다. 해서 기록 대신 조우마가 혼을 통해 전통을 대물림하는 전수자 노릇을 해왔다. 조우마를 지켜야 아카 혼과 전통이 살아남을 수 있는 까닭이다.

타이어로, 이탈리아어로, 영어로 아카의 혼을 기록한다고? 부디 농지거리를 거두기 바란다!

현실을 보자. 어디 할 것 없이 조우마가 밀려나버린 아카 공동체는 '잃어버린 책(글)'에서 이제 '잃어버린 말'의 신화로 접어들었다. 웬만한 아카 젊은이들을 붙들고 물어보라. 이 글에 등장하는 아카 말인 '조우마(제사장)', '아카짜우(아카 전통문화나 혼)', '노콩(아카 문)' 같은 아주 원초적인 말조차 알아듣는 이가 드물다.

"우린 기독교인이다. 그런 것 모른다. 본 적도 없고 들은 적도 없다." 내가 다니는 치앙마이 단골 커피숍에서 일해온 스물두 살 먹은 아카 아가씨 아파 말이다. 한국 선교사한테 배웠다는 한국말 "하나, 둘, 셋, 넷…, 안녕하세요?"를 곧잘 입에 올리면서도 정작 아카 전통문화의 핵심어를 모르는 아파, 이게 아카 현실이다. 아카 전통문화와 기독교가 함께 살아갈 수 없다는 증거다.

하여 아카헤리티지파운데이션Akha Heritage Foundation을 비롯해 뜻 있는 소수민족 연구자들은 아카를 우상숭배자로 몰아 전통문화 말살을 선교정책으로 내세운 기독교를 나무라왔다. 근데 달라질 낌새는 어디에도 안 보인다. 오히려 타이 국경지역에는 개인보다 마을 단위 개종을 앞세운 전체주의 선교정책이 더 시끄러운 소리만 낼 뿐. 타이 북부 산골에서 '맹위'를 떨치는 한국 기독교 선교단체도 한몫 톡톡히 해왔다.

말이 난 김에 내가 본 한국 선교단 모습을 한 토막 올린다. 옴꼬이Omkoi라고 치앙마이에서 남서쪽으로 130km쯤 떨어진 산악 한 모퉁이에 자리 잡은 소수민족 까렌Karen 마을 이야기다. 1994년쯤이었다. 먹고살기도 힘든 그 두메마을 한가운데 우뚝 선 교회, 적잖이 놀랐다. 신이 없는 내 속물적 계산법은 곧장 재화의 분배로 향했다. 이 교회 지을 돈이면 온 동네 사람이 마실 상수원 짓고, 공동농장 꾸려 배고픔에서 벗어날 수 있을 텐데….

"미국 선교사가 7년 동안 매달리다 실패한 이 마을을 내가 2년 만에 완전히 개종시켰죠. 나는 여기 오자마자 주민들한테 한 푼씩 주면서 전통 옷과 악기 같은 걸 끌어모았어요. 그걸 모조리 불 질렀고. 여긴 전통이 너무 강한 곳이라."

신의 대리인이라는 젊은 여성 전도사가 떠들어대는 앞으로 예닐곱 아이들이 한복을 입고 몰려들어 머리를 조아렸다. 신을 대하듯.

이 깊은 산골에 한복이라니! 도시에서도 걸치기 불편한 한복을 이 가파른 산속에서. 치마폭을 못 이겨 뒤뚱거리는 아이들을 애처로이 바라보는 내 등 뒤로 날카로운 소리가 넘어왔다.

"이제 이 마을은 완전히 한국 기독교로 바뀌었어요."

그리고 머잖아 그 선교사는 타이 북부 매홍손Mae Hong Son에서 소수민족 아이들을 부모 허락 없이 데려가 불법 합숙시킨 혐의로 경찰에 체포당했다.

이처럼 불교사회인 타이에서 한국 교회의 호전적인 선교 행태는 끊임없이 말썽을 일으켰고, 타이에서 선교사 체포나 추방 뉴스가 뜨면 십중팔구 한국 교회였다.

늦어도 한참 늦었지만 이제라도 한국 교회가 선교를 원천적으로 되돌아봐야 할 때다. 아무도 당신들의 신을 나무랄 수 없듯이, 누구도 소수민족 전통을 짓밟고 깨트릴 수 없기는 마찬가지다.

이쯤에서 타이 정부를 잠깐 보자. 불교국가인 타이는 그동안 종교자유를 내걸고 기독교 선교에 눈감아왔다. 그러나 선교사들이 소수민족 전통을 깨트린다며 심심찮게 불만을 터트려온 걸 보면 속앓이마저 없진 않았다. 근데 타이 정부의 이런 불편한 심기는 오롯이 제 탓이다. 정부가 소수민족을 차별 없이 시민으로 대하고 선교단체 대신 교육, 의료 같은 복지사업을 떠맡으면 그뿐이다. 절실함이 사라진 땅에는 선교가 안 먹힌다는 게 인류의 경험이다.

현재 타이 정부가 공식 인정하는 소수민족 가운데 아카와 까렌을 비롯한 열 개 고산족을 다 합친들 기껏 120만이다. 7,000만 시민을 지닌 타이 정부가 유독 그이들만 못 거둘 까닭이 없다. 법이나 정책이 없는 것도 아니다. 이미 오래전부터 타이 정부는 온갖 소수민족보호정책을 내걸었다. 그게 작동하지 않았을 뿐.

여기 반파노이가 좋은 본보기다. 겉보기엔 여느 타이 마을과 다를 바 없지만 반이 넘는 주민이 시민증도 없이 정체불명 외계인으로 산다.

"시민증? 하늘의 별 따기다. 온갖 서류에다 뒷돈까지 덧붙여도 세월아 네월아…" 촌장 떼찐은 절레절레 고개부터 젓는다. 시민증 없이는 여행도 맘대로 할 수 없는 판에 학교나 병원 따위는 다른 별 이야기다. 그 빈틈을 파고든 게 기독교 선교다.

흔히 서양 연구자들은 타이 고산족의 정체성을 '국가체제 거부하는 고립적 공동체'로 규정해왔다. 이게 마을 단위 개종이라는 무시무시한 기독교 선교 전략의 밑천이었다. 근데 이 정체성 논리는 한마디로 배경 없는 풍경화다. 끼워 맞췄다는 말이다. 수천 년 동안 행정도 안 닿는 깊은 산악에서 뿔뿔이 흩어져 살아온 이들한테는 애초 '국가'란 개념 자체가 없었다. 거부할 국가가 아예 없었다는 뜻이다. 현실만 해도 그렇다. 시민증도 못 받는 이들이 어떻게 '국가체제'를 인정하겠는가? 게다가 시민증 없이는 바깥나들이도 못하는 이들이 '고립' 말고 달리 택할 수 있는 길이 무엇이겠는가?

이건 차별이 빚은 타이 고산족의 현실일 뿐, 변하지 않는 존재의 본질을 일컫는 정체성이라고 딱 잘라 말하기 힘들다는 뜻이다.

반파노이를 보라. "우리 마을 사람 마흔 명이 한국, 타이완, 이스라엘로 일하러 갔다. 나머지 일할 만한 이들은 거의 모두 방콕이나 치앙마이로 떠났고. 나도 세 달 뒤에 한국 간다." 촌장 떼찐 말마따나 한 마을 인구 10%가 외국으로 떠났고, 시민증 받은 이들은 늙은이 젊은이 할 것 없이 대도시로 가버렸다. 반파노이는 고립에서 벗어나 이미 공동체 해체 단계로 접어들었다. '고립적 공동체'라는 것도 결국 어쩔 수 없는 현실적 선택이었을 뿐, 지키고자 애쓴 정체성과 거리가 멀다는 뜻이다.

내팽개쳐진 사람들이 살아가는 절박한 땅, 국경 사각지대는 어디든 낯선 신이 달려들기 마련이다. 그 낯선 신이 들고 온 '변화'라는 선물 앞에서 국경 사람들은 대물림해온 전통과 선을 긋고 새로운 삶을 맹세했다. 반파노이-아카의 오늘이다.

반파노이를 떠나는 내 얼굴로 땡볕이 달려든다. 아지랑이인지 허깨비인지 가물거리는 성당을 지나며 뒤돌아보지 말자고 다짐한다. 아무 짝에 쓸모없는 안타까움이나 애달픔 따위만 남길 바에야.

반파노이-아카도 나도 어디를 향하는지 알 수 없는 길을 가고 있다. 그저 우리는 너무 오래 전 만났을 뿐이다. 아련한 옛 추억과 이별할 때가 되었다. 비록 반파노이-아카를 남겨 두고 떠나는 가슴은 아리지만.

참 섭섭하다! 전통문화와 함께 어울려 살아갈 수 없는 신들의 고집이.

매사이,
붉은 용에
사로잡힌 닭

2018년 2월 7일
매사이Mae Sai | 타이
따칠렉Tachileik | 버마

타이 북부 치앙라이Chiang Rai에서 잘 뻗은 고속도로 1번을 따라 최북단 국경 건널목 매사이로 간다. 그동안 나는 이 60km 길을 수도 없이 달렸지만 늘 들머리에선 옷깃을 여민다. 오늘처럼.

29년 전이었다. 나는 낡아빠진 시골 버스를 타고 이 길을 따라 처음 국경 취재에 오르면서 타이 속담 하나를 신주단지처럼 품고 갔다.

"십빠악와아마이타오따아헨."

우리말로 '열 입이 하는 말과 눈 하나가 보는 게 다르다'쯤 될 법한데, 내 발로 뛴 현장이 아니면 기사를 안 쓰겠다는 병아리 외신기자의 다짐이었다. 그로부터 유혹이 있을 때마다 고달팠던 그 시절 치앙라이-매사이 국경길을 떠올리며 현장 기자로서 자존심을 지켜낼 수 있었다. 그 다짐을 데리고 달리는 고속도로 1번이 시원하게 펼쳐진다. 산투성이 타이 북부 국경지역에선 좀체 보기 힘든 지평선이 드문드문 차오르는 게 속이 다 후련하다.

치앙라이에서 매사이를 거쳐 버마 쪽 따칠렉을 잇는 이 고속도로는 1990년대까지만 해도 마약, 인신매매, 밀수 따위로 악명 떨친 한갓진 길이었다. 1992년 아시아개발은행(ADB)이 뒤를 받친 대메콩유역경제협력프로그램(GMSECP)의 한 축인 북남경제통로(NSEC)란 게 입에 오르내릴 때도 다들 긴가민가했다. 그러더니 1998년부터 그 북남경제통로 가운데 하나인 이른바 루트3B(R3B)라는 길을 닦기 시작했다. 중국(징훙)-버마(멍라-짜이똥-따칠렉)-타이(매사이-치앙라이)를 잇는 이 루트3B가 모습을 드러내면서 이 동네는 엄청나게 변했다. 게다가 이 길은 2010년 아세안·중국자유무역협정(ACFTA)을 맺은 중국이 동남아시아 진출 관문으로 삼은 데다, 2015년 무관세 경제통합을 내건 아세안경제공동체(AEC)까지 출범하면서 그 가치가 부쩍 높아졌다.

울퉁불퉁 고달팠던 2차선 도로는 다 옛날이야기고, 이제 4~8차선 고속도로에는 대형 화물트럭들이 정신없이 내달린다. 길가에는 식당, 커피숍, 상가가 늘렸고 곳곳에 공장과 주택단지가 들어찼다. 몇 해 전만 해도 벼가 자라던 논이었다. 손바닥만 했던 치앙라이 도심도 매사이 국경길을 따라 나날이 뻗어나가고.

치앙라이에서 매사이까지 50분이면 되는 길을 여기저기 눈요깃거리로 멈추다 보니 두 시간이나 걸렸다. 흔히들 매사이를 8차선 도로 양쪽으로 3~5층짜리 상가가 한 300m 늘어선 시장통쯤으로만 여기는데, 사실은 인구 10만을 거느린 아주 큰 군이다.

국경에서 커피 한잔이 빠질소냐!

시장통 맨 안쪽, 그러니까 국경 건널목 바로 앞 커피숍에 앉아 숨을 고른다. 서로 보고 보여주는 사람 구경만큼 재미있는 건 이 세상에 없다. 국경선에선 더 그렇다. 별난 얼굴들, 별난 차림새 다 좋은데, 여기 올 때마다 눈에 거슬리는 게 딱 하나 있다. 타이 쪽 세관과 출입국사무소 들머리에 우뚝 선 5층 높이 초대형 대문이다. 정작 그 뒤쪽엔 콧구멍만 한 사무실 몇 개가 다다. 나는 사람을 주눅들게 만드는 이 대문을 보면서 늘 가분수의 삿댄 미학을 의심한다.

'왜 이런 쓸데없는 큰 대문을 지어야만 할까?' '누가 이 콘크리트 흉물덩어리 대문을 짜냈을까?' '이 대문을 짓는다고 얼마나 많은 세금을 까 넣었을까?' …

오로지 '크기'에 목숨 건 공무원들 습성은 세상 어디나 다를 바 없는 듯. 정녕, 아담하고 편안한 전통 나무 대문으로 한껏 멋도 내고 국경의 긴장도 풀어주면 무슨 큰일이 나는 걸까? 어차피 이 대문은 도둑 막겠다고 지은 게 아니고 상징일 뿐인데.

투덜댄들, 커피 맛만 떨어질 뿐 세상은 잘 돌아간다. 이 볼썽사나운 대문을 통해 하루 4,000여 장사꾼이 국경을 넘나들고, 2017년 한 해 동안 8억 3,000만 밧, 우리 돈으로 282억 원짜리 무역판이 벌어졌으니.

한데 요즘은 매사이 기운이 영 신통찮아 보인다. 경기를 재는 잣대인 대형 트럭은 드물고 그저 보따리꾼만 들락거린다. 시장통도 시들하긴 마찬가지다. 이맘때면 관광객이 넘칠 만도 한데 가게들은 파리만 날린다.

치앙라이주 상공회의소 부소장이자 매사이 대표인 빠끼아마스 위에라는 "경기랄 것도 없다. 바닥이다. 짯(버마 돈)이 너무 약한 데다 버마 쪽 멍라Mongla가 막혀 중국과 거래도 힘들다."며 혀를 찬다. 버마 와주Wa State의 소수민족 무장세력인 와주연합군이 중국과 국경을 맞댄 멍라를 막아버려 루트3B가 마비된 탓이다. 와주연합군은 2만 웃도는 병력을 지닌 세계 최대 마약군벌로 버마 내 '비휴전그룹 7'7 가운데 하나다.

"이 동네 경제는 늘 정치에 휘둘려왔다. 버마나 타이 정부는 손도 댈 수 없고, 중국 정부가 나서야 풀 수 있는 문제다. 우린 '붉은 용 손아귀에 든 닭 팔자'다." 빠끼아마스 말마따나, 그동안 중국 정부는 알게 모르게 와주연합군을 도우면서 한편으론 버마 정부를 으르고

---

7 비휴전그룹 7 Non-Cease fire Group 7. 버마의 테인세인 대통령 정부가 2011년부터 내전 종식과 평화 정착을 내걸고 소수민족해방세력들과 휴전협정을 맺기 시작했고, 현재 까렌민족연합을 비롯한 열 개 소수민족이 전국휴전협정(NCA)에 서명했다. 그러나 와주연합군(UWSA), 까친독립군(KIA), 민족민주동맹군(NDAA), 샨주진보당(SSPP), 따앙민족해방군(TNLA), 미얀마민족민주동맹군 (MNDAA), 아라깐군(AA)을 비롯한 일곱 개 소수민족은 비휴전 상태다. 이 일곱 개 소수민족해방세력은 2017년 연방정치협상자문위원회(FPNCC)를 결성해 버마 정부와 휴전협상을 해왔다.

달래왔다. 이게 버마 정부와 소수민족 무장세력들을 동시에 지원하며 영향력을 키워온 중국식 '분할통치' 전략이다. 버마와 국경을 맞댄 타이는 소 닭 보듯 그저 지켜볼 수밖에 없었고.

사실은 타이도 이제 중국 손아귀에 오롯이 빨려 든 낌새다. 타이는 그동안 최대 교역국이었던 미국 자리에 두어 해 전부터 중국을 대신 앉혔다. 2017년 타이의 대중국 교역량만도 수출 294억 달러와 수입 370억 달러를 합쳐 664억 달러에 이른다. 게다가 중국 정부는 온 세상 땅과 바다를 한 경제권으로 묶겠다는 이다이이루一帶一路 구상의 동남아시아 발판을 타이에 박으면서 정치·경제적 영향력을 급격히 키워왔다.

괜한 말이 아니다. 눈에 보인다. 한 4~5년 전부터 방콕은 말할 것도 없고 치앙마이, 치앙라이, 매사이에까지 중국어 간판이 빼곡히 들어섰고 식당마다 중국어 차림표가 나돈다. 이정표나 공공 안내판에 중국어가 등장한 지도 오래다. 학교나 직장에 불어닥친 중국어 배우기 열풍도 우연이 아니다. 오랫동안 타이 사회에 군림해온 영어 자리를 이제 중국어가 넘본다는 뜻이다. 인류사에서 언어는 늘 힘의 상징이었으니까!

매사이 시장통에 굴러다니는 물건들도 속을 열어보면 거의 '메이드 인 차이나'다. 그러니 매사이를 찾는 숱한 중국 관광객들은 제 손으로 만든 것들을 선물이랍시고 바리바리 사들고 가는 셈이다. 돌아가서 짐을 풀고 실망할 이들을 생각하면 좀 안쓰럽기도.

매사이의 이 중국제 가운데 80%는 수천 km 뱃길을 돌아 방콕

항을 거쳐 다시 육로로 887km를 달려왔다. 루트3B를 통해 버마를 거쳐 오면 기껏 250km밖에 안 되는데, 왜 그럴까? 여기에 경제성을 따지며 헷갈릴 것까진 없다. 매사이만 아니라 북남 1,648km, 동서 780km에 이르는 온 타이를 중국제가 뒤덮었다는 뜻이니까.

으레 한쪽에선 타이의 중국화를 걱정하는 소리도 점점 높아간다. "두렵다! 우린 밀려드는 중국제와 엄청난 중국 자본에 맞설 수 없다. 머잖아 타이는 경제뿐 아니라 사회적, 문화적 독립성마저 잃을 것이다." 치앙라이 상공회의소 소장 뽄텝 인타짜이 말처럼.

몇 해 전부터 튀어나오는 반중국 정서도 위험 수위를 넘었다. "치앙마이, 치앙라이, 매사이 사람들 소리 들어보라. 몰려드는 중국 관광객을 향한 불만이 이만저만 아니다." 뽄텝 말마따나 이미 크고 작은 문제들이 불거졌다. 몇 해 전 치앙마이대학 학생들은 구내식당을 차지해버린 중국 관광객 탓에 제때 밥을 못 먹는다며 시위를 했고, 치앙라이에서 이름난 절이자 관광 코스인 왓롱쿤은 화장실을 더럽게 쓴다며 중국 관광객 출입을 막아 외교적 말썽을 빚기도 했듯이.

타이 사회의 반중국 정서는 화교 이주에서부터 비롯되었으니 한 200년 묵은, 꽤 긴 역사를 지녔다. 그렇더라도 요즘 타이에서 벌어지는 반중국 현상은 그런 역사적 뿌리나 중국 정부의 정치·경제적 대외확장정책 같은 거대담론에서 튀어나왔다기보다 지역 주민들이 쉽게 마주치는 중국 관광객을 향한 불만이 아닌가 싶다. "큰 소리로 떠들고, 아무 데나 침 뱉고, 화장실 더럽히고, 예의 없이 사람 대하고…." 치앙라이 커피숍에서 일하는 솜폰 말처럼, 관광지 어디서나 있을 법한 편견 같기도 한.

요즘은 한류 인기 때문인지 좀 뜸한데 몇 해 전까지만 해도 타이 사람들 불만은 모조리 한국 관광객을 향했다. '한국인 출입금지' 쪽지를 내붙인 호텔들을 상상해보시라. 그러던 게 이제 '꼴불견'은 다 중국 관광객 몫으로. 겉보기에 중국인과 한국인 구분이 쉽지 않은 마당에 억울하게 뒤집어쓰는 중국인도 적잖을 듯.

"70년대는 서양 관광객, 80년대는 일본 관광객, 90년대는 한국 관광객이 최악이었다." 이게 타이 관광업계에 나도는 말이다. 타이 사람들 눈에는 2000년대 들어 중국 관광객이 그 대를 잇는 셈이다.

어쨌든 이런 반중국 정서는 관광산업에 목맨 타이고 보면 심상찮은 일이다. 2017년 타이를 찾은 중국 관광객 980만 명이 뿌린 돈만도 5,240억 밧(17조8,000억 원)에 이르고, 그 가운데 300만 웃도는 이들이 치앙마이와 치앙라이로 몰려들어 지역 경제에도 크게 이바지했다. 관광으로 먹고사는 치앙마이 사람들은 저마다 이렇게 말한다.

"중국 관광객 아니면 치앙마이 경제는 죽음이다."

실제로 2017년 치앙마이 호텔 객실 75%를 중국 관광객이 채웠다. 그러고도 정작 중국 관광객은 푸대접받은 꼴이니. 좀 고약한 심보다. 돈만 벌면 되지 손님은 필요 없다는.

이제 매사이에서 국경 다리를 건너 버마 쪽 따칠렉으로 들어간다. 나는 1990년대 초 몇 차례 따칠렉을 찾은 뒤로는 한동안 발길을 끊었다. 버마 군사정부에 찍혀 1995년부터 18년 동안 비자를 못 받는 신세였던 탓이다. 그 유명한 버마 군사정부의 블랙리스트였다.

그러다 2007년인가, "출입국사무소 컴퓨터에 먼지만 쌓였더라."는 네덜란드 기자 친구 민카Minka Nijhuis 말을 듣고 호기심으로 다시 따칠렉을 찾았다. 그이 말대로 컴퓨터는 천에 가려 있었고 블랙리스트는 작동하지 않았다. 그로부터 비록 랭군에는 갈 수 없는 몸이었지만 몇 차례 따칠렉을 찾아 버마 공기를 마시곤 했다. 여긴 비자 없이 여권에 도장만 찍고 하루 동안 드나들 수 있는 곳이니까.

그러고 보니 나는 아직도 내 신분을 모른다. 2011년 버마 정부가 1,000명 웃도는 블랙리스트를 해제할 때도 내 이름은 없었고, 그 뒤로도 나는 비자를 못 받는 신세였으니. 그러다 2013년과 2014년 휴전협정 조인식 취재 때 대통령실 장관 아웅민Aung Min의 특별허가로 두 차례 랭군을 들락거린 게 마지막이었다.

여긴 별 탈 없으리라 믿지만 그래도 나는 여전히 뻣뻣한 긴장감으로 샛강 매남사이Mae Nam Sai에 걸린 '우정의 다리'를 건넌다. 이다리는 우정이란 이름과 달리 두 정부가 걸핏하면 열고 닫기를 되풀이해온 아주 정치적인 상징물이다. 수틀리면 주민도 교역도 없다. 2001년엔 타이와 버마 정부군이 이 다리를 사이에 두고 포격전을 벌여 매사이와 따칠렉 주민을 서로 죽이면서 소개령까지 내리기도 했다. 그즈음 버마 반군인 샨주군(SSA)이 타이 영내를 발판 삼아 따칠렉을 공격했다며 버마 정부군이 매사이로 포탄을 날리자 타이 정부군이 따칠렉으로 되받아친 활극이었다.

아무튼 이 우정의 다리 한복판, 두 나라 국기가 엇갈리는 지점이 타이와 버마의 국경선이다. 몇 해 전까지는 이 다리 한가운데서부터 공기가 달랐다. 타이 쪽에서 느끼는 느른함이 여기서부터 팽팽해졌다. 버마 쪽 군인들과 카메라를 놓고 실랑이 벌이기 일쑤였고, 다리를 건너면 이내 정보원들의 따가운 눈길이 따라붙곤 했다. 내겐 더 그랬다. 여권에 타이 정부가 발급한 저널리스트 비자가 박혀 있어 늘 요주의 인물로 감시했으니.

오늘은 따칠렉 공기가 다르다. 찬 기운이 휙 돌던 무뚝뚝한 출입국관리소 직원들이 웃는 얼굴로 먼저 인사를 건넨다. 놀라운 변화다. 두어 시간 따칠렉을 돌아다니지만 따라붙는 눈길도 없다. 동네 사람들 모습에서도 전엔 볼 수 없던 자유로움이 묻어난다. 따칠렉에서 면세점사업을 하는 빠끼아마스는 "2016년 아웅산수찌 정부 들어서고부터 여기 분위기도 크게 달라졌다."며 싱긋 웃는다.

따칠렉 시장통도 크게 변했다. 차려놓은 물건들을 보면 이제 매사이 가게들과 다를 바도 없다. 근데, 이런 풍경이 내겐 좀 심심하다. 옛날엔 가게마다 눈요깃거리가 넘쳤다. 희한한 골동품에서부터 호랑이 가죽에다 코뿔소 뼈에다 없는 게 없었다. 대마초니 아편도 내놓고 팔았다. 이게 모두 국제사회가 금지한 종목들이다 보니 이제 진열대에서만큼은 사라졌다. 뭐, 그렇다고 뒷골목 흥정까지 죽었다는 건 아니다. 사고파는 이들이 눈치껏 뒷골목으로 향하는 모습은 아직도 살아 있는 낌새다. 옛날부터 여긴 "돈이면 안 되는 게 없다."는 소문이 자자했던 곳이니까.

따칠렉은 이제 복제품으로 명맥을 이어간다. 루이비똥 가방, 구찌 신발, 롤렉스 시계, 버버리 코트, 에르메스 정장에서부터 꼬냑과 포도주에 이르기까지 명품이란 명품이 지천에 깔렸다. 최신판 할리우드 영화에다 한국 드라마에다 고전음악에다 케이팝이 진열대에 넘쳐난다. 돈은 없지만 '명품'을 몸에 둘러야 하는 이들한테는 여기가 바로 낙원이다. 전문가도 가려낼 수 없다는 루이비똥 신품 가방이 3만 원쯤 한다고들 하니. 단, 지나친 흥분은 기분을 잡칠 수도 있다. 보따리에 눈알을 부라리는 타이 세관이 만만찮을 테니까. 운 나쁘면 그렇다는 말이다. 이 동네 사람들 말로는 "한 벌 쫙 빼입고 시계 하나 차고 가방 들고 나가는 건 괜찮다."고들 하니 죽어도 '명품'을 갖고 싶다면 참고하시도록.

"바이아그라, 말보로, 꼬냑, 섬씽 모어?"

매사이로 되돌아 나오는 길에 호객꾼이 달라붙는다. 섬씽 모어, 마약도 판다는 뜻이다. 여긴 아직 따칠렉이었다. 전통의 무법천지 따칠렉은 영원하다.

해거름을 따라 30년째 드나든 매사이게스트하우스에 짐을 푼다. 국경을 가르는 매남사이 둑 위에 선 이 집은 예나 이제나 달라진 게 없다. 마당에 서 있는 국경 경계비도, 방도, 정원도, 정자도 모두 그대로다. 흐르는 세월에 치여 낡아가는 이 집을 전통으로 불러야 할지는 좀 더 두고 봐야겠지만, 불편함을 정겨움이 메워주는 것만큼은 틀림없다.

열 걸음이면 족할 강 너머 버마에서 저녁 짓는 연기가 피어오른다. 변하지 않는 이 풍경들이 고맙다. 이 멈춘 시간이 포근하다. 온갖 상상이 국경선을 자유롭게 넘나든다. 국경의 밤이 깊어간다.

음모와 배반의
삼각지대

2018년 2월 8일
골든트라이앵글Golden Triangle | 타이
반콴Ban Kwan | 라오스

"버마 국경 따라 1041 타고 가세."
"새길 1290으로 가면 빠르고 편한데 굳이 옛길을?"
"그냥, 옛 임이 그리워서."
"누구? 그러지 말고 편하게 가지요?"

운전대를 잡고 투덜대는 쪼이를 달래 타이와 버마 국경을 가르
는 루악강Ruak River을 왼쪽에 끼고 달린다. 매사이에서 골든트라이
앵글까지 이 30km는 타이에서 가장 고즈넉한 길이 아닌가 싶다.

나는 이 길에만 들어서면 생각도 느려지고 마음도 아늑해진다.
수도 없이 이 길을 지나다녔지만 노상 그랬다. 선방이 따로 없다. 애
써 가부좌 틀고 벽과 마주 앉을 일도 없다. 길은 세상 모든 인연이

오는 곳이고 가는 곳이며, 그 인연의 처음과 끝일 테니. 하여 떠돌이 팔자를 타고난 나는 늘 길에서 이삭 줍듯 인연을 건져 올리는지도 모르겠다.

꼭 26년 전이었다. 나는 타이-라오스 국경지역 마약 취재로 정신없이 이 길을 달리고 있었다. 취재와 마감에 찌든 나는 풍경 따위에 한눈팔 겨를조차 없었다. 그러다 루악강이 옆구리에 닿을 때쯤, 내 지친 영혼 앞을 감색 곡두가 휙 스쳐갔다. 곧장 자동차를 세우고 뛰쳐나갔다. 온 천지를 붉게 물들이는 저녁노을을 따라 걸망 하나 달랑 매고 걷는 한 노승이었다. 나는 그 노승이 노을 속 까만 점으로 사라질 때까지 한없이 부러운 마음으로 바라보았다. 그리고 다짐했다.
"나도 언젠가는 이 노을을 따라 걸어야지!"
그 해묵은 다짐을 또 다음으로 미룬 채, 오늘도 바쁜 일정을 핑계 삼아 자동차로 달린다. 그 노승이 걷던 길 위로 까투리 한 마리가 푸드덕 날아오른다.
'노승과 까투리와 나는 26년 세월을 두고 어떤 인연으로 얽혔을까?'
풀 수 없는 즐거운 화두를 들고 국경길을 달린다. 대낮인데도 마주치는 자동차가 드물다. 30km를 달리는 동안 기껏 열서너 대쯤 보았을까. 하기야 옛날부터 이 길은 국경을 넘나드는 강도떼가 설친다며 동네 사람들도 다니길 꺼렸으니.

사실 이 길은 강도떼가 아니라 1950년대부터 마약루트가 걸려

온갖 군벌들이 득실댄 데다, 1980년대까지 타이공산당이 드나들던 국경 무인지대였다. 이제 타이공산당이야 사라지고 없지만, 마약루트만큼은 아직도 살아 있다. 버마 쪽에 도사린 세계 최대 마약군벌인 와주연합군을 비롯해 크고 작은 조직들이 타이와 라오스로 마약을 흘려대는 탓이다. 마약루트가 어느 길인들 마다하랴. 길로 치면 여기가 지름길이다. 마약꾼들 재주가 좋아 경찰한테 안 잡혔거나 경찰이 눈감아주었거나 어쨌든, 요 몇 해 사이엔 잠잠하지만.

그리고 보니 치앙마이, 치앙라이, 매사이에선 마약꾼 체포 소식이 끊이질 않는데, 유독 이 길만큼은 조용하다. 곳곳에 검문소가 눈을 부라린 매사이-치앙라이 고속도로와 달리 여긴 검문소 없다. 이 길을 따라 남쪽으로 치앙샌Chiang Saen과 치앙콩Chiang Khong을 거치면 치앙라이나 치앙마이까지는 일사천리다. 그래서 더 수상하다는 말이다. 이 허술한 국경지대를 요즘 왜 마약꾼들이 넘보지 않을까? 그 대답은 오직 타이 경찰과 군인만 안다!

매사이와 국경을 맞댄 버마 쪽 따칠렉에서 동남쪽으로 한 시간쯤 함께 달려온 루악강 황토물이 거대한 메콩강Mekong River 품에 안긴다. 흔히들 이 두 강을 끼고 타이, 버마, 라오스 세 나라가 국경을 맞댄 곳을 골든트라이앵글이라 불러왔다. 타이는 이 두 강 합류지 앞에 골든트라이앵글이라는 표지판을 세워 관광객을 끌어들였다. 좀 더 또렷이 말하자면 동쪽 라오스를 마주보는 마을 반솝루악Ban Sop Ruak 들머리가 이 관광용 골든트라이앵글의 전망대인 셈이다. 강을 끼고 한 자리에서 세 나라 국경을 볼 수 있는 흔치 않은 곳이다.

도도하게 흐르는 메콩강을 한동안 넋 놓고 바라본다. 다 좋은데, 북으로 한 2km 떨어진 버마 쪽 완빠흐삭Wan Pahsak에 똬리 튼 요새 같이 투박한 건물이 풍경을 삼켜버린다. 삼각지대 한가운데라 안 볼 수도 없는 이 흉물덩어리가 골든트라이엥글파라다이스카지노다. 타이 도박꾼들을 겨냥한 이 카지노는 2000년대 초부터 버마 군부와 손잡은 타이 거물 정치인 쁘라싯 포타수톤Prasit Phothasuthon의 돈세 탁용 기지라며 말들이 많았다. 골든트라이앵글을 마카오처럼 만들 겠다는 이 '포타수톤 패밀리'가 메콩강을 따라 불어닥친 카지노 열 풍의 시조뻘이다. 메콩강과 카지노, 이 불쾌한 조합은 자본과 정치 가 손잡고 그려낸 최악 국경 풍경화다.

한 300m나 되려나, 호텔에다 아편박물관에다 보물선에 앉은 대 형 부처에다 기념품가게가 어지럽게 늘어선 반솝루악 앞 강둑길을 지나다 보면 인증샷에 정신 팔린 관광객들과 심심찮게 부딪치고, 여 기저기 아무개를 부르는 소리에 혼이 쑥 빠진다.

참, 그보다 이 골든트라이앵글을 찾는 이들은 저마다 양귀비니 마약을 떠올릴 법한데, 오해는 마시길. 미안하게도 여긴 양귀비밭도, 마약 제조창도, 마약꾼도, 마약 밀매도 볼 수 없는 곳이다. 아마도 언 론이 그런 상상력을 자극한 게 아닌가 싶은데, 여기 와서 '환상적'인 기사를 날린 기자들이 너무 많았으니. 근데, 대체 뭘 보고 무슨 취재 를 했을까? 여기 와서 마약 취재했다면 다 가짜다! 마약과 골든트라 이앵글을 잘못 짚었다는 뜻이다.

애초 이 골든트라이앵글이란 말은 1950년대 버마 마약군벌들이 타이, 라오스와 국경을 맞댄 따칠렉에서 아편을 금괴와 바꿔가면서 붙은 별명인데, 기록상으로는 1971년 미국 국무차관 마샬 그린Marshall Green이 마약 관련 기자회견에서 처음 쓴 게 아닌가 싶다. 그로부터 이 골든트라이앵글은 타이의 치앙라이주, 버마의 샨주, 라오스 북부를 아우르는 양귀비 재배 지역을 일컫는 말이 되었다. 요즘은 마약을 낀 골든트라이앵글 개념을 타이 북부 전역, 버마 샨주, 중국 남부 윈난, 라오스 북부, 베트남 북부까지 더 넓혀 잡기도 한다. 이렇게 골든트라이앵글은 한반도 다섯 배 가까운 95만 km^{2}에 이르는 거대한 마약지대를 가리키는 말이다.

이제 반솝루악 맞은편 라오스로 들어간다. 라오스 쪽은 보께오주Bokeo Province 똔풍Ton Pheung이라 부르는데, 한 10년 전만 해도 드문드문 집들이 박힌 숲이었다. 그러다 2007년 '골든트라이앵글경제특구(GTSEZ)'를 차리고부터 길을 내더니 이젠 공장과 호텔과 주택단지까지 들어섰다.

반솝루악에서 한 무리 관광객에 묻어 통통배를 탄다. 중국 사람 여섯에다 타이 사람 셋, 모두 아줌마다. 주고받는 말로 보아 한탕 노리는 아마추어 도박꾼인 듯. 2분이면 라오스다. 자동차 또 3분, 돈사오Don Sao라는 작은 섬을 마주보는 메콩강 둑에 대형 왕관을 뒤집어쓴 아주 비현실적인 건물로 간다. 이게 킹스로먼스카지노다. 30억 달러 투자 조건으로 골든트라이앵글경제특구의 102km^2 땅을 99년 동안 따낸 홍콩 킹스로먼스인터내셔널Kings Romans International

의 주력 사업이다. 이 회사는 골든트라이앵글에 '중화제국'을 건설했다. 중국 표준시에 맞춰놓은 이 동네는 카지노, 호텔, 술집, 식당 같은 모든 업소를 중국인이 운영한다. 물론 간판은 모조리 중국어고, 돈도 중국 런민비를 쓴다. 어딜 가나 경비를 맡은 중국인 덩치들이 눈알을 부라리고 길바닥엔 중국 번호판을 단 자동차에다 중국 경찰차가 돌아다닌다.

그사이 이 킹스로먼스카지노는 마약 밀매, 매매춘, 인신매매에다 호랑이와 곰 요리까지 팔며 악명 떨치더니 결국 '범죄도시'란 별명을 얻었다. 아주 늦었지만, 열흘 전인 1월 30일 미국 재무부와 마약단속국이 킹스로먼스 대표 짜오웨이를 비롯한 관련자 넷을 아동 성매매, 마약 밀매, 야생동물 밀매 혐의로 금융거래 제재 대상에 올렸다.

왜 이제야? 벌써 오래전부터 동네 아이들도 다 아는 이 범죄도시 실상을 미국이나 라오스 정부가 그동안 몰랐다는 말일까? 아직 그 속살이 다 드러나진 않았지만, 여기도 한패로 놀아나던 자본과 정치가 이제 와서 서로 수틀린 것만큼은 틀림없다. 다른 말로, 챙길 만큼 챙겼다는 뜻이다. 단물 다 빼먹은 부정부패는 서로 배반하고 등짝에 칼을 꽂는 게 막판 작별 인사니까.

이미 버마 쪽 파라다이스와 라오스 쪽 킹스로먼스를 비롯해 카지노 넷이 굴러가는 골든트라이앵글 지역에는 더 많은 카지노 개장 계획이 잡혀 있다고들 한다. 입소문만 탈 뿐 그 실상을 오롯이 아는 이가 없다. 카지노가 국가 기밀이라고 하니, 제기랄!

타이에선 아직 카지노가 불법이지만 이미 오래전부터 정부가 카지노 합법화를 만지작거렸으니 시간문제일 듯. 타이 정부가 카지노를 허가한다면 이 골든트라이앵글이 영순위일 게 뻔하고, 머잖아 이 동네는 '리버베가스River Vegas'란 이름이 붙지 않을까 싶다.

아마존강에 이어 세계에서 두 번째로 꼽는 생물다양성의 보고가 바로 이 메콩강이다. 여기에 카지노와 온갖 유흥 시설이 들어서야 속이 후련할까? 국경을 넘나드는 온갖 검은 자본과 권력 앞에 이 귀한 자연을 통째로 갖다 바치는 게 옳은 일일까?

그저 강한테 미안할 따름이다.

도박꾼들이 드나드는 킹스로먼스카지노 앞에서 골든트라이앵글에 서린 음모와 배반, 그 감춰진 역사를 끄집어낸다. 반숩루악 맞은편 라오스 선착장에서부터 이 일대를 옛날부터 반콴이라 불러왔다. 여기가 이른바 '1967년 아편전쟁1967 Opium War'의 최대 격전지였다. 이름하여 '반콴전투'가 벌어졌던 곳이다.

20년쯤 전 나는 반콴전투 자취를 캐보려고 한동안 메콩강을 뻔질나게 건너다녔다. 그땐 이 언저리가 잡초 우거진 허허벌판이었다. 집도 없고 사람도 없었다. 오직 하나, 한때 아편 정제소로 썼던 허물어진 목재소만 덩그러니 남아 있었다. 그게 역사라면 역사였고. 결국 헛발질만 하다 10년 전쯤 마음을 접었다. 길을 내고 호텔과 카지노가 들어서며 온 천지 갈아엎는 걸 보고는.

말 그대로다. 이제 반콴엔 어떤 자취도 남은 게 없다. 그렇더라도 역사까지 묻어버릴 순 없다. 앞서 탐응웁과 도이매살롱에서 훑어보았듯이 1950년 초 CIA는 인민해방군에 쫓겨 버마 국경을 넘은 장제스의 국민당 잔당을 반공용병으로 부리며 그 대가로 아편 생산과 운송을 도왔다. 한편 1962년 쿠데타로 버마의 권력을 쥔 네윈 장군은 버마공산당과 반군에 맞서고자 쿤사를 비롯한 지역 군벌들을 까끄웨예라는 자치방위군으로 부리며 그 대가로 아편 밀매를 눈감아주었다. 이게 국민당 잔당과 쿤사를 끼고 세계 최대 아편 생산지로 악명 떨친 골든트라이앵글의 역사적 뿌리다.

그리고 머잖아 국민당 잔당과 쿤사 사이에 결전의 날이 온다. 1967년 6월, 쿤사는 버마 산주에서 320km 떨어진 여기 반콴으로 무장수송대 800여 명이 이끄는 노새 300마리에 아편 16톤을 실어 보냈다. 그 시절 50만 달러어치 그 아편은 요새 우리 돈으로 46억 원에 이른다. 쿤사한테는 그 돈이면 카빈 소총 1,000자루를 사서 2,000 병력을 곧장 3,000으로 불려 국민당 잔당 3,200 병력과 맞먹을 수 있는 그야말로 야심찬 한탕이었다.

그 아편 주문자는 라오스 육군참모총장으로 반콴에 마약 정제소를 지닌 우언 랏띠꼰Ouane Rattikone 소장이었다.

쿤사 움직임을 눈치챈 국민당 잔당은 발등에 불이 떨어졌다. 아편 이권을 놓고 서로 으르렁댔던 국민당 잔당 제3군 리원환 장군과 제5군 돤시원 장군은 제1독립부대(정보부대) 마쥔궈 장군 주선으로 1,000 병력을 공동 차출했다. 곧장 버마 산주로 잠입한 국민당 잔당은 쩽뚱Keng Tung을 지나 라오스로 향하던 쿤사의 수송대를 공격했다. 그러나 쿤사의 수송대 주력은 별 탈 없이 메콩강을 건너 7월 17일 반쾬에 닿았다. 일주일 뒤인 7월 24일, 국민당 잔당이 쿤사의 수송대를 쫓아 반쾬으로 쳐들어가면서 이내 전투가 벌어졌다.

두 진영은 "즉각 라오스를 떠나라."는 우언 랏띠꼰 장군의 최후 통첩을 무시한 채 닷새 동안 거세게 치고받았다.

7월 29일 정오, 우언 랏띠꼰 장군은 공군 T28 전투기 여섯 대를 띄워 반쾬을 무차별 폭격한 데 이어, 반쾬 남쪽에 제2공수대대, 북쪽에 두 개 보병대대 그리고 메콩강에 해병 함정 두 척을 투입해 두 진영을 공격했다.

손바닥만 한 반쾬에 육해공 특수전 병력을 투입한 라오스군에다 국민당 잔당과 쿤사 수송대가 뒤섞여 삼파전을 벌인 셈이다.

"세 쪽을 모두 합해 5,000 병력이 뒤섞였으니 상상해봐. 전선이 어딨어. 사방에서 총알이 날아드는데." 반쾬전투에서 국민당 잔당 제5군을 이끌었던 천마오슈陳茂修 대령은 '지옥'으로 회상했다.

눈대중으로 20만 평쯤 될 법한 반쾬전투 현장을 둘러보면 그 난타전 지옥을 상상할 만하다. 전사에도 흔치 않은 삼파전, 그것도 한쪽은 강으로 막힌 허허벌판 3국 국경선에서. 한마디로 피할 구석도 빠질 길목도 없는 전선이다. 어느 진영도 전투상보 같은 기록을 안 남겨 그날 상황을 또렷이 알 길은 없지만.

다만, 쪼가리 사료들을 모아보면 반쾬전투 결말은 흐릿하게나마 집힌다. 우언 랏띠꼰한테 배신당한 쿤사의 마약수송대는 82명 전사자를 낸 채 아편을 남겨두고 메콩강 건너 버마로 탈출했다. 70명 전사자를 낸 국민당 잔당은 퇴로가 막히자 우언 랏띠꼰한테 배상금 7,500달러를 내고 메콩강 건너 솝루악으로 후퇴한 뒤, 타이 정부군 도움을 받아 전세버스 열여덟 대에 나눠 타고 제5군 본부인 도이 매살롱으로 되돌아갔다. 그리고 우언 랏띠꼰은 쿤사 수송대가 남긴 아편을 자신의 마약 정제소가 있는 후안사이Houay Xai로 실어갔다.

그렇게 반꽌전투가 끝나면서 1967년 비밀 아편전쟁이 막을 내렸다.

그 반꽌전투의 최후 승자는 우언 랏띠꼰이었다. CIA 도움을 받아 마약사업을 해온 우언 랏띠꼰은 영토를 지킨 영웅으로 국가최고 훈장을 받았을 뿐 아니라 쿤사한테 빼앗은 아편으로 막대한 부까지 챙겼다. 한편 재정적, 군사적으로 큰 피해를 본 쿤사는 세력 복구를 노리며 샨주 반군들과 협상하다 1969년 버마 정부군에 체포당했다. 1973년 부하들이 납치한 러시아 의사와 교환으로 풀려난 쿤사는 샨연합군을 조직해 버마와 타이 국경을 오가며 다시 국제마약시장을 주물렀다. 그사이 국민당 잔당은 CIA와 타이 군부 지원 아래 쿤사가 주춤했던 골든트라이앵글의 마약루트 90%를 손에 쥐었다.

여기서 눈여겨볼 대목이 있다. 마약 주범이다. 19세기 두 차례 아편전쟁을 통해 온 세상을 마약으로 물들였던 주범이 영국 정부였듯이, 20세기 골든트라이앵글을 낀 아편전쟁도 사실은 CIA를 앞세운 미국 정부와 손발을 맞춘 타이완, 타이, 라오스 정부였다. 버마 정부도 직간접적으로 마약 생산과 유통을 손에 쥐고 한몫 단단히 했다. 이게 마약의 국제 정치경제학이다.

흘러간 옛날이야기가 아니다. 정치판과 군인과 경찰을 낀 이 전통적인 마약 커넥션은 오늘날까지도 줄기차게 뻗어 내린다. 그동안 잔챙이 마약꾼을 수도 없이 잡아 가두고 쏘아 죽였지만 마약이 사라지지 않는 까닭이다.

골든트라이앵글이 그 증거다. 비록 2000년대 들어 세계 최대 아편 생산지 자리는 아프가니스탄에 내줬지만 헤로인과 필로폰을 비롯한 마약 생산기지로서 골든트라이앵글은 아직도 까딱없다. 가장 최근 통계인 유엔마약범죄사무소(UNODC) 2014년 보고서에 따르면 그해 골든트라이앵글에서 생산한 아편이 762톤이었다. 이건 헤로인 76톤을 만들 수 있고 값으로 치면 163억 달러(18조 원)에 이른다. 요즘 국제 마약 카르텔이 연간 굴리는 돈을 300억~350억 달러로 잡는데, 골든트라이앵글이 그 반을 차지한다는 뜻이다. 단언컨대, 이런 엄청난 돈줄은 정부나 군부나 정치판 도움 없이 절대 굴릴 수 없다. 마약을 박멸하겠다면 어디를 손봐야 하는지 그 답은 이미 오래전에 나와 있었다. 동네 아이 솜차이도 다 안다. 손보지 않았을 뿐. 골든트라이앵글이 죽지 않고 살아남은 까닭이다.

해거름 뒤로 숨어드는 반콴을 버리고 다시 통통배에 올라 타이 쪽 솝루악으로 되돌아온다. 온갖 불법과 비밀로 버무린 아편전쟁도 반콴전투도 모조리 깊은 어둠 속으로 사라져버렸다. 자취 하나 안 남긴 채, 대를 이은 어둠의 자식들 손아귀에 놀아나며.

메콩강은
울고 있다

2018년 2월 9일
치앙콩Chiang Khong | 타이

골든트라이앵글에서 남쪽으로 10km, 메콩강 둑에 자리 잡은 고대
도시 치앙샌Chiang Saen에서 아침을 맞는다. 545년 중국 윈난에서 내
려온 따이족Tai 군주 싱하 누왓Singha Nuwat이 세운 이 고대도시는 13
세기 타이 북부를 주름잡았던 란나왕국Lanan Kingdom(1292~1775년)
에 먹혀 역사의 뒤안길로 사라졌다.

빛나는 메콩문화를 꽃피웠던 옛 자취는 찾을 길 없지만 허물어
진 성벽을 따라 천천히 걷다 보면 어느덧, 역사 속에 담긴 나를 느끼
게 된다. 참 좋다! 고요한 절터를 돌아 나와 메콩강 둑에서 마시는
커피 한잔도 빼놓을 수 없는 즐거움이다. 메콩강에 올 때마다 치앙
샌에서 하룻밤을 묵는 까닭이다.

나는 늘 그랬듯이, 오늘도 산책을 마치고 메콩강 기슭 단골 커피집에 앉아 흐르는 강물을 하염없이 바라본다. 온갖 삿된 생각을 그 물살에 흘려보내고는 강 기운을 깊이 들이마신다. 그리고 다시 길을 떠난다.

> 메콩강 두 강둑 역사는 하나
> 전설 속 피붙이 타이와 라오스도 하나
> 크고 작은 물고기들 역사는 이제,
> 자손도 없이 사라지고
> 남겨진 역사는 오로지 전설일 뿐
> …
> 메콩강은 슬퍼하고 메콩강은 운다
> 타이 라오스, 두 강둑 역사는 짓밟혔다.

강 건너 라오스를 바라보며 치앙콩으로 가는 한갓진 길 1290을 '메콩 롱하이' 애타는 가락과 함께 달린다. 한 10년 됐을까, 우리말로 '메콩강이 운다'쯤 될 법한 이 노래가 나왔다는 소식은 들었지만 흘려 넘겼다. 한때 인연을 맺었던 그 가수한테 싫증을 느낀 탓이다. 그러다 이번에 메콩강을 따라나선 김에 한번 들어나 보자며 어렵사리 디스크를 구했다.

이 노래는 타이에서 이름만 대면 모두가 아는 '앳 카라바오Aed Carabao' 그룹 리더인 윤용 오파꾼Yuenyong Opakul이 불렀다. 윤용은 1970년대 타이공산당 무장투쟁에 뛰어들어 라오스 국경을 들락거린 뒤, 1980년대부터 사회성 짙은 노래를 불러왔다. 그 시절 타이의 일본화를 타박한 '메이드 인 타일랜드'를 400만 장이나 팔아치운 윤용은 내놓는 앨범마다 100만 장을 넘길 만큼 폭발적 인기를 누렸다.

그러나 1992년 방콕 민주항쟁 때 앞장선 뒤로는 '날라리' 딱지가 붙었다. 지나치게 상업적이라고. 내가 발길을 끊은 것도 그런 사연이었다. 모두들 윤용을 향한 기대가 너무 컸던 게 아닌가 싶다. 사실은 그이처럼 대중가수이면서 나라안팎 정치나 전쟁, 난민, 문화, 인종, 환경, 부정부패 같은 날카로운 주제를 끊임없이 불러댄다는 게 결코 쉬운 일도 아닐뿐더러 흔치도 않은데 말이다.

우리는, 나는 혁명가가 사라진 세상에서 가수한테 너무 큰 짐을 지웠고, 너무 골똘히 완벽주의를 상상해왔는지도 모르겠다. 이 노래를 들으면서 윤용이 타이 사회에 던진 화두들이 소중한 가치로 인정받았으면 하는 바람과 함께 쓸데없는 모든 미움을 메콩강에 흘려보낸다.

치앙샌을 벗어나 사람도 자동차도 없는 산길로 접어든다. 속 시원한 길이 뚫린 여긴 1980년대 초까지 타이 정부군과 타이공산당이 치고받은 국경전선이었다. 제법 가파른 고개를 오르락내리락 27km쯤 달리면 왼쪽에 다시 메콩강이 나타난다. 강 건너는 물론 라오스다. 여기서부터 메콩강을 끼고 치앙콩으로 가는 10km는 국경도로의 백미라 부를 만하다. 빛깔을 쫓는 여행자들한테는 여기를 권하고 싶다. 초록과 황토와 푸름, 그 산과 강과 하늘의 어울림은 서로를 받쳐주면서도 결코 넘보지 않는 자유로움으로 차오른다. 이 길을 지날 때마다 그 빛깔은 변함없는 울림으로 내 가슴에 파고들었다. 30년 전에도 오늘도.

메콩강 기운에 취할 때쯤 콘피이롱Khon Pi Long 여울이 눈에 든다. '귀신이 길을 잃어버린 곳'이란 속뜻을 지닌 이 콘피이롱 1.6km는 물살이 워낙 센 데다 바위투성이라 메콩강 하류 뱃길 가운데 가장 위험한 곳으로 꼽는다. 이제 배를 몰고 여기를 지날 만한 사공이 열도 채 안 된다고 할 만큼.

달리, 이 콘피이롱은 물고기가 알을 낳고, 온갖 물풀이 자라고, 새들이 집을 짓고, 사람이 먹을거리를 캐는 메콩강 생태계의 보물이다.

근데 이 콘피이롱 목숨이 오락가락한다. 2014년 중국 정부가 메콩강을 낀 중국, 버마, 타이, 라오스, 캄보디아, 베트남을 아우르는 여섯 나라 협력체인 이른바 '란창-메콩협력회의(LMC)'를 들고 나서면서부터다. 메콩강을 무기 삼아 동남아시아에 정치·경제적 영향력을 키워온 중국 정부가 1조 원 넘는 돈을 내걸고 하류 다섯 나라를 줄 세운 게 그 정체였다.

2015년 말, 중국 정부가 이 콘피이롱을 메콩강 뱃길의 '장애물'로 가리키자 타이 정부는 곧장 '폭파'로 화답했다. 타이 정부의 그 결정은 한 달이 채 안 걸렸다.

메콩강 사람들이 아우성쳤다. 락치앙콩그룹Rak Chiang Khong Group을 비롯한 메콩강 지역 스무 개 단체가 들고 일어났다. 2016~2017년 내내 메콩강 지역은 콘피이롱으로 들썩댔다. 돌이켜보면, 타이 정부가 이 콘피이롱 폭파 계획을 흘렸다가 말썽이 나면 슬그머니 접곤 했던 게 어제오늘 일이 아니다. 20년도 더 됐고, 정부가 바뀔 때마다 그랬다.

한마디로 이 콘피이롱을 없앤다는 건 중국 화물선이 버마와 타이를 거쳐 라오스의 루앙쁘라방Luang Prabang까지 다닐 수 있게끔 메콩강 뱃길을 열겠다는 뜻이다. 그런 다음 현재 메콩강을 오가는 최대 300톤짜리 배를 500톤짜리로 늘리겠다는 게 중국 야심이다. 이미 중국 정부는 메콩강 상류인 중국 쪽 란창지앙瀾滄江에 걸리적거리는 바위들은 모조리 걷어냈다. 중국 정부가 온 세상 땅과 바다를 한데 묶겠다는 이다이이루一帶一路 야망에 메콩강 뱃길을 공개적으로 집어넣은 적은 없지만, 그 한 고리란 걸 의심하는 사람은 아무도 없다.

메콩강의 중국화가 그 증거다. 메콩강 무역의 타이 쪽 심장인 치앙샌을 보자. 2016년 치앙샌 세관을 거친 3,500척 가운데 타이 화물선 딱 하나를 빼고는 모두 중국 화물선이었다. 7억400만 밧(240억 원) 수입품 가운데 99%가 중국제였다. 그러니 치앙샌은 중국 화물선을 겨냥해 2011년 대규모 제2항까지 열었고, 중국은 아예 치앙샌에 선착장 셋을 지닌 하치앙항Ha Chiang Port을 독자적으로 꾸려왔다. 중국 정부는 메콩강의 상호 연결과 협력을 외쳤지만 현실은 이렇게 중국의 일방적인 게임으로 드러났다.

게다가 메콩강의 중국화는 속임수 아래 벌어져왔다.

"여긴 중국 배가 한 달에 100척쯤 드나든다. 중국에서 주로 생강이나 호박 같은 채소를 싣고 오는데, 되돌아가는 300톤짜리 배는 유류를, 500톤짜리 배는 냉동 닭과 돼지고기 같은 일반 화물을 싣는다."

하치앙항 작업감독 수멧 마니안 말은 그동안 메콩강을 오가는 최대 화물선이 300톤이라 우겨온 중국과 타이 정부 발표를 뒤엎었다. 이미 치앙샌까지 500톤짜리 중국 화물선이 드나든다는 뜻이다. 중국과 타이 정부가 치앙샌에서 30km 떨어진 콘피이롱 폭파에 목을 매는 까닭도 드러난 셈이다. 이문을 낼 수 있는 500톤짜리 중국 화물선이 콘피이롱만 지날 수 있다면 루앙쁘라방까지는 일사천리 뱃길이 열리니까.

치앙콩을 코앞에 둔 콘피이롱에서 발이 안 떨어진다. 티벳을 떠나 여섯 나라를 거쳐 남중국해로 빠져나가는 4,350km 대장정에서 6,500만을 먹여 살려온 메콩강, 그 물살이 흐느끼듯 콘피이롱을 스쳐간다.

운전기사 닦달 소리가 몇 번이나 등짝을 때린다. 약속 시간에 대려면 떠나야 하는데, 콘피이롱이 놓아주질 않는다.

콘피이롱 잔상 너머로 메콩강 전사를 만날 설렘이 저만치 앞서 달린다. 치앙콩 들머리에서 차창을 열고 길을 묻는다.

"롱리엔 메콩(메콩학교), 끄루 띠(띠선생)."

지나던 늙은이는 말이 끝나지도 않았는데 답을 놓는다.

"끄루 띠? 왼쪽으로 돌아 저 강길 따라 끝까지 가면 돼."

끄루 띠가 유명하긴 유명한 모양이다. 치앙콩 끝자락 메콩강둑,

도심에서 5분 거리에 자리 잡은 메콩학교를 그냥 지나칠 뻔했다. 시끌벅적 올망졸망 꼬마들을 보고서야 자동차를 돌린다. 허름한 시골집에 작은 마당, 앞 트인 교실 하나, 풀로 지붕을 올린 사무실, 이게 다. 애초 거창한 학교를 상상하진 않았지만 그래도 좀 놀랍다. 요즘 무슨 시민단체니 환경단체 치고 그럴듯한 사무실에다 자동차 몇 대쯤 안 굴리는 경우가 없으니까. 그래서 메콩학교 들머리에서부터 오히려 마음이 편해진다.

메콩학교에서 현장 수업을 마치고 나온 동네 초등학교 아이 마흔쯤이 왁자지껄 기념사진을 찍어댄다. 헤살이라도 될까 강둑으로 피해 한참 동안 아이들을 바라본다. 괜스레 울컥한다. 콧잔등이 시큰하다.

'이 아이들이 자라 메콩강을 지켜주겠지!'

따갑게 내려쬐는 햇살을 비집고 끄루 띠가 다가온다.

메콩강 전사, 하늘 대신 중국을 쳐다본다

니왓 로이깨오Niwat Roi-kaeo | 락치앙콩그룹Rak Chiang Khong Group 지도자

메콩강 하면 가장 먼저 떠오르는 사람이 있다. 니왓 로이깨오다. 치앙콩 토박이로 메콩강 보호전선 앞잡이쯤 되는 그이를 사람들은 "끄루 띠(띠선생)"라 부른다. 치앙마이대학을 마친 그이는 몽, 야오, 아카 같은 산악 소수민족 마을에서 10년쯤 아이들을 가르치다 메콩문화를 지키겠다며 고향으로 되돌아왔다. 끄루 띠는 1988년 '락치앙콩그룹(치앙콩을 사랑하는 사람들)'을 만들어 메콩강 지킴이로 나섰고, 2013년엔 아이들한테 메콩강 역사와 생태를 가르치는 '메콩학교'를 열었다.

꾸밈없는 차림새와 정겨운 웃음 너머로 얼핏얼핏 야성이 비치는 그이 첫 인상이 딱 메콩강을 닮았다. 골짜기에서 쉰여덟이면 늙은이 축에 드는데, 강 기운을 받아서 그런지 한마디로 싱싱하다.

끄루 띠는 인사를 마치고 마루에 앉자마자 깔개부터 챙겨준다. 이런 골짜기에서 길손한테 깔개를 내놓는 건 드문 일이다. 강 대하듯 사람 대하는 그이 모습에서 공룡 같은 정부와 싸워온 그 힘의 밑절미를 본다.

급한 마음에 다짜고짜 묻는다. "콘피이롱 살릴 수 있나?" 내 딴엔 가장 궁금했던 건데, 그이는 첫 질문치고 좀 뜻밖인 듯 웃는다. "올

1월 중국 외무장관이 콘피이롱 손대지 않겠다고 밝혔다."타이 정부는?""아직 아무 말 없지만 괜찮을 것 같다."

목매달고 싸워온 끄루 띠가 괜찮다면 됐다. "고맙다!""뭐가?""그냥." 짠하게 올라오는 속내를 감추려고 화제를 바꾼다. "당신한테 메콩강은 뭔가?""어머니! 나는 이 강에서 태어나 모든 걸 이 강한테 받았다. 이 강에서 뛰어놀았고, 먹을거리를 얻었고, 살아가는 법을 배웠다." 메콩강과 어우러진 그이 말이 뭍에 나온 물고기처럼 펄떡댄다. 메콩에서 나고 자란 사람만 할 수 있는 싱그러운 말이다.

"그나저나 몇 해째 메콩강 물 때문에 다들 난린데, 요즘은?"끄루 띠는 손사래부터 친다. "메콩강 흐름 다 깨졌다. 중국이 상류에 징홍수력발전댐 짓고부터니 20년쯤 됐다. 이젠 우기도 건기도 따로 없다. 중국이 수문 열면 큰물 가고 닫으면 말라붙으니."

메콩강은 해마다 건기인 11~4월 사이에 물이 줄고 장마철인 7~10월 사이에 황톳물이 넘쳐야 정상이다. 그래야 사람도, 물고기도, 자연도 제대로 굴러간다. 물을 하늘이 준 선물로 여겨온 메콩 사람들은 예부터 물길 따라 농사짓는 법을 익혔고, 물고기를 잡고 풀 때를 배우며 자연과 함께 살아왔다. 이게 수천 년 동안 메콩문화를 이어온 밑바탕이었다.

"이젠 하늘 대신 중국을 쳐다본다."끄루 띠 말이 끝나버린 하늘의 시대를 알리는 조종처럼 심장을 후벼 판다. 그이 말 그대로다. 메콩강 상류인 란창지앙 2,139km에 세운 열여덟 개 수력발전댐을 여닫는 중국이 하류 다섯 나라를 지배하는 시대가 왔다.

너무 부풀린 말이라고? 천만에, 2016년 베트남이 겪었던 세기적인 물 부족 사태를 돌아보라. 느닷없이 베트남 쪽 메콩강이 말라붙었다. 물 90%가 사라졌다. 중국 댐들이 물을 가두면서 벌어졌던 일이다.

현재 중국은 란창지앙에 일곱 개 수력발전댐을 더 짓는 중이고, 앞으로 열두 개를 더 짓겠다는 계획까지 내놨다.

"사실은 중국 쪽 댐만 문제가 아니다. 메콩강 여섯 나라가 모두 수력발전댐에 미쳐 날뛴다. 메콩강은 만신창이다. 이미 56개 수력발전댐이 돌아가는 메콩강에 31개를 더 짓고 있다. 건설 계획이 잡힌 댐도 74개나 된다." 끄루 띠 낯빛이 몹시 어두워지는 걸 보면서 숫자에 둔한 나는 전화에 달린 계산기를 두드려본다. 입이 쩍 벌어진다. 계획에 잡힌 것들까지 다 돌아가면 메콩강엔 27km마다 하나씩 수력발전댐이 들어서는 꼴이다. "메콩강이 호수로 변해간다."는 그이 말이 결코 부풀린 게 아니다.

"근데, 그 미쳐 돌아가는 수력발전이 경제성은 있나?" "그게 문제다. 공급이 수요를 크게 앞질러 수력발전 예찬론자들이 말해온 경제성마저도 허구로 드러났다." 실제로 메콩위원회(MRC)는 2040년 라오스 정부의 대타이 전력 수출 목표가 11,739MW인데 정작 타이 정부 수입 계획은 4,274MW뿐이라는 보고서를 내놔 경종을 울렸다.

"근데, 2012년 사야부리댐과 2017년 빡벵댐을 고발한 건 어떻게 되었나? 그 둘 다 라오스 댐인데." "댐 건설이야 못 막았지만 타이발전공사(EGAT)가 사야부리댐 전기 90%를 수입하겠다던 계획을 접게 만들었지." "빡벵댐은?" "한 달 전 중국 건설회사 다탕Datang 이 찾아와서 우리 이야기를 듣고 갔다. 전엔 없었던 일로 좋은 본보 깃감을 남겼고."

그나마 다행이다. 건설회사가 이 깊은 국경 골짜기까지 찾아와서 주민 이야기에 귀 기울인다는 건 상상도 못했던 일이니까. 그것도 치앙콩은 라오스가 아닌 데다 빡벵에서 직선거리로 84km나 떨어진 상류다. 이 치앙콩이 댐 건설의 직접 영향권에 들지 않는 곳이고 보면 오히려 놀라운 일이다. 이건 메콩강 주민 투쟁이 먹혔다는 뜻이다. 법원 판결이야 어떻게 나든 타이와 라오스 정부한테 이제 국경 사람들도 호락호락 당하고만 살지 않겠다는 본때를 보여준 셈이다.

"그 댐들이 라오스에 있으니 우리가 막을 수야 없지. 그래도 타이 정부나 기업이 라오스 댐 사업에 못 끼어들게 했으니 반쪽짜리 승리쯤은 되려나."

이렇게 외진 강기슭에서 국경 사람들을 엮어 남의 나라 라오스 댐들을 타이행정법원으로 끌고 간 주인공이 바로 끄루 띠였다.

댐이라는 거대한 도시 정치 산물을 국경 강기슭 사람들이 막아낸다는 건 콘크리트에 달걀 던지기인지도 모르겠다. 더구나 이 억지스런 군인정부 아래서 끄루 띠처럼 소리친다는 건 그야말로 사생결단이다. "으름장 따윈 신경 안 쓴다. 강만 생각한다. 하는 데까지 하는 거고, 가는 데까지 가는 거지." 흰 수염, 굵은 눈주름 사이로 한 경계 넘은 전사 모습이 삐져나온다.

왠지 외롭지 않다. 참 고맙다. 뜻대로 사는 끄루 띠한테 큰 선물을 얻어간다. 낯선 사람들을 만나 참한 인생을 배우고 힘을 얻는 게 여행의 즐거움이다. 내겐 그렇다.

파땅,
비밀전쟁의 심장

2018년 2월 10~11일
반파땅Ban Pha Tang | 타이

길게 따라붙는 메콩강 잔상 탓에 무거운 발길로 라오스와 국경을 맞댄 산악마을 반파땅을 찾아간다. 한때 국민당 잔당 제3군이 본부를 차렸던 곳이다.

치앙콩에서 샛길 1155를 따라 남쪽으로 45km쯤 달려 반빵핫 Ban Pang Hat을 지나 곧장 동쪽 산길 4029로 갈아탄다. 여기서부터 점점 가팔라지는 산길 10km를 더 따라가면 라오스를 마주보는 1,653m 도이파땅Doi Pha Tang 중턱에 자리 잡은 반파땅이 눈에 차오른다.

24년 전, 지도에도 없는 이 마을을 물어물어 찾았던 적이 있다. 울퉁불퉁 황톳길, 온몸을 뒤덮은 누런 먼지, 의심스레 날아들던 눈길…, 초죽음이었다. 14년 전, 두 번째 왔을 때도 크게 안 달랐다. 잠

자리를 못 구해 여기저기 헤맸고, 밥 먹을 데도 마땅찮았다. 그나마
길은 어설픈 포장으로 좀 나아졌지만 마을 앞 마지막 고개는 사륜
구동 지프로도 겨우 오를 만큼 애먹었다.

　이번이 세 번째 길인데, 그사이 천지개벽이 일어났다. 마을 안
팎으로 포장도로가 멋지게 깔렸고, 들머리에서 2~3km 떨어진 곳
까지 호텔, 식당, 찻집이 들어차 이젠 관광지 냄새를 풍긴다. 한 10
년 전부터 마을 언저리 쁘라뚜시암Pratu Siam(타이의 관문)이란 석회
암 벼랑이 새해맞이 명소로 입을 탄 데다, 여기서 12km 떨어진 푸
치화Phu Chi Fah라는 산이 라오스 평원을 내려다보는 전망대로 알려
지면서부터라고들.

　놀란 눈길로 마을을 둘러본다. 근데 번지르르한 겉보기와 달리
왠지 매가리가 없다. 사람 없는 거리, 파리만 날리는 가게들, 대낮인
데도 쥐 죽은 듯 고요하다.

　"글쎄, 320가구에 2,000명쯤 되려나…" 촌장 타나팟 쭐랏짬롱
꾼(40세)의 흐릿한 대꾸에서 이 마을 분위기를 엿본다.

　14년 전 취재 때 주민 수가 3,000이었으니 그사이 크게 줄었
다. 한 마을 사람 33%가 사라진 꼴이다. 같은 기간 14,000 주민이
23,000으로 불어난 국민당 잔당 제5군 본부였던 반도이매살롱과
견줘볼 만하다.

　"그쪽이야 관광객도 많고 차밭이 엄청나지만, 여긴 채소니 자두
같은 과일이 다다."

"그럼, 마을 들머리 호텔, 식당 같은 건 다 뭔가?"

"그야 바깥 사람들이 와서 지은 거니 우리하곤 상관없고."

타나팟 말은 이 마을에 돈이 안 돈다는 뜻이다. 주민 수가 크게
줄고 마을이 풀 죽은 까닭이다.

도이파땅에서 흘러내린 선선한 기운을 느끼며 오랜만에 푹 잤
다. 아침나절, 마을 꼭대기로 오르는 가파른 산길을 메콩강 협곡에
서 몰려온 짙은 안개가 뒤따른다. 라오스 국경을 굽어보는 큰 부처
가 눈에 들 즈음, 온 천지가 안개로 뒤덮인다. 말 그대로 한 치 앞도
안 보인다. 기다시피 부처 발밑으로 간다. 갑자기 사라져버린 공간
과 시간 앞에 두려움을 느낀다. 내가 볼 수 있는 오직 하나, 내 손바
닥이 이렇게 반가울 수가!

곰곰이 따져보지만, 이 백색의 어둠 속에서 내가 할 만한 일이
라고는 없다. 그저 손바닥으로 이리저리 안개를 휘젓는 희한한 짓
말고는. 그러다 움직이는 내 손바닥을 보며 살아 있다는 사실에 안
심하거나.

'갇혔다.' 생각도 여기서 멈췄다. 원치 않는 고립은 사색 따위와
거리가 멀다. 그냥 가만히 앉아 있을 뿐.

한참 지났다. 이윽고 백색 폭군은 햇살에 밀려 슬그머니 꼬리를
내린다. 저만치 발아래 파땅 마을은 보일 듯 말 듯, 감춰온 역사마냥.

이 국경 산악 파땅이 한때 동남아시아 반공전선의 심장이었다면
믿을 이가 있을까? 24년 전 내가 이 마을을 처음 찾았던 까닭이다. 그

사연을 따라가보자. CIA는 1950년 초 인민해방군에 쫓겨 버마 국경을 넘은 장제스의 국민당 잔당을 반공용병으로 부리며 1960~1970년대 이 파땅에 비밀 정보기지를 차렸다.

냉전이 극으로 치닫던 1960년대 초 미국 정부는 라오스를 인도차이나의 반공 방파제로 삼겠다며 극비리에 CIA를 투입했다. CIA는 '라오스 공산당 빠텟라오Pathet Lao 견제', '라오스 내 호치민루트 파괴', '중국의 북베트남 지원 차단'을 목표로 비밀 정보부대 둘을 꾸렸다. 하나는 마쿼궈 장군이 이끄는 국민당 잔당 제1독립부대였고, 다른 하나는 프랑스군이 인도차이나에서 써먹었던 '특수대대 111Bataillon Spéciale 111'을 베껴 몸통을 숨긴 엘리트 정보부대였다.

특히, CIA는 리텅李騰 장군을 앞세워 윈난 출신 국민당 잔당과 한국전쟁에서 포로로 잡힌 중국 인민해방군 21,300명 가운데 본토 귀환을 마다하고 타이완을 택한 14,715명 속에서 1,000명을 뽑아 특수대대111을 창설했다. CIA는 그렇게 반파땅을 발판 삼아 조직한 정보부대 요원들을 자신들의 비밀군사기지인 라오스의 남유Nam Yu로 파견해 중국 본토까지 반경에 넣고 첩보전을 벌였다. 그렇게 해서 한국전쟁 유산은 소리도 없이 3,200km나 떨어진 인도차이나 현대사로 파고들었다.

2004년 내가 두 번째 파땅을 찾았던 것도 이 특수대대111 때문이었다. 그즈음 나는 1년 넘게 이 비밀 부대를 쫓아 타이, 라오스, 버마, 타이완을 뒤지고 다녔다. 사료 한 쪼가리 없이 헤맨 가장 길고 지루한 취재였다. 어렵사리 찾아낸 몇몇 생존자를 통해 특수대대111

의 존재 사실만큼은 기록에 남기는 기쁨을 누리기도 했지만, 어쨌든.

"워싱턴에 간들 문서는 없다. 생존자도 없고. 정확한 수는 기억 안 나지만 특수대대111에 중국 출신 한국전쟁 포로가 있었던 건 틀림없다. 우리가 타이완에서 데려온 그이들을 윈난 출신 국민당 잔당과 함께 조직했으니까."

전직 CIA 요원으로 라오스 비밀전쟁 조직책이었던 빌 영의 결정적 증언이 그 취재의 버팀목 노릇을 했다.

그러나 특수대대111 요원의 증언을 따는 일이 골칫거리였다. 기록도 없이 묻어버린 역사다 보니 생존자를 찾아낸다는 게 만만찮았다. 국민당 잔당 마을 곳곳을 훑고 다니다 이 반파땅에서 특수대대111 요원 가운데 유일한 생존자였던 천싱지陳興集(당시 77세) 소령을 찾아냈다.

"특수대대111 출신은 이제 나 하나뿐일 거야. 한국전쟁 포로 출신 중국인들은 모두 타이완으로 되돌아가버렸으니 여기 국경엔 없어."

그렇게 천소령을 통해 특수대대111과 한국전쟁 포로 출신 요원의 존재 사실을 확인했다. 다만, 불행하게도 천소령의 기억은 딱 거기까지였다.

"나는 아무 도움이 안 된다. CIA 요원을 본 적도 없고, 그 시절 우린 작전 지역도, 목적도 모른 채 전선을 갔으니. 뭐, 알 필요도 없었고." 천소령은 자신이 투입된 전선조차 또렷이 못 더듬었다.

여기서 다시 빌 영의 증언을 들어볼 만하다. "우리(CIA)는 국민당 잔당 최고 지도부만 상대했어. 게다가 모든 지명을 '포인트 1023Point 1023' 같은 군사 좌표나 '리마 사이트Lima Site'처럼 암호명으로 불렀으니 몇몇 지휘관을 뺀 일반 요원들은 어디가 어딘지 몰랐을 거야. 그 요원들이 적한테 잡혔을 경우를 대비해 되돌아올 수 있는 루트를 감춘 거지. 적한테 우리 비밀 정보부대 존재나 거점이 알려지면 안 되니까. 해서 중국 포로 출신들은 몸에 문신을 새겨 투입했고."

이러니 천소령의 가물거리는 기억력 탓만이 아니었던 셈이다.

그리고 빌 영의 증언 가운데 문신은 타이완 '퇴역군인의 집臺北榮譽國民之家'에서 내 눈으로 직접 확인했다. 특수대대111 출신은 아니지만 라오스 비밀전쟁에 참전했던 중국 포로 출신 한 노병의 팔뚝에 새긴 문신은 이랬다.

'중국공산당, 소비에트유니언과 싸우자.'

'중국을 되찾고 교화로 씻어내자.'

'도적(중국공산당)을 죽이자. 아니면 내가 죽든지.'

'공산당 사령관(주더)과 마오를 죽이자.'

이 끔찍한 문신은 CIA와 타이완 정부에 충성을 다짐하는 징표인데, 달리 적한테 잡혔을 경우를 상상하면 소름이 끼친다. 아무리 전쟁판이라도 사람이 할 짓이 아니다. 이건 CIA가 정보요원들을 철저히 전쟁도구로만 부려먹었다는 증거다.

이 특수대대111이 얼마나 극비리에 움직였는지는 타이완에서도 잘 드러났다.

"특수대대111? 그런 건 처음 듣는다. 장제스 총통이 직접 내린 밀령 아니면 내가 모를 리 없지!"

1949년 장제스와 함께 타이완으로 건너와 군정보부 핵심요직을 두루 거친 황젠츠黃劍吡(당시 94세) 소장마저도 그 특수대대111을 모를 정도였으니. 이건 CIA가 타이완군 지휘부조차 모르게 작전을 치렀다는 뜻이다. 그렇다면 CIA의 그 특수대대111 작전에 관여한 인물은 오직 하나다. 장담컨대, 장제스의 아들로 그 시절 국방부 정보국을 이끌었고 나중에 총통까지 했던 장징궈다. 기록만 없을 뿐.

이러니 타이완에서도 군부, 정부, 연구소를 헤집고 다녔지만 결국 증언자나 사료를 못 찾았다. 중국 출신 한국전쟁 포로를 수용해온 '퇴역군인의 집'도 샅샅이 뒤졌으나 마찬가지였다. 모두들 저승으로 가버렸거나, 어둠의 세력이 역사를 꼭꼭 숨겼거나.

다만, 그 취재에서 '아편왕'으로 불린 쿤사의 몽따이군 부사령관으로 이름 날린 장수취안張書全이 특수대대111 요원이었던 사실을 확인했다. 만주 출신 국민당 잔당으로 버마를 넘은 장수취안은 1952년 타이완으로 가서 훈련받은 뒤, 1950년대 한국에서 정보원으로 일했던 인물이다. 이 자는 1960~1963년까지 CIA의 라오스 공작에 참전한 데 이어 1960년대 중반부터 쿤사와 손잡고 국제마약전선을 달렸다.

그렇게 CIA는 라오스를 마주보는 파땅에서 중국 본토까지 작전 반경에 둔 두 정보부대를 부리며 대라오스 비밀전쟁을 지원했다. 미군은 1964년부터 1973년까지 그 라오스 비밀전쟁에서 각종 폭탄 700만 개, 총폭량 200만 톤을 인구 기껏 400만 라오스 시민 머리 위에 퍼부었다.

'폭탄 700만 개라고?' '폭탄 200만 톤이라고?'

이런 건 군사전문가가 아니라면 실감하기 힘든 말이다. 쉽게 말해 라오스 국민 1인당 폭탄 1.75개씩을 뒤집어썼고, 그게 500kg짜리였다는 뜻이다. 견줘보자. 세계전사에서 최대 융단폭격으로 꼽는 한국전쟁 때 미군이 사용한 총폭량이 495,000톤이었고, 1945년 미국이 히로시마에 터트린 핵폭탄이 다이너마이트로 12,500톤쯤 된다. 폭탄 200만 톤, 이제 어렴풋이나마 감이 오시리라.

미군은 그 9년 동안 라오스 공습에 580,344회 출격하는 대기록을 세웠다. 어림잡아 7분 30초마다 라오스를 공습했다는 뜻이다. 미군이 쏟아부은 전비만도 60억 달러가 넘었다. 2018년 시세로 따져 550억 달러고, 우리 돈 65조 원에 이른다. 그 시절 미군이 사용한 1일 평균 전비 210만 달러는 라오스 국민 총임금을 웃돌고, 1년 평균 전비 7억6,600만 달러는 라오스 국민총생산보다 더 큰돈이었다.

그 결과, 전쟁이 끝나고 45년이 지났지만 라오스 땅에는 미군이 퍼부은 폭탄 가운데 25~30%가 아직도 불발탄(UXO)으로 살아있다. 특히 아이들을 잡아먹는 악명 높은 집속탄cluster bomb 알갱이 8,000만 개가 온 천지에 뒹군다. 지금까지 그 불발탄을 건드려 4만여 명이 목숨을 잃었다.

이게 미국의 대라오스 비밀전쟁이었다. 미국 정부가 CIA 공작을 통해 지상군 투입 없이 철저하게 공습만으로 해치운 이 전쟁은 의회뿐 아니라 미군 최고 지휘부조차 실체를 몰랐을 정도다. 전쟁 이름치고는 희한하게도 공식적으로 '비밀전쟁'이라 불리게 된 까닭이다.

비밀전쟁 역사가 서린 반파땅의 운명은 거기서 끝이 아니었다. 1971년 타이 총리 타놈 끼띠카쫀Thanom Kittikachorn이 국민당 잔당 제3군에게 타이공산당 거점인 도이파땅 점령 명령을 내렸다. 달리 선택 여지가 없던 국민당 잔당 제3군 사령관 리원환은 여기 파땅에 작전본부를 차리고 제5군 도움을 받아 사생결단 전투 끝에 도이파땅 고지를 점령했다. 타이 정부군의 공산당 박멸작전에서 가장 치열했던 전투 가운데 하나로 꼽는 이른바 '도이파땅전투'였다. 그 전투에서 국민당 잔당은 투입한 400 병력 가운데 80명 전사자와 150여 전상자를 내는 막대한 희생을 치렀다.

이게 바로 타이 정부가 외국 군대인 국민당 잔당을 비밀스레 반공용병으로 부려먹는 출발이었다. 그로부터 국민당 잔당은 1982년까지 반공전선에 동원돼 1,000명 웃도는 전사자를 냈다. 그 피의 대가가 이 반파땅을 비롯한 탐응옵의 제3군과 반도이매살롱의 제5군 정착 허가였다.

그러나 반파땅 어디에도 그 역사의 자취는 찾을 길 없다. 50년 남짓 흐른 역사를 이토록 오롯이 파묻어버린 경우도 흔치 않다. 2004년 취재 때 귀한 증언을 남겨준 천소령이나 제1독립부대를 이끌었던 마쿼궈 장군도 이미 세상을 떠났고, 한국전쟁 중국인 포로 출신 특수대대111 요원들은 모두 타이완으로 되돌아가버렸다. 제3군 사령관 리원환도 저승으로 떠난 지 오래고. 미국 정부도 타이 정부도 타이완 정부도 아무런 기록을 안 남겼다. 그리하여 20년 웃도는 반파땅의 비밀전쟁은 역사의 공백으로 넘어갔다.

현재 반파땅에 살아 있는 국민당 잔당 80여 명은 그 시절 주로 제3군 소속 소년병 출신들이다. 말하자면 영문도 모른 채 전선에 끌려 다닌 이들이라 역사적 사실을 증언할 만한 대상으로 보기는 힘들다. 천소령 같은 전선 지휘관들마저 상황을 못 짚었듯이.

이번 반파땅 여행에서 눈에 띈 게 하나 있다. 반파땅 언저리 산중턱, 제3군 옛 작전본부 터에 세우는 '제3군 31지휘부'란 기념관이다. 땅을 다지고 허물어진 집들을 손보는 걸로 봐 머잖아 내놓을 관광상품인 듯. 오랫동안 깊숙이 감춰온 반파땅을 이제라도 드러낸다는 게 나쁠 건 없지만, 관광용 역사로 둔갑하지나 않을지 못내 걱정스럽다. 은폐가 역사의 배반이라면 왜곡은 역사의 학살일 테니.

이미 암흑 속으로 빨려 들어가버린 파땅의 역사를 부디 비틀지만은 않았으면 하는 바람을 안고 산을 내려간다.

열한 살에 총을 든 용병의 일생

로타 | 국민당 잔당 제3군 출신, 반파땅 구멍가게 주인

"요즘 경기가 영 안 좋아 보이네요?"

"본디 잘살긴 글러먹은 마을이야."

"제3군 출신?"

"응, 윈난에서 열한 살 때 아버지 따라 버마로."

"소년병이었군요?"

"그땐 아이들도 다 끌려갔지. 도망치면 죽였으니."

물이나 한 병 사려고 들린 동네 구멍가게 주인장인데, 몇 마디 던
져보니 통할 낌새가 보여 퍼질러 앉는다.

"이름은?"

"중국식 로타루, 타이식 송차이인데, 아무거나 불러."

타이 국경에서 흔히 마주치는 경계인이다. 이쪽저쪽 어디서도
대접 못 받는 팔자니 굳이 어느 한쪽을 택할 것도 없다는 뜻이다.

일흔아홉인 로타루는 1950년대 윈난공격작전(한국전쟁 제2전
선), 1960년대 미국의 대라오스 비밀전쟁, 1967년 아편전쟁, 1970
년대 타이공산당 박멸작전을 거쳐 1982년 여기 반파땅에 터를 잡
았다.

"가슴에 묻은 이야기가 많을 텐데?" "난 군인이고 후회 없어. 지
금도 명령 떨어지면 전선으로 달려가. 리원환(국민당 잔당 제3군 사령

관)이 우릴 버린 게 억울하지만." 로타루는 말문을 열자마자 리원환 장군에 대한 불만부터 터트린다.

"리원환 장군은 왜?" "도이매살롱 쪽 제5군은 돤시원 장군이 부하들을 잘 돌봤는데 우리 제3군은 리원환 혼자만 챙겼잖아." 로타루가 거침없이 쏟아내는 이 불만이 아주 틀린 건 아니지만 그렇다고 곧이들을 것도 없다. 로타루 불만이 끝도 없이 이어지는 터라 여기서 짚고 넘어가야겠다.

국민당 정규군 출신인 돤시원 장군이 지역 군벌 출신인 리원환보다는 좀 나았다고 말들 하지만, 사실은 그 둘이 아편 이권을 놓고 다투면서 개인적인 부를 쌓았을 뿐 부하들을 끝까지 지켜주지 못한 건 마찬가지였다. 굳이 따지자면 두 가지 차이를 꼽을 만하다.

하나는 사망 시기가 달랐던 탓이다. 1981년 일찌감치 세상을 떠난 돤시원이 2000년에 떠난 리원환보다 상대적으로 비난받을 만한 세월이 짧았던 셈이다. 게다가 돤시원이 떠날 즈음엔 아직 국민당 잔당이 반공용병으로 전쟁을 하던 때였으니 부하들이 전후 복지 같은 걸로 불만을 터트릴 겨를도 없었고.

다른 하나는 애초 두 진영의 형편이 달랐던 탓이다. 타이완 정부가 임명한 국민당 잔당 총사령관이었던 돤시원은 알게 모르게 타이완으로부터 지원을 받았고, 무엇보다 제5군 터인 도이매살롱이 관광지로 개발되면서 돈줄이 흘러든 데 비해 리원환은 그런 덕을 못 봤다.

이런 차이는 현실 속에서도 잘 드러난다. 돤시원의 제5군 본부

였던 도이매살롱과 리원환의 제3군 본부였던 탐응읍은 겉보기부터
도 하늘과 땅 차이다. 먹고사는 데 그만큼 큰 차이가 난다는 뜻이다.
탐응읍 사람들이 저마다 리원환한테 불만을 지닌 것과 달리 도이매
살롱에서는 돤시원 욕하는 이들을 보기 힘든 까닭이다.

그런 제3군 형편이 1970년대 제3군 작전본부였던 여기 반파땅
으로도 고스란히 넘어온 셈이다. 로타루가 지닌 불만의 뿌리를 좀 더
파 들어가 본다. "그 시절 전선 뛰면 한 달에 몇 푼이나?" "1967년
반콴전투(아편전쟁) 땐 20밧(5,100원), 1970년대 파땅전투 땐 400밧
(64,000원), 1981년 펫차분전투 땐 900밧(98,000원)." 참고로 괄호
속은 2018년 가치로 환산한 돈이다. "그게 다였나?" "뭘 더? 불만이
라도 털어놓으면 곧장 총살이었는데."

파땅전투부터 그나마 월급이 '엄청나게' 늘어난 건 국민당 잔당
이 타이 정부의 반공용병으로 뛰었던 까닭이다. 그 '엄청난' 월급이
목숨 걸고 전선을 뛴 대가였다.

착취도 이런 착취가 없다. 여기 반공사업의 정체가 숨어 있다.
장제스는 본토 수복 꿈을 애국이라 부추겼고, CIA는 전비 지원 대
신 아편 생산과 운송을 도왔고, 타이는 그 마약을 눈감아주며 뒷돈
도 챙기고 용병으로도 써먹었다. 그리고 국민당 잔당 지도부는 개
인적인 부를 쌓았다. 잔당 전사들은 목숨 내놓고 갈취당하며 그 부
패구조를 떠받쳤다.

반콴전투에서 입은 왼쪽 다리 총상, 펫차분전투에서 입은 왼팔
총상, 로타루가 훈장처럼 여기는 이 흉터들이 그 반공사업의 증거

다. 그리고 전쟁이 끝나자 잔당은 남의 땅 서러운 국경에 내동댕이 쳐졌다.

"여기 파땅에 자리 잡을 때도 타이 정부나 리원환은 샐닢도 준 적 없다." 로타루 억울함이 얼굴로 뻗친다. 검은 얼굴이 더 검게 달아오른다. "게다가, 전쟁 끝나고 타이 정부가 무장해제 대가로 준 돈까지 우리한텐 한 푼도 돌아온 게 없다. 얼만지도 알 수 없지만." "그 돈은 누가 챙겼나?" "누구긴 누구야 리원환이지." "그럼, 그땐 뭘 먹고 살았나?" "1993년까지 여기 파땅에서 아편 뽑았지. 그마저 리원환이 몇 푼 던져주고는 다 걷어갔지만."

미국 정부는 1972년 치앙마이에서 아편 26톤을 불태운 쇼 대가로 국민당 잔당한테 100만 달러(2018년 가치 65억 원)를 뿌렸고, 그날 리원환은 아편에서 손을 씻는다고 선언했다. 그 리원환이 1990년대까지도 여전히 마약사업을 했다는 증거다. 물론 알 만한 사람은 다 알던 비밀이지만.

"나는 리원환이 싫다." 로타루는 기어이 직격탄을 퍼붓고 만다. 품었던 화라도 풀 수 있도록 가만히 들어준다. "리원환을 지도자로 여기지도 않는다. 나뿐 아니라 우리 마을 사람들 다가. 그러니 리원환이 죽고 그 아들과 딸이 여기 왔을 때 아무도 안 내다봤던 거야." 절절이 배인 로타루 한이 끝도 없이 쏟아진다. 말 한마디 들어줄 사람 없는 국경의 외로움이 참 깊었던 듯.

열한 살 때 총을 들고 전장에서 일생을 보낸 용병 로타루는 아무도 책임지지 않는 자신의 삶을 이렇게라도 토해내고 싶었던 모양이다. 이 로타루가 남은 삶을 부쳐가는 반파땅 너머로 땅거미가 진다.

한 굽이 산길을 넘어가다 다시 파땅으로 되돌아온다.

"어, 왜?"

"이름을 한자로 어떻게?"

"몰라. 어떻게 쓰는지. 그런 걸 알면 여기서 이러고 있었겠어?"

세상은 참 고르잖다. 이 외진 국경에서도 잘나고 많이 배우고 영리한 자들은 다 살 길이 있었다는 뜻이다. 그 반대는 역사에서 늘 그 밖들, 버림받은 존재들이었고.

앞잡이는 대를 이어 앞잡이고 졸개는 영원히 졸개인 이 세상, 로타루도 나도 누구도 원치 않았건만…. 어둑어둑한 산길로 고단함이 밀려온다.

3장
내릴 수 없는 깃발

현장은
역사다

2018년 2월 12일
반촘푸Ban Chomphu | 타이

"그 산길은 안 돼. 좀 멀어도 치앙콩 쪽으로 돌아가는 게 길도 좋고 시간도 오히려 덜 걸려."

짜내고 짜내 찾아낸 50km짜리 지름길을 놓고 동네 사람 예닐곱 모두가 고개를 젓는다. 어둠 속에 가린 역사를 따라가려다 보니 길마저 꼬인다. 국민당 잔당 마을 파땅에서 반촘푸까지 직선거리 22km를 놓고 애태운다. 군용 축적지도에다 위성지도까지 훑지만 마땅한 길이 안 잡힌다. 라오스에서 타이 북동부로 흘러내린 400km에 이르는 험난한 피빤남산맥Phi Pan Nam Range이 가로막은 탓이다. 아니다. 가로 막았다기보다 이 동네들이 모두 피빤남산맥 한복판에 앉았다.

타이에서 인구밀도가 가장 낮은 이 피빤남산맥 언저리는 1960~1980년대 타이공산당(CPT) 거점이자 최대 격전지였다. 아직도 바깥세상 사람들이 꺼림칙이 여겨 잘 안 찾는 곳이다. 관광지가 아니니 굳이 기웃거릴 일도 없겠지만. 아, 말이 난 김에 한마디, 아름답기로 따지자면 여기다. 흔히들 '때 묻지 않은 자연'이라고들 하는데, 이 동네를 두고 한 말이다. "아름다움을 시샘한 신이 분쟁을 창조했다." 70년째 분쟁을 겪어온 카슈미르 사람들 우스개가 여기도 딱 맞아떨어진다. 세상 어딜 가나 분쟁지란 분쟁지는 어째 하나같이 이토록 아름다운지! 카슈미르는 말할 나위도 없고, 판쉴계곡(아프가니스탄), 스왓계곡(파키스탄), 카리심비산(르완다), 웨스트파푸아(인도네시아), 사라왓산(예멘), 살윈강(버마)을 비롯해 내가 취재해온 모든 분쟁지역이 다 그랬다. 그 덕에 나는 남들이 볼 수 없는 멋들어진 자연을 누렸다. 비록 포성을 배경 삼았지만. 그래서 분쟁이 더 슬프다는 뜻이다.

반파땅을 떠나 투덜투덜 북으로 47km 떨어진 치앙콩까지 올라간 뒤, 다시 샛길 1020을 따라 남쪽으로 45km를 내려와 도이몬후아이참Doi Mon Huai Cham 산자락에 붙은 반촘푸로 들어선다.

마을 첫 인상이 마땅찮다. 한길가에 자리 잡은 분홍 칠한 반촘푸중학교가 괜히 거렁스레 다가온다. 없는 길을 탓하며 멀리 돌아온 내 마음에 모가 난 게 틀림없다. 남의 학교 색깔까지 나무라는 걸 보니. 이럴 땐 쉬어가는 게 옳다.

"커피 한잔하고 가세."

"이 동네는 없고, 10km쯤 되돌아가야 하는데?"

"야튼, 찾아보세."

"두 시간 전에 마셔놓고, 또? 벌써 석 잔쩬데….'

일쩝은 듯 물음표가 많은 운전기사 쪼이를 다독여 커피 한잔으로 마음을 다스리고 다시 반촘푸로 되돌아온다.

반촘푸는 타이 현대사에서 사라져버린 마을이다. 더 또렷이 말하면 반쪽만 남은 마을이다. 역사의 금역인 이 마을을 아는 사람은 흔치 않다. 그 사연은 이렇다. 1965년 타이 동북부에 이어, 1967년부터 치앙라이주와 난주Nan Province를 비롯한 북부에서도 빈곤과 불평등 문제로 반정부 기운이 터져 나왔다. 이내 타이 정부는 중국 지령을 받은 공산주의 폭동이라며 무력으로 밀어붙였다. 그즈음 타이 북부지역을 통틀어 타이공산당 게릴라는 기껏 150여 명뿐이었다.

"공산주의자가 지원하는 폭동은 현재 타이 정부의 안정을 해치거나 단기간에 넓은 해방구를 차지할 만큼 위협적이지 않다. 게릴라 수가 작은 데다 인적이 드문 외진 곳에서 활동하기 때문이다."

미국 CIA가 1966년 5월에 만든 비밀문건(1991년 해제)《타이 공산주의자 폭동Communist insurgency of Thailand》은 그 시절 타이 정부가 무력강공책을 펼 까닭이 없었다는 사실을 말해준다.

여기서 반촘푸가 등장한다. 1967년 5월 8일, 몽족Hmong이 사는 반촘푸에서 화전 연기가 피어오르자 아침과 점심 나절 두 번씩이나 공무원들이 찾아와 불법이라며 돈을 뜯어갔다. 저녁나절, 이번엔 경찰이 들이닥쳐 또 돈을 요구했고 성난 주민들이 대들면서 실랑이가 벌어졌다. 이튿날인 5월 9일, 무장경찰 60여 명이 몰려와 마을을 불태우고 짐승들을 모조리 죽였다. 그렇게 해서 반촘푸의 몽족 마을은 사라졌고 사람들은 깊은 산속으로 뿔뿔이 흩어졌다.

타이 현대사에서 정부가 '메오댕Meo Daeng(메오 빨갱이)'을 외치고 공격한 첫 마을이 이 반촘푸였다. 메오란 건 타이 사람들이 몽족을 일컫는 말이다. 그로부터 타이 정부는 북부 전역에서 몽족 마을을 공격했다. 결국 기댈 곳 없는 몽족 사람들이 타이공산당 무장투쟁에 뛰어들었고 분쟁 강도는 점점 높아졌다. 그 결과 1970년대 접어들어 타이공산당 게릴라 수는 치앙라이주에서 600~700명, 난주에서 700~800명으로 크게 불어났다. 이게 타이 현대사의 비극인 이른바 '까보 메오댕(메오 빨갱이 반란)'이다. 풀은 안 밟으면 안 쓰러진다. 밟혀 쓰러진 풀은 기어이 다시 일어나듯, 까보 메오댕은 애초 타이 정부가 창조한 못된 정치극이었다.

문제는 이제부터다. 정작 반촘푸에 들어섰지만 막막하기만. 내 손엔 사료 한 쪼가리 없는 데다, 50년도 더 지난 일이다 보니 자취는커녕 증언자 찾기도 힘들다. 반촘푸에 가면 뭔가 건질 수 있으리라 믿었던 내가 너무 어리석었는지도. 이럴 땐 달리 길이 없다. 한 집만 더, 한 집만 더, 그렇게 한 시간 넘게 집집마다 문을 두드린 끝에 옛날 촌장 춘 까타끼오Chun Kathakio를 만난다. 다행히 올해 아흔셋인 춘은 날짜까지 찍을 만큼 또렷한 기억력을 지녔다. 한마디로 기적이다.

"그날을 못 잊지. 헬리콥터 소리가 하룻내 귀 때렸고, 여기서 2km 떨어진 마을 앞 한길가에 군인들이 진 쳤으니."

"정부 문서에는 경찰로 나오던데?"

"그 참, 내가 촌장이었는데 경찰과 군인을 모르겠어. 동네 사람들도 다 아는 걸. 경찰도 왔지만 군인이 주력이었어."

"그럼, 이 반촘푸는 군인들이 불태운 뒤 새로 지은 마을?"

"그게 아냐. 이 마을 건너 쪽 산이 도이산똔빠오Doi Santonpao라고, 거기 메오 마을 반산똔빠오가 있었어. 지금이야 남은 것도 없지만."

"불태운 마을이 여기 반촘푸가 아니라는 말씀?"

"그렇지. 여긴 본디 타이 사람들이 살았던 마을이고."

"근데, 왜 불태운 마을을 반촘푸라고들?"

"그 시절 메오 마을 반산똔빠오를 여기 반촘푸 행정구역으로 잡았으니."

춘에 따르면, 반촘푸는 오늘날 샛길 1020을 끼고 동쪽 도이몬후 아이참 산기슭에 소수민족 몽 마을과 서쪽 평지 쪽에 타이 마을로 나눠져 있었다. 군인들이 불태운 그 몽족 마을은 자취도 없이 사라져버렸고 지금은 타이 마을만 남았다. 이걸 역사는 그냥 반촘푸로 뭉뚱그려 불러왔다. 게다가 춘이 말한 몽족 마을 반산똔빠오는 어떤 사료에도 기록된 적 없다. 타이중심주의 사관에서 소수민족 마을 하나쯤은 지워버려도 된다는 뜻이다. 또 하나, 춘의 증언은 그동안 군 동원이 없었다고 우긴 정부 기록을 뒤집었다.

이렇듯 반촘푸 역사는 가장 중요한 현장과 내용을 모두 비틀어놓았다. 감추고 속이는 게 정부가 해온 짓이라면, 끝내 그걸 캐내고 바로잡는 건 시민 몫일 텐데 50년이 지났지만 그 낌새마저 안 보이니…, 참 어지럽다.

풀어야 할 숙제를 떠안고 무거운 발길을 돌린다. 엉터리 역사를 품은 마을 반촘푸가 등 뒤로 멀어지는 동안 춘의 말이 질기게 따라 붙는다.

"학자니 기자니 아무도 여기 온 적 없어. 와서 보면 뻔히 알 수 있는 걸."

내가 기자로서 죽을 때까지 안고 가야 할 원칙을 다시 일깨운 매서운 죽비였다.

"현장은 역사다."

내친김에 '메오댕'이 터를 다진 반후아이쿠Ban Huai Khu를 찾아간다. 반나절은 족히 걸릴 산길, 자동차에 앉아 마땅히 할 만한 게 없다. 타이공산당 역사나 되짚어볼까?

이 동네 공산당 역사를 보려면 난양공산당South Seas Communist Party을 먼저 짚어야 할 듯. 이 난양공산당은 중국공산당의 망명 조직으로 1925년부터 1930년까지 활동한 짧은 역사를 지녔지만 국가별 공산당이 출범하기 전까지 인도네시아, 말레이시아, 싱가포르, 타이, 버마를 비롯한 동남아시아 지역 공산당 운동에 큰 영향을 끼쳤다. 타이 공산당 운동도 1927년 난양공산당 일원으로 그 모습을 드러냈고 1930년부터 시암공산당Communist Party of Siam을 조직하기 시작했다. 그러다 1942년 제1차 전국인민대회를 거쳐 12월 1일 타이(시암)공산당Communist Party of Siam이 출범했다. 본디 마르크스-레닌주의를 내걸었던 타이공산당은 1960년 마오주의 혁명노선으로 갈아탄 데 이어, 1963년 제3차 전국인민대회에서 인민전쟁을 선포했다. 2년 뒤인 1965년 1월 1일 타이공산당은 게릴라 1,200명을 거느린 무장조직 타이애국전선Thai Patriotic Front을 띄웠고, 8월 7일 동북부 나부아Na Bua에서 첫 총성을 울렸다.

애초 중국과 선을 달고 1942년 제1차 전국인민대회에서 반일 투쟁을 선포한 타이공산당은 이민 화교가 줏대였고 베트남 난민이 그 뒤를 받쳤다. 예컨대 무장투쟁이 한창 달아오르던 1968년 지도부를 보면 서기장 짜로언 완응암Charoen Wanngarm과 부서기장 위랏 앙까타온Wirat Angkathavorn은 말할 것도 없고, 송 노빠쿤Song Nopakhun, 우돔 시수완Udom Srisuwan, 담리 루앙수탐Damri Ruangsutham을 비롯해 정치국원 일곱 가운데 넷이 화교였다.

베트남계는 1928년 호치민이 동남아시아 코민테른 대표로 타이를 방문한데 이어, 1931~1933년 사이 프랑스 식민당국에 쫓긴 베트남공산당(VCP)이 본부를 타이 동북부로 옮겨오면서 인연을 맺었다. 1965년 타이공산당 무장투쟁에 불을 붙였고 마지막 서기장을 했던 통 짬시Thong Jamsri 같은 이가 베트남계의 상징적 인물이다.

그러니 타이공산당은 처음부터 화교와 베트남계 사이에 노선 갈등이 불거질 수밖에 없는 구조였다. 그 바탕에는 중국과 베트남의 전통적인 적대감에다, 두 거대 공산당이 아시아 맹주 자리를 놓고 벌인 힘겨루기가 깔려 있었고.

이렇듯 화교와 베트남계 지도부에다 무장투쟁을 떠받친 동북부

지역 라오스계 주민과 북부지역 몽족까지 뒤섞인 타이공산당은 복잡한 인종주의 무늬를 띄게 되었다. 적잖은 이들이 타이공산당 운동을 중국과 베트남과 라오스 혁명의 어섯쯤으로 의심해온 게 여기서 비롯되었다.

한편 1952년 일찌감치 반공법을 제정한 타이 정부는 1960년대 중반부터 미국 지원을 업고 공산당 박멸작전을 벌여나갔다. 타이공산당은 1969년 타이애국전선을 타이인민해방군People's Liberation Army of Thailand으로 확대 개편해 동북부지역 농민과 북부지역 몽족을 주력삼아 타이 정부의 무력강공책에 맞섰다. 그렇게 해서 타이 정부군과 타이공산당의 충돌은 서서히 고강도전쟁으로 변해갔고 타이 사회는 내전으로 빨려 들어갔다.

그즈음 베트남전쟁에 뛰어들어 타이를 병참기지와 전진기지로 삼은 미국 정부는 1965~1975년 사이 타이 정부한테 무기를 비롯해 20억 달러를 지원했다. 요즘 환율로 따져 20조 원 웃도는 막대한 돈이었다. 그럼에도 산악 게릴라전 경험이 없던 타이 정부군은 인민해방군한테 휘둘렸고 경찰과 군인의 희생은 급격히 늘어갔다.

혁명사를 좇다 보니 날이 저문다. 몸도 마음도 지친다. 기록 없는 타이공산당사를 따라가는 일이 혁명만큼이나 고된 일인가도 싶고.

반촘푸로 갔던 길을 고스란히 되돌아와 위앙캔Wiang Kaen에서 하루를 접는다. 여긴 파땅에서 북서쪽으로 15km, 라오스 국경에서 6km쯤 떨어진 곳이다. 시장통에서 늦은 저녁을 때우고 잠자리를 찾아 여기저기 기웃거리다 예쁜 꽃밭에 끌려 란나타이리조트에 짐을 푼다. 길었던 하루가 혁명사와 함께 어둠 속으로 빨려 들어간다.

"내 심장은 아직 공산주의자"

2018년 2월 13일
반후아이쿠Ban Huai Khu | 타이

잠 설친 위앙캔의 아침은 너무 일찍 찾아왔다. 지난 밤, 예쁜 꽃밭에 끌려 무턱대고 짐 푼 란나타이리조트는 배반이었다. 밤새 전기 소리에 시달릴 줄이야. 냉장고, 에어컨 선을 뽑고 안팎 등을 모조리 껐지만 정체불명 전기 소리는 악 받친 듯 방구석을 울렸다. 이불을 뒤집어쓸수록 내 귀는 오히려 더 예민하게 전기 소리를 쫓았다.

정신과 의사를 앉혀놓고 "내가 미친 원인이 전기 소리 탓이었다."며 스스로 진단하는 희한한 꿈을 꾸다 새벽녘에 지쳐 잠들었다.

5분 남았다. 씻는 둥 마는 둥 튀어나와 꽃밭에 앉는다. 담배를 꼬나물고 잠을 깨운다. 7시로 출발 시간을 잡았던 걸 후회한다. 7시 20분, 쪼이는 아직 한밤인 듯. 이해하자고 마음을 다잡는다. 어제 긴 여정이 힘들었을 테니.

7시 30분, 그이 방문을 두드려놓고 잠깐 망설인다. "방으로 되돌아가 수염이나 깎고 나올까?" 급히 뛰어나오느라 면도를 못한 아침이 못내 찜찜하다. 이내 포기하고 꽃밭을 서성인다. 8시가 되어서야 나타나는 쪼이는 말끔하게 차려입었다. 얼굴엔 생기가 돈다. 얄밉지만 고맙다.

부랴부랴 위앙캔을 떠나 산길 1093에 올라 라오스 국경을 끼고 남동쪽으로 40km쯤 달려 반롬화통Ban Rom Fa Thong이라는 아주 작은 마을 언저리에 닿는다. 여기서부터 문제다. '반후아이쿠'란 마을 이름 하나만 달랑 들고 나선 길이 만만찮다. 이정표도 없는 가파른 산악 외길을 따라 드문드문 마주 오는 자동차를 피해가며 달린다.

마주치는 이들마다 붙들고 묻는다.

"이 길 따라 500m쯤 가서 오른쪽으로 꺾고…."

"5분쯤 가면 언덕이 하나 보이는데…."

"여기서 한 3km 더 쭉 가면…."

'도감포수의 마누라 오줌 짐작'이라 했던가, 어차피 산사람들 거리와 시간은 도시인과 다를 수밖에 없으니 방향만 맞으면 그만이다. 산사람들 거리와 시간을 수십 년 겪고도 여전히 해석은 어렵기만. 귀동냥을 짜 맞춰 '반롬화통에서 북으로 4km쯤 가면 된다'로 이해한다.

그렇게 위앙캔에서 기껏 44km를 두어 시간 넘게 헤맨 끝에 반후아이쿠 길목을 찾아낸다. 동쪽 6km쯤에 라오스 국경선이 지나는 반후아이쿠는 아마도 타이에서 가장 깊은 두메마을이 아닌가 싶다. 하늘 아래 온 천지가 산으로 둘러친 이 동네는 도무지 사람 살만한 곳 같지가 않다. 이윽고 가물가물 반후아이쿠가 눈에 들자 입이 절로 벌어진다.

'사람은 참 위대한 종이다. 이런 곳에도 삶터를 꾸리다니!'

반후아이쿠 들머리에 닿자 수상쩍게 쳐다보는 눈길들이 날아든다. 아이 어른 가림 없이 저마다 슬금슬금 눈치를 보며 몸을 사린다. 이 마을엔 바깥세상 사람이 안 들락거린다는 뜻이다.

이 깊은 산골까지 달려온 건 꼭 만나고 싶은 사람이 있었던 까닭이다. 한 아낙네가 가리키는 그이 집을 찾아간다. 아무도 없는 집마당에 앉아 한 시간쯤 기다렸을까, 승냥이인지 너구리인지 털을 벗기고 내장까지 말끔히 손질한 짐승을 든 구릿빛 사나이가 나타난다.

"사향고양이를 이웃이 잡아다 줘서."

껄껄 웃으면서 들어선 그이는 사향고양이에 신이 났는지 낯선 이를 앞에 두고 누구냐고 묻지도 않는다. 아주 단단한 그이 모습이 일흔하나로 듣고 온 나이와 안 어울려 긴가민가 말을 붙여본다.

"당신이 사하이 왕꾸아(왕꾸아 동지)?"

"사하이(동지)?"

잠깐 주춤하던 그이가 이내 경계심을 푼다.

"진짜 이름은 왓꾸아 셀리Watkua Seli 인데, 왕꾸아나 왓꾸아나 비슷하니 편한 대로."

직업 탓에 숱한 사람을 만나왔지만, 제 이름을 아무렇게나 불러도 된다는 이는 처음이다. '사하이 왕꾸아'로 알음알음 알려진 이름을 이제 '사하이 왓꾸아'로 고쳐 부른다. 한때 타이공산당 북부 무장투쟁에서 이름 날린 주인공이다. 그이 첫 인상은 마치 바위가 웃는 것 같다.

"아직도 공산주의자?"

옛날부터 이름은 들어왔지만 만날 기회가 없었던 터라 급한 마음에 불쑥 던져놓고 보니 너무 나간 느낌이 들어 머쓱하다. 왓꾸아도 그랬는지 짧은 순간 어색한 기운이 흐른다. 5초쯤 지났을까, 그이가 호탕하게 웃는다. 쏜살같이 왓꾸아의 마음 쏨쏨이를 읽는다. 웃음에도 갖가지 질이 있을 텐데, 이건 상대를 편하게 보살피겠다는 웃음이다. 사람 됨됨이를 보는 건 찰나다. 시간의 길고 짧음과 상관없는.

"내 심장만큼은 아직도 공산주의자. 100%!"

"한번 공산주의자는 영원한 공산주의자라고?"

"아니. 그것마저 변해야 진짜 공산주의자. 그보다 예나 이제나 세상이 안 바뀌었으니."

결연한 그이 얼굴을 보면서 왠지 부럽기도 하고, 먼 고향땅으로 되돌아온 것 같은 푸근한 느낌도 든다. 정치적 이념과 상관없이 스스로 믿음과 원칙을 지켜온 사람을 볼 때 드는 편안함 같은.

거쳐 온 반촘푸 이야기부터 꺼낸다. "여기 오기 전 반촘푸 들렀는데, 타이 정부군이 불 질러 버린 그 마을 몽족은 다 어디로?"

"우리도 자세한 건 몰라. 그 시절엔 길도 없고 통신도 없었으니. 주민들은 친지 찾아 다른 마을로 뿔뿔이 흩어졌고, 젊은이들은 공산당 무장투쟁에 뛰어들었다고 하더구먼." "반촘푸를 증언해줄 사람이나, 옛 동지들 가운데 혹시 기록 같은 걸 지닌 이가?" "알아는 보겠지만 증언자 찾기 힘들 거야. 50년도 넘은 일이고 다 흩어져버렸으니. 게다가 산악 게릴라전에서 그런 걸 일일이 조사하거나 기록할 형편도 아니었고."

들고 보니 그렇다. 이 지역 주름잡았던 왓꾸아가 모른다면 반촘푸 내력을 파고들기 쉽잖아 보인다. 그이는 풀 죽은 나를 다독이려는 듯, 대뜸 타이 정부를 쏘아붙인다. "정부가 자료나 기록을 내놓아야 할 일이지." "맞는 말이긴 한데, 그런 게 없으니." "하기야, 있다손 쳐도 그걸 오롯이 믿을 수가!"

주거니 받거니 기분 좋은 담배질 끝에 화제를 바꾼다. "그나저나 이 마을 내력은?" "여기도 몽족 마을이야. 무장투쟁 접은 1983년, 반롬화파몬Ban Rom Fa Pha Mon이라고, 라오스 국경과 걸친 도이파몬Doi Phamon 산기슭에서 여기로 옮겨왔지." "그럼 라오스 사람이구먼?" "우린 대대로 산속에 살았고, 더구나 그 시절엔 국경선이란 것도 또렷잖았으니. 어디가 타이고 어디가 라오스인지도 몰랐지. 알 필요도 없었고."

왓꾸아 말마따나, 1,000~2,000m 고산지대를 자유롭게 넘나들며 살아온 몽족을 비롯한 산악 소수민족들한테는 본디 국경이나 국적 같은 개념이 없었다. 몽족은 주로 라오스에서 타이로 흘러들어

1960년대 치앙라이주, 난주, 치앙마이주를 비롯한 북부지역에 5만 여 명이 삶터를 다진 것으로 알려져왔다.

"그러면 이 마을 사람은 모두 전선 뛴?" "한 400명쯤이었지. 요즘 360가구에 주민 3,500인데, 1세대는 거의 다였다고 보면 돼." "오는 길에 여기처럼 '빨갱이마을'로 소문난 반후아이한Ban Huai Han 들렀다. 왜 유독 여기 라오스 국경 쪽 사람이 공산당 무장투쟁에 그렇게 많이들?" "아, 그 반후아이한도 모두 우리 친척들이야. 본디 여긴 라오스에서 건너온 몽족 사람이 많았던 데다, 워낙 깊은 산속이니 타이 군인과 경찰이 마음대로들 했지. 사람이든 짐승이든 닥치는 대로 죽였고, 돈 될 만한 건 모조리 빼앗아가 버리니 우린 달리 길이 없었던 거야."

왓꾸아의 경험은 이 두 마을뿐 아니라 타이공산당 무장투쟁에 뛰어든 모든 몽족 마을 사람들이 하나같이 겪었던 일이다.

애초 산악 소수민족을 탐탁잖게 여긴 타이 정부는 공산당이 무장투쟁을 벌이기 훨씬 전인 1955년부터 이미 국경초계경찰(BPP)을 동원해 몽족을 짓밟아댔다. 그즈음 타이 정부는 몽족을 '산림 파괴자', '아편 생산자', '사회통합 걸림돌', '안보 장애물' 같은 온갖 편견으로 다뤘다. 사실은 산림 파괴나 마약 생산 주범이 오히려 자본과 권력을 낀 도시 사람들이었음에도. 하기야, 뭐 오늘이라고 달라진 것도 없지만.

여기서 그냥 지나칠 수 없는 대목을 하나 보자. "몽족은 한 핏줄인 중국 쪽 400만 미아오苗族와 선을 달고 공산주의를 퍼트린다." 그 시절 타이 정부 문서나 기록에 흔히 등장하는 구절이다. 타이 정부가 몽족을 짓밟은 진짜 속내가 따로 있었다는 뜻이다.

"그 시절 중국 쪽 미아오와 선은 닿았는가?"

"선은 무슨 선? 말도 안 통하는데 누군지 알고."

왓꾸아 말마따나 이건 타이 정부가 처음부터 몽족 현실이나 문화를 잘못 짚은 흑책질이었다. 그 시절 타이에 뿌리내린 몽족은 어림잡아 한 마을당 35가구 280여 명이 깊은 산악에 작은 공동체를 꾸렸다. 게다가 타이에 삶터를 다진 그 몽족 5만도 여섯 갈래 핏줄에다 서로 다른 말투를 지녀 소통마저 어려웠다. 이런 몽족이 지리적으로도 한참 떨어진 중국 쪽 미아오와 선을 댄다는 건 지나친 상상력이었을 뿐이다.

타이 정부는 한술 더 떠 몽족 전설까지 흑색선전에 동원했다. 흔히들 몽족은 8,000년쯤 전 황하 계곡을 고향으로 여기지만 또렷한 역사는 알려진 바 없다. 몽왕국은 삼황오제三皇五帝 시대 치우리九黎 (아홉 부족)를 이끌었던 왕 치요우蚩尤를 시조로 삼는다고들 한다. 그 뒤 몽족은 한족과 만주족에 쫓겨 윈난을 비롯한 중국 남부로 흘러내렸다. 특히 19세기 들어 청왕조의 탄압과 학살을 피해 수많은 몽족 사람들이 베트남과 라오스로 넘어왔다. 오랜 세월 동안 해코지당해온 그 몽족은 자신들 염원이 담긴 포아타이왕King Phoa Thay 전설을 품고 다녔다.

"언젠가는 포아타이왕이 나타나 우리를 해방시켜줄 것이

고, 그날 우리 모두는 무기를 들고 나가 그의 명령을 따

를 것이다."

이런 줄거리인데, '반란'을 뜻하는 몽족 말이 '아오포아타이ao
phoa thay'란 건 우연이 아닌 듯. 이건 공동체의 바람과 다짐을 담은
상징어로 볼 만하다.

어쨌든, 이 전설을 받든 중국 쪽 미아오 사람들 가운데는 제 몸
이름과 발음이 비슷한 '마오(Mao Zedong)'를 베이징에서 환생한 포
아타이라 믿은 이들도 있었다고 한다.

바로 이 대목이다. 중국 쪽 소문을 들은 타이 정부는 "몽족이 포
아타이왕(마오) 환생을 내세워 타이공산당 무장투쟁에 뛰어들었다."
고 전설까지 들먹이며 몽족을 탄압했다. 공산당 박멸을 내걸었으니
무슨 짓인들 못하랴만은, 이런 '문화적' 발상을 한 자가 대체 누군
지 참 궁금하다. 하기야 남 이야기만도 아니다. 우리 전통 굿이 민
족혼을 깨운다며 금지했던 일본 제국주의자가 한 짓이나 다를 바
도 없으니.

왓꾸아한테 물어본다. "포아타이왕 전설 믿고 무장투쟁 참여한
사람도 있었나?" "다들 쓸데없는 소리, 흑색선전일 뿐. 목숨 걸고 총
든다는 게 그리 쉬운 일이 아니다." "그럼 그 시절 몽족은 어떻게 공
산주의를 알고 뛰어들었나?" "이 산악에서 뭘 알았겠어. 짓밟고 죽
이니까 어쩔 수 없이 피한 곳이 공산당이었지. 나만 해도 그래. 알고
뛰어든 게 아니라, 싸우면서 배웠으니까."

몽족한테는 애초 정치적 신념이었다기보다 생존이 달린 최후 선택지가 타이공산당이었다는 뜻이다. 그래서 타이 정부가 무장강공책으로 밀어붙일수록 타이공산당은 오히려 더 큰 동력을 얻었다. 오죽했으면 타이 국왕 푸미폰 아둔야뎃이 나서 몽족을 탄압하는 정부와 군을 나무랐을까.

"몽족 가운데 진짜 공산주의자는 극소수다. 우리가 실수한다면 앞으로 몽족은 모두 공산주의자가 되어 더 큰일이 벌어질 것이다. 군 동원은 장기적 관점에서 자멸이 될 것이니 진압작전을 신중히 하고, 정부는 선전 대신 진실을 말하라." 이게 1969년 3월 푸미폰 국왕 연설이었다.

이런 시대적 상황 속에서 왓꾸아는 열아홉 되던 1966년 타이공산당에 도장 찍고 라오스, 베트남, 중국을 넘나들며 군사훈련 받은 뒤, 1972년 무장투쟁 전선에 올랐다. 그로부터 왓꾸아는 1981년까지 9년 동안 게릴라 100여 명을 거느리고 케엣8(공산당 제8구) 지역인 치앙라이주와 파야오주의 도이야오Doi Yao, 도이파몬Doi Pha Mon, 푸찌화Phu Chi Fa 같은 산악 격전지를 누비며 1,000회 웃도는 전투 기록을 세웠다.

"그 시절 함께 전선 뛴 동지들 가운데 알 만한 이들은?" "짜뚜론 짜이생Chaturon Chaisang(탁신 친나왓 정부 부총리), 섹산 쁘라서꾼Seksan Prasertkul(탐마삿대학 정치학 교수), 웽 또찌라깐Weng Tojirakan(친탁신 레드셔츠 지도자)…." 왓꾸아 입에서 1970년대 타이 학생운동 주역으로 공산당 무장투쟁에 참여했던 이들이 줄줄이 튀어나온다.

"짜뚜론이나 웽처럼 타이 최대 자본가 탁신 친나왓Thaksin Shinawatra 전 총리 쪽으로 간 사람이 적잖은데?" "그이들은 우리와 달리 많이 배웠으니 가는 길도 다르고, 생각도 다를 거야. 근데 탁신은 아냐. 그 자는 우리 영혼을 팔아먹은 장사꾼일 뿐이야." 왓꾸아는 공산당 깃 발 아래 무장투쟁전선을 달렸던 자존심이 자본가만은 인정할 수 없 다는 듯 목소리를 높인다.

"탁신은 그렇다 치고, 어쨌든 레드셔츠 운동은 타이 정치 한가 운데 뛰어들었다. 적잖은 옛 공산주의자가 그쪽에 붙었고?" "엉터 리야! 본디 이산Isan(타이 동북부) 쪽에서 우리 옛 동지들이 처음 걸 쳤던 레드셔츠는 탁신과 때깔이 전혀 달라. 그 동지들 영혼을 탁신 과 어울린 몇몇 지도자(옛 공산주의자)란 자들이 공짜로 걸치고 나선 거야. 그러고는 그 레드셔츠를 팔아 정치인이 된 거고. 그게 장사치 들 버릇이야. 뭐가 달라 옐로셔츠(친왕정)와."

거침없이 쏟아내던 왓꾸아 얼굴이 크게 일그러진다. 한동안 말 을 멈췄던 그이는 다시 나지막한 소리로 입을 연다. "진짜 레드셔츠 는 탁신을 좇는 자들이 입은 것과 밑감부터 달라. 모조품 레드셔츠 로는 이 세상을 못 바꿔! 둘러봐. 그렇게 민주주의 외치더니 2014년 쁘라윳 쿠데타 뒤 다 어디로 사라진 거야? 입도 뻥긋하는 자가 없잖 아. 이게 레드셔츠 정체야."

대놓고 말하진 않지만, 사실은 탁신보다 그 진영에 뛰어든 옛 동 지들이 못마땅한 속내를 에둘러 드러낸 셈이다. 그이 얼굴에서 짙 은 외로움 같은 게 묻어난다. 목숨 걸고 전선 뛴 '진짜'들의 애달픈 심정 같기도 하고.

"그럼, 세상을 어떻게 바꿀 수 있나? 아직도 무장투쟁뿐이라고 믿나?" "그건 아냐. 지금이 총 들고 싸울 때는 아니지. 다만, 이 사회가 내처 이렇게 간다면 내일은 아무도 몰라. 우리가 그랬던 것처럼. 결국 정치에 달렸어. 사람들이 총을 들게 할 수도 있고 내리게 할 수도 있는 게 정치란 말이야."

반후아이쿠를 떠날 때가 되었다. 동생 립뽀 셀리를 비롯해 가족과 친척 100여 명이 타이공산당 무장투쟁전선을 달렸던 셀리 가문은 이제 전쟁 없는 마을 반후아이쿠에서 탈 없이 살고 있다. 땅거미 지는 반후아이쿠를 벗어나 깊은 산길을 달리는 내내 사하이 왓꾸아말이 환청처럼 따라붙는다.

"타이공산당 무장투쟁은 내 명예야. 다만, 세상을 못 바꿔 후손들한테 미안할 뿐이지."

'음·양'이라고도 하고 '흑·백'이라고도 한다. '정正·반反'이라고도 하는 이 세상 운항법칙은 어차피 둘로 나눠진 힘겨루기 속에서 알 수 없는 새로운 길을 찾아가는 게 아닌가 싶다. 우린 그걸 역사의 발전이라 불렀고, 다른 한쪽에선 가당찮은 헛소리라 타박했다. 타이공산당 무장투쟁사만 해도 그렇다. 한쪽에선 가슴에 품은 명예로 지켜내고자 한다면, 다른 한쪽에선 현대사의 얼룩이라며 감추고 지우기에 안간힘을 쓰는 걸 보면. 달리, 이건 흘러간 이야깃거리가 아니라는 뜻이다. 여태 현실 속에 살아 꿈틀대는.

누가 뭐라든, 타이 사회가 그 둘 충돌 끝에 오늘을 살고 있는 것

만큼은 틀림없다. 세상이 요만큼이라도 바뀐 건 소리 없는 숱한 '왓꾸아들', 가슴속에 고이 명예를 간직한 이들 희생 덕이었고. 아직 게임은 끝나지 않았다. 성패는 아무도 모른다. 우리 앞에는 길고 지루한 싸움이 기다릴 뿐. 이 지구에 인류라 부르는 종이 존재하는 한.

밤길

2018년 2월 14일
반후아이쿠-치앙마이 국도 1155 | 타이

밤길을 달린다. 가파른 산길을 따라 반후아이쿠를 내려와 치앙마이 집으로 되돌아간다. 가로등도 지나는 자동차도 없는 짙은 어둠 속에서 지난 여드레 기억만 깜빡거린다. 그랬다. '현장은 역사'였다. 내가 지나온 길에는 꿰지 않은 역사의 보물들이 즐비했다. 그 길에서 뜻하지 않게 만난 인연들을 통해 세상을 배우는 즐거움, 언제나 여행에서 얻는 값진 선물이었다.

이번 여행에서도 나는 어김없이 귀한 보석들을 얻었고, 이제 그 보석들을 하나씩 다듬고 꿰어야 할 일이 남았다. 어떤 인연인들 귀하지 않으리오만, 닷새 전 메콩학교에서 우연히 만났던 한 여인이 길게 따라붙는다. 그날 수다쟁이 동무 둘과 함께 온 그이는 인사를 던졌지만 수줍은 듯 눈길을 피했다. 그이는 내가 동무들과 이런저런 이야기를 나누는 동안에도 그저 말없이 바라보기만 했다. 사람 사는 세상 어딜 가나 낯선 이들끼리 탐색전 단골메뉴는 역시 정치였다. 쿠데타로 권력을 쥔 쁘라윳 총리 욕을 한참 하던 두 수다쟁이가 대 뜸 "저 친구는 빨갱이다."며 그이를 가리켰다. 다음 여정이 타이공 산당 마을이다 보니 이내 호기심이 돋았다.

"팍코뮤니스트행쁘라텟타이(타이공산당)?" 그이는 고개만 끄덕 였다. "이 동네 사람이면 케엣8(공산당 제8구)에서?" 또 고개만 끄덕. "그럼 짜뚜론 짜이생(탁신 정부 부총리)이니 웽 또찌라깐(친탁신 레드 셔츠 지도자)과 함께?" 타이공산당 출신 정치인 이름을 입에 올리자 그이는 대답 대신 얼굴을 찌푸렸다. 탁신 친나왓 전 총리 쪽으로 간 이들이 마뜩잖다는 신호였다. 그이 정치적 성향이 드러난 셈이다.

잠깐 머뭇거리던 그이는 신기한 듯 되물었다. "어떻게 타이공 산당을 아는지? 케엣8을 다 알고." "아, 오래전부터 이 동네 친구들 이 많아서." 그제야 서로 이름을 나눴다. "빠차리 시마타야꾼Pacharee Srimathayakun." 가물거리지만 어디서 들어본 듯한 이름이었다. "치앙 마이에 사는지?" "아니, 솝루악에." "그러면 골든트라이앵글인데?" "거기서 아편박물관을." "오, 당신이 그 빠차리!" 만난 적은 없지만 한 발 건너 알던 사람이었다.

낯섦이 좀 가신 듯, 소곤소곤 말하던 빠차리는 눈을 동그랗게 뜨 고 바짝 다가앉는다. "타이공산당에는 언제?" "쫄랄롱꼰대학에서 교육학 공부하고 1976년에 케엣8로." 수줍음 타던 그이는 온데간데없이 카랑카랑한 목소리를 튕겼다. "바로 전선으로?" "아니, 라오스-중국 국경에서 정치학습, 군사훈련 받고 타이로 되돌아와 치앙라이주 판Phan 산골 고등학교에서 아이들 가르치며 도이야오와 도이파몬 산악 오르내리는 선전투쟁 맡아." "하산 뒤엔 다시 고등학교 선생으로?" "1980년에 산을 내려왔는데 공산당 이력 탓에 일자리 못 구했어. 해서 고향 치앙샌으로 돌아와 어머니 도움받아 골든트라이앵글 앞에서 기념품 팔았지. 그러다 아편박물관 차렸고." "하산 뒤에 위협받은 이들도 많았다던데?" "한동안은 살벌했지. 아편박물관 뜰에서 옛 동지가 총 맞아 죽기도 했고. 그러려니 하며 살았던 거지."

치앙샌 골짜기에서 태어나 최고 명문 쭐랄롱꼰대학을 거쳐 혁명전선을 달렸던 한 여인의 녹록잖았던 삶이 짧은 대화 속에 묻어났다.

말이 난 김에 여기서 타이공산당 역사를 좀 짚어버리면 앞으로 이어질 '빨갱이마을' 여정이 편할 것 같다. 빠차리가 타이공산당에 뛰어든 그 1976년은 무장투쟁이 절정으로 치닫는 때였다. 1965년 창설한 타이애국전선을 1969년 타이인민해방군(PLAT)으로 재편해 동북부지역 농민과 북부지역 몽족을 주력 삼아 싸우던 타이공산당은 1970년대 들어 중대한 전기를 맞는다.

그 첫 길목이 1973년 10월 14일 탐마삿대학 학생 봉기인 이른바 '십시뚤라(10월 14일)'였다. 1972년 일본상품 불매운동으로 당긴 불길이 이듬해 10월 학생 지도부 체포라는 맞바람을 맞으면서 군인 독재자 타놈 끼띠카쫀 총리 타도운동으로 번졌고, 10월 14일 군경 발포로 100여 명 웃도는 학생이 살해당했다.

그 봉기에서 1968년 조직한 타이학생센터(NSCT)가 탐마삿대학, 쭐랄롱꼰대학, 치앙마이대학을 비롯한 전국 11개 대학 연대투쟁을 이끌며 비로소 학생이 사회 변혁 주체로 떠올랐다. "앞장선 십시뚤라는 타이 현대사에서 처음으로 정치 공간을 시민사회로 옮겨오는 끌차 노릇 했다." 그 시절 탐마삿대학 학생운동 지도자로 50만 시민을 연설로 움직였던 섹산 쁘라서꾼 교수 말처럼.

그러나 한편으론 국왕 푸미폰 아둔야뎃이 십시뚤라 뒤 물러난 타놈 총리 후임을 비롯해 1980년대 초까지 세 정부 총리를 직접 지명함으로써 입헌군주가 정치의 심판관으로 등장하는 계기가 되었다. 여기가 바로 체제와 제도를 넘어 오늘날까지 이어지는 타이 입헌군주의 정치개입 논란을 낳은 출발지였다.

그즈음 타이 사회는 전통과 현대가 복잡하게 뒤엉킨 채 굴러갔다. 아유타야왕국Ayutthaya Kingdom(1350~1767년) 때부터 내려온 봉건계급사회를 일컫는 삭디나Sakdina 잔재 아래 왕실을 낀 전통 토호자본과 인도차이나전쟁에서 몸집을 불린 자유주의 신흥자본이 부딪치기 시작했고, 왕실 보호를 앞세워 권력을 쥐락펴락해온 군부와 자본을 좇는 관료의 암투로 정치적 혼란이 극에 달했다. 게다가 1932년 유럽 유학파 관료와 군인이 무혈쿠데타를 통해 쁘라짜티뽁 King Prajadhipok 절대왕정을 무너트리고 입헌군주제로 갈아탄 뒤 줄곧 권력을 잡아온 군부는 세대 갈등에다 육군과 해군 마찰까지 겹쳐 크게 흔들렸다. 여기에 농민과 도시 노동자 시위가 벌어지는 어지러운 상황 속에서 십시뚤라가 터졌다.

타이공산당 입장에서 보자면 그런 사회적 조건을 지닌 십시뚤라는 결정적 기회였다. 그러나 타이공산당은 십시뚤라로 사회가 뒤집히는 동안에도 뒷짐만 졌다. 지도부의 오판과 노선 갈등 탓이었다. 애초 타이공산당은 대학생을 봉건체제에 순응하고 정부 관리나 꿈꾸는 중산층으로 여겨 조직 대상에도 안 올렸다. 게다가 마오식 혁명 모델을 좇던 타이공산당은 농촌에만 매달렸을 뿐 도시엔 관심도 없었다.

잘 차려진 밥상조차 못 챙겨먹은 꼴인 타이공산당은 십시뚤라가 끝난 뒤에야 타이학생센터 기관지나 팸플릿을 통해 "사회변혁의 유일한 길은 무장투쟁뿐이다."며 뒷북친 게 다였다.

실제로 그 시절 학생운동가들 이야기를 들어보면 타이공산당의 현실 인식 부재가 또렷이 드러난다. 열여섯 천재소녀로 1970년 탐마삿대학 경제학과에 들어가 학생운동 한 뒤, 노동판 거쳐 1976년 타이공산당 무장투쟁에 뛰어들었던 수니 차이야로스Sunee Chaiyarose 말부터.

"우린 타이공산당과 상관없이 학생운동 때부터 독자적으로 노동현장과 선을 달았다. 대학 마치자마자 신분 감추고 섬유공장 들어가서 노동조합운동하다 반공법에 걸려 옥살이도 했고. 그 뒤 타이공산당에서 총을 들었던 건 우리한테 마지막 선택지였을 뿐이다." 수니는 현재 랑싯대학 사회학 교수로 학생들을 가르친다.

이번에는 치앙마이대학에서 의료공학을 공부하고 1976년 타이 공산당 무장투쟁에 뛰어들었던 똥탐 낫쭘농Tongtham Natjumnong 말을 들어보자.

"타이공산당은 학생을 거들떠보지도 않았지만, 1970년대 초부터 이미 현실에 눈뜬 적잖은 학생들이 사회과학이론을 팠고, 혁명 꿈꾸며 노동현장으로 들어갔다. 우리는 타이공산당과 상관없는 자생적 공산주의자였다. 1976년 무장투쟁에 뛰어든 학생들과 공산당원 사이에 이념투쟁이 벌어졌던 까닭이다." 똥탐은 〈시암랏Siam Rath〉 전 편집장으로 사회주의경제론과 장자철학에다 한시까지 연구해온 대표적 지성이다.

학생운동을 거쳐 타이공산당 무장투쟁에 참여했던 수니와 똥탐 말처럼 타이공산당은 처음부터 학생이라는 갖춰진 혁명투쟁 동력을 놓쳤던 셈이다. 치명적 오판이었다.

여기서 하나 짚고 갈 게 있다. 학생운동을 낮잡아본 건 그 시절 타이공산당만도 아니었다. 타이공산당 연구자들도 마찬가지였다. 특히 서양 연구자들 가운데 적잖은 이들이 타이공산당에 기운 채 학생이라는 사회변혁 줏대를 흘려 넘겼고, 그 결과 시대 상황을 헛짚었다. 예컨대 타이공산당 뼈대를 연구한 토마스 막스Thomas A. Marks 같은 이들이 "1952년 반공법 제정 탓에 공산주의 운동가들은 이념서적을 못 구해 사회과학 용어마저 제대로 못 갖췄다."고 주장했듯이. 이건 한마디로 학생운동을 거들떠보지도 않았다는 뜻이다.

"천만에, 책상머리 연구자들 상상력이다. 그 시절 자본론 비롯해 웬만한 이념서적은 다 구할 수 있었다. 우린(학생들은) 타이 번역판 없으면 영어판이나 중국어판 돌려 봤고. 반공법이 공산당 활동 금지 했지 출판은 그런대로 자유로웠다. 사회과학 용어를 못 갖췄다고? 뚱딴지같은 소리." 똥탐은 학생운동이라는 중요한 현장이 빠진 꿰맞추기식 연구를 타박했다.

1973년 십시뚤라를 날려버린 타이공산당은 3년 뒤 다시 한번 기회를 맞았다. 1976년 10월 6일 탐마삿대학 학생들이 또 들고 일어났다. 십시뚤라 뒤 싱가포르로 떠났던 독재자 타놈 귀국 반대 시위에서 비롯된 이른바 혹뚤라(10월 6일)였다. 그날 경찰과 극우집단 룩스아차오반(왕실이 지원한 마을 자경단), 나와폰(보안작전사령부가 하급 공무원, 마을 지도자, 승려로 조직한 반공단체), 끄라팅댕(보안작전사령부가 제대병, 용병, 부랑아로 조직한 민병대)의 무차별 공격으로 100여 명 웃도는 학생이 또 살해당했다.

3년 만에 되풀이된 이 탐마삿대학 학살에 절망한 수천 학생과 학자, 교사, 언론인을 비롯한 지식인들이 국경으로 빠져나가 타이공산당 무장투쟁에 뛰어들었다. 1973년 십시뚤라에서 뒷짐만 졌던 타이공산당도 이번에는 선전투쟁으로 바짝 달라붙었다.

"미국에 조종당해온 파시스트 정부의 실체가 드러났다. 미 제국주의와 그 반동동맹은 타이 인민의 적이다. 무장투쟁이 유일한 길이다."

그렇게 도시 지식인을 받아들인 타이공산당은 폭발적으로 몸집을 불려나갔다. 여기가 바로 앞에 등장한 빠차리, 똥탐, 수니 같은 학생운동가들이 타이공산당에 뛰어든 지점이었다. "3년 사이에 두 번씩이나 친구들이 살해당하는 현실 앞에 절망했다. 앙갚음하고 싶었고 세상을 바꾸고 싶었다. 저마다 사연이야 조금씩 달랐겠지만 우리 모두는 같은 심정이었다. 그때 우리한테는 타이공산당 말고 달리 택할 길이 없었다." 쭐랄롱꼰대학 출신이라는 간판 하나만으로도 이미 보장된 안락한 삶을 버리고 빠차리가 총을 들었던 까닭이다.

이듬해인 1977년 5월 타이사회당(SPT)이 무장투쟁을 선언하자, 타이공산당(CPT)은 9월 28일 애국민주군사조정위원회(CCPDF)를 차려 연합전선을 띄웠다. 이어 학생 봉기를 이끈 타이학생센터(NSCT)를 비롯해 사회주의연합전선당(SUFP), 타이인민연합전선당(PUFT)이 연합전선에 힘을 보탰다. 1978년 들어 타이공산당은 무슬림인민해방군(MPLA)까지 조직해 투쟁력을 크게 키웠다. 그로부터 타이공산당은 12,000 병력과 400만 웃도는 당원을 이끌고 71개 주 가운데 북부, 동북부, 남부 35개 주에서 무장투쟁 발판을 깔았다. 그즈음 타이공산당은 동남아시아에서 베트남공산당 다음으로 큰 덩치를 지니게 되었다.

그러나 달리 보면, 타이공산당의 연합전선은 혁명투쟁 종말을 다그치는 신호탄이 되고 말았다. 창당 때부터 화교와 베트남계 사이에 똬리 튼 노선 갈등이 연합전선을 통해 정파, 지역, 세대 차이까지 뒤엉키며 거세게 불거졌다. 특히 타이사회당, 학생, 친베트남계는 타이공산당 화교 지도부가 우겨온 "농촌 중심 마오식 혁명 모델이 산업화로 접어든 타이 사회에 어울리지 않는다."며 공개적으로 대들었다.

결국 타이공산당은 '농촌(농민)과 도시(노동자) 균형투쟁'을 선언했다. 그러나 달라진 것 없었다. 이미 중국공산당에서도 유효기간이 끝난 마오식 혁명을 여전히 신줏단지처럼 떠받든 화교 지도부는 독단적이고 비민주적인 태도로 발화점을 앞당겼을 뿐.

그 결과 연합전선 1년 만인 1979년 10월, 분옌 워통Bunyen Worthong을 비롯한 일부 학생운동 지도자와 지식인이 타이공산당을 뛰쳐나갔다. 이들은 베트남과 라오스 공산당 지원을 받아 타이이산해방당(TILP)을 띄웠다. 그사이 노선 갈등에다 혹독한 산악 밀림 환경을 못 견딘 도시 출신 학생들이 하나둘씩 귀향길에 올랐다. 다른 말로 투항이었다. 이어 1981년 3월, 타이사회당이 "외세(중국)에 조종당하는 타이공산당과 함께할 수 없다."고 비난하며 떨어져 나가 연합전선은 4년 만에 실질적인 막을 내렸다.

그렇게 타이공산당은 투항과 분열로 흔들리는 가운데 정치국원 담리 루앙수탐과 남부전선 지도자 수라차이 새 단Surachai Sae Dan을 비롯한 핵심 지도부까지 체포당하는 위기를 맞았다. 돌파구를 찾던 타이공산당은 1982년 제4차 전국인민대회를 열었다. 1963년 제3차 전국인민대회 뒤 19년 만이었다.

제4차 전국인민대회는 노선 갈등으로 갈라진 틈을 꿰매고자 그동안 타이 사회를 규정해온 이념적 용어인 '준봉건semi-feudal'을 '준

자본주의semi-capitalism'로 바꿨고, 동시에 '수정주의자revisionist'란 단어를 지웠다. 이건 전략적으로 농촌과 도시를 같은 선상에 놓고, 한편으론 무장투쟁과 정치투쟁을 병행하겠다는 선언이었다. 달리 말하자면 균형을 통해 내부 불만을 추스르겠다는 뜻이었다. 그러나 주요 지역 대표자들이 중앙위원회 회의에 불참한 제4차 전국인민대회는 반쪽짜리로 끝났고, 새로 선출한 지도부도 그 얼굴이 그 얼굴이었다.

속살을 파보면 제4차 전국인민대회는 노선보다 오히려 투항이 더 큰 화두였다. 특히 조직 차원에서 투항을 입에 올린 동북부지역 대표들과 최후의 일각을 외친 남부지역 대표들 사이에 거센 논쟁이 벌어졌다. 그러나 이 대목도 여기까지였다. 중앙위원회는 투항안을 놓고 아무런 결론도 못 내렸다. 그 결과 게릴라들뿐 아니라 지도부마저 뿔뿔이 흩어져 개별 투항하는 사태로 이어졌다.

게다가 타이공산당은 제4차 전국인민대회가 열리는 동안 카오코Khao Kho 본부가 정부군한테 함락당해 무장투쟁 발판마저 잃어버렸다. 그러다 보니 "조직을 재정비하고 국제연대를 강화한다."는 제4차 전국인민대회 공식 성명과 문서는 4년이 지난 1986년에야 흘러나왔다. 그게 타이공산당의 끝이었다. 그 뒤론 공식적인 활동이 없었다.

여기까지가 숨 가쁘게 살펴본 타이공산당 역사다. 근데 마무리가 없다. 어떤 과정을 거쳐 어떻게 끝났는지조차 또렷지 않다. 누구도 그 해체 과정을 오롯이 아는 이가 없다. 지도부였던 이들도 모르긴 마찬가지다. 그리하여 타이 현대사에서 가장 예민한 지점인 타이공산당은 여전히 실종 상태다.

타이군은 북부와 동북부의 타이인민해방군 주요 거점을 모두 점령한 시기를 1981년 10월 말로 밝혔다. 군사적으론 타이공산당이 그 무렵 끝났다는 뜻이다. 타이 정부는 1980년 공산당 사면과 보상안을 담은 쁘렘 띤나술라논 총리의 법령 제65/23과 제66123에 따라 게릴라들이 대거 투항한 1983년을 타이공산당 해체 시점으로 여겨왔다. 연구자들 가운데는 타이공산당이 제4차 전국인민대회 성명서를 날린 1986년을 종말로 보는 이들도 있다. 말 그대로 제각각이다.

문제는 1990년대 초까지 산악에 버텼던 게릴라들이다. 비록 타이공산당 기능은 마비되었지만 100여 명 웃도는 게릴라들이 총 든 채 투항을 거부했다. 그러나 타이공산당이 흐지부지 사라지면서 이 대목은 역사에도 못 오른 전설이 되고 말았다. 불행히도 여태 타이공산당사 연구자들 가운데 10년 웃도는 이 역사적 공간에 눈길을 준 이는 아무도 없다.

역사는 존재 사실을 기록하는 공간일 뿐, 숫자 크기로 그 유무를 판단하지 않는다. 그게 생존 수단이었든 혁명 의지였든 상관없다. 엘리트 지도부의 실종을 역사 종말로 친다면 그 많은 민중은 다 어떻게 할 것인가?

사실은 이게 세계혁명사의 골칫거리다. 왕조사관을 거부하고 민중사관을 앞세웠지만 정작 세계혁명사는 엘리트 지도부만 있을 뿐 민중이 없다. 민중은 그저 빈자리를 채우는 '그 밖'이라는 꾸밈새로만 존재한다. 그래서 역사가 재미없다고들 하는지도 모르겠다. 나 같고 당신 같은 들풀들 이야기는 없고 오로지 잘난 사람들만 등장하니.

"별것도 아닌 타이공산당 이력 팔고 온갖 핑계 대며 정치판에 끼어들어 자본가와 놀아나는 옛 동지들은 기억에서 지워버린 지 오래다. 그이들 떠올리면 정치란 게 혐오스럽기만."

빠차리가 옛 동지들 이름이 나오자 얼굴을 찌푸렸던 까닭이 뒤늦게 드러났다.

"후회 따윈 없다. 한때였지만 내 의지로 원칙 좇았으니. 지금도 그 원칙만큼은 지키며 살고자 한다."

혁명의 꿈을 안고 험한 산악전선에 기꺼이 청춘을 바쳤던 빠차리 같은 이들이 아직도 타이 사회 곳곳에 박혀 소리 없는 파수꾼 노릇을 하고 있다.

"지키는 게 더 어렵다." 빠차리가 던진 화두를 안고 치앙마이 집으로 되돌아가는 밤길은 칠흑이다. 그러나 불빛을 향한 희망은 버릴 수 없다. 이 세상엔 아직도 참한 사람들이 널렸으니. 그 고운 눈빛들과 만나지는 인연은 내게 더할 수 없는 행운이기도. 내 떠돌이 팔자를 고마워하는 까닭이다.

토끼가
달을 겨누다

2018년 3월 25~26일
반파숙Ban Pha Suk | 타이

치앙마이 집을 나서 라오스 국경을 향해 떠오르는 해를 안고 달린다. '반파숙'이라는 마을 이름만 하나 달랑 들고 나선 길을 따라 화전 연기에 찌든 잿빛 아침이 다가온다. 고단할 하루를 알리는 서곡마냥.

치앙마이를 벗어나 국도 11을 따라가다 프래Phrae 들머리에서 지방도 101로 갈아탄다. 여기서부터 라오스 국경과 맞댄 북동쪽 난주로 올라간다. 치앙마이에서 난Nan까지 직선거리 189km를 피빤남 산맥이 가로 막아 자동차 길은 335km에 이른다.

꼬박 달려 다섯 시간, 난에서 커피 한잔으로 가쁜 숨을 가라앉히며 산골마을 반파숙을 더듬는다. 난에 오면 쉽사리 찾겠지 여겼는데 웬걸, 난 사람들조차 반파숙을 콕 찍어내는 이가 없다. 길목마저 잡기 힘들다. 지도에 없는 산악마을을 찾아내는 일이 그리 낭만적이지 않다. "즐기자." "즐기자." 속으론 외치지만 신경이 곤두선다.

시내를 벗어나는 길만 잡은 채 커피숍을 나선다. 모퉁이마다 자동차를 세워 수도 없이 묻고 또 묻는다. 지방도 101을 따라 잠깐 북으로 달리다 이내 동쪽으로 꺾어 샛길 1169, 1081, 1333을 정신없이 갈아탄다. 타이에서 가장 가난한 주로 꼽는 난은 치앙마이주나 치앙라이주와 견줘 길부터 다르다. 제대로 된 이정표도 없는 좁고 낡아빠진 길, 마음도 몸도 고달프기 짝이 없다. 두 번씩이나 갔던 길을 되돌아 나와 물어물어 찾아가는 반파숙이 좀체 모습을 안 드러낸다. 난에서 기껏 30km 남짓 길을 두 시간 넘게 헤맨다. 산은 깊고 해는 지는데 길은 갈수록 멀어지는 느낌이다. 가도 가도 산뿐이다.

"난에 넘치는 건 산과 빨갱이뿐이다."

예부터 입에 오르내린 이 말이 우스개만은 아닌 듯.

치앙마이에서 아침 해를 안고 떠난 길이 반파숙에 닿고 보니 해거름이다. 마을 사람들과 인사만 나누고 산중턱에 자리 잡은 푸화끌랑목게스트하우스에 짐을 푼다. 3월 말로 접어든 타이 북부는 벌써 38°C를 오르내리지만 반파숙의 밤은 여전히 찬 기운을 뿜어낸다. 하룻내 더위에 지쳤던 몸이 만세를 부른다. 두꺼운 이불을 턱밑까지 바짝 당기며 불을 끈다.

7시, 짙은 안개에 덮인 반파숙은 아직 잠결이다. 산악을 핑계 삼은 게으른 해는 8시가 다 되도록 꿈쩍도 않는다. 8시 30분, 반파숙은 9km 떨어진 라오스 국경을 넘어온 햇살이 들고 서야 부스스 눈을 뜬다. 마을 동쪽 어귀를 휘감아 흐르는 매남와Mae Nam Wa와 800m 도이푸렘Doi Phu Rem에 둘러싸인 반파숙의 고요한 아침을 가슴에 담는 동안, 이번 여행에 운전대를 잡아준 쪼이의 전화가 울린다. 통화를 마친 그이가 걱정스레 전한다.

"인터뷰하면 돈 줘야 하는지 묻는데?"

"누가?"

"마을 사람이."

"나한테 달라는 건데 잘못 들었겠지?"

"아니. 마을 사람들이 기자한테."

30년 동안 현장을 뛰었지만 이런 일은 처음이다. 취재원이 기자한테 돈을 줘야 하는지 묻다니! 부랴부랴 마을로 내려간다.

오늘 이야기의 주인공인 사띠엔 짜이삥Satien Jaiping이 일찌감치 문밖에서 기다린다. 인사는 하는 둥 마는 둥 전화 사연부터 캐묻는다.

"대체 무슨 일인지, 돈은 무슨 돈?"

"전에 어떤 기자가 와서 인터뷰하더니 돈 달라고 해서."

"왜 돈을?"

"농사판 사정 묻더니 산 개간 허가 받아주겠다며."

얼굴이 화끈 달아오른다. 그렇잖아도 요즘 어딜 가나 기자가 손가락질당하는 판에 나도 한통속쯤으로 보일 텐데…, 그이를 달래야 할지 화를 내야 할지 참 답답하기만. 세상 어디든 못된 놈들이야 득실대지만, 이 깊은 산골까지 찾아와 힘들게 사는 이들을 해코지

할 줄이야. 결국, 난데없이 기자 대표선수로 사기꾼 대신 사과하며 씁쓸한 하루를 연다.

기자란 놈들과 악연 탓인지, 사띠엔은 집안으로 이끌면서도 뭔가 좀 의심스런 얼굴이다.

"근데, 왜 하필 우리 마을이고, 왜 나를 찾아왔는지?"

"공산당 보상금투쟁이 해묵은 말썽거리라 여기 반파숙을 본보기 삼으려고."

"나를 어떻게 알고?"

"케엣1(난주 북부)전선 뛰었던 사하이 팜 세라오(팜 세라오 동지) 소개로."

이제야 믿음이 가는지 사띠엔 눈가로 웃음기가 인다. 마을 내력을 화두로 잡고 딱딱한 분위기를 푼다. "바깥세상 사람이 잘 안 찾는 마을 같은데?" "동네 어귀로 흐르는 매남와 따라 뗏목 놀이 나선 이들이 어쩌다 스쳐가는 게 다지. 여긴 관광객 지나다니는 길목도 아니고." "이 마을은 언제부터?" "1980년대 초, 무장투쟁 접고 하산한 우리 몽족이 터 다졌지." "주민은 얼마나?" "요즘 130가구에 540명인데, 155명이 게릴라 출신이야. 1세대는 모두 전선 누빈 이들로 보면 돼."

사띠엔 말마따나 반파숙은 우리로 치면 군쯤 되는 보끌르아Bo Kleua에서 반나봉, 반후아이롬, 반후아이미, 반후아이로이와 함께 소문난 빨갱이마을 다섯 가운데 하나다.

사띠엔은 살림집과 붙은 광으로 안내한다. 흔히 산골 전통 오두막에선 짚단이나 농기구를 쌓아둔 이 광이 도시로 치면 응접실이다. 약속대로 예닐곱 늙은이가 모였다. 모두 전직 '빨갱이'다. 사띠엔은 한 사람씩 돌아가며 소개하지만 다들 낯선 이방인에 서먹서먹.

사람들이 '사하이 팟(팟 동지)'이라 부르는 사띠엔은 올해 쉰다섯인데, 서쪽으로 한 30km 떨어진 반후아이락에서 태어나 열 살 때 아홉 형제가 모두 아버지와 어머니 따라 타이공산당에 뛰어들었다. 한마디로 골수빨갱이 집안 출신이다. 그게 1973년이었으니 타이공산당 무장투쟁이 한창 달아오를 때였다. 형들과 함께 중국 가서 군사훈련 받고 돌아온 사하이 팟은 열다섯 되던 해인 1978년부터 전선에 올랐다.

"그렇게 어렸는데 공산주의가 뭔지는 알았나?" 실없는 소리로 들렸는지 그이가 물끄러미 쳐다본다. "뭘 알고 뛰어든 건 아니니까 처음엔 다 의심스러웠지. 날 때부터 공산주의자란 게 있나. 하나씩 익히면서." "주로 어느 전선에서?" "케엣3(난주 남부) 산띠숙전선과 난 도심 들락거리며 게릴라전을."

전선 이야기가 나오자 사하이 팟 언저리에 느슨하게 둘러앉았던 옛 전사들이 바짝 다가온다. 어두컴컴한 광에는 갑자기 긴장감이 휙 인다. 창으로 스며든 한 줄기 빛 따라 보랏빛 담배 연기가 피어오르고. 마치 기록영화 속 게릴라 아지트 같은 이 분위기에 나는 편안함을 느낀다. 내 몸이 기억하는 내 직장, 전선 풍경이란 게 늘 이랬으니.

"전선에선 주로 뭘 맡았나?" "모스로 중국에 있던 사하이 뚜 캄딴Sahai Too Khamtan 명령 받아 전하는 통신병 노릇." "타이인민해방군 사령관 파욤 쭐라논Phayom Chulanont 말인가?" "그렇지. 모스는 내가 받았고, 〈타이 인민의 소리Voice of the Thai People〉로 날아오는 경우도 있었지." 사하이 뚜 캄딴을 입에 올리는 그이 얼굴엔 자부심이 묻어난다.

사하이 퐷 말처럼 그 시절 타이공산당은 모스 부호와 〈타이 인민의 소리〉라디오로 통신선을 달았다. 덧붙이자면 1962년 중국 윈난에 차린 〈타이 인민의 소리〉는 1979년 6월 11일 고별방송을 날릴 때까지 타이공산당의 선전투쟁에 한몫 단단히 했다. 이 〈타이 인민의 소리〉송출 중단은 타이공산당 지원 포기를 선언한 중국 정부가 타이 정부한테 내민 첫 화해의 선물이었다.

"여기 난 지역 게릴라들도 1983년까지 거의 모두 하산했는데, 당신은 언제?" "나는 1987년에." "왜 그렇게 늦었나?" "그 시절 쁘렘 정부 믿을 수 없었으니까. 1983년 하산한 동지 가운데 우리 마을에서 셋, 반나봉 마을에서 둘이 살해당했지. 해서 1990년대 초까지 산속에 버텼던 우리 동지들도 적잖았고."

사하이 퐷은 1990년대 초까지 타이공산당이 살아 있었다는 전설을 사실로 증언한다. 이게 자취 없이 사라져버린 타이공산당의 가장 뼈아픈 대목이다.

게릴라 하산 이야기가 난 김에 타이공산당 마지막 서기장이었던 통 짬시 이야기 한 토막을 짚어보자.

"나는 지도부와 게릴라들이 모두 투항한 뒤에도 버티다가 1993년 마지막으로 산을 내려왔다. 나는 타이 정부에 투항한 적도 없고, 휴전협상 한 적도 없다."

20년 전 처음 통을 만났을 때, 강한 자부심이 묻어나는 그이 말에 적잖이 놀랐다. 통의 그 자부심이 전략부재와 오판 끝에 사라져버린 타이공산당 민낯처럼 보였던 까닭이다. 정치적 신념을 좇아 살아온 통의 일생은 존경할 만했지만, 끝까지 동지들을 못 돌본 지도자의 모습이 못내 아쉬웠다.

서기장 말이었으니 좀 따져보자. 1982년 제4차 전국인민대회 성명서를 날린 게 4년이나 지난 1986년이었다. 타이공산당 공식 활동은 그게 끝이었다. 그로부터 타이공산당은 전혀 작동하지 않았다. 그러나 100여 명 웃도는 게릴라가 산속에 남았고 통도 그 가운데 한 명이었다. 근데 정작 서기장 통은 해산 명령도 전투 명령도 없이 7년 동안 '버티기'만 했다. 서기장이라는 직책을 지닌 지도자로서 역할을 제대로 못했다는 뜻이다. 최후의 항전을 했더라면 적어도 타이공산당 역사의 마지막 장은 바뀌었을 것이고, 조직 해산과 투항 명령을 내렸더라면 동지들 삶이라도 더 일찍 챙겨줄 수 있었을 텐데.

그러니 통이 말한 "투항하지 않았다."는 건 개인적인 일일 뿐 타이공산당 조직과 아무 상관도 없고 별 의미도 없다. 보라. 그 시절 하산한 타이공산당 게릴라들은 모두 탈 없이 일상으로 되돌아갔다. 학생은 학교로 농민은 밭으로 아무 일도 없었다는 듯. 항복 문서에 도장 찍거나 사상 전향서 따위를 쓰는 일도 없었다. 굳이 따지자면 중국이나 라오스에 머물던 공산당원이 귀국용 여권 만들고자 현지 타이대사관에 신고한 게 다였다. 그게 1980년 쁘렘 총리 정부가 내건 '조건 없는 개별 사면'이었다. 하여 게릴라들은 그냥 산을 내려왔을 뿐 손 들지 않았다. 이걸 정부는 '투항'으로 게릴라들은 '하산'으로 서로 달리 불렀을 뿐. 예컨대 통은 투항한 적 없다고 했지만, 1993년 하산한 통을 타이 정부는 투항이라 했듯이. 말하자면 산속에서 버틴 기간이 짧다 길다로 투항이다 아니다를 가릴 수 없다는 뜻이다.

그렇다면 통이 했던 말 가운데 "휴전협정 맺은 적도 없다."는 대목을 따져보자. 이게 타이공산당 역사에서 지도부의 전략부재를 고스란히 드러낸 가장 큰 패착이었다. 1982년 제4차 전국인민대회 때 투항은 이미 거스를 수 없는 거센 물살이었지만 지도부는 아무런 준비도 없었고 어떤 대책도 못 내놨다. 그 결과 400만 당원에 12,000 무장 병력을 거느린 거대한 정치조직이 20년 가까이 전쟁을 하고도 휴전협상 한 번 못한 채 허깨비처럼 사라져버렸다. 이건 타이공산당 지도부의 자부심도 명예도 될 수 없는 자폭적 오판이었다. 다른 말로 반역이었다.

휴전협정이란 건 굴욕도 항복도 패배도 아니다. 거긴 높낮이도 없다. 윤리적 잣대 따윈 더욱 없다. 오직 생존 문제다. 휴전협정은 두 진영이 전쟁을 잠깐 멈추고 서로 이문 챙기고자 밀고 당기는 담판일 뿐이다. 그 과정에 총을 안 놓겠다면 재무장과 재조직 위한 시간 벌기용으로 써먹고, 총을 내리겠다면 조직원 안전 보장과 생계 대책 위한 사회복귀용으로 끌고 가면 된다. 서명 뒤에도 상황 달라지면 휴전협정 깨고 다시 전선으로 돌아가면 그뿐이다. 다들 그렇게 해왔다. 이게 세계전사다.

그럼에도 타이공산당은 휴전협정 카드 한 번 써먹지 못한 채 동지들 피로 쓴 혁명사를 고스란히 타이 정부한테 갖다 바친 꼴이 되고 말았다. 1980년 쁘렘 총리 정부가 투항자의 조건 없는 개인별 사면과 정착촌 설치를 비롯한 사회복귀지원정책을 들이댄 건 그만큼 급했다는 뜻이다. 타이 정부가 갑자기 무슨 천사로 변한 게 아니었다. 근데, 타이공산당은 1982년 제4차 전국인민대회에서 들어줄 사람마저 없는 허공에 대고 '국제연대 강화'와 '조직 재정비'를 결의했다. 여기가 타이공산당 역사에서 가장 아쉬운 지점이다. 타이공산당은 제4차 전국인민대회에서 그런 현실성 없는 의제 대신 휴전협정안을 마련했어야 옳다. 더구나 그 인민대회에서 중앙위원들은 조직 차원 투항을 놓고 격렬한 논쟁을 벌였다. 그래서 더 아쉬울 수밖에. 조직 차원 투항이 뭔가? 다른 말로 휴전협정이다. 타이공산당 지도부가 휴전협정안을 만질 충분한 조건과 바탕이 갖춰졌던 셈이다. 타이공산당은 그렇게 휴전협정안을 들고 정부에 맞서 주도적으로 상황을 끌어갈 적기를 놓쳤다.

이걸 달리 보면 타이 정부가 이미 타이공산당 지도부의 자멸 낌새를 눈치챘다는 뜻이기도 하다. 타이공산당 제4차 전국인민대회가 열리던 1982년부터 대규모 투항 사태가 벌어진 건 결코 우연이 아니다. 그 결과 각개격파를 앞세운 타이 정부의 반란진압정책은 성공했고.

그날 타이공산당 지도부 오판이 남긴 생채기가 40년 가까운 오늘까지 아물긴커녕 덧나기만. 바로 반파숙 사람들이 겪어온 아픔이다.

"이제 공산당원 보상 문제로 넘어가보자." 아무도 안 들어준 맺힌 이야기가 많았던지 광에 둘러앉은 늙은 전사들 얼굴에선 조급증이 묻어난다.

"1980년 쁘렘 총리가 법령 제65/23과 제66123 내걸고 투항 대가로 농지, 살림집, 생필품, 직업교육 지원 약속했는데, 이 마을 사람들은?" "거짓말. 보상은 무슨 보상. 하산하고 한 1년쯤인가 쌀이니 먹을거리 좀 보태준 게 다였다." 질문이 날아가기 무섭게 피탁 피사짠Phithak Phisajan(58세)이 기다렸다는 듯 쏟아낸 말에 모두들 고개를 끄덕인다. 이게 몇 해 전부터 사하이 팟이 반파숙 사람들 뜻 모아 열댓 시간이나 걸리는 방콕 정부청사를 뻔질나게 드나든 까닭이다. 이름 하여 38년 묵은 '보상투쟁'이다.

돈으로 환산한 보상금은 쁘렘 정부도 그 뒤 정부들도 또렷한 원칙이 없었다. 그저 5라이(8,000m²) 땅과 소 다섯 마리 값을 잣대 삼았을 뿐, 때마다 달랐다. 그마저도 2000년대 전까지는 동북부지역 공산당원 806명이 8~15라이 땅을 보상금으로 받은 게 다였다. 그러다 2007년 수라윳 쭐라논Surayud Chulanont 군사정부 총리가 2억 3,600만 밧(80억 원) 예산으로 2,609명한테 125,000밧(420만 원)씩,

그리고 이어 2009년 아피싯 웨차치와Abhisit Vejjajiva 총리 정부가 21억7,000만 밧(730억 원) 예산으로 9,645명한테 225,000밧(760만 원)씩, 마지막으로 2017년 쁘라윷 짠오차Prayut Chan-o-cha 군사정부 총리가 14억 밧(470억 원) 예산으로 6,000명한테 255,000밧(860만 원)씩 묶묶이 보상했다. 그렇게 해서 지금껏 공산당원 19,060명이 충분치는 않지만 어쨌든 보상금을 받았다.

사하이 팠이 잠깐 자리를 비우는가 싶더니 안방에서 보따리를 들고 나오며 한마디 던진다. "이게 방콕으로 들고 다닌 서류다. 정부가 약속한 보상금은 그냥 돈이 아니다. 우리가 싸운 정당성 인정받는 일이다." 풀어헤친 보따리에서는 A4 용지로 1,000장쯤 될 법한 서류뭉치가 쏟아진다. 온갖 증빙서류를 붙인 이 마을 공산당원 155명 명부다.

"이 마을에선 지금껏 보상받은 이가 몇이나?" "서른여덟 명이 받았다." "당신은?" "지난 해 우리 마을 사람 다섯이 받을 때 나도 같이." "그러면 이제 방콕 드나들 일 없겠네?" "아니지. 아직 백 명도 넘게 남았다. 동지들 다 받아야 내 일도 끝난다." "쁘라윷 총리는 이게 마지막 보상이라던데?" "마지막이 어디 있나. 단 한 명이라도 남기면 안 된다. 우린 끝까지 간다. 그래서 동북부지역 동지들과 힘 합치기로 했고."

근데 정부가 내건 보상금 지급 규정에 따른 여덟 가지 자격과 세 가지 조건이 만만찮다. 예컨대 '전투요원', '한 가족당 한 명', '연 수

익 6만 밧(200만 원) 미만', '까룬야텝프로젝트(의식조정교육) 참여자' 같은 것들이 다 맞아떨어져야 하니.

"내 말 들어봐. 전투요원만으로 전쟁이 되나?" 30년 공산당원으로 케엣5(난주 남부)전선 보급투쟁에 참여했던 꽁 피짠Kong Phijan(72세)이 혀를 찬다.

"그렇지. 병참 없이 싸울 수 있나!" 케엣5전선에서 병참 맡았던 캄라 짜이삥Khamla Jaiping(75세)이 거들고 나선다.

"13년 동안 의무병으로 전선 뛰었는데 남편이 보상받았다고 안된대." 열넷에 간호교육 받고 케엣5전선에서 부상병 돌봤던 솜밋 짜이삥Sommit Jaiping(61세)은 고개를 절레절레.

이들은 모두 반파숙의 탈락자들이다. 타이공산당 역사에서 버림받고, 타이 정부한테 따돌림받은 이 이름들을 여기 기록에 남긴다. 세상 어느 한구석에나마 이 이름들이 잊히지 않고 기억되기를 바라는 마음으로.

하나 덧붙이자면, 이 마을엔 유독 '짜이삥'이란 성을 지닌 이가 많다. 사하이 팟을 비롯해 한 사람 건너 짜이삥이다. 모두 형제자매고 사촌이고 조카다. 친척끼리 공동체를 이룬 산악 소수민족 마을에선 흔한 일이다.

"뒷돈 받아 챙기는 거간꾼들이 설치는 데다, 전선 뛴 적도 없는 숱한 가짜들이 보상금 타갔다."

사하이 팟이 정부의 보상금 규정뿐 아니라 집행도 큰 문젯거리라며 얼굴을 찌푸린다. 이건 알 만한 이들은 이미 다 아는 이야기다.

전직 공산당원이라는 놈들이 제 이름도 못 쓰는 옛 동지들 꼬드겨 대행비랍시고 2만~5만 밧(70만~200만 원)을 가로채기도 했고, 정부에 줄 닿는 모리배들은 공산당과 아무 상관 없는 사람 끼워 넣고 흥정판 벌이기도 했다. 달리, 공산당원 가운데도 글깨나 쓸 줄 알고 빽 있는 이들은 일찌감치 다 받아갔다.

세상 어디나 무슨 보상금 떴다 하면 어김없이 날뛰는 놈들이 있기 마련인데, 여기도 마찬가지다. 수십 년 전부터 내가 알고 동네 사람들이 다 아는 이야기를 정부가 모를 리 없다. 뒷돈 받아 챙기는 공무원과 모리배가 한통속인 상납식 부패구조에 길든 정부가 눈감았을 뿐. 그러니 여태 보상금 집행이 제대로 이뤄졌다고 믿는 사람이 드물 수밖에. 아무도 없거나. "재주는 곰이 부리고 돈은 되놈이 번다."고 했던가, 딱 그 짝이다.

이 보상금투쟁에서 더 큰 문제는 따로 있다. 삐딱한 눈길들이다. 옛 공산당원 가운데는 이 보상금을 놓고 "군부와 결탁했다."느니 "영혼을 팔아먹었다."느니 날 선 말을 쏟아낸 자들이 적잖다. 특히 친탁신 레드셔츠를 이끌어온 웽 또찌라깐 같은 이들은 "정부 보상금이 정치적 동기를 지닌 돈이다."며 입도 뻥긋 못하고 살아온 옛 동지들 가슴에 대못을 박았다.

"웽은 많이 배운 의사에다 정치인이니 보상금 따위 없어도 괜찮겠지만, 우리는 한평생 오늘 먹을거리 걱정하며 살아왔다. 서로 생각도 살아온 길도 다를 수밖에." 사하이 팟은 옛 동지를 나무라진 않지만 어두워지는 얼굴까지 감추진 못한다.

이 보상금이란 건 애초 쁘렘 총리가 들고 나설 때부터 공산당원을 빨아들이기 위한 정치용이었다. 마땅히 정치적 동기를 지닌 돈이다. 그 뒤 정부들도 모조리 그 보상금을 정치용으로 써먹었다. 선거 때만 되면 타이공산당 발판이었던 동북부와 북부 지역 표 노리며 단골로 들이댄 게 이 보상금이기도 했다.

정치판에 끼어든 그 전직 공산당원들이 여태 그 정체를 몰랐단 말인가? 이제 와서 새삼스레 정치적 동기 지닌 돈이라며 옛 동지들을 타박할 게 아니라 오히려 약속 안 지킨 정부 향해 삿대질하고 공정한 보상금 집행 위해 발 벗고 나서야 옳다. 한때 혁명을 꿈꾸며 전선 달렸던 명예를 귀하게 여긴다면, 전선에서 삶과 죽음을 함께했던 동지를 존경한다면.

사하이 팟 말처럼 그 보상금은 정부의 약속이었고, 타이공산당 투쟁의 결과로 역사성을 지녔다. 그냥 돈이 아니라는 말이다. 왜 포기해야 하는가? 누가 그 포기를 윽박지를 수 있단 말인가?

되돌아보자. 지도부나 엘리트 출신 당원들은 먹을거리도 없는 가난한 옛 동지들 심장에 대고 "영혼을 팔아먹었다."며 욕질할 자격이 없다. 조직 해체 명령이 없어 총을 놓아야 할지 말아야 할지조차 헷갈린 전사들만 덩그러니 산악에 남겨둔 채, 앞다퉈 제 살길 찾아 떠난 이들이 지도부였고 엘리트였다. 그렇게 떠난 이들은 머잖아 정치인으로, 학자로, 예술가로, 사업가로 이름 날렸다. 잘난 것 없는 타이공산당 경력을 적당히 흘려가며 떵떵거리고 살아왔다. 그이들이 못 배우고 가난한 옛 동지들 사회복귀나 보상 위해 팔 걷어붙이고 나섰다는 말은 들어본 적 없다.

그 지도부와 엘리트 출신이 동지들 피로 얼룩진 20년 무장투쟁사를 뒷간 똥닦이로 쓰고 사라져버린 타이공산당, 아무도 책임지지 않고 아무도 돌보지 않는 야멸친 현실이 타이공산당사의 마지막 페이지였다.

　"끄라따이마이짠."이란 타이 속담이 있다. "토끼가 달을 겨눈다."는 말인데, 이룰 수 없는 꿈이나 욕망을 뜻한다. 끝을 보면 처음을 알 수 있다. 애초 타이공산당 지도부는 토끼였는지도 모르겠다.

　"많이 배우고 잘사는 그이들과 우린 형편 다르다. 도시 자본가들이 몰려와 쓸 만한 땅이란 땅은 싹쓸이해버린 이 동네 현실 보라. 우리 같은 농민은 붙여먹을 땅 한 뼘 없다." 사하이 팟은 보상투쟁이 정의뿐 아니라 생존까지 걸린 문제라고 한다.

　"우린 어떻게 하라는 건가?"

　세상은 삐딱한 눈길로 욕질만 해댔지 아무도 사하이 팟한테 답을 주지 않는다. 정부한테도, 사회한테도, 옛 동지들한테도 이리저리 치이기만 해온 국경 사람들 현실이다.

　제 이름 한 자 제대로 못 쓰는 사람들, 좀 더 나은 세상 꿈꾸며 목숨 바쳐 전선을 달렸던 사람들, 그러고는 역사에 버림받은 사람들, 바로 반파숙 사람들이다. 이 반파숙 사람들이 정부를 상대로 보상투쟁을 벌여온 지도 벌써 33년째다.

　"세상도 변했고 나도 변했지만 앞날은 아무도 알 수 없다. 우리가 내일 공산주의자일지 아닐지는 정부한테 달렸다. 우리 심장 속에는 아직도 공산주의 씨앗이 살아 있다."

동네 어귀까지 바래다주며 사하이 팟이 던진 의미심장한 말이다. 이제 얼마 남지도 않은 옛 공산당 게릴라들이 배고프지 않은 세상에서 평화롭게 잘 살았으면 좋으련만….

하늘이 어두워진다. 거센 비라도 한바탕 퍼부을 듯.

산악 우물에서
소금을 캐다

2018년 3월 27일
반보루앙Ban Bo Luang | 타이

부슬부슬 비가 내린다.

산이 구름을 안았는지

구름이 산을 품었는지

강이 골짜기를 덮는지

골짜기가 강을 메는지

내가 숲을 바라보는지

숲이 나를 쳐다보는지

헤아릴 것도 따질 것도 없다. 아름답다고 소리치거나, 무릉도원
빗대는 일도 다 부질없다. 그저, 모든 게 있어야 할 자리에 있다. 꽉 찬
이 어울림이 고마울 뿐이다. 가슴으로 받은 풍경이 눈가로 올라와,

느닷없이 작은 개울을 만든다. 빗물이 정답게 다가와 나를 감춰준다.

반파숙을 떠나 오른쪽에 라오스 국경을 끼고 북녘마을 반남리팟타나Ban Nam Ree Phatthana를 찾아가는 샛길 1081, 비에 씻긴 산들이 올찬 초록빛을 터트리며 눈앞으로 성큼 뛰어든다. 화전 연기에 가렸던 잿빛 하늘도 희뿌연 해도 사라졌다. 찜득대던 더위도 온데간데없다. 반파숙에서 들고 온 복잡한 심사도 날아가버린다.

30km쯤 달렸을까, 차창 밖으로 '보끌르아Bo Kluea'란 이정표가 획 지나간다. 27년 전 기억을 좇아 급히 자동차를 돌린다. 동쪽 10km쯤에 라오스의 사인야불리주Xaignabouli Province와 국경을 맞댄 보끌르아는 때 묻지 않은 도이푸카국립공원Doi Phu Kha National Park을 꼈지만 워낙 외진 데다 길도 험해 바깥 사람들 발길이 뜸한 곳이다.

옛날을 더듬어 반보루앙으로 들어선다. 우리로 치면 군쯤 되는 보끌르아의 서른아홉 개 마을 가운데 하나다. 타이 말로 '보'는 우물이고 '끌르아'는 소금이다. '반'은 마을이고 '루앙'은 거대하거나 위대함(중심, 왕실, 존경 같은)을 일컫는다. 그러니 우물 중심지 마을이란 반보루앙 정체가 이름에서부터 드러난 셈이다. 말 그대로 여긴 소금우물이 있는 마을이다.

27년 전 라오스의 몽족 반군 취재길에 이 소금우물 소문을 듣고 잠깐 들른 적이 있었다. 674m 산악 우물에서 소금을 캔다는 게 신기했지만, 그즈음 내 머릿속엔 온통 반군뿐이었으니 깊이 들여다볼 겨를이 없었다. 두어 해 뒤 이 동네를 다시 들렀지만 그때도 마찬가지였다. 그러고는 흐르는 세월에 묻혀 잊고 살았다.

산골 전통마을이었던 반보루앙도 그사이 크게 변했다. 마을 안팎으로 포장도로가 깔렸고 집들도 다 시멘트로 바뀌었다. 커피숍에다 현금자동지급기에다 위성접시에다 겉보기엔 치앙마이 변두리와 다를 바 없다. 기억과 딴판인 반보루앙이 어째 낯설기만. 세월 따라 세상도 변하는데 나만 그 기억의 시대를 살고 있는지도 모르겠다.

변화를 잘 못 쫓아가는 느려터진 내 버릇을 탓하며 소금우물을 둘러본다. 허름한 창고 같았던 옛터엔 열댓 가게가 들어섰다. 땅바닥에 있던 우물은 제단처럼 꾸며 2m쯤 높여 놓았다. 우물 언저리엔 큰 단지를 걸고 플라스틱 파이프를 꽂아 가마까지 물길을 이었고, 그 앞뜰엔 얄궂은 시멘트 소 세 마리를 세웠다. 이 서름한 풍경은 모두 관광객을 부르는 손짓일 텐데, 차라리 시끌벅적하다면 보는 마음이나마 편할 것을.

"이 세상에 하나뿐인 소금우물"이라 써 붙인 간판이 더 애처롭게 다가온다. 굳이, 엉터리라고 타박할 일도 없지만 사실은 소금우물이 이 반보루앙에만 있는 건 아니니까. 난주 북에서 남으로 흐르는 강인 매남와를 따라 큰 소금우물이 둘 있고, 매남난Mae Nam Nan을 따라 큰 소금우물 다섯과 작은 소금우물이 널렸다. 돈이 안 되니 퍼내지 않을 뿐, 난주 북쪽 땅속에 소금층이 있다는 말이다. 옛날엔 여기도 바다였을 테고. 하기야 지구에서 가장 높다는 히말라야나 티벳 산악 호수에서도 소금을 캔다고들 하니.

역사를 훑어보면 보끌르아는 15세기에 처음 등장한다. 치앙마이에 뿌리 둔 란나왕국의 멩라이왕조 제9대 왕이자 전쟁광으로 이름 난 쁘라 짜오 띨로까랏Pra Chao Tilokarat(1441~1487년)이 여기 소금우물을 차지하고자 난타부리Nanthaburi라는 작은 군벌연합체가 지배하던 난을 점령했다는 기록이 있다. 그게 1449년이었다. 그 시절만 해도 소금은 군사 전략 물자인 데다 물물교환에 귀한 밑감이었다. 하여 바다와 멀리 떨어진 중국 윈난과 광시를 비롯해 버마 산주 소금 대상들까지 난으로 몰려들었다고 한다.

대대로 난 지배자들은 소금 팔고 세금 뜯어 부를 챙겼다고 하니, 한때는 이 소금우물이 권력의 상징이자 엄청난 돈줄이었던 셈이다.

비록 옛 영광은 이제 가고 없지만, 이 우물에 혼이 서렸다고 믿어온 반보루앙 사람들은 해마다 2월이면 돼지와 닭을 바치고, 3년에 한 번씩 물소를 잡아 닷새 동안 제를 올린다고.

그렇게 우물에 깃든 혼이 입 타고 퍼져 공무원 시험이나 입학시험 때면 멀리서 찾아와 빌고 가는 이들도 적잖다고 한다. 단, 이 우물물을 바깥으로 퍼갈 수는 없다. 옛날에 이 우물물을 퍼가던 사람이 호랑이한테 물려 죽었다는 전설의 경고인데, 아마도 소금이 귀했던 시절 여기 우물물을 훔쳐가지 말라는 뜻이었던 듯. 어쨌든 요즘도 이 마을 사람들 믿음엔 변함이 없다. 몇 해 전엔 수로국 공무원이 이 우물물을 퍼 가다 교통사고로 죽었다고들 하며.

마을 사람들 믿음이라면 우린 따르면 된다. 소금물 한 통에 목숨 거는 쓸데없는 모험까지 할 일은 없을 테니.

세월이 흘러 본디 아홉이었던 반보루앙 우물도 이제 둘만 남았다. 300가구에 3,000 주민을 거느린 제법 큰 마을이지만 소금장이도 서른 남짓뿐이라고 한다. 반보루앙 소금의 시대가 한물갔다는 뜻이다.

소금장이 반공투사의 일생

마 욧와릿Ma Yotwarit | 반보루앙 소금장이

제단 같은 우물터에 올라 물 깃는 늙은이 얼굴이 사뭇 심각하다. 말
붙이기도 어렵다. 도르래 단 장대로 두레박을 내렸다 올리기를 스
무 번쯤, 마침내 허리를 펴는 그이한테 손짓으로 "올라가도 되는
지?" 묻는다. 힐끗 쳐다보던 그이가 "올라오라."고 손 답을 보낸다.
7~8m쯤 될 법한 깊은 우물 속을 쳐다보는 등 뒤로 무뚝뚝한 말이
울린다. "조심해!" 잠깐 헷갈린다. 빠지지 말라는 건지, 제단을 함
부로 밟지 말라는 건지?

　이 우물에 혼이 서렸든 사업 비밀이 담겼든 어쨌든, 너무 오래
머무르지 않는 게 좋겠다는 생각이 든다. 부랴부랴 사진 몇 판을 찍
고는 그이와 함께 우물터를 내려온다. 말문을 트려고 이것저것 던
져본다.

　"옛날엔 양동이로 물을 옮기더니, 이젠 반자동이군요?" "응, 물
길어 이 단지에 담으면 가마 앞까지 바로 가지." "여기 우물은 건기
에도 물이 안 마르나요?" "수천 년 동안 마른 적 없대. 근데, 7~10월
엔 물을 안 퍼." "장마철이라 물이 더 많을 텐데?" "우물도 사람도
좀 쉬어야지. 늘 일만 할 수 있나." 그이 얼굴에 비로소 옅은 웃음기
가 돈다. "사실은 말이야, 장마철엔 염도가 낮아져 소금이 안 돼."
"아, 그렇겠군요. 그 소금 캐는 걸 보고 싶은데, 오늘 불 때나요?"

"따라오시게."

그이는 장작불이 활활 타오르는 가마 앞에 자리를 권한다. "근데, 아까 우물에선 왜 그렇게 얼굴이 굳어 있었는지?" "이 우물은 성스러운 곳이니 몸도 마음도 다잡아야 해." "그 무슨 혼이 있다는?" "그렇지. 여긴 '짜오상캄'과 '낭으앗'이라는 남녀 수호신 둘이 살아."

호기심이 도진다. 기록에도 들어본 적도 없는 이야기니까. "그걸 어떻게 믿어요?" "왜 못 믿어? 내 눈으로 봤다니까." "혼이 눈에 보이나요?" "여기서 남끌르아(우물에서 길은 소금물)를 끓이다 잠들었는데 그 수호신이 나타나 제 시간에 맞춰 깨워주더구면." 그이는 따우(솥을 건 가마) 뒤를 서너 번 가리킨다. "저 옆으로 지나가는 수호신을 여러 번 봤어." 정색하고 이야기하는 그이한테 더 대꾸했다가는 혼날 것 같이 화제를 돌린다.

"요즘 경기가 영 안 좋아 보이네요?" "지천에 깔린 게 소금이라 값을 안 쳐주니 어쩌겠어." "열댓 소금가게 가운데 불 때는 가마는 두 집뿐이고?" "여섯 시간 걸려 두 솥 끓여내면 신따오(암염) 60kg 나와. 누가 이 일 하겠어." "그걸 값으로 치면?" "1kg에 12밧(400원)이니 720밧(24,000원)쯤." "인건비도 안 나오겠는데?" "그렇지. 두 솥 끓이는 데 땔감만 400밧(13,000원) 들어." "그러면 어림쳐 한 달에 얼마나?" "이문 따지면 일 못해. 이것저것 빼고 나면 한 2,500밧(85,000원)은 되려나."

쑥스러운 듯 털털 웃는 그이 모습이 참 짠하다. 소일거리밖에 안된다면서도 그이는 정성스레 불을 땐다. 장작이라도 몇 개 날라줄까

집었더니 그이는 굳이 마다하며 슬쩍 안타까움을 내비친다.

"이게 내 대에서 끝날지도 몰라. 요즘 애들은 안 나서니." "꼭 그렇지만도 않을 텐데? 요즘 어딜 가나 전통문화 지키겠다는 젊은이들이 제법 많아지고 있어요." "그것도 먹고살 만큼은 돈이 나와야하지. 우길 수도 없고." "집에 아이들은 뭐래요?" "아들은 경찰이고 딸은 학교 선생이니 이 일 할 수도 없어." "그래도 뜻이 있으면 일을 배울 수도?" "하긴, 우리 아이들은 일곱 살 때부터 이 일 거들었으니 맘만 먹으면 할 수는 있을 거야." 장작불을 들여다보며 얼굴을 찌푸린 그이가 혼잣말처럼 내뱉는다.

"어휴, 우물세도 내야는 걸 깜빡했어." "그런 게 있어요?" "응, 해마다 200밧씩." 귀를 의심한다. 우물세가 한 2만 밧이라고 했다면 욕이나 크게 한판 하고 지나쳤을지도. 근데 200밧이라니 무슨 장난질같아 더 괘씸하고 언짢다. 그이 마음도 같을 게 뻔하다.

잽싸게 따져본다. 반보루앙이 1년에 거두는 소금을 다 합쳐도 10톤이고, 돈으로 치면 기껏 12만 밧(400만 원)이다. 땔감으로 7만 밧 빼고 나면 그야말로 인건비도 안 나온다. 고작 늙은이 몇몇이 우물을 지키고 소금물을 긷는 터에 정부란 건 아직도 우물세와 소금세 걷던 15세기 군주 흉내나 내고 있으니.

전통 지키고 대물림해온 이 귀한 손길들을 돌봐줘도 시원찮을 판에 대체 이 우물세 200밧은 무슨 의미일까? 그렇다고 소금우물이 몇 백만 개나 되는 것도 아니고 기껏 서너 개다. 빌어먹을! 죽어도 관료적 권위 따위를 지키겠다는 짓거리 아니고서야 이해할 길이 없다.

"보끌르아 소금우물은 타이에서만 볼 수 있는 전통문화." 이게 타이 관광청 홍보물마다 대문짝만 하게 박아놓은 문구다. 관광상품으로 팔아먹겠다면 적어도 전통문화를 지켜야 할 것 아닌가. 몇 안 남은 보끌르아 소금장이가 사라져버린 뒤에는 어떻게 할 것인가. 그리 멀지 않았다. 이대로 가면 길어야 10년이다. 정부가 꼴난 200밧 우물세 따위나 거둘 때가 아니란 말이다.

그동안 타이 정부는 국경 사람들한테 전통문화를 지키라고 질기게 다그쳐왔다. 왜 그랬을까? 답은 간단하다. 문화가 중요한 게 아니라, 관광상품으로 눈독을 들였으니까! 반보루앙에서 그 정체가 잘 드러났다. 돌보지 않으면서 윽박지르는 전통문화 보존은 차별이고 박해다.

200밧에 흥분한 나를 가라앉히려는 듯, 그이는 희망 조로 한마디 툭 던진다. "사실은 나도 아버지한테 소금 일을 배웠지만 젊었을 땐 딴짓하다 늘그막에 우물로 되돌아왔으니, 요즘 애들도 나이 들면 생각 달라질지 누가 알겠어." "그럼, 젊었을 때는 뭘 하다가?" "전쟁터 다녔고, 그 뒤론 일용 잡직 공무원으로 이것저것 했지."

소금우물에 빠져 잠깐 잊었던 역사를 그이가 되살려낸다. 그러고 보니 소금 이야기에 홀려 여태 이름 묻는 걸 까먹었다. 올해 일흔인 마 욧와릿은 반보루앙 토박이다.

1965년부터 20여 년 동안 타이 정부와 타이공산당이 지독하게 치고받았던 이 난주에서 쉰 넘긴 사람치고 전쟁에 얽힌 사연 한 토

막 없다면 간첩이다. 근데, '빨갱이마을'을 찾아다니는 이번 난주 여
행에서 뜻밖에 반공 전사를 만날 줄이야.

들고 보니 욧와릿은 '꽁아사락사딴댄'이라 부르는 국경마을 자
원방위대(VDC), 흔히 우리말로 자경단 출신이다. 본디 이 자경단은
1954년 국경초계경찰을 돕는 조직으로 내무부 주행정국 아래 창설
했으나, 1970년대 반공작전 제1선에 투입돼 전투병 노릇까지 했다.

"1966년, 열여덟에 자경단 들어갔지. 우리 마을에서도 공산당하
고 전투가 벌어져 경찰이 총 맞아 죽고 할 때였어." 마는 전쟁 이야
기로 넘어가자 갑자기 전사로 변한다. 기운부터 달라진다. 나긋나긋
한 말투도 사라진다.

"그 시절 이 반보루앙도 공산당마을?" "아니, 여긴 반공마을이
었지만 공산당도 있었어. 처음엔 중국에서 정치 배워온 열두어 명
이었는데 점점 늘어났지. 그러다 군인과 경찰이 밀어닥치자 다른
마을로 다 떠났고." "지금은 이 마을에 공산당 출신이 없겠군요?"
"왜 없어. 전쟁 끝나고 되돌아왔지. 여긴 다 친척이고 친구들이니.
처음엔 한 200명 됐는데, 이젠 100여 명 남았으려나." "그 시절 여
기 보끌르아는 빨갱이 지역으로 이름 날렸는데?" "다는 아니었어.
요즘은 마을이 많이 늘었지만 그땐 여기 반보루앙 합해 여덟이었고,
그 가운데 여섯이 공산당마을이었지."

사료에도 없는 이런 잔잔한 사실을 받아 적는 재미가 참 쏠쏠
하다. 길바닥에서 역사를 건져 올리는 이번 넝마주이 여행이 내겐
큰 행운이다.

마는 말문을 열어놓은 채 벌떡 일어나 펄펄 끓는 가마솥을 휘휘 젓는다. 옹골찬 몸매하며 오달진 그이 몸놀림이 일흔이라 믿기 힘들다. "소금물을 제때 저어줘야 해." 구릿빛 마를 휘감은 자욱한 연기와 시뻘건 장작불 너머로 전쟁터가 겹쳐진다. "그럼 이 마을에선 몇 명이나 자경단에?" "나까지 마흔 명이었는데, 서른은 죽고 이젠 열쯤 남았지." "자경단도 돈 받고 전선에 올랐나요?" "돈이랄 것도 없지만 하루 30밧, 한 달에 900밧(2018년 가치로 98,000원) 받았지." 듣고 보니 이 900밧은 그 시절 타이 정부가 반공용병으로 부려먹던 국민당 잔당 월급과 똑같다. 이건 정부가 자경단도 용병 취급했다는 뜻이다.

"마지막 전투는?" "1981년 펫차분전투였어." 마 입에서 타이 현대사가 숨겨온 비밀 한 토막이 튀어나온다. 타이군이 최후, 최대 반공작전으로 꼽는 펫차분전투에 난주 출신 마을 자경단까지 투입한 사실이 드러났다. 펫차분은 여기 반보루앙에서 자동차 거리로 530km나 떨어진 타이 중부지역이다. 타이 정부가 외국 군대인 국민당 잔당과 더불어 민간인인 자경단을 반공용병으로 전선에 투입한 사실은 여전히 타이 현대사의 공백으로 남아 있다.

"전쟁 끝나고 공산당원처럼 자경단원도 정부 보상금 같은 게 있었나요?" "응. 전사한 자경단원은 올해 정부가 90만 밧(3,000만 원)씩." "이 마을에선 몇 명이나?" "다섯이 받았어." "죽어야 돈 받는다면, 안 죽은 사람은?" 마는 아쉬움과 자부심이 섞인 묘한 미소를 띤다. "우리야 나라가 불렀고 나라 위해 싸웠으니." "그래도 무슨 혜택 같은 게?" "병원비 반, 버스비 반. 또 뭐가 있나 보자." "그마저도 기껏 반?" "아, 자식들이 공무원 시험 보면 가산점."

그놈의 '나라'가 불러 '나라' 위해 목숨 걸고 15년 동안 반공전선 달린 마 욧와릿한테 떨어진 건 꼴난 버스비와 병원비 반값이다. 버스도 없고 병원도 없는 이 깊은 두메산골에서.

라오스와 국경을 맞댄 이 산골에서는 전직 자경단도 전직 공산당도 시민 대접 못 받긴 다 마찬가지다. 파묻어버린 타이 현대사의 '그 밖들'일 뿐.

깊은 국경 산악 한 귀퉁이에 솟는 소금우물의 운명도, 그 소금물에 절은 마 욧와릿의 인생도 참 아리게 다가온다. 바다소금보다 덜 짜다는 반보루앙 우물소금이 왜 유독 내 입에는 더 짜게만 느껴지는지.

부슬부슬 내리는 빗길을 따라 북으로 북으로 반남리팟타나를 찾아간다.

아버지 인민해방군
사령관,
아들 육군총장

2018년 3월 28일
반남리팟타나Ban Nam Ree Phatthana | 타이

2006년 9월 16일 육군총장 손티 분야랏끌린Sonthi Boonyaratglin이 탱크를 몰고 나와 탁신 친나왓 총리 정부를 뒤엎고 민주개혁평의회(CDR)를 선포했다. 한동안 잠잠한가 했더니 15년 만에 다시 터진 쿠데타였다. 사나흘쯤 지나자 기자들 사이에 손티 장군이 군사정부 얼굴로 수라윳 쭐라논 전 합참의장을 내세울 것 같다는 말이 나돌았다.

그즈음 육군본부를 취재하던 외신기자 친구들이 커피숍에 둘러앉았다. 나는 싱가포르, 인도네시아, 일본, 독일, 영국, 미국 출신이 모인 그 자리에서 질문을 하나 던졌다.

"예컨대, 아버지가 공산당 최고지도자라 치자. 그러면 너희 나라에선 그 아들이 육군사관학교 들어갈 수 있나? 육군총장 될 수 있겠

나? 총리나 대통령 할 수 있을까?"

다들 똑같은 답을 내놨다. "절대 안 된다." 민주주의 어쩌고들 하지만 아시아나 유럽이나 미국 할 것 없이 모두 '불가능'에 입을 모았다.

소문대로 보름 뒤인 10월 1일 수라윳이 군사정부 총리로 등장했다. 수라윳은 타이공산당 무장조직인 타이인민해방군 사령관이었던 파욤 쭐라논Phayom Chulanont의 아들이다. 이 세상 어디든 "절대 안 된다."는 그 일이 타이에서 벌어졌다. 그것도 내로라하는 반공국가에다 입헌군주가 현실 정치 속에 버젓이 살아 있는 사회에서.

수라윳 아버지가 파욤이라는 사실을 알고 크게 놀랐던 게 꼭 20년 전이었다. 1988년 육군총장 후보로 그이 이름이 오르내렸을 때니. 나는 타이공산당 출신 한 친구가 귀띔해준 그 말을 긴가민가하며 한동안 타이 사회를 읽는 데 적잖은 혼란을 겪었다. 뭐, 지금도 헷갈리긴 마찬가지만.

바로 그 아버지와 아들의 일생을 화두로 잡고 반남리팟타나를 찾아간다. 소금우물로 이름난 반보루앙에서 3~5km 떨어진 라오스 국경을 동쪽에 끼고 샛길 1081을 따라 북으로 달린다.

"여기서 60km쯤 가면 반후아깐이라는 작은 마을이 나와. 거기서 또 3km를 더 가서 오른쪽으로 꺾어." 반보루앙에서 소금장이 마욧와릿이 가리킨 대로 왔지만 이정표도 집도 사람도 없는 산속이다. 오른쪽으로 꺾는 지점을 못 찾아 10km쯤 되는 산길을 오락가락하다 사냥꾼을 만나 샛길 1307을 찾았다. 여기가 반남리팟타나로 들어가는 길목이다. 샛길 1307은 이번 국경 여행에서 만난 저주다. 어디 한 곳 성한 구석이 없다. 아스팔트가 모조리 벗겨진 길바닥을 요리조리 피해보지만 자동차는 튕기면서 허공을 달린다.

2007년 반남리팟타나를 찾은 적이 있다는 나만 믿고 운전대를 잡은 쪼이가 시무룩하니 묻는다.

"삼거리에서 15분이면 되고, 길도 멋지다고 하더니?"

"그땐 그랬다. 수라윳 군사정부 때다. 총리가 아버지 자취 찾아 여기 왔으니 길 닦는 공무원들이 어련했겠나?"

"근데 지금은 왜 이렇지?"

"뻔하잖아. 2008년 수라윳 물러난 뒤론 아무도 이 길 손보지 않았던 게."

어딜 가나 길은 권력의 상징이다. 특히 타이에서는 더 그렇다. 힘깨나 쓰는 정치인이 있고 없고는 그 동네 길을 보면 바로 안다.

삼거리에서 기껏 17km, 반남리팟타나에 닿고 보니 꼭 한 시간이 걸렸다. 라오스 국경에서 4km 떨어진 1,500m 푸파약Phu Phayak 산자락에 자리 잡은 이 반남리팟타나는 1984년 타이공산당 게릴라 400여 명이 세운 마을이다.

'호랑이가 들끓는 큰 산'이란 속뜻을 지닌 푸파약은 옛날부터 라오스에서 건너온 소수민족 루아Lua와 몽Hmong 사람들 터전이었다. 온갖 차별과 박해를 받던 이 소수민족들이 타이 북부지역 공산당 무장투쟁에 동력을 댔고, 이 마을을 낀 푸파약 산악이 1970년대 타이 공산당 제708본부로 북부 무장투쟁 심장이었다.

100여 가구에 600여 주민을 거느린 반남리팢타나는 전통적으로 산비탈에 양귀비를 키웠으나, 2003년 대체작물 개발과 옛 공산당원 지원을 내건 '푸파약로열프로젝트'가 들어서고부터는 오디를 비롯한 과일과 고랭지 채소를 길러왔다. 요즘은 관광 개발에도 제법 애쓰는 낌새고.

"푸파약을 거닐고, 유기농 채소를 먹고, 향기로운 커피를 마시고, 산꼭대기에 오르자."

이게 이 반남리팢타나를 생태관광상품으로 내놓은 타이 관광청 구호다. 한데 현실은 신통찮아 보인다. 아예 찾아드는 발길조차 없다. 여긴 구호보다 길 손질이 먼저다. 현장 없는 책상머리 관광정책이라고들 하는데, 딱 여기를 두고 한 말이다. 유기농 채소나 먹으려고 이런 엉망진창 길을 따라 막다른 국경 골짜기까지 찾아올 관광객은 절대 없을 것이므로!

반남리팢타나를 한 바퀴 둘러보고는 마을 꼭대기에 자리 잡은 푸파약기념관으로 간다. 평일 대낮인데 문은 닫혔고 관리자도 없다. 들머리부터 먼지만 수북한 게 폐가 느낌도 들고. 오랫동안 이 기념관을 찾은 이가 없었다는 뜻이다. 기념관을 빙빙 돌며 이 문 저 문 만져보니 쪽문 하나가 열린다. 한참 망설인다. 이게 방문을 허락한다는 건지 아닌지 아리송하기만. 여기까지 왔는데 그냥 발길을 돌릴 수도 없고, 살금살금 문을 열고 들어선다. 어두컴컴한 기념관은 퀴퀴한 냄새까지 풍긴다. 내친김에 실내등을 켠다.

> 흐르는 눈물의 자취를 지우고자
> 기꺼이 모든 것을 던지겠습니다
> 내게 한 번 더 삶이 주어진다면
> 당신을 섬기는 데 바치겠습니다

한눈에 든 찟 푸미삭Chit Phumisak의 싯구가 심장을 때린다. 1965년 타이공산당에 뛰어든 뒤, 이듬해 의문스레 살해당한 찟은 시인으로 역사가로 언어학자로 당대 최고 지식인이었다.

2005년 12월 문 연 이 공산당 기념관은 전시물이 따로 없다. 흔해빠진 총 한 자루, 군복 한 벌도 없다. 그저 타이공산당 역사와 지도와 헌시 같은 것들을 사진으로 뽑아 벽에 붙여놓은 게 다다. 그나마 2007년에 왔을 때보다는 읽을거리가 좀 늘었나 싶고. 그땐 벽마저 휑했으니.

"해마다 12월 1일(타이공산당 창당일)이면 옛 동지들이 푸파약기념관에 모여 지도자와 전선에서 산화한 이들을 기린다." 공산당 케엣1(난주 북부)전선을 달렸던 팜 세라오(68세) 말마따나 여긴 기념관이라기보다 무장투쟁에서 전사한 동지들을 기리는 추모관에 가깝다. 물론 팜이 말한 지도자는 기념관 한복판 제단에 모셔놓은 타이인민해방군 사령관 파욤 쫄라논이다. 바로 그 수라윳 전 총리의 아버지.

육군 중령 파욤은 1947년 타완 탐롱나와사왓Thawan Thamrong-
nawasawat 총리를 몰아낸 쁠랙 피분송크람Plaek Pibulsonggram 장군 쿠
데타에 동참했으나 정치적 이견으로 갈등을 겪다 2년 뒤인 1949년
스스로 쿠데타를 일으켰다. 실패로 끝난 이른바 '육군참모학교 쿠데
타'였다. 곧장 파욤은 중국으로 망명했다.

1957년 고향 펫차분으로 되돌아온 파욤은 하원의원으로 정치판
에 발 들였다. 그러나 그해 사릿 타나랏Sarit Thanarat 장군이 다시 쿠
데타로 쁠랙 정부를 뒤엎자 파욤은 타이공산당에 뛰어들어 인민해
방군 사령관이 되었다. 그로부터 '사하이 뚜 캄판(뚜 캄판 동지)'으로
불린 파욤은 무장투쟁을 이끌다 1978년 지병 치료차 다시 중국으
로 갔다. 그 뒤 1980년대 초 중국에서 사망한 것으로 알려져왔다.

애초 타이공산당은 당원들조차 누가 진짜 지도자인지 모를 만큼
철저히 조직을 감춰 파욤의 죽음뿐 아니라 역할도 여전히 논란거리
다. 게다가 파욤마저 아무런 자취나 기록을 안 남긴 채 사라졌다. 뿐
만 아니라 전선에서 독자적으로 조직을 이끈 파욤의 고단위 군사와
정치를 증언할 만한 사람도 마땅찮다. 여태 내가 만나온 타이공산당
지도부 가운데도 속 시원히 파욤을 꿰는 이를 본 적 없고, 하여 이번
여행에서 어렵사리 찾아낸 몇몇 전사들 증언을 통해 파욤 됨됨이나
마 여기 기록에 남긴다.

"누가 뭐래도 우리 지도자는 사하이 뚜 캄판이다. 우리는 그이
와 함께 전선을 갔고, 그이 명령을 따랐다. 그이는 심장과 행동이 같

왔던 사람이다. 모두를 차별 없이 대했고, 무슨 일이든 도와주었다. 내가 공산주의자인 걸 자랑스럽게 여기도록 만들어준 사람이다." 1974년부터 4년 동안 밥하고 빨래하며 파욤을 따라 케엣4(난주 북부)와 케엣5(난주 남부) 전선을 뛰었던 피탁 피사짠(58세)은 깊은 존경심을 드러냈다.

"우리한테 진짜 지도자는 사하이 뚜 캄딴뿐이다. 그이는 농담도 즐겼지만, 아주 엄격한 원칙주의자였어. 그런 지도자와 함께 전선을 갔던 건 내 인생에서 가장 큰 행운이다. 내 명예이기도 하고. 영원히 못 잊는다." 케엣4전선에서 싸웠던 아룬 세린(73세)은 파욤을 그리워했다.

"사하이 뚜 캄딴은 1978년 치료차 중국에 가서도 직접 명령을 내렸다. 내가 통신 담당자로 모스를 통해 그이 명령을 전선에 옮겼다. 공산당 안에서 그런 명령을 내린 지도자는 오직 사하이 뚜 캄딴 한 사람뿐이다." 케엣3(난주 남부)전선을 뛰었던 사띠엔 짜이뼁(55세)은 파욤이 중국으로 간 뒤에도 전선 명령을 내렸다는 중요한 사실을 증언했다.

파욤과 함께했던 전사들 말을 들어보면, 그동안 알려져온 대로 파욤이 타이인민해방군 사령관으로 전선에서 몸소 무장투쟁을 이끌었던 것만큼은 틀림없다. 그러나 타이공산당 안에서 파욤의 정치적 역할은 중앙위원이었다는 사실 말고 드러난 게 없다. 다만, '타이공산당 서기장 캄딴'이라는 기록을 남긴 1976년 민주깜뿌치어(크메르루즈) 정부 문서를 통해 파욤이 정치적으로도 중요한 역할을 했을 것으로 미뤄볼 만하다. 물론 이걸 공식적인 사료로 인정하긴 힘들지만, 어쨌든. 타이공산당 안에서는 1960년대부터 짜로언 완응암이 1979년 사망할 때까지 서기장을 한 것으로 알려져왔고, 그 뒤는 우돔 시우완이 이었다.

이쯤에서 파욤의 아들 수라욧 이야기로 넘어가보자. 수라욧은 말 그대로 군인 집안에서 군인의 아들로 태어났다. 수라욧 외할아버지는 육군 작전사령관을 지낸 시 싯티송크람Si Sitthisongkhram 장군이고, 아버지는 육군 중령을 거친 타이인민해방군 사령관 파욤이고, 자신은 육군총장과 합참의장을 거쳐 총리를 했고, 이제 그 아들 논 쭐라논Non Chulanont이 군인의 길을 가면서 무인혈통이 4대째 대물림하고 있다.

그러나 아버지 파욤에 대한 수라욧의 기억은 그리 많지 않을 듯싶다. 파욤이 1949년 쿠데타 실패로 중국 망명길에 오를 때 수라욧은 기껏 여섯 살이었고, 8년 뒤인 1957년 파욤이 귀국했지만 그해 타이공산당에 뛰어들면서 다시 가족과 작별했으니.

그 뒤 수라욧은 군 최고 엘리트 코스인 쭐라쫌끌라오왕립군사학교Chulachomklao Royal Military Academy를 거쳐 1965년 소위로 임관하자마자 북부 반공전선에 투입되었다. 머잖아 아버지와 아들이 한 전선에서 적으로 싸우는, 영화에서나 나올 법한 일이 벌어졌다. 타이공산당이 무장투쟁에 뛰어든 해가 그 1965년이었다.

비록 전선에서 서로 마주친 적은 없다손 치더라도, 이념이 다른

아비의 심장을 향한 총질로 내 충성심을 확인시켜야 하는 수라윳의 경험은 가족적 비극일 뿐 아니라 사회적 결함의 모진 본보기가 아니었던가 싶다.

"자식으로서 나를 낳아준 아버지와 어머니를 자랑스럽게 여긴다. 적어도 아버지는 자신의 신념을 따라 싸웠다. 내게 아버지는 영웅이다. 아버지는 내가 훌륭한 군인, 좋은 시민이 되도록 가르쳤다."

내 기억엔 이게 수라윳이 공식적인 자리에서 딱 한 번 입에 올린 아버지에 대한 회상이었던 것 같다. 하여 수라윳 속내는 누구도 알 길이 없다. 다만 그 아버지가 가르쳤다는 '훌륭한 군인', '좋은 시민'은 사회와 역사가 판단할 몫이다. 수라윳의 일생도 그 아버지 파욤의 일생도 마찬가지다. '빨갱이사령관'으로 낙인찍힌 아버지 파욤은 그리 복잡할 게 없다. 그러나 불법 쿠데타로 권력을 쥔 군사정부 총리를 했고 불법 토지 소유를 비롯해 개운찮은 말썽거리를 달고 다닌 그 아들 수라윳은 단순하지 않다. '훌륭한 군인', '좋은 시민'은 말처럼 쉬운 일이 아니다.

반남리팟타나에 땅거미가 드리운다. 아버지와 아들의 사연도, 타이공산당도 모두 침묵 속에 저물어간다. 여긴 책임지는 이도, 기록도 없는 역사의 사각지대다. 머잖아 이 모든 일들은 감상을 섞어 비틀고 꾸며 입을 타고 돌아다니다 서푼짜리 야사를 거쳐 전설로 넘어가고 말 것이다. 그래서 다가오는 이 어둠이 두렵기만.

짝사랑의
끝

2018년 3월 28~29일
반후아이꼰Ban Huai Kon | 타이

저무는 해, 저녁 짓는 연기, 잦아드는 동네 아이들 소리, 총총총 내
달리는 나물 진 늙은이, 섶나무 냄새를 실어오는 하늬바람, 입으로
달려드는 날벌레들….

잘 짠 서정시에 나올 법한 시간이다. 타이공산당 푸파약기념관
언덕에서 땅거미 지는 반남리팟타나를 넋 놓고 바라본다.

겹겹이 둘러친 산악, 낮과 밤 사이는 찰나다. 숨넘어가는 빛과 태
어나는 어둠 사이, 그 가느다란 태초의 접선에 감탄할 틈도 없이 이
내 온 누리가 암흑 속으로 빨려 들어간다.

이 어둠은 방랑자에게 떠나야 할 때를 알리는 신호다. 왔던 길을
되돌아 샛길 1801과 맞닿는 삼거리까지 17km를 달린다. 한 시간

만에 거친 샛길 1307을 벗어난 해방감은 곧장 낯선 길과 실랑이로 이어진다. 서너 번 들렀던 길이지만 내 뇌는 20년 묵은 기억을 못 돌려낸다. 이정표도 없고 지형·지물을 읽을 만한 건더기도 없다. 난주 최북단 라오스와 국경을 맞댄 반후아이꼰을 향해 나침반이 가리키는 북녘으로 난 샛길 1801을 따라 마냥 달린다.

혁명가는 몸뚱이가 죽을지언정 두려워 않는다
인민의 기쁨과 영원한 이념 앞에 삶을 바친다
붉은 피가 땅을 적시고 꽃과 산이 울부짖는다
이름 없는 명예는 오직 인민들 가슴에 남는다
산처럼 담찬 신념과 눈빛, 온 천지도 움츠린다
앙갚음, 한 명이 죽으면 십만이 태어날 것이다
동지를 위한 앙갚음 인민을 위한 끝없는 투쟁
머잖아 붉은 깃발이 온 도시에 휘날릴 것이다

불빛 하나 없다. 칠흑 같은 1,000m 국경 산길을 '사하이(동지)'를 들으며 달린다. 진 깐마촌Jin Kanmachon이 만든 이 타이공산당 노래는 한때 전사들의 혼이었다. 러시아 행진곡 조로 시작해서 타이 전통 서정풍으로 흘러가다 웅변 조로 마무리하는 이 가락이 전선 노래로 썩 어울린다고 여긴 적은 없지만, 노랫말만큼은 시대의 연민으로 다가온다.

도돌이를 눌러가며 '사하이'를 듣고 또 듣는다. 안팎이 암흑천지인 자동차에 앉아 달리 할 짓도 마땅찮지만, 어쩌면 그보다 노래에 잠겨 어둠의 공포를 털어버리겠다는 건지도. 그래, 노래는 공포를 지우는 마약이다. 내가 올랐던 전선에서는 다 그랬다. 하나가 부르면 이내 열이 되고 백이 되는 전선 노래, 과연 집단중독성을 지닌 전투용 마약이었다.

폭탄소리에 놀라 아랫도리가 젖었던 버마학생민주전선(ABSDF) 새내기도, 겁에 질려 고개도 못 들던 자유아체운동(GAM) 초짜도 모두 전선 노래를 목청껏 부르며 프로페셔널 전사로 거듭났다. 그리하여 전선에서 노래는 삶이고 이념이고 희망이었다. 곧 노래는 투쟁이고 해방이었다. 1970년대 이 산악을 누볐던 타이공산당 전사들도 '사하이'를 함께 부르며 두려움을 삭였으리라.

"태평이네. 이 길이 맞는지도 모르겠는데?" 운전대 잡은 쪼이가 말을 붙이는 통에 흥이 깨진다. "가다 보면 사람 사는 동네 나오겠지." 대답이 신통찮았는지 쪼이는 목소리를 높인다. "이거 사람도 없는 길인데 괜찮겠지?" "왜, 무섭나?" "그런 건 아니지만." "1307에 견줘 이 길은 낙원이잖아!"

실제로 1801은 산등성이를 따라 끝없이 꼬불대지만 길바닥만큼은 나무랄 데 없이 잘 닦아놓았다. 다만, 7시를 갓 넘긴 초저녁부터 이렇게 사람 없는 길은 처음이다. 반남리팟타나에서 후아이꼰까지 40km를 두어 시간 달리는 동안 마주친 자동차가 딱 두 대였다.

국경마을 반후아이꼰은 일찌감치 잠들었다. 마감하는 식당 주인을 꼬드겨 허겁지겁 저녁을 때운 8시 40분, 옛 중심지 반후아이 꼰까오Ban Huai Kon Kao는 병원 하나 빼고 아예 암흑이다. 잠자리 찾아 들린 게스트하우스가 셋, 모두 불이 꺼졌다. 마지막 남은 하나 찰럼끼엣홈게스트하우스, 자동차 소리에 불 켜고 잠옷 바람으로 나온 주인이 놀란 눈으로.

"어디서 오세요? 이 시간에.""반남리팟타나에서.""간도 크다! 이 동네 밤길은 안 다니는 게 좋아요.""왜, 무슨 사고라도?""여긴 국경지대라 옛날부터 위험했어요.""공산당 이야기군요?""예, 그때부터.""끝난 지가 언젠데 아직도?""아튼, 밤길은 위험해요."

초저녁부터 반남리팟타나-반후아이꼰 산길에 자동차가 없었던 까닭이다.

이 국경지대엔 이념분쟁 잔상이 전설처럼 흘러내린다. 기껏 '30~40년 전'이 전설로 변해버린 이 현실은 역사를 감춰온 타이 정부와 기록도 없이 허깨비처럼 사라져버린 타이공산당의 합작품이다. 1990년대부터 '월든 벨로Walden Bello 류' 학자나 언론인이 타이에 정변이 생길 때마다 걸핏하면 들이댔던 '인민무장봉기설'이니 '내전설' 같은 아주 비과학적인 논리도, 오늘밤 게스트하우스 주인이 입에 올린 '위험한 국경 밤길' 경고도 다 그렇게 역사 없는 상상에서 태어난 전설이다.

3월 29일, 새날이 밝았다. 땡볕이 쪼아대는 게스트하우스 마당에서 개미떼를 바라보며 뜸 들인다. 쪼이는 일찌감치 자동차 시동을 걸어놓고 기다린다. 근데, 여행을 하다 보면 신나서 쫓아가는 게 아니라 괜한 의무감으로 들르는 곳들이 있다. 내겐 박물관이니 전시관 같은 영혼 없는 인공물들이 그렇다. 하여 나는 별난 사연 없는 한 요리조리 핑계 대며 그런 곳들을 피해 다녔다. 타이-라오스 국경지역 공산당마을을 둘러보는 이번 여행에서 정부군 쪽 자취도 훑어보자고 마음은 먹었지만, 정작 전적지를 앞에 두고 망설이는 까닭이다.

"바로 요 뒷동산이고 자동차로 2분이면 돼요." 아침 인사를 나누던 게스트하우스 주인이 한마디 거드는 통에 떠밀리듯 길을 나선다.

야트막한 언덕배기에 자리 잡은 이 반후아이꼰 전적지는 본디 타이군 제3보병대대 작전사령부로 1970년대 격전지 가운데 하나다. 기념관 안내와 관리를 맡은 홍보병 예닐곱이 운동복에 슬리퍼를 신고 어슬렁대는 걸 보면 방문객이 없다는 뜻이다.

사무실에 앉아 모바일폰에 눈을 박은 군인은 아침부터 찾아온 이 방인이 달갑잖은 듯, 어째 시큰둥하다. 본체만체. 쪼이가 한국 기자라고 넌지시 한마디 던지자, 벌떡 일어나 다짜고짜 홍보용 비디오를 튼다. 기겁해서 손사래치고 자리를 뜨니 이번에는 따라나선다. 정부군 희생자 추모 동상을 거쳐 옛날 총과 군복 따위를 늘어놓은 볼품없는 기념관을 건성건성 둘러본 뒤, 기지를 삥 둘러친 참호에 오른다.

관전평을 하자면 여긴 도무지 사람들이 찾아올 데가 아닌 것 같다. 전적지 얼굴인 간판마저 땅바닥 한구석에 팽개쳐놓은 터에 타이 정부가 선전해온 교육 현장으로도 관광지로도 먹힐지 의심스럽다.

이 전적지의 시간은 타이공산당 게릴라 200여 명이 제3보병대대 작전사령부를 기습했던 1975년 4월 9일을 가리킨다. 근데, 이 정부군 시계를 선뜻 믿기 힘들다. 치고 빠지는 게릴라전을 앞세운 타이공산당이 도심 작전에 200명이나 투입했다는 건 놀라운 일이다. 정부군 작전사령부를 점령할 일도 없고, 산악 고지 방어전도 아닌데…. 이래서 전투상보 같은 기록을 안 남긴 타이공산당이 못내 아쉽기만. 타이 현대사가 외길로 흘러온 까닭이다.

"새벽 4시쯤 총소리가 나서 철모와 총을 챙겨 뛰어나갔더니 병영 곳곳에 총알이 날아들었다. 참호에서 싸우던 나는 공산당이 던진 M26 수류탄에 맞아 쓰러졌고, 얼마 뒤 헬리콥터가 와서 병원으로 실려 갔다. 69명 전우 가운데 17명이 전사했지만 우린 끝내 사령부를 지켜냈다." 탐롱 똔행 일병 수기처럼 이 전적지가 정부군의 영웅적 전투를 기리는 건 말할 나위도 없다.

그즈음 타이 정부는 정규군 127,700명에다 경찰과 민병대 45,800명을 거느렸으나 공산당 게릴라 12,000을 못 당해 곳곳에서 밀려났다. 결국 타이 정부는 장제스의 국민당 잔당 3,000명을 용병으로 투입한 데 이어 마을 자경단까지 전선에 올렸다. 그럼에도 군과 경찰 희생은 더 늘어났다. 1969년 300명, 1970년 450명, 1971년 700명으로 점점 불어나 1983년까지 해마다 어림잡아 500명 웃도는 전사자가 났다.

반대쪽 타이공산당은 1965~1982년 사이 3,415명이 목숨을 잃었다. "우리 쪽 게릴라 전사자는 1,000여 명쯤, 나머지 2,000 웃도는 이들은 가족을 비롯한 비무장 당원들이었어. 정부군 쪽은 희생자 수를 또렷이 밝힌 적 없지만, 적어도 1만은 넘을 거야." 모댕(빨갱이 의사)으로 이름 날린 타이공산당 전선 의사 툰사왓 욧마니반풋Thunsawat Yotmanibanphut(69세) 말을 통해 시대를 가늠해볼 만하다.

그 시절 타이 이념분쟁은 베트남, 라오스, 캄보디아까지 휩쓸린 인도차이나전쟁에 가렸지만 실제로 전선 규모나 병력 투입, 전투 기간, 희생자 수를 놓고 보면 전면 내전이었다. 게다가 그 내전은 국제 대리전 성격까지 품었다. 타이공산당은 중국, 라오스, 베트남, 캄보디아가 뒤를 받쳤고, 타이 정부군은 미국과 타이완 지원을 받았다. 특히 미국 정부는 경제야 말할 것도 없고 군사 작전까지 도왔다.

그즈음 CIA가 만든 비밀문건《타이 공산주의자 폭동》에 따르면 1966년 육군 6,398명과 공군 17,789명을 포함해 미군 24,470명이 타이에 주둔했다. 그 미군은 베트남전쟁이 주 임무였지만 동시에 군사훈련, 통신, 정보, 병참 분야에서 타이군을 거들었다. 1972년 타이공산당이 우따빠오Utapao와 우돈타니Udon Thani의 미 공군기지를 공격하며 미국을 주적으로 선언했던 까닭이다.

"같은 동전을 서로 다른 면만 쳐다본 타이 사람끼리 죽이며 깊은 생채기를 남겼다. 정부군이든 공산당이든 우리 모두는 조국 타이를 사랑했다." 전적지를 나와 라오스와 마주 본 후아이꼰 국경 건널목까지 5km를 달리는 동안 아라따쁜 쁜수파 병장 수기를 곰곰이 되새겨본다.

정부군과 공산당 전사 가운데 선택은 시대적 운명이었다 치자.

근데, 조국 타이는 그 사랑을 받기만 했지 어느 쪽에도 베풀지 않았다는 게 역사의 모순 아닌가 싶다. 그 짝사랑 대가는 전시관에 박힌 이름 한 자였고, 평생 달고 다니는 빨갱이 낙인이었으니.

짝사랑은 늘 이렇게 시시하게 끝나야 하는가 보다! 인류사에서 가장 지독하고 오래된 이 조국 짝사랑을 끝낼 때도 되었다. 시민한테 조국을 사랑하라고 우길 테면, 조국은 마땅히 그 시민을 지켜줘야 옳지 않겠는가. 서로 돌봐주지 않는 사랑, 그건 개인이든 국가든 비극으로 끝날 게 뻔하니까.

강요당한 짝사랑, 그리고 떠나버린 무책임한 연인을 만난 느낌, 그 씁쓸함이 꼬리를 문다. 국경 산골마을에서 바라본 조국 짝사랑이 그렇다는 말이다.

비정한 형제,
타이-라오스 국경전쟁

2018년 5월 6일
반롬끌라오Ban Rom Klao | 타이

발리 : 내 아우 수그리브가 왕국 훔쳐갔다. 대체, 내 죄가 뭐
   냐? 내가 아우한테 죄 지었더라도 당신이 나를 죽일
   권리가 없고. 나는 락샤스의 라바나왕한테 납치당한
   당신 아내 시따 구할 때 도왔고, 당신 아버지 다샤라
   트왕은 우리 아버지 인드라왕이 락샤스와 싸울 때
   도왔지 않느냐.

라마 : 당신은 아우 수그리브를 아들처럼 보살펴야 한다. 수
   그리브가 당신 인생 존중하겠다고 약속했으니, 비록
   실수하더라도 용서해야 옳고. 수그리브는 바라따왕
   한테 악을 벌할 수 있는 권능을 받았다. 마야비와 싸
   워 왕국 잃은 당신은 이제 왕이 아니다.

아시아 전통 문화와 예술에 밑감이 된 힌두 서사시 라마야나 Ramayana 가운데 한 토막이다. 동생 수그리브와 싸운 끼슈낀타의 왕 발리가 힌두신 비슈누 아바타인 라마한테 살해당하기 전 주고받은 말인데, 발리가 죽기 전 수그리브와 화해하면서 삶의 목적과 본질을 가르친다는 속내를 담았다. 이 이야기가 타이판 라마야나인 라마 끼안Ramakian에는 '팔리손농(팔리가 동생을 가르치다)'으로 전해진다.

신화로부터 줄기차게 이어져온 이런 형제싸움은 인류사를 통틀어 사람들 입에 가장 많이 오르내린 이야깃감이 아닌가 싶다. 타이와 라오스 '형제싸움' 현장을 찾아 떠나는 새벽길에 문득 떠올라서.

치앙마이 집을 나서 잘 빠진 국도 11을 따라 라오스와 국경 맞댄 반룸끌라오를 찾아간다. 동남쪽 244km, 꼬박 네 시간 달려 웃따라딧Uttaradit 시장통에서 이 동네 명물 카오판(발효시킨 쌀 반죽말이)으로 출출한 아침 배를 채운다. 그 다음은 시내를 벗어나 샛길 1244 들머리 커피집에서 에스프레소 한 잔을 넘기며 싸한 가슴으로 아침 풍경을 담는다.

앉으나 서나 전화기만 만지작거리는 운전기사 솜삭이 얄밉다. 옆자리 할머니 눈인사가 정겹다. 커피 나르는 아이 수줍음이 참 예쁘다. 눈에 차오르는 풍경 하나하나가 다 고맙기만. 당신들은 모두 내가 가는 아침 길을 빛내준 주인공들이니까!

영화 보듯 세상을 바라보고, 떠오르는 대로 느끼면 그만이다. 여행의 즐거움이다. 한 시간 뒤나 하루 뒤는 알 수 없는 가상의 세계일 뿐, 미리 고민할 까닭은 없다. 이 순간 내가 담을 수 있는 만큼이 내게 주어진 자유다. 한껏 들이켠다.

짧은 자유를 위한 긴 고민, 문제는 이제부터다. 라오스와 국경을 맞댄 핏사눌록주Phitsanulok Province의 반짯뜨라깐Ban Chat Trakan으로 가는 길이 만만찮다. 지방도 1244와 1214에 이어 1143으로 갈팡질팡 갈아탄다. 이정표가 흐리멍덩해 지도는 아무짝에 쓸모없다. 묻고 물어 반짯뜨라깐에 닿고 보니 두 시간 반이나 걸렸다. 기껏 92km 평지 길을.

우리로 치면 면쯤 되는 짯뜨라깐의 아홉 개 마을 가운데 중심지인 반짯뜨라깐은 한때 타이와 라오스 싸움에서 보급기지 노릇을 했던 곳이다.

1,810km 국경선을 맞댄 타이와 라오스는 15세기 아유타야왕국Ayutthaya Kingdom(1350~1767년, 타이)과 란쌍왕국Lanxang Kingdom| (1353~1707년, 라오스) 때부터 역사적으로 복잡하게 얽혀 오늘에 이른다. 특히 두 나라는 18세기까지 란쌍왕국 영토였던 오늘날 타이의 이산Isan(동북부)을 포함한 코랏고원Khorat Plateau 지역을 놓고 지난한 영토분쟁을 겪어왔다. 19세기 들어 이산을 점령한 랏따나꼬신왕국Rattanakosin Kingdom(1782~1932년, 타이)에 맞서 위앙짠왕국Kingdom of Vientiane(1707~1828년, 라오스) 마지막 왕이었던 차오 아누웡Chao Anouvong이 1826년부터 1828년까지 2년 동안 영토탈환전을 벌이면서 그 무력충돌의 막이 올랐다. 흔히들 '라오-시암전쟁Lao-Siamese War'이니 '아누웡 반란'이니 '라오 반란'으로 어지럽게 불러온 역사

다. 그러나 아누웡의 패배로 이산 지역 주도권은 랏따나꼬신왕국한
테 넘어갔다.

그러다 1893년, 라오스를 식민통치했던 프랑스와 시암왕국
Kingdom of Siam(타이)[8]이 이른바 프랑스-시암전쟁Franco-Siamese War
끝에 라오스 영토를 분할하면서 결국 이산 지역은 오늘날 타이 영
토가 되고 말았다. 그로부터 라오스와 문화적, 언어적, 인종적 동질
성을 지녔던 이산 사람들은 메콩강을 국경으로 서쪽 타이와 동쪽
라오스로 갈렸다.

다인종 사회인 타이는 20세기 들어 강력한 '타이화' 정책을 통
해 언어, 문화, 종교를 타이중심주의로 통일시켜나갔다. 라오스 말
과 글을 써온 이산 사람들이 목적타가 되었던 건 말할 나위도 없다.

그럼에도 타이 영토의 1/3을 차지하는 17만 km² 이산 사람들은
여전히 라오스 사람과 한 핏줄이라는 강한 동족의식을 지녀왔다. 그
렇게 이산과 라오스의 동족의식은 서서히 타이와 라오스의 형제 개
념으로 넓어졌고, 그 믿음은 두 나라 전설과 민화를 밑감 삼은 현대
판 노래나 문학에 스며들며 사회적 현상으로 자리 잡았다.

문제는 정치였다. 제2차 세계대전 뒤 온 세상이 냉전으로 치닫는

---

8 흔히들 아유타야왕국Ayutthaya Kingdom(1350~1767년)부터 톤부리왕국Thonburi
   Kingdom(1768~1782년), 랏따나꼬신왕국Rattanakosin Kingdom(1782~1932년)을 통
   칭 시암왕국으로 불러왔다. 1936년 국호를 시암에서 타이로 바꾸었다.

동안 타이와 라오스는 서로 문을 걸어 닫았다. 1953년 독립한 라오스가 인도차이나전쟁에 휩쓸려 친베트남 사회주의 노선을 걸으면서 타이와 점점 더 멀어졌다. 그사이 라오스는 타이에 빼앗긴 코랏고원 (이산) 영토와 정신적 상징인 에메랄드 부처 반환을 줄기차게 외쳤지만 타이의 거부로 적개심만 쌓여갔다. 100년이 더 지난 오늘까지 라오스 사람들 가슴에 패인 깊은 생채기가 아물지 않는 까닭이다.

세월이 흘러 두 나라 사이에 형제라는 말이 다시 입에 오른 건 냉전이 한물간 1990년대부터다. 내 취재 경험에 따르면 1990년대 중후반쯤 두 나라 정부가 정상회담이니 아세안회담 같은 국제정치판에서 '형제애'를 내세운 게 그 출발이 아니었던가 싶다. 두 나라 시민들 사이엔 여전히 쌀쌀한 기운이 도는 가운데 정치적 용어로 먼저 튀어나온 셈이다. 그즈음 언론이야 '형제'를 헤드라인으로 뽑아 호들갑 떨었지만, 시민 정서에 안 녹아든 그 용어에 감동한 사람은 별로 없었던 것 같다. 가족끼리도 형제라고 간이나 심장까지 다 뽑아주지 않는 판에 정부 사이에 오간 말이 뭐 그리.

게다가 이 형제란 말은 예나 이제나 타이 사람들이 즐겨 써온 편이고, 라오스 쪽에서는 오히려 탐탁잖게 여기는 이들도 적잖다. 타이 사람들 형제관 속에 덩치로 보나 살림살이로 보나 타이가 마땅히 형이라는 의식이 깔린 탓이다. 흔히 타이 사람들이 좀 넉넉잖은 이웃 캄보디아나 버마 사람 대하는 태도에서도 비슷한 느낌을 받을 때가 많다. 같은 이웃이라도 형편이 나은 말레이시아 사람 대하는 모습과 사뭇 다른가도 싶고. 타이를 향한 라오스, 버마, 캄보디아 사람들 불만이 괜한 게 아니다.

아, 근데 말하다 보니 남의 일이 아니다. 타이만 나무랄 것도 없다. 편협한 민족주의, 이기적인 국가주의, 야만적인 인종주의를 몰고 온 근대국가 악습에 물든 우리는 어떤가? 온갖 편견과 차별이 날뛰는 판에 한국 사람은 타이 사람과 얼마나 다를까? 나도 알고 당신들도 아는 그 답은 가슴에 묻기로. 구구절절 입에 올리기엔 너무 남사스러울 테니까.

이제 30년 전으로 돌아가 보자. 신화 속 발리와 수그리브 형제가 권력을 놓고 싸웠다면, 현실 속 타이와 라오스 형제는 국경선을 놓고 싸웠다. 이른바 타이-라오스 국경전쟁Thai–Laotian Border War이었다. 1987년 12월부터 1988년 2월 19일까지 타이와 라오스 정부군은 탱크와 전투기까지 동원해 반깻뜨라깐에서 북동쪽으로 70km 떨어진 롬끌라오Rom Klao 지역 점령전을 벌였다.

동남아시아 현대사에서 이웃나라끼리 전투기까지 띄워 치고받은 정규전은 이 전쟁 딱 하나였다. 참고로 1978년 사회주의 형제국끼리 싸운 첫 전쟁인 베트남과 캄보디아 경우는 베트남의 일방적인 침공이었고.

타이-라오스 국경전쟁은 앞선 1983~1984년 무력 충돌로 이미 도화선을 깔았다. 두 나라 정부군은 반롬끌라오에서 북쪽으로 60km쯤 떨어진 반마이, 반사왕, 반끌랑이라는 세 마을을 놓고 부딪쳤다. 이 19km² 영토를 두고 타이 정부는 웃따라딧주의 반콕Ban

Khok이라 우겼고, 라오스 정부는 사인야불리주의 빡라이Pak Lay라고 맞받아쳤다.

근데 그 무력 충돌 전까지만 해도 두 정부는 이 산악지역을 눈여겨본 적 없었다. 기록상 라오스 정부가 이 산악지역에 처음 눈길을 꽂은 때는 타이공산당 게릴라를 쫓아내고자 군대를 투입한 1979년이었다. 타이 정부는 그보다 한참 뒤인 1983년에야 이 지역이 타이공산당 작전지역이었다며 영토주권을 선언하고 길을 닦았다.

이렇듯 두 나라 국경 영토분쟁에 공교롭게도 타이공산당이 등장한다. 이 대목은 타이공산당 몰락을 죄어친 중대한 외부 요인이기도 하다. 애초 중국과 베트남 공산당 도움을 받은 타이공산당은 국경 맞댄 라오스를 무장투쟁 발판으로 삼았다. 타이공산당은 정치학습과 군사훈련은 말할 나위도 없고 무기, 재정, 선전, 보급까지 거의 모든 동력을 그 세 나라한테 얻어 썼다.

그러던 1978년 12월 25일 베트남이 친중국 노선을 걷던 캄보디아를 침공하면서 동남아시아 정치 지형이 크게 뒤틀렸다. 베트남의 캄보디아 침공은 특히 타이 정부를 극한 긴장으로 몰아갔다. 그동안 인도차이나 공산당 맹주를 자처한 베트남공산당이 라오스와 캄보디아에 이어 타이까지 해방목표로 삼은 건 공공연한 비밀이었고, 실제로 캄보디아를 점령한 베트남군은 타이 국경을 넘나들며 곳곳에서 타이군과 충돌했다.

이듬해인 1979년 친중국 노선을 좇아온 타이공산당이 베트남의 캄보디아 침공을 공개적으로 비난했다. 타이 정부와 타이공산당이 처음이자 마지막으로 한목소리를 낸 사건이었다. 곧장 베트남공산 당은 타이공산당 지원 중단을 선언했다. 이어 친베트남 라오스 정부 는 타이공산당의 자국 내 활동을 금지했다. 이게 바로 1979년 라오 스 정부군이 타이 접경 빡라이에 군대를 투입한 배경이었다.

한편 베트남의 캄보디아 침공 두 달 뒤인 1979년 2월, 이번에 는 중국이 베트남을 보복 공격했다. 이른바 중월전쟁Sino-Vietnamese War(1979년 2월 17일~3월 16일)이었다. 그 무렵 대서방 개방정책을 들고 나선 중국은 미국이 쥐락펴락해온 아세안(ASEAN) 지지를 선 언하며 타이에 손을 내밀었다. 베트남의 캄보디아 침공에 놀란 타이 정부는 그동안 타이공산당 뒤를 받쳐온 적인 중국 손을 덥석 잡았 고, 중국 정부는 타이공산당 지원 중단 선언으로 화답했다. 여기가 타이와 중국 밀월관계의 출발지였다.

그렇게 중국과 베트남의 패권 다툼 속에서 타이공산당은 둘 모두 를 잃는 치명상을 입고 결국 회복불능 상태로 빠져들고 말았다. 처음 부터 독자적 생존구조를 못 지녔던 타이공산당의 태생적 한계였다.

이런 복잡한 인도차이나 정치 지형 아래 타이와 라오스는 1987년 전쟁에 앞서 이미 1984년부터 국경에서 충돌했고, 그 속살엔 인도 차이나 공산당 패권을 노린 중국과 베트남의 대리전이 숨어 있었다. 그즈음 두 정부가 벌인 말다툼을 잠깐 보자. 타이 정부는 "라오스에 4만 군대를 배치한 베트남이 국경분쟁을 부추긴다."며 삿대질했고, 라오스 정부는 "중국이 베트남을 견제하고자 타이를 지원한다."며 대들었다. 모두 사실이었다. 서로 발뺌했지만 대리전이었다. 실제로 1979년부터 1988년까지 이어진 중국과 베트남 국경분쟁에서 가장 치열하게 싸운 때가 1984~1985년이었다. 타이-라오스 국경분쟁을 우연으로 보기 힘든 까닭이다.

이쯤에서 타이-라오스 국경분쟁의 해묵은 뿌리를 들춰보자. 역사적으로 이 지역 국경선은 메콩강과 짜오프라야강 지류를 잣대 삼았다. 첫 기록인 14세기 라오스의 란쌍왕국과 베트남의 쩐왕국Trần Dynasty(1225~1400년) 사이 협약도 그랬고, 16세기 란쌍왕국과 타이의 아유타야왕국 사이에도 마찬가지였다. 이 원칙에 따라 19세기부터 인도차이나를 식민지로 삼켰던 프랑스와 시암왕국이 1902년과 1904년 두 차례 프랑스-시암협약Franco-Siamese Treaty을 통해 오늘날 타이와 라오스 국경선을 그었다.

결국 여기도 제3세계 모든 국경 영토분쟁과 마찬가지로 식민주의자들이 문제였다. 프랑스는 베트남, 라오스, 캄보디아를 아우르는 거대한 인도차이나 전역을 총독 하나로 통치했으니 국경선 같은 예민한 문제까지 떠맡을 능력도 의지도 없었다. 오늘날까지 이어지는 타이와 라오스 영토분쟁 뿌리는 책상머리에 앉아 맘대로 국경선을 그어놓고 사라져버린 프랑스 식민통치 유산인 셈이다.

실제로 1984년 타이와 라오스 국경분쟁에서 라오스 정부가 들이댄 지도란 게 그 프랑스 식민당국이 만든 아주 엉성한 1907년판이었다. 하기야 지도로 따지면 타이 정부도 할 말은 없다. 타이 정부는 1965년 미국 CIA가 만든 좀 더 상세한 축척지도를 들고 나섰다. 근데 그게 인가도 못 받은 지도로 밝혀져 사과하고 얼굴 붉히는 촌극을 빚었으니.

타이-라오스 국경전쟁 이해를 돕고자 짯뜨라깐에서 너무 오래 머물렀다. 이제 전쟁터였던 롬끌라오로 간다. 짯뜨라깐에서 샛길 1237을 타고 북동쪽으로 60km쯤 달려 반텃짯Ban Theot Chat이라는 삼거리에 닿는다. 여기서부터는 제법 긴장감이 돈다. 곳곳에 바리게이트를 친 검문소들이 까다롭게 군다. 길 언저리에는 가정집 같기도 하고 초소 같기도 한 이상한 집들로 민간복 걸친 군인들이 드나든다. 단, 이 군인들은 보기 드물게 친절하다. 소대장쯤 돼 보이는 한 군인은 묻지도 않았는데 군용지도까지 들고 나와 친절하게 국경 상황을 설명해준다.

날이 저문다. 마음도 바빠진다. 삼거리에서 남쪽으로 꺾어 샛길 1268을 따라 10km쯤 아주 험한 산길을 달린 끝에 롬끌라오에 들어선다. 당장 잠자리가 문제다. 여긴 관광객이 찾지 않는 곳이니 숙소란 게 있을 리 없고. 국경초계경찰을 찾아간다. 열일곱 명이 진 친 막사는 참호로 둘러싸였다. 낯선 이방인에 긴장할 만도 한데, 사람이 그리웠는지 오히려 너무 친절하다. 차에다 바나나를 내놓는 통에 아무 이야기나 해대며 한참 낄낄거린다. 한 30분쯤 놀았을까, 소대장이 '수안펏사삭'이라는 펏사눌록주립식물원에 전화를 걸어 잠자리와 저녁거리를 마련해준다.

1,000m 산꼭대기 식물원에서 떨어지는 해를 바라보며 하루를

접는다. 역사니 전쟁 따위는 말끔히 잊어버린다. 겹겹이 둘러친 국경 산악을 넘어가는 엄숙하고도 장엄한 노을 앞에서 울컥 북받쳐 오른다. 수십억 년 전 우주의 부스러기에서 태어난 지구, 그 찌꺼기에서 오물대며 오늘을 빚어낸 이 위대한 풍경, 그 목격자로 이 순간을 함께할 수 있다는 사실만으로도 한없이 고맙긴. 기어이 눈물 한 움큼이 주르륵. 열두 시간을 달려온 힘든 길이었지만, 결론은 하나다. 여기 오길 참 잘했다!

살을 에는 찬물로 멱을 감는다. 괴로움은 잠깐, 지친 몸이 단박에 풀린다. 담배를 꼬나물고 꽃밭으로 나선다. 밤하늘이 천장맡으로 내려온다. 손을 뻗으면 닿을 듯. 북두칠성도 카시오페이아도 모두 잘 있다. 큰곰, 목동, 사자, 처녀도 다들 그 자리 그대로다. 은하수도 참 오랜만이다. 말 그대로 별천지다. 멍하니 바라본다. 목덜미가 굳어버린 걸 보니 한참 지났다.

방으로 되돌아온다. 비록 침대는 없지만 제법 깨끗하고 열댓은 족히 잘 만한 널찍한 마루가 마음에 든다. 이불을 깔고 자리에 눕는다. 아뿔싸! 오랜만에 느낀 우주의 감동이 이내 시들어버린다. 이 방 토박이로 보이는 개미, 돈벌레, 거미, 찌깨벌레에다 불빛을 쫓아온 모기, 하루살이, 나방, 딱정벌레, 귀뚜라미까지 난리다. 처음 보는 놈들만도 여남은 될 듯. 아, 미처 몰랐다. 여긴 벌레박물관이다.

놈들 수로 보나 종류로 보나 결투는 허튼 짓! 불을 끄고 조심스레 눕는다. 놈들이 이내 얼굴로 목덜미로 달려들더니 머잖아 이불 속 옆구리로 허벅지로도 기어든다. 끈질기다. 20~30분마다 자다 깨다를 되풀이한다. 동틀 무렵이 돼서야 놈들이 물러간다. 곰곰이 생각한다. 자야 하나 말아야 하나!

　밤새 잠을 설치고 맞은 롬끌라오의 아침은 반쯤 절망이다. 1428 고지Hill 1428를 보겠다며 열두 시간을 달려왔는데, 막막하기만.
　"1428은 수안펏사삭 식물원 꼭대기에서만 볼 수 있다." 어제 저녁 반텃짯삼거리 초소 군인도, 롬끌라오 국경초계경찰도 모두 한목소리였다. 잔뜩 기대하고 식물원이 자리 잡은 푸소이다오Phu Soi Dao 산꼭대기에 오른다. 젠장, 10km쯤 떨어진 1428고지는 겹겹이 둘러친 산들에 가려 그저 20cm 남짓 꼭대기만 흐릿하게 보인다. 이건 아니다! 성이 안 찬다.

　어쨌든, 이 산꼭대기에서 내려다보는 타이 점령지역 롬끌라오 마을과 맞은편 라오스 점령지역 1428고지 사이가 '타이-라오스 국경전쟁'의 격전지였다.
　그즈음 타이는 제3군 사령부 소속 정규군 네 개 대대와 국경 초계 임무를 맡은 준군사 보병인 타한프란Thahan Phran 열 개 중대를 포함해 3,000 병력을 투입했고, 155mm 야포를 비롯한 중화기에다 F-4 전투기까지 동원했다. 반대쪽 라오스는 1,000 병력과 사거리 35km짜리 130mm 포로 맞섰다.
　두 정부군은 두어 달 동안 롬끌라오에서 밤마다 타이와 라오스 국기가 번갈아 올라갈 만큼 지독하게 치고받았다. 1,000여 전사자를 낸 두 정부는 종전 뒤 롬끌라오와 1428고지 사이에 각각 3km씩 비무장 무인지대 설치에 합의했다. 그렇게 해서 오늘까지 두 나라 사이에는 44km² 땅이 영토주권 분쟁지역으로 남아 있다.

본디 프랑스-시암협약은 이 지역에 매남흥Mae Nam Heung이라는 강을 따라 국경선을 그었다. 문제는 그 시절 프랑스가 만든 지도에 없는 매남흥의 두 지류다. 건기엔 말라버리는 물길인데, 하나가 롬끌라오 쪽으로 다른 하나가 1428고지 쪽으로 흐른다. 이게 바로 1996년부터 타이와 라오스 정부가 합동경계위원회(JBC)를 만들어 지루한 협상을 벌여왔지만 여태 또렷한 해결책을 못 찾고 실랑이만 벌이는 원인이다.

그나저나 1428고지를 코앞에 두고 발길을 돌릴 수는 없다. 그렇다고 타이 군인이나 국경초계경찰한테 도움을 청할 수도 없는 노릇이다. 국제법상 여기는 비무장 무인지대며 군경 출입은 불법이니까. 물론 민간인 출입도 불법이긴 마찬가지지만.

요리조리 꿍꿍이 끝에 마을을 들쑤시고 다닌다. 혹여 1428고지를 한눈에 담을 만한 곳으로 데려다줄 귀인이라도 만날 수 있을까 해서. '지푸라기라도 잡고 싶은 심정'은 이럴 때 쓰는 말인 듯.

집집마다 기웃거리다 보니 새로운 사실을 알게 된다. 롬끌라오는 마을 셋을 아우르는 이름이었다. 롬끌라오 마을은 들머리 쪽에 새로 지은 반마이 마을과 합해 165가구 1,100 주민을 거느렸고, 그 안쪽으로 123가구에 880여 주민을 지닌 반성옥숩이란 마을이 하나 더 있다. 이 세 마을을 통틀어 흔히들 롬끌라오라 불러온 셈이다.

근데, 촌장이나 말이 좀 통할 만한 이들은 모두 새벽부터 밭일을 나가버려 롬끌라오에는 늙은이와 아이 딸린 아낙네들만 남았다. 뾰족한 수가 안 나온다. 점심나절 1428고지를 포기하고 커피나 한잔 할까 반텃짯 삼거리로 내려간다. 맛없는 커피를 다 마셔야 할지 말지 망설이는 순간 전화가 울린다. 밭일에서 돌아온 반성오숩 촌장 틴나꼰 롯쩨나사릴수파(47세)가 남겨둔 전화번호를 받았다며.

마지막 희망이다. 부리나케 다시 롬끌라오로 되돌아간다.

"경운기만 갈 수 있는 길인데, 비 안 오면 데려다줄 테니 좀 기다려보시오." 촌장 말에 만세 부르며 먹구름 걷히기만 눈 빠지게 기다린다. 40분 지났다. "갈 땐 괜찮을 것 같은데 돌아올 때쯤 틀림없이 비 올 것 같아서. 거긴 비 오면 절대 오갈 수 없으니…."

결국 1428고지를 접고 국경전쟁 경험담이나 듣고 가겠다는 말에 틴나꼰이 한 주민을 소개한다. 곧장 그이 집을 찾아간다.

1428고지, 비무장지대로 잠입하다

첼로 세일리 Chello Seili | 타이공산당 게릴라 출신 농부

한 중늙은이가 생강 내다 팔고 오는 길이란다. 마치 약속이라도 한 듯, 그이 집 앞에서 마주친다. 웃는 얼굴로 이방인을 맞지만 안경 너머로 휙 바라보는 눈길이 예사롭잖다. 맹수가 먹잇감 노려보듯.

"촌장 소개로 왔는데, 혹시 옛날에 타이공산당?" 인사치레로 던 지는 말을 그이가 툭 자르고 든다. "응, 근데?" 너무 빠르고 너무 짧 은 대답에 갑자기 머쓱해진다. 어색함을 지우려고 어딜 가나 첫 인 사 단골메뉴인 동무따지기부터. "그럼, 사하이 모댕(빨갱이 의사 동 지) 알겠군요?" "잘 알지. 근데 그이를 어떻게 알아?"

타이공산당 무장투쟁에서 이름 날린 전선 의사 툰사왓 욤마니반 풋을 서로 안다는 사실 하나로 쉽게 말문이 열리면서 탐색전은 끝. 여기서도 동무의 동무는 동무다. 그이는 이내 집 안으로 이끈다. 마 음을 열었다는 뜻이다.

올해 예순다섯인 그이는 타이공산당 무장투쟁 시절 사하이 사 완(사완 동지)으로 불렸던 첼로 세일리다. 본디 1428고지 뒤편 라오 스 마을에서 태어난 몽족인 첼로는 열다섯 되던 1968년 온 가족과 함께 타이공산당에 뛰어든 뒤, 중국 쿤밍에 가서 1년 동안 정치교육 과 의료교육을 받고 타이로 되돌아와 무장투쟁전선에 올랐다. 그리 고 1982년 총을 내린 그이는 하산한 동지 600여 명과 함께 여기 롬

끌라오에 마을을 세워 초대 촌장을 지냈다.

"그 시절 우리한텐 길이 둘뿐이었지. 정부 아니면 공산당인데, 군인과 경찰이 짐승이든 사람이든 맘대로 잡아가고 죽이는 판에 누가 정부를 택하겠어."

"주로 어디 전선에서?" "케엣577." 공산당 제577구는 핏사눌록주 북부 작전지역이었다. 바로 이 지역이다. 사하이 사완은 여기서 나고 자라고 싸우며 살아온 그야말로 토박이다. 말문을 연 그이는 "그동안 아무도 이런 이야기 들어주는 이 없었다."며 한껏 흥이 오른다.

"참, 1428고지 보고 싶다 했지?" 30분쯤 정신없이 이야기 풀어내던 사하이 사완이 갑자기 생각난 듯 되묻는다. 현실로 돌아온다. "1988년 전쟁 끝나고는 여기 비무장지대에 들어간 기자가 아무도 없어. 기자뿐 아니라 바깥 사람은 누구도. 가만 있어봐. 서너 시쯤 아들놈이 밭에서 돌아오면 데려갈 수 있을 텐데. 먹구름도 걷혔으니."

꺼졌던 희망이 폭풍처럼 되살아난다. 만세라도 부르고 싶은 심정을 꾹 누르며 대신 사하이 사완 어깨를 두 손으로 감싸 쥔다. 내 맘을 읽었는지 그이가 빙그레 웃으며 툭 던진다. "멀리서 힘들게 왔는데 그냥 갈 순 없지!"

3시 정각, 밭일 마치고 돌아온 듬직한 넷째 아들 피탁(25세)이 숨 돌릴 틈도 없이 이내 경운기 시동을 건다. 인사하려고 집 앞에서 기다리는데 사하이 사완이 작은 배낭을 메고 나온다.

"어디 가시게?" "혼자 보낼 수야 없지." 짧은 한마디에 진한 동지애 같은 게 묻어난다. 시큰해진 콧잔등을 애써 감춘다. 이게 사람 사는 세상이고, 세상 사는 맛이다!

이렇게 1428고지로 역사를 모시고 가는 엄청난 행운을 얻는다.

"여기서부터 산길 14km야. 나야 늘 다니는 길이니 두어 시간쯤, 도시 사람들 걸음으론 서너 시간 걸릴걸. 이 경운기로는 한 40분." 사하이 사완 말을 들으며 경운기 꽁무니에 매달린다. 지금껏 40여 개 넘는 전선을 취재하는 동안 꼬박 60시간을 걸어도 보았고, 비행기니 헬리콥터니 탱크니 배니 자동차니 말이니 낙타까지 타고 들락거렸지만 경운기는 처음이다.

땡볕이 쪼아댄다. 시꺼먼 매연이 얼굴로 달려든다. 숨이 턱턱 막힌다. 엔진 소리가 고막을 찢는다. 마을을 벗어나자마자 바로 등산이다. 기울기 30~40도는 될 법한 산길, 그것도 빗물에 30~50cm나 파인 골을 피해 달리는 경운기 여행은 그야말로 죽을 맛이다.

5분 뒤 온몸이 뒤틀리고, 10분이 지나자 밧줄을 잡은 손바닥 살갗이 벗겨진다. 비무장지대가 주는 긴장감 따위는 느낄 새도 없다. 소원은 딱 하나다. '부디, 이 길이 빨리 끝났으면!' 다짐도 딱 하나다. '다시는 경운기를 타고 이 산을 오르지 않겠노라!'

지옥 같은 30여 분이 지나고, 마침내 산꼭대기 바로 밑에 경운기가 선다. 땅바닥으로 내려서는 온몸이 휘청댄다. 발이 풀려 한 발짝도 뗄 수 없다. 풀썩 주저앉는다. 사하이 사완이 다가와 낄낄낄 웃더니 팔뚝을 잡아 일으켜 세워준다. 가까스로 100m쯤 걸어 산꼭대기에 오른다. 온 천지가 산악이다. 갈대밭과 빼곡히 자란 잡초 사이로 드문드문 살아남은 나무 몇 그루가 서 있을 뿐, 어디에도 길은 없다. 오랫동안 인적 끊긴 무인지대임이 한눈에 드러난다.

"우리가 서 있는 여기가 타이 쪽 105고지고, 3km쯤 떨어진 저 앞 산들이 다 라오스야. 한가운데 큰 산이 1428고지지. 타이 쪽에서 저 1428고지를 제대로 볼 수 있는 데는 여기뿐이야." 훤히 트인 라오스 쪽 산악을 바라보며 사하이 사완은 회상에 젖는다. 우리는 한참 동안 말없이 산만 쳐다본다.

나는 그이 회상에 헤살이 될까 1428고지를 통째로 바라보는 가눌 수 없는 기쁨을 애써 삭인다. 애초 내가 바랐던 건 비무장지대 안으로 3km나 들어온 타이 쪽 경계선 끄트머리인 여기 105고지가 아니었다. 여기까지 들어올 수 있으리라곤 상상조차 못했으니. 1428고지를 발치에 두고 볼 수 있으리란 기대도 없었다. 그저 어디서든 1428고지를 좀 더 또렷하게 보고 싶은 게 다였다. 게다가 역사의 증언자까지 얻었으니, 이 엄청난 행운을 달리 표현할 길이 없다. 마냥 고맙고, 또 고마울 뿐이다!

나는 전쟁터를 취재할 때면 가끔 이런 생각을 한다.

"역사가 굴러가는 이 현장을 내 눈으로 바라보는 대가로 여기서 죽어도 좋다."

나는 여기 비무장지대 105고지에 서서 그 비슷한 느낌을 받는다.

"내 눈으로 1428고지를 바라보는 이 순간이 삶의 마지막 장이어도 여한 없다."

기껏 산봉우리 하나를 두고 지나친 감상이라고? 천만에, 그만
큼 간절했다!

한참 만에 사하이 사완이 말문을 연다. "1970년대 무장투쟁 시
절 이 산악을 타고 다녔지. 다 지난 이야기지만, 세상은 아무도 몰라.
짓누르면 또 일어날 수도 있고. 좋은 세상 못 만든 우리 세대 탓이지
만…." 그이 얼굴에 깊은 회한이 묻어난다.

또 한참 말이 없던 그이가 가방에서 물 한 병을 꺼내 건네며 해
묵은 참호로 이끈다. "이게 1988년 두 나라 국경전쟁 때 타이군 요
새였어. 여기 105와 1428 사이가 최대 격전지였지. 라오스군이 이
105고지를 치고 롬끌라오까지 점령했던 거야." "그러면, 그때 롬끌
라오 사람들은?" "롬끌라오가 전쟁터였으니 다들 피난 갔지. 그즈
음 130mm 포로 쏘아대는 라오스군 포탄이 국경에서 15~20km 떨
어진 민간 마을까지 날아들 정도였으니. 우리도 롬끌라오에서 9km
떨어진 후방으로 피난 가서 여섯 달 동안 지냈고."

사하이 사완 입에서는 듣도 보도 못한 현대사가 줄줄줄 흘러나
온다. "저 1428 꼭대기 왼쪽에 나무 없는 황토 보이지? 타이 F-4 전
투기 두 대가 라오스군한테 격추당한 곳이야. 저 산들이 라오스군
최후 방어선이었고."

실제로 그 전쟁에서 타이군 F-4 전투기 두 대와 헬리콥터 세 대
가 라오스군 대공포에 격추당했다. 전사에서 본 이 기록을 현장에서
살아 있는 역사로 배운다. 더할 수 없는 기쁨이다.

"근데, 오다 보니 타이 쪽 비무장지대 곳곳에 밭을 일궈놓았던데, 괜찮은지?" "마을 사람들도 먹고살아야 하니 조금씩 안쪽으로 들어온 거지. 두 나라 법이야 어떻든, 본디 땅은 농꾼들 것이니까. 사람이 굶어 죽고 나면 법이 무슨 쓸모 있겠어." 호탕하게 웃어젖히는 그이한테서 해묵은 반군 냄새가 스멀스멀 기어 나온다. 내겐 기분이 좋아지는 아주 익숙한 냄새다. 나는 이런 반군 냄새를 맡으면 사랑을 느낄 때 튀어나온다는 도파민이 남달리 솟구치는 특이 체질을 지녔으니.

"당신처럼 라오스에서 태어나 타이에서 살아온 국경 사람들은 두 나라 다툼에 심사가 복잡할 텐데?" "우린 어느 쪽이든 상관없어. 전쟁 없이 평화롭게 살 수 있으면 돼. 우리 같은 국경 사람들한테 국적이니 국제법 따위가 뭐 그리 중요하겠어. 도시 사람들한테나 필요한 건진 몰라도. 어차피 우리야 짊어지고 살아야 할 의무만 있지 권리란 게 없으니까." "두 나라가 여기 땅을 놓고 서로 내 것이라 우겨왔는데, 본디 어느 쪽 영토인지?" "여기 국가란 게 어디 있었어. 서로 전쟁하기 전까진 타이도 라오스도 눈길 한 번 준 적 없었는데. 우리를 봐. 나만 해도 저쪽 라오스에서 여기 타이 쪽을 마음대로 건너다니며 살았잖아. 지금이야 막혔지만."

그이 말 속에 영토분쟁 본질과 그 해결책도 어렴풋이 담겼다. 그동안 타이와 라오스 정부는 롬끌라오를 놓고 전쟁도 해봤고, 수십 년 동안 숱한 협상도 해봤지만 결론은 늘 똑같았다. "죽어도 우린 포기 안 한다. 단 1인치 땅도." 이게 타이와 라오스 두 정부의 선언이었다. 말하자면 국가란 이름을 걸고는 영토주권 문제를 풀 수 없다는 뜻이다. 현대사를 통틀어 전쟁 없이 영토주권을 포기한 경우도 없고.

그렇다면 롬끌라오 해결책은 하나뿐이다. 국가 중심의 비무장지대를 시민 중심의 평화지대로 바꾸는 길 밖에 없다. 기술적으로 영토분쟁지역을 공유할 뿐, 두 나라가 영토주권을 포기할 일도 없다. 현실적으로 두 나라는 서로 잃을 것도 달라질 것도 없다. 그동안 두 정부의 전략이란 것도 사실은 현상유지정책이었고, 특히 아세안에 묶인 두 나라 사이에는 전쟁 가능성도 사라진 상태.

더구나 교통마저 없는 첩첩산중 이 비무장지대엔 경제적 이권을 다툴 만한 건더기도 없다. 평화지대로 바꾼들 서로 손해 볼 일이 없다는 말이다. 오히려 '세계 최초'로 영토분쟁지역에 평화지대를 창설함으로써 명분도 얻고 이문도 낼 수 있다. 무엇보다 타이와 라오스 정부가 죽기 살기로 매달려온 관광산업에도 그만이다. 그 평화지대는 고유한 전통문화를 지녀온 국경 사람들 중심으로 꾸리면 된다. 이 멋들어진 산악에다 그만 한 관광상품이 어디 있겠는가?

그리하여 "자유롭게 오가고 걱정 없이 농사짓고 싶다."는 국경 사람들 꿈을 못 이뤄줄 까닭이 없다. 본디 그래야 맞다. 이건 사람이라는 종의 원초적 본능이자 권리다. 국가가 무슨 은혜를 베푸는 일이 아니다.

보라. 붙여먹을 땅 한 뼘 없는 배고픈 국경 사람들을 내버려둔 채, 타이와 라오스 두 정부는 44km²에 이르는 광대한 땅을 지난 30년 동안 비무장지대로 묶어버렸다. 국가로 위장한 정부가 저지른 범죄다. 예컨대 그 땅이면 어른 아이 할 것 없이 롬끌라오 주민 2,000명 모두한테 1인당 농지 6,700평씩 안겨줄 수 있다. 빈곤 문제를 입에 올릴 까닭도 없다.

105고지에 바람이 인다. 비가 오기 전에 산을 내려가야 한다. 105고지를 거쳐 1428고지로 갈 수 있는 날을 상상하며 발길을 돌린다. 그날이 오면 가장 먼저 달려가리라.

두고 가는 1428고지가 못내 아쉬워 뒤돌아보는 휑한 가슴으로 쓸쓸함이 몰려든다. 문득, 남의 땅을 놓고 흥분한 내 꼴이 열없다. 한반도 비무장지대는 안녕하신지?

나부아 마을,
첫 총성을 울리다

2020년 3월 4일
반나부아Ban Na Bua | 타이

참 오랫동안 벼렸던 일이다. 한번 가본다 가본다 한 게 30년을 훌쩍 넘겼다. 이산(동북부) 취재 때면 그 언저리를 지나다녔으니 기회가 없었던 것도 아니다. 때마다 빠듯한 일정에 쪼들리기도 했지만, 그보다 오며가며 휙 둘러보고 말 데가 아니라 여겼던 탓이다. 다음에 시간 넉넉히 잡고 오겠다는 마음이 컸다. 한데, 그 '다음'이 내겐 너무 많았다. 해서 마음 한 구석에 늘 찜찜하게 남아 있었다.

'반나부아'라고, 그 마을을 오늘에야 찾아간다. 묵은 때를 벗은 듯 속이 다 후련하다. 오늘 여정은 이산 동남쪽 끄트머리 우본랏차타니Ubon Ratchathani에서 출발한다. 지방도 212를 타고 북으로 길을 잡아 나간다. 반나부아까지는 240km, 산 없는 이 동네 길이라면 서

너 시간거리지만, 운전대 잡아준 내 친구 피 짤라워룩스Phi Chalawlux
와 함께니 예닐곱 시간쯤 넉넉히 잡는 게 좋을 듯. 눈에 띄는 난전마
다 주전부리하고 커피숍마다 퍼질러 앉을 게 뻔한 우리는 언제나,
어딜 가나 제시간에 닿은 적이 없었으므로!

우본랏차타니에서 암낫짜른주와 야소톤주를 거쳐, 묵다한주부
터는 동쪽에 메콩강을 끼고 달린다. 강 건너 쪽은 라오스다. 이어 나
콘파놈주 들머리 반똥Ban Tong이란 작은 마을 언저리에서 서쪽 지방
도 223으로 갈아탄다. 여기서부터 헷갈린다. 사방을 둘러봐도 논밭
아니면 잡초 우거진 벌판뿐, 샛길은 왜 이렇게도 많은지. 오락가락
헤맨 끝에 20km 떨어진 반나께Ban Nake를 지나 북쪽으로 난 샛길
2033을 따라 15km를 더 달려 반나부아에 닿고 보니 두 시간이나
걸렸다. 30분이면 될 만한 길을.
오후 2시다. 어림잡았던 대로다. 어둑한 새벽 6시에 우본랏차타
니를 떠났으니 여덟 시간 걸린 셈이다.

메콩강을 낀 라오스 국경에서 15km쯤 떨어진 반나부아, 여기
가 바로 1965년 8월 7일 타이공산당이 첫 총성을 울린 현장이다.
타이공산당은 이날을 무장봉기일로 기려왔다. 내가 오래전부터 이
마을을 보고 싶어 했던 까닭이다. 그렇다고 엄청난 기대 같은 건 없
었다. 53년 전 일이니 자취가 남았을 리도 없을 테고. 그저 첫 전투
현장이 궁금했을 뿐.
한데, 반나부아에 닿고 보니 머릿속 그림과 영 딴판이다. 여느 시

골 마을 같으려니 여겼던 반나부아는 관광촌 냄새를 풍긴다. 민박집만 일곱에다 여기저기 무장봉기를 기리는 간판이 나붙었고, 기념품가게엔 낫과 망치를 새긴 공산당 셔츠를 팔고, 공예품가게엔 라오스 전통 옷감이 널렸다. 얼핏 라오스 관광지 느낌이 드는 게 타이 마을 같지가 않다.

마을 한복판엔 간이무대 갖춘 넓은 운동장과 녹색 인민모를 본뜬 집도 한 채 보인다. 그 안쪽으론 옛날 총과 군복에다 공산당 책을 모아 전시관도 차려놓았고. 관광객을 끌고자 제법 애쓴 듯.

정작, 문제는 맥 빠진 마을 기운이다. 잔치판 밥상은 차려두었는데 먹으러 오는 손님이 없는 것처럼. 아예 사람 냄새조차 맡을 수 없다. 한마디로 을씨년스럽다.

구석구석 기웃거리다 마을 옆구리를 끼고 흐르는 남방Nam Bang 이란 냇가에서 사람을 발견한다. 주민 서른쯤이 높이 10m에 길이 70~80m는 될 법한 나무다리를 놓고 있다. 구경 삼아 다가가 인사를 건넨다.

"아, 옆 동네 반동아이Ban Dong Ai와 잇는 중이지. 배 타고 건너다니기 불편해서. 바로 코앞인데 걸어가면 3km나 둘러야 하고." 나이왕 시수완(68세)이라는 주민과 담배로 말문을 튼다. "혹시, 1965년 이 마을 전투에?" "난 여기 아니고 푸판Phu Phan 산악에서." "이 마을엔 아직 공산주의자가 좀 있나요?" "그럴 거야. 다들 그때가 더 좋았다고 하는 걸 보면." "지금은 어때요?" "이건 가짜 민주주의야. 돈 있는 놈들만 잘 사는." "근데 나부아 첫 전투 뛰었던 사람은 이

제 없겠지요?" "있지. 저 건너 마을에 누라 쩟마드라고. 촌장한테 가서 물어봐."

곧장 촌장집을 찾아간다. 15년 전 대전에서 3년 동안 일했다는 촌장 난타왓 쩟마드(52세)가 반갑게 맞는다. 호구조사부터. "반나부아엔 주민이 얼마나?" "무13에 583명, 무5에 490명, 무14에 160명." 겉보기와 달리 주민 1,000이 넘는 제법 큰 마을이다. 난타왓은 무13 촌장이다. 타이 말로 '무'란 건 우리가 주소를 따질 때 명륜동 1가, 2가 하듯이 '가'쯤 된다.

"이 마을은 몇 년이나 된?" 뜸 들이는 촌장 얼굴에 묘한 자부심 같은 게 묻어난다. "1891년이었으니 100년도 넘었고." 뽐낼 만도. 국경에서 이렇게 오래된 마을은 흔치 않으니. "마을 선전판엔 라오스 소수민족 전통 옷 걸친 사진이?" "우린 푸타이Phu Thai라고, 라오스 쪽에서 건너온 사람들이라." "도자기와 옷감으로 이름 난 그 푸타이?" "주민 80%가 푸타이." 반나부아 정체가 하나씩 드러난다. 동족마을이라는 뜻이다.

"여긴 뭘로 먹고사나?" "90%가 농민이니 다들 땅 파서." "그럼, 온 마을을 관광지처럼 꾸며놓은 건?" "아, 이건 2018년부터 정부 도움받아 관광마을로." "간판엔 마을 이름을 '반시앙뿐땍(총소리마을)'이라 걸었던데?" "타이공산당 첫 전투 현장이란 뜻에서 별명으로." "관광객은 좀 오는지?" "작년에 2,100명쯤. 주로 나콘파놈이나 묵다한 같은 가까운 데 사람들이. 외국인은 50~60명 쯤 왔으려나. 중국, 일본에서."

이런저런 이야기 끝에 찾아온 뜻을 밝힌다. "나부아 첫 전투에 뛰었던 누라 찟마드라고 아는지?" 촌장은 오히려 이상하다는 듯 쳐다본다. "그럼, 다들 친척인데." 받아 적었던 촌장 이름을 다시 본다. "오, 그리고 보니 당신도 찟마드네?" "이 마을 사람 80%가 찟마드 가문이니." 여긴 동족마을이라기보다 친족마을이다.

"누라 아저씨는 왜?" "역사도 배울 겸 인터뷰 좀 하려고." 촌장 난타왓은 이내 누라한테 전화를 건다. 한국 기자라고 소개하는 그이 말이 좀 길어진다. 엿듣자니 누라가 어째 좀 심드렁한 듯. 10분쯤 지났을까, 전화를 끊는 촌장이 겸연쩍게 웃는다. "기자 만나기 싫다는 걸 겨우 달래서. 지금 가면 될 듯."

누라 찟마드 집으로 가는 길에 나부아 첫 전투 현장을 잠깐 둘러본다. 마을 한 귀퉁이에 교전지 표시도 아닌 '나부아 전투'란 아리송한 간판만 하나 덩그렇게 세워놓았지 뭐가 뭔지 도무지 알 수 없다. 빈터에 드문드문 잡초만 뒹구는 게 황폐한 사막에 선 기분이다. 온 벌판을 둘러보지만 불개미 떼 말고는 아무것도 없다. 관광객한테 뭘 보라는 건지? 그렇다고 무슨 역사를 써 붙여놓은 것도 아니고.

저만치 떨어진 피가 그만 가자고 다그치는 소리에 되돌아 나온다. 투덜투덜대는 내가 웃기는 건지도. 53년 지난 전투 현장에서 뭘 보겠다는 건지.

반나부아를 나와 샛길 2033을 따라 맞은편 반동아이남Ban Dong Ai Nam으로 간다.

"첫 총성, 내가 울렸다."

누라 찟마드 Nura Jitmard | 농부, 전 타이공산당 게릴라

역시 그랬다. 촌장 난타왓이 통화할 때 느꼈듯이, 누라 찟마드는 시무룩하니 나타난다. 인사치레도 없이 첫마디부터 대놓고 언짢은 낯빛을 드러낸다.

"기자들하고는 말하기 싫어! 조카(촌장)가 하도 만나보라 해서 그러겠다고는 했지만."

취재를 하다 보면 가끔 겪는 일이다. 이럴 땐 상대방 이야기를 끝까지 들어주는 게 예의고, 달리 마음을 열게 하는 길이기도. 누라는 20분 넘도록 불쾌한 경험담을 쏟아낸다.

"한 10년 전부터 방송이다 신문이다 찾아들 왔어. 근데, 기자란 놈들은 다 말뿐이야. 밭일 접어놓고 상대해주었더니 가고 나면 그뿐이었어. 방송은 했는지, 신문엔 났는지도 몰라. 알려주겠다더니 웬걸. 어떤 놈은 나부아 기념사업에 후원금 모아주겠다고 큰소리 뻥뻥 쳤고, 또 어떤 놈은 내 이야기로 책 만들어주겠다고도 했고. 근데, 어딨어? 다들 말만 번지르르…."

뒷간 갈 때와 올 때 다르다는 뜻인데, 흔히 들어온 이야기다. 누라가 겪어온 것들은 기자들이 흘리고 다니는 단골메뉴다. 다들 그런 건 아니지만, 적잖은 기자들이 취재원 마음을 얻고자 마구잡이 약속들을 해대는 탓이다.

애초 나는 현장에 뛰어들 때부터 취재원한테 지키기 힘든 약속 따위를 안 하겠다고 다짐해왔지만, 그것도 알 수 없는 일이다. 나도 모르게 원칙 깨트리며 허튼 약속으로 누군가 마음에 상처를 내지나 않았는지. 누라가 불만을 터트리는 내내 속으로 지난 30년을 꼼꼼히 따져보는 까닭이다. 결국 누라한테 모든 기자들 대신 사과한다.

"오늘 저한테 다 쏟아내고 마음 푸세요. 속상하고 기자들이 밉더라도 선생님 경험은 타이 현대사에 꼭 기록해야 할 대목이니. 기자들 통해 정부가 숨겨온 역사를 후손한테 전해준다 여기시고."

맺혔던 분함이 풀렸는지 누라 말투가 좀 누그러진다. "근데, 무슨 이야기가 듣고 싶어서?" "경험한 걸 배우고 기록도 해야지요." "나한테 배울 게 뭐가 있겠나?" 누라는 손녀를 불러 물을 내오라고 한다. 마음을 열겠다는 신호다.

올해 여든둘로 나부아 토박이인 누라는 열다섯 되던 1956년 라오스 공산당인 빠텟라오Pathet Lao에 뛰어들었다. 공식 이름이 라오인민해방군(LPLA)인 이 빠텟라오는 마르크스-레닌주의를 내건 라오인민당(LPP, 1955~1972년, 현 라오인민혁명당(LPRP))의 무장조직으로 20년 웃도는 내전을 거쳐 1975년 라오인민민주공화국을 세운 주인공이다. "본디 라오스에서 온 우리 마을 사람들을 타이 정부와 군대가 엄청 짓밟을 때였지. 우린 찍소리도 못 냈고. 해서 라오스로 건너가 빠텟라오에서 군사훈련 받고 5년 동안 거기서 게릴라로 싸웠어."

1963년 타이로 되돌아온 누라는 타이공산당에 들어가 레누Renu를 비롯한 이 지역 4개 구 책임자로 사람들을 몰래 훈련시켰다. 그 1963년은 타이공산당이 인민전쟁을 선포한 해였다. "그때는 아직 싸우기 전이라 마을마다 반은 정부 편, 반은 공산당 편이었어. 여기 나부아도 마찬가지였고. 그러니 스파이가 많아 애먹었지." 그렇게 비밀무장조직을 다듬어가던 누라한테 마침내 때가 왔다.

1965년 8월 7일, 타이공산당 무장투쟁 불길이 올랐다. 인민전쟁을 선포하고 꼭 2년 뒤였다. 그 첫 총성을 울린 이가 바로 누라였다.

"우리 지역에 떨어진 명령받고 6일 밤부터 동지 여덟 데리고 나부아 언저리에 잠복했어. 그즈음 무장경찰 스물댓이 우리 마을에 진쳤고. 그러다 7일 새벽 6시 무렵 내가 발포 명령 내렸지. 우린 치고 빠지는 게릴라니까 5분쯤 교전 끝에 나께 마을 쪽으로 넘어갔고."

타이공산당은 그 5분짜리 나부아전투를 신호탄 삼아 20년 무장투쟁의 막을 올렸다. "그날 전투에서 경찰은 지휘관 로자나피롬이, 우리 쪽은 사하이 사떠엔이 전사했고. 경찰은 중상자도 한 명 났지. 반나부아는 이내 난리 났지. 경찰이 들이닥쳐 주민들 잡아가서 고문하고."

한참 무용담을 풀어내던 누라는 갑자기 벌떡 일어난다. "여기서 이럴 게 아니라 현장에 가보세." 그렇잖아도 바랐던 바다. 사실은 말 꺼낼 틈만 노리고 있었다. 반동아이남을 벗어나 샛길 2033에서 누라가 가리키는 곳은 반나부아가 아니다. 샛길 2033을 놓고 아예 반나부아 맞은편 논길로 이끈다.

"어, 첫 교전지가 반나부아 안이 아니었군요?" "응. 마을 맞은편, 저 안쪽 나지막한 언덕이었지." "그럼, 반나부아에 세운 교전지 간판은?" "나도 몰라. 왜 그랬는지. 그냥 관광용이겠지." 이제야 풀린다. 반나부아에서 교전지란 곳을 둘러보며 뭔가 수상하다는 느낌이 들었던 게.

"마을 간판 봤어? 상징이랍시고 총 둘 세워놓은 그림. 그것도 마음에 안 들어. 마치 두 손 들고 항복하는 것 같잖아. 붉은 별이면 충분한 걸 말이야." 누라는 나부아를 관광지로 꾸민 게 영 마땅찮은 투다.

"8월 7일 무장봉기일 기념행사는 선생님이 시작했다던데?" "그게 15년 전이었지. 10년쯤 내가 기념식 꾸리다 5년 전부터는 말썽들이 많아 자리 비웠어. 그러다 작년에 다시 참여했고." "왜요?" "그것도 행사랍시고 돈 문제로 다들 시끄럽게 해서." 더 묻지 않는 게 좋을 듯해 화제를 돌린다. "표시판도 안내판도 없는 이 진짜 교전지는 아무도 못 찾아오겠어요?" "내 말이 그 말이야. 관광지 꾸민다며 엉뚱한 짓들만 하고."

샛길 2033을 벗어나 논길로 달리다 아트막한 언덕으로 들어선다. 덜컹대는 황톳길을 2km쯤 애먹고 달려 듬성듬성 나무가 있는 수풀 사이에 멈춘다. 무인지대 허허벌판이다. 나루는 자동차에서 내리자마자 거친 길을 저만치 앞서간다. 따라잡기 숨차다. 전선 누빈 게릴라로, 흙 파며 살아온 농꾼으로 다진 그이 몸놀림을 여든둘이라 믿을 수가 없다.

앞서가던 나루가 한 나무 밑둥치를 가리킨다. "여기서 내가 첫 총성 울렸지. 옛날엔 제법 우거진 숲이었어. 나무도 많았고." 나루 얼굴엔 진한 자부심이 묻어난다. "아, 진짜 반나부아가 아니었군요?" "그 시절엔 여기를 빠빳Pa Pat이라 불렀지." "근데 왜 반나부아로 알려졌지요?" "우리가 반나부아 출신이라 그랬을 거야."

이게 내가 '현장은 역사다.'고 믿어온 까닭이다.

나루는 구석구석 데리고 다니며 그날 전투 상황을 설명한다. 남은 게 아무 것도 없는 황무지 벌판에서 동지들이 몸 숨겼던 나무 둥치며, 사하이 사띠엔이 총 맞았던 자리며, 경찰이 밀고오던 곳, 전투 뒤에 빠져나가던 길까지 일일이 가리킨다. 호기심으로 펄떡대는 내 속을 들여다본 듯, 나루는 신이 났다. "기자들한테 하나하나 이렇게 설명해준 적 없어. 하기야 기자를 여기 데려온 적도 없지만."

살아 있는 역사를 배우는 기쁨, 나는 참 복 많은 놈이다! 어떤 사료에도 어떤 기록에도 없는 그야말로 소중한 현장발 역사를 그 주인공한테 배우는 행운을 여태 수도 없이 누려왔으니. 그래서 다짐한다. '그 밖'들의 역사를 차곡차곡 기록해서 이 세상에 되돌려주겠노라.

함께 교전지를 둘러본 나루는 200m쯤 떨어진 수풀로 이끈다. 말라붙은 땅 위에 선 검정색 목판 위패들을 과녁인 양 쪼아대는 햇볕이 섬뜩한 기운을 뿜는다. 찾는 이 없는 쓸쓸함, 찾고자 하는 애달픔, 그 부조화가 한낮의 공포를 부른다.

"무덤은 아냐. 먼저 간 동지들 기리려고 세웠어." 나루는 동지 어루만지듯 스물일곱 위패에 쌓인 먼지를 하나하나 걷어낸다. "나도 머잖아 여기 오겠지…." 너털웃음 짓는 나루한테 "동지 곁으로. 영광이고 명예지요." 대꾸랍시고 했지만 애잔함은 어쩔 수 없다.

"죽기 전에 여길 진짜 기념관으로 만들어야 하는데." 이제야 나루 속내를 알아차린다. 반나부아에 세운 관광용 교전지니 기념관이니 홍보용 간판 따위를 왜 그이가 언짢아했는지.

"사실은 말이야, 여기다 기념관 만들려고 정부도 만나봤지. 근데, 공산당과 정부군 희생자 함께 모시면 돈 대주겠다는 거야. 화합 내세워 관광객 끌 수 있다며. 빌어먹을, 아무리 돈이 필요해도 정부군한테 총 맞아 죽은 동지들을 정부군과 함께 모시는 건 배반이잖아. 해서 결국 접었지." "그럼, 위패 세우고 창고 지은 여기 교전지 땅은 어떻게?" "옛 동지들 가운데 의사와 사업가 넷이 이 교전지 일대 3라이(4,800m²) 땅을 사서 터는 잡아둔 거지. 그나마 다행이야." "옛 동지들 가운데 정치인이나 사업가가 수두룩한데, 이야기해봤나요?" "한때…. 아무도 이런 일엔 눈길 안 주니… 다그칠 수도 없고." 나루 얼굴엔 짙은 외로움이 인다.

참 아리다. 역사가 서린 이 현장을 못 가꿔 이토록 애태우는 나루를 본다는 게. 더 또렷이 말하면 화가 치민다. 타이공산당 이력 팔아 장관에다 상하원 의원으로 정치판 들락거린 이들이 얼마며, 사업가로 떵떵 거리며 사는 이들이 얼마며, 학자로 언론인으로 사회를 주름잡는 이들은 또 얼마던가. 저마다 명예라고 떠들어댄 그 '젊은 날의 투쟁' 위해, 혁명 꿈꾸며 '함께 싸운 동지' 위해 이런 역사적 현장

하나 지키고 다듬지 못한다는 게. 잘나고 잘사는 그이들한테는 푼돈이면 될 텐데. 서글픈 타이공산당 역사를 다시 본다.

나루가 죽기 전에 공산당기념관 소원을 풀 수 있으면 참 좋겠다. 이보다 더 올곧은 역사 기록은 없을 테니.

불편한 마음을 데리고 나루 집으로 되돌아온다. 그이는 앉자마자 묵혀둔 이야기보따리를 줄줄줄 풀어낸다. 땡볕에 쪼인 데다 말도 많이 했으니 힘들 법도 한데, 한 치 흐트러짐이 없다. 놀랍기도 하고 부끄럽기도. 먼저 지쳐버린 내 꼴이.

이런저런 이야기를 듣다 보니 지역 출신 공산당 게릴라와 1976년 탐마삿대학 봉기, 이른바 혹뚤라 뒤 무장투쟁에 뛰어든 학생들 관계가 궁금하다. "이 구역에도 도시 출신 학생이나 지식인이 좀 들어왔나요?" "그랬지. 웽 또찌라깐(레드셔츠 지도자) 같은 이는 의사니까 여기 와서 의무병들 잠깐 가르치기도 했고." "전선에서 같이 싸워보니 어땠어요?" "본디 우린 학생이나 지식인 안 믿었어. 그이들은 잠깐 왔다 가는 거니까. 1965년부터 목숨 바쳐 싸운 우리하곤 달랐지. 근데, 나중에 보니 그이들이 타이공산당 상징처럼 되어 있더군. 무슨 지도자나 된 것처럼." "1970년대 학생운동 이끈 지도자로 타이공산당 무장투쟁에 참여했던 섹산 쁘라서꾼(탐마삿대학)과 티라윳 분미Thirayut Boonmee(쭐랄롱꼰대학) 말하는 건가요?" "그 둘뿐 아니라 숱하잖아. 난 그런 이들 관심 없어. 땅에 발 디딘 공산주의자 아니니까. 많이 배운 그이들은 머리와 입으로 혁명 외쳤지만, 우린 심장과 발로 혁명전선을 달려왔어."

나루를 통해 1976년 무장투쟁에 뛰어든 학생, 지식인 그룹과 토착 공산당원 사이에 벌어졌던 노선 갈등, 더 정확히 말하면 감정 대립 골이 얼마나 깊었는지 엿볼 수 있다. 평생 물고 가는 걸 보면.

사실은 나루가 정곡을 찔렀다. 그동안 연구자도 언론도 몇몇 타이공산당 지도자나 기껏 두서너 해 무장투쟁 경력을 훈장처럼 몸에 두른 지식인만 쫓아다녔지, 정작 목숨 걸고 전선 동력을 댄 전사들은 거들떠본 적 없다. 여태 타이공산당 연구가 '현장' 빠진 앙상한 뼈대뿐인 까닭이다. 나루 말은 그 어긋난 현실, '머리와 입으로 외친 혁명사'에 대한 저항인 셈이다. "심장과 발로 혁명전선을 달렸다."는 그이 말이 사무치게 와닿을 수밖에. 이건 여론을 주무르는 지식인이 타이공산당 역사를 차지해 버리면서 무장투쟁 줏대와 그 동력이 뒷전으로 밀려나버렸다는 뜻이다. 하여 내가 만난 숱한 '나루들'은 하나같이 빈손이, 빈 가슴이 아프다고 했는지도 모르겠다.

"말이 난 김에, 레드셔츠 짚어봅시다. 웽 또찌라깐이나 짜뚜론 짜이쌩처럼 1976년 혹뚤라 뒤 공산당에 참여했던 이들이 레드셔츠 이끌었는데?" "민주화 투쟁이라고들 하니 겉으론 닮은 게 있겠지만, 그 속살은 달라. 그자들 레드셔츠는 모조품이야. 본디 우리가 걸쳤던 레드셔츠와 바탕부터 달라. 자본가한테 휘둘리는 친탁신 레드셔츠는 결국 자본에 봉사할 뿐이야. 게다가 탁신이 민주화와 무슨 상관이며." 나루는 불쾌한 듯 딱 잘라 말한다. "우리 옛 동지들은 총만 안 들었지 여태 소리 없이 자본과 싸워왔어. 그걸 갑자기 친탁신 레드셔츠가 마치 자기들 옷인 양 걸치고 나선 거지. 여기 나콘파놈주에만 내가 이끄는 우리 옛 동지들이 500여 명이나 돼. 정기 모임도 갖고."

나루 입에서 오늘 타이 사회를 읽는 데 좋은 밑감이 나온 셈이다. 나루가 말한 "그 속살은 달라."란 건 친탁신 레드셔츠와 친왕정 옐로셔츠로 갈린 현실에 타이공산당 출신들의 해묵은 노선 갈등이 깔려 있다는 뜻이다. 다른 말로 '타이공산당 유령'이 타이 사회에 아직도 질기게 돌아다닌다는 뜻이다.

숨어 있던 이 유령이 고개를 내민 건 2001년 총선에서 압승한 탁신 친나왓이 등장하고부터다. 타이락타이당(TRT)을 앞세운 타이 최대 갑부 탁신은 타이공산당 출신을 비롯해 진보 냄새 풍겨온 정치인을 끼고 포퓰리즘을 퍼트리며 폭발적 인기를 끌었다. 1997년 경제위기에다 구닥다리 정치에 신물 난 타이 사회는 자본가와 빈민층의 조합이라는 환상에 사로잡혀 '탁신앓이'를 했다. 그러나 바깥으로는 안 드러났지만 탁신 진영에 참여했던 진보 세력 사이에는 일찌감치 분열의 싹이 텄다.

"사회 변혁을 위해 자본(가) 힘을 이용할 필요가 있다." 탁신 정부 부총리 거쳐 레드셔츠를 이끌어온 짜뚜론 짜이생처럼 골수 친탁신이 있었는가 하면, "진보적 인물로 새 정치하겠다는 탁신 믿고 창당 도왔지만 결국 자본이 보수 정치에 봉사하는 현실 보며 곧장 발뺐다." 타이락타이당 창당 줏대 가운데 한 명이었던 랑싯대학 사회학 교수 수니 차이야로스 같은 이들도 있었다. 그런가 하면 "탁신 1기 정부(2001~2005년) 2년까지 지지했지만 독점 자본에다 독점 권력까지 손에 쥐는 탁신 보면서 희망 접었다." 아눈 한빠니쯔뿐Anun Hanpanichpun 랑싯대학 사회개발학과 교수처럼 탁신을 지원하다 비판적으로 돌아선 이들도 있었다.

이 셋은 모두 탐마삿대학 학생운동가 출신으로 타이공산당 무장투쟁을 거쳐 1990년대 말부터 탁신 뒤를 받쳤던 이들이다. 이처럼 탁신 진영엔 타이공산당 출신이 적잖았던 게 사실이다. 그러나 그 내부는 처음부터 여러 갈래로 쪼개졌고, 그 속살엔 타이공산당 시절부터 내려온 노선 갈등이 깔려 있었다.

2001년 정부를 꾸린 탁신은 이내 정치, 경제, 외교, 군사, 언론을 비롯한 사회 전 부문을 손아귀에 쥐고 제왕적 권력을 누리며 타이 현대사에서 처음으로 임기 4년을 다 채운 총리 기록을 세웠다. 그러나 탁신 제1기 정부는 겉보기 성공과 달리 이미 부정부패, 언론탄압, 인권유린, 사법유린, 무장 강공책(대 남부 무슬림 분리주의), 외교적 실정으로 거센 비난을 받으며 소리 없이 무너지고 있었다.

그럼에도 탁신은 2005년 총선 압승에 이어 제2기 정부를 꾸렸다. 영원할 것 같던 탁신의 권력에 사달이 난 것도 바로 그때였다. 탁신은 자신의 신코퍼레이션Shin Corporation 주식 733억 밧(약 2조 원)을 영국령 버진아일랜드에 세운 앰플리치라는 유령회사를 거쳐 싱가포르 국영 투자회사 테마섹홀딩스Temasek Holdings에 세금 한 푼 안 내고 팔아치우며 입길에 올랐다. 곧장 반탁신 시위대가 거리로 나섰다. 방콕 전 시장 쨤롱 시무앙Chamlong Srimuang과 언론재벌 손티 림통꾼Sondhi Limthongkul이 이끈 그 시위에는 웽 또찌라깐과 노동운동가 삐폽 동차이Piphob Dhongchai, 예술가 와산 싯티껫Vasan Sitthiket 같은 타이 공산당 출신들도 모습을 드러냈다. 특히 2006년 쿠데타 뒤 레드셔츠로 갈아탄 웽 또찌라깐은 그 시위에서 탁신 저격수 노릇을 했다.

그러나 짬롱을 비롯한 시위 지도부가 왕실을 상징하는 옐로셔츠를 걸치고 민주국민동맹(PAD)이란 이름 아래 국왕한테 "탁신을 쫓아내달라."는 초헌법적 탄원을 하면서부터 타이공산당 출신들은 시위 현장에서 급격히 사라졌다.

"시위 지도부가 우리(진보 예술가들) 이름을 파는 바람에 한때 애먹었다. 애초 우린 자본가 탁신을 마다했지, 국왕한테 도움 요청한 자들과는 뿌리부터 달랐으니." 골수 반자본주의자로 일찌감치 반탁신운동에 앞장섰던 와산 싯티껫 같은 숱한 이들이 등 돌렸듯이.

그 정치적 혼란을 틈타 그동안 왕실과 공생관계를 맺어온 군부가 암암리에 움직이더니, 2006년 9월 19일 육군총장 손티 분야랏끌린 장군Gen. Sonthi Boonyaratglin이 탱크몰이 쿠데타로 탁신을 쫓아냈다. 타이 역사에서 왕실 눈 밖에 나고 살아남은 이가 없었다는 사실이 곧 현실로 드러난 셈이다.

그러자 이번에는 레드셔츠를 걸친 이들이 반독재민주연합전선(UDD)이란 이름을 걸고 튀어나와 '탁신 복귀'를 외쳤다. 그로부터 타이 사회는 친왕정 옐로셔츠와 친탁신 레드셔츠로 쪼개졌고, 그 둘은 반목과 대립을 거듭하며 정치를 마비시켰다. 그러다 2014년 타이 정치는 다시 쿠데타로 등장한 육군총장 쁘라윳 짠오차 손아귀로 넘어가 오늘에 이른다.

그사이 타이 안팎 언론과 학자들은 틀에 꿰맞춘 진영론을 퍼트리며 사회분리 현상을 부채질했다. 레드셔츠를 '친탁신' '무산계급' '공화주의' '민주' '반군부'로, 옐로셔츠를 '친왕정' '중산층' '반민주' '친군부' 따위로 갈라 쳤다. 이 도식적인 진영론은 겉보기에 그럴듯했지만 속살을 파보면 비과학적 상상력이었음이 드러난다.

진영론의 고갱이인 정체政體와 계급부터 빗나갔다. 레드셔츠와 옐로셔츠는 모두 왕정주의자들이다. 타이 현실 정치판에서 그 밖은 존재하지 않는다. 옐로셔츠야 굳이 따질 것도 없고, 레드셔츠도 공개적으로 왕정을 부정하거나 공화주의를 입에 올린 적이 없다. 여태 레드셔츠의 말이나 문서에 단 한 번도 등장한 적 없다. 오히려 수도 없이 왕실에 충성을 맹세한 탁신을 포함해 모두가 공화주의란 말만 나오면 펄쩍 뛰었고 몸 사리기에 바빴다. 실제로 레드셔츠 지도부 안에는 적잖은 공화주의자들이 있고, 그 주류는 왕실을 탐탁잖게 여긴다. 그러나 그 모두는 이념으로 드러나지 않은 추상적 희망일 뿐이다. 다른 말로, 사석에서 흘러 다닌 이야기를 마치 한 진영의 정체성인 양 끌어다 붙인 언론인과 학자의 비과학적 독심술이었다는 뜻이다. 사회과학은 뉘앙스만으로 진영의 정체성을 말하지 않는다.

계급이라는 대목도 마찬가지다. 이건 타이 사회가 지닌 빈곤 문제를 비틀고 이용해먹은 두 셔츠 지도부의 정략이었을 뿐이다. 레드셔츠든 옐로셔츠든 숫자를 떠받친 실질적인 시위 줏대들은 모두 빈민이었다. '동북부의 빈곤층 레드셔츠', '방콕의 중산층 옐로셔츠'란 틀을 만들어 마치 계급투쟁처럼 둔갑시킨 당치도 않은 진영론이다. 현실 속에서 두 쪽 지지층이 일정한 지역별, 계층별 차이를 보인 건 사실이지만, 그 어디에도 계급투쟁 밑감인 자본가와 노동자의 대립을 끼워 맞출 구석은 없었다. 레드셔츠 쪽에서 자본가 타도니 노동자해방 같은 본질적인 구호가 나올 수 없었던 까닭이다. 오히려 최대 자본가 탁신을 앞세우는 모순만 키웠을 뿐. '가난한 동북부'와 '잘사는 방콕'이라는 지역주의를 계급 문제처럼 비틀어 들이댄 건 2000년대 초 표밭을 좇던 탁신의 선거운동 때부터 튀어나온 전략이었다.

나머지 친군부니 반군부니, 민주니 반민주 따위는 진영과 상관없는 구호에 지나지 않았다. 2014년 쿠데타로 오늘에 이르는 동안 반군부와 민주주의 외쳤던 이들이 자취를 감췄다. 으레 군부한테 쿠데타 요청까지 했던 옐로셔츠는 괄호 밖이다. 근데 "최후의 한 방울 피까지!"를 외쳤던 레드셔츠 지도부가 감쪽같이 사라졌다. 탁신을 좇았던 타이 안팎 언론인과 학자도 모조리 꼬리 내렸다. 15년 형을 때릴 수 있는 헌법 제112조 불경죄(왕실 모독죄)와 군사정부의 언론탄압 탓이란다. 이건 한국이나 인도네시아, 필리핀, 버마처럼 목숨 건 반독재 민주화 투쟁의 소중한 경험이 두 셔츠의 몫이 아니라는 말이다.

곡두를 좇았을 뿐, 진영론은 과학이 아니었다. 현실속에 없었다는 뜻이다. 오직 하나 두드러졌던 건 '친탁신'과 '친왕정' 구호뿐이었다. 이게 비극의 뿌리였다. 그 본질은 왕실을 비롯한 전통 토호자본과 탁신이라는 상징적 신흥자본이 장막 뒤에서 벌인 소리 없는 이권 다툼이었다. 옐로셔츠와 레드셔츠는 그 두 자본가를 떠받치는 대리전에 동원된 전사들이었다. 그 대리전의 승자는 처음부터 정해져 있었다. 오직 자본가일 뿐이었다. 두 셔츠의 줏대인 노동자와 농민은 오늘 밤에도 여전히 먹을거리를 걱정하는 신세고.

그럼에도 타이 안팎 언론인들이나 학자들은 두 패로 갈려 누가 옳니 그르니만 떠벌였을 뿐, 아무도 그 본질을 말하지 않았다. 두려웠거나 아니면 눈이 멀었거나, 어쨌든.

이처럼 허술하기 짝이 없고 본질마저 잘못 짚은 진영론 같은 이설이 쏟아지게 밑자리를 깐 게 바로 타이공산당 유령이었다. 그 뿌리는 타이 사회를 규정해온 용어인 '준봉건'과 '준자본주의'를 놓고 노선 갈등을 빚었던 1982년 제4차 전국인민대회로 볼 만하다. 애초 타이를 준봉건 사회로 못 박았던 타이공산당은 그 제4차 전국인민대회에서 준자본주의 사회로 새롭게 규정했다. 그동안 타이공산당이 신줏단지처럼 떠받들어 온 마오식 혁명 모델이 산업화에 접어든 타이 사회에 어울리지 않는다는 내부 반발을 지도부가 받아들인 결과였다. 그러나 타이공산당은 형식적인 노선 수정만 했을 뿐 지도부도, 전략도, 전술도 바꾸지 못한 채 그 길로 사라져버렸다. 그러니 공산당 출신들 사이에는 그 해묵은 노선 갈등이 오늘까지 끈질기게 이어지고 있다.

타이공산당 출신들이 레드셔츠와 옐로셔츠로 갈려 깊은 골이 패인 건 2009년 말쯤이었다. 타이공산당 출신으로 옐로셔츠를 이끌었던 노동운동가 삐폽 동차이는 탁신을 '독점자본가'로 규정했다. 그 즈음 타이공산당 마지막 서기장이었던 통 쨤시는 탁신을 '진보적 자본가'라 부르며 레드셔츠 손을 들어주었다. 여기가 타이공산당 출신들이 결정적으로 갈라선 길목이었다.

통 쨤시는 "새로운 절대왕정 아래 봉건독점자본계급이 현재 타이 사회를 지배한다. 탁신은 진보적 자본가로 개방적인 자유시장 자본주의자다."며 논쟁을 키웠다. 이건 사회 변혁을 위해 절대왕정과 봉건독점자본가를 타도 대상으로 보았다는 뜻이다. 봉건독점자본가란 건 왕실을 낀 토호자본가를 가리킨다. 반대쪽 삐폽 같은 이들은 "현재 타이 사회는 절대왕정이 아닌 독점자본주의체제다."고 맞받아쳤다. 타도 대상이 독점자본가란 뜻이다. 이게 친왕정·반탁신을 외친 옐로셔츠에 몰래 스며든 논리였다. 옐로셔츠는 영문도 모른 채 공산주의 이념을 품고 싸웠던 꼴이다.

이 논쟁을 타이공산당 제4차 전국인민대회로 되돌려보면 통 쨤시는 '준봉건'을, 삐폽은 '준자본주의'를 우겼던 셈이다. 이 케케묵은 노선 갈등이 진보 진영 분열까지 부추기며 타이 사회를 둘로 갈라놓았다. 그러나 이 논쟁은 '친탁신'과 '반탁신'이라는 사유화로 흐르면서 자본의 정체를 오롯이 담지 못한 치명적 한계를 안고 있었다. 말하자면 자본이라는 '주적'이 왜곡되었다는 뜻이다.

여기서 어느 쪽을 지지했든 타이공산당 출신들은 그 책임에서 벗어날 수 없다. 왕실과 탁신이라는 두 자본가로부터 독립적인 노동자, 농민 투쟁을 사회적 화두로 끌어내지 못한 채 오히려 자본가에

휘둘리는 공상적 공산주의를 퍼트린 혐의다. 숱한 시민이 레드셔츠
니 옐로셔츠가 아닌 독립적인 대안 정치세력을 애타게 기다려온 현
실마저 제대로 읽어내지 못했다는 뜻이다. 1973년 탐마삿대학 봉
기, 이른바 십시뚤라의 결정적 기회를 뒷짐만 진 채 흘려버린 타이
공산당 오판이 새삼 떠오르는 까닭이다. 비록 타이공산당 조직은 사
라졌지만 그 출신들이 여전히 진보 진영 큰손 노릇 해온 현실을 놓
고 보면 그렇다는 말이다.

자해적 노선 갈등으로 출발해서 자멸적 노선 갈등 끝에 사라져
버린 타이공산당 유령이 아직도 이렇게 타이 사회를 떠돌고 있다.

"타이공산당 잔상은 아직도 진보 진영 눈길에 남아 있다. 타이공
산당 출신들이 어설픈 논쟁 조심해야 하는 까닭이다. 무엇보다 사회
변혁에 자본가를 이용하겠다는 건 위험하기 짝이 없다. 환상이다.
자본 맛본 자들 핑계다. 왕실이든 탁신이든 자본은 자본일 뿐이다.
자본이 그렇게 호락호락하지 않다는 건 이미 역사로 증명되었다."

치앙마이대학 학생운동가로 1976년 타이공산당 무장투쟁에 참
여한 뒤 〈시암랏〉 편집장을 지낸 똥탐 낫쭘농 말을 귀담아들어볼
만하다.

타이 사회를 들여다보다 이야기가 좀 길어져버렸다. 동아이남
에도 서서히 땅거미가 내려앉는다. 이제 나루와 시간도 저물어간다.

"마지막으로 무장투쟁 접을 때 이야기 좀 들어봅시다?" "쁘렘
정부가 조건 없는 사면 내걸었으니 별 탈 없었어. 나는 1981년에
총 내렸는데, 오토바이 타고 사꼰나콘Sakon Nakhon에서 집으로 되돌

아오다 군인한테 잡혔지. 그 자들이 '위한Wihan'을 아느냐고 꼬치꼬
치 묻는 거야. 모른다고 잡아뗐더니 그냥 풀어주더구먼. 사실은 그
시절 수배당했던 내가 바로 그 위한이었어.""하산할 때 총은 어디
다 감췄어요?""우린 몰라. 지도부한테 넘기고 왔으니."" 개인이 들
고 간 경우도 많았다는데?"" 형편 따라 다 달랐어. 땅에 묻은 이들,
산속에 숨긴 이들, 정부에 바친 이들, 팔아먹은 놈들도 있었을 거야.
그걸 알아도 말하겠어? 총이란 게 우리 목숨이었는데. 무덤까지 들
고 가야 할 이야기지."

이건 1980년부터 1983년 사이 거의 모든 타이공산당 게릴라들
이 정부가 내건 조건 없는 개별 사면 아래 투항하면서 벌어진 일이
었다. 그 투항에서 타이공산당은 조직적인 대응을 못했고, 결국 게
릴라들이 지녔던 숱한 무기들이 흩어져버렸다.

"언젠가 결정적인 날이 오면 다시!" 적잖은 게릴라들이 이 감상
적인 말을 믿으며 땅속 깊이 총을 파묻었다. 허깨비처럼 사라져버린
타이공산당의 마지막 투쟁은 그렇게 총을 숨기기 위한 삽질이었다.

이제 떠날 때가 됐다. 이루지 못한 혁명, 그 마지막 소원이 공산
당기념관이라는 나루한테 아무 도움도 안 되는 내 꼴이 열없다. 무
력감이 몰려온다. 얼기만 하고 되돌아서는 발길이 잘 안 떨어진다.

늘 겪는 일이지만, 내겐 머리보다 가슴으로 혁명전선을 달렸던
이들과 헤어짐이 참 힘들다. 다시 만날 날을 기약할 수 없는 긴 이별
을 위한 짧은 만남, 말 대신 나루의 두 손을 꼭 쥐어준다. 당신의 역
사를 기록으로 남기겠노라 속으로 다짐하며.

반동아이를 돌아 나와 반나부아 들머리에서 노을 속으로 담배 연기를 길게 뿜어 날린다. 역사도 현장도 서서히 어둠 속으로 사라져간다.

4장
전선 여로

불법 노동자,
카지노
그리고 혁명

2018년 5월 19~25일
매솟Maesot | 타이
먀와디Myawaddy | 버마

5년 새 매솟이 크게 변했다. 서쪽으로 버마의 까렌주Karen State를 맞
댄 타이 중부 국경도시 매솟엔 여기저기 새 길이 뻗었고 백화점과
대형 유통업체까지 들어섰다. 1980년대 말부터 내 집처럼 드나들
며 손바닥 읽듯 훤했던 매솟이 어째 낯설다. 새로 생긴 골목길에선
어리둥절 헤맬 판이다.

　　모에이강Moei River을 끼고 까렌주 먀와디와 마주보는 매솟은 참
여러 가지 무늬를 지닌 도시다. 예부터 인도차이나와 인디아대륙을
잇는 문화 전파로로 무역로로 이름 날린 매솟은 20세기 중후반을
지나면서 마약, 밀수, 인신매매, 불법노동이 판치는 무법천지로 사
람들 입에 오르내렸다. 1990년대 들어서는 산업단지로, 관광지로

변신했고. 하여 사람들은 저마다 다른 인상으로 매솟을 떠올린다.

내게 매솟은 처음부터 혁명기지로 박혔다. 까렌민족연합(KNU), 버마학생민주전선(ABSDF), 버마연방국민회의(NCUB)를 비롯한 버마의 소수민족해방조직과 민주혁명단체 들이 바깥세상과 통하는 연락사무소 겸 보급기지를 매솟에 차렸던 까닭이다. 나는 늘 매솟에서 그 조직들과 선을 달고 '개구멍' 통해 버마전선을 들락거렸다.

2000년대 들어 버마 소수민족해방전선과 민주혁명전선이 시들면서 매솟을 향한 내 발길도 뜸해졌지만 맘속엔 여전히 일과 낭만이 넘치던 현장으로 살아 있다.

방콕에서 북서쪽으로 498km 떨어진 매솟은 몇 해 전부터 한껏 부풀어 올랐다. 베트남, 라오스, 캄보디아, 타이, 버마를 아우르는 이른바 동서경제통로(EWEC)의 한 축인 데다, 2015년 자유무역을 내건 아세안경제공동체(AEC) 출범에 이어 2021년 딱경제특구(TSEZ) 건설 계획까지 덧붙여놓았으니.

근데 정작 매솟에 와서 보니 맥 빠진 기운이다. 만나는 이들마다 경기가 엉망이라고 투덜댄다. 실제로 2016년 900억 밧(약 3조원)이었던 매솟-먀와디 국경 무역이 2017년엔 700억 밧으로 곤두박질쳤다. 농산물 가격 폭락과 버마 돈 짯이 약세인 탓이다.

딱주Tak Province의 군쯤 되는 매솟은 인구 12만 가운데 버마 사람이 80%에 이르는 타이 속의 버마다. 자연스레 버마 사람들이 산업판 동력을 대는 매솟에선 어딜 가나 버마 말이 통할 정도다. 현재

타이에서 일하는 버마 노동자를 200만~400만쯤 잡는데, 매솟에만
도 20만을 헤아린다. 물론 이 노동자 수는 매솟 인구에 포함되지 않
은 일시적 유입민이다.

타이 정부는 이들 가운데 90%에 이르는 불법 노동자 문제를 해
결하겠다며 2017년부터 여권 지닌 이들한테는 취업허가증을 발급
했다. 그리고 유예기간이 끝나는 올 6월 30일부터는 불법 노동자를
박멸하겠다고 밝혔다. 문제는 여권이다. 버마 정부가 여권 발급을
아주 까다롭게 해 몇 달씩이나 걸리는 데다 300달러 웃도는 비용을
노동자들이 감당할 수 없는 탓이다. 이래저래 안팎으로 휘둘리다 보
니 요즘 매솟에 불법 노동자가 크게 줄었다고는 한다.

"장기적으로 볼 때 노동자 합법화 옳은 길이다. 다만 매솟 비롯
한 딱주 경제가 버마 노동자에 기대온 현실만큼은 인정해야지. 정부
가 갑자기 막아버리면 여긴 경제고 산업이고 농사고 모조리 끝장이
다. 죽으라는 말이다." 딱 상공회의소 고문 수찻 뜨리랏왓타나Suchat
Triratwatthana 말 속에 매솟 고민이 담겨 있다.

수찻이 부풀린 게 아니다. 내가 증인이다. 1999년 타이 정부의
불법 노동자 체포령을 취재하면서 하루아침에 무너지는 매솟을 보
았다. 그즈음 매솟은 모든 공장에다 벼농사까지 멈춰 난리가 났다.
한동안 매솟에서는 공장 불까지 끄고 불법 노동자 숨겨가며 몰래몰
래 기계를 돌리기도 했다.

더구나 그즈음은 타이노동조합이 한국 정부를 향해 노동시장 개
방을 거세게 요구하며 동시에 타이 정부한테는 버마 노동자를 모조

리 추방하라고 시위까지 해대던 때였다. 그 극단적인 노동이기주의에 버마 노동자들은 기댈 구석마저 없었다. 현실 속에서 버마 노동자들은 타이 노동시장의 최하부 공동화를 땜질해왔다. 타이 경제를 놓고 보면 버마 노동자들이 빼앗은 일자리가 아니라 떠받친 일자리였다. 허울뿐인 '프롤레타리아 국제주의' 같은 거창한 말을 하려는게 아니다. 그저 버마 노동자에 대한 차별과 박해의 뿌리가 타이 노동자란 사실에 치를 떨었을 뿐.

닭장차에 실려 온 버마 노동자 수백 명이 경찰 몽둥이에 휘둘리며 모에이강 둑에 무릎 꿇고 추방을 기다리던 그 새벽녘 쓰라린 풍경은 여태 내 심장에 박혀 있다.

그로부터 20년 가까이 지났지만 버마 노동자들한테 달라진 건없다.

"한 달 3,620밧(12만 원)에 입도 뻥긋 못한다. 쫓아내니까." 일본인이 투자한 매솟 옷 공장에서 일해온 산다 웨인(36세)이 좋은 본보기다. 현재 타이 정부가 정한 매솟 지역 최저임금은 일당 310밧(1만 원)이다. 버마 노동자들은 같은 일을 하고도 타이 노동자에 비해 1/3밖에 못 받는 실정이다. 함께 만난 버마 노동자 일곱 형편이 다 똑같다.

임금만 문제도 아니다. 저마다 타이 관리자한테 받는 성희롱이니 비인격적 대우를 괴롭게 털어놓는다.

"대들면 그날로 끝장이니 참을 수밖에. 젖먹이 아이 생각하며 견뎌낸다. 뭐든 타이 편인 경찰이나 정부에 호소한다는 건 상상도 못할 일이고." 산다 말처럼 이주노동자 인권 문제는 어디 할 것 없이 국경 사회가 풀어야 할 중대한 과제다. 합법 노동자인 산다가 이렇다면 불법 노동자들 형편이야 굳이 말할 것도 없다.

이제 지는 해를 바라보며 매솟에서 서쪽으로 5km 떨어진 먀와디를 찾아간다. 매솟 출입국사무소를 지나 420m짜리 우정의 다리를 걸어서 넘는다. 1990년대 초 두어 번 들렀던 기억을 통해 바라보는 먀와디는 이미 딴 세상이다. 꾀죄죄한 다리를 건너기 무섭게 날아들던 날카로운 군인들 눈초리도, 죄인 대하듯 노려보던 출입국관리소 직원들 눈길도 이젠 사라지고 없다.

허허벌판에 판자 가건물 몇 개와 군인이 다녔던 먀와디엔 4~5층짜리 상가 건물이 즐비하고 은행과 여행사에 호텔까지 들어섰다. 타이와 버마 상품이 뒤섞인 시장통은 제법 국경 냄새도 풍긴다.

그러나 먀와디 쪽 변화는 좀 달리 볼 구석이 있다. 카지노다. 모에이강을 낀 먀와디 언저리에만 아홉 개 카지노가 판을 벌였다. 2011년 휴전협정 전까지만 해도 여긴 까렌민족해방군과 버마 정부군이 심심찮게 치고받던 전선지대다. 특히 모에이강 물돌이 꼬무라 Kawmoora는 버마 현대사에서 최대 격전지였다.

올해 초 먀와디 주민 300여 명이 반카지노 시위 벌인 소식 들을 때만 해도 긴가민가했는데, 와서 보니 말 그대로 카지노 열풍이다. 그렇잖아도 5월 초 버마 정부가 카지노 합법화를 입에 올린 데 이어, 5월 중순엔 따앙민족해방군(TNLA)이 버마 정부군과 손잡은 중국 국경 쪽 카지노를 공격해 큰 말썽이 났던 터다.

버마 정부는 1989년 도박금지법을 공표했고 카지노는 마땅히 불법이다. 그럼에도 현재 타이와 중국 국경에 50여 개 넘는 카지노가 날뛴다. 물론 자본도 고객도 모두 중국과 타이 몫이다. 이건 버마 정부군과 일부 소수민족 무장세력이 불법 카지노를 열어주고 뜯어먹는다는 뜻이다. 그동안 국경 총잡이들 전통 돈줄이었던 마약, 목재, 보석이 카지노로 옮겨가는 셈이다.

내친김에 모에이강 둑에 차린 먀와디콤플렉스카지노를 둘러본다. 여기도 전용 배를 띄워 타이 쪽에서 손님을 실어 나른다. 뱃사공은 "타이와 중국 사람이 주 고객이지만 한국 사람도 제법 찾아온다."고 귀띔해준다. 여긴 여권도 비자도 없이 국경을 불법으로 넘나든다. 단언컨대, 버마 정부군, 카지노, 타이 정부군, 공무원 사이에 불법 사각거래 없이는 불가능한 일이다. 이게 불법 카지노를 키워 뜯어먹는 놈들 명단이고, 불법 카지노가 버젓이 판을 펼 수 있는 뒷심이다. 먀와디 지역 카지노에서 한 해 3억 밧(100억 원) 웃도는 돈줄이 굴러다닌다는 판에 버마 정부나 타이 정부가 모를 리 없다. 다른 말로 이 동네는 무법천지다. 군인들 눈치만 봐온 아웅산수찌 정부 한계를 보여주는 현장이기도 하다.

모에이강 너머로 지는 해가 전에 없이 아리게 다가온다. 남의 땅 매솟에서 눈칫밥 먹는 버마 노동자들도, 먀와디에서 날뛰는 불법 카지노도 모두 버마 군사독재가 남긴 유산이다. 아웅산수찌를 앞세워 민간정부 탈을 쓴 채 여전히 권력을 휘두르는 군인독재국가의 실상이다. 버마 땅에 아직도 혁명의 깃발이 휘날리는 까닭이다.

노동자 속에 핀 가문의 영광

탄독Than Doke | 버마노동자연대기구(BLSO) 대표

흔히들 가문의 영광을 말하는데, 그이 집안은 버마 현대사에서 '싸움꾼'으로 이름 날렸다. 그이 아버지 수윈마웅Suwin Maung은 1962년 독재자 네윈 장군 반대투쟁을 이끈 주역으로 1988년 민주항쟁 뒤엔 35년 형을 받고 감옥살이한 제1세대 싸움꾼이었다. 만달레이의 과대학 출신인 그이 동생 탄케Than Khe는 1988년 민주항쟁 뒤 국경으로 빠져나온 청년·학생들이 조직한 버마학생민주전선 의장으로 반독재 무장투쟁을 이끌어왔다.

1988년 민주항쟁 도화선을 깐 랭군공과대학 시위 이끈 학생운동 지도자로 현재 매솟에서 버마노동자연대기구를 꾸려가는 탄독이 그 주인공이다.

그러고 보니 그이 어머니 먀탄Mya Than도 빼놓을 수 없다. 남편과 아들 둘을 민주혁명에 바친 먀탄은 만달레이 지역 운동꾼들을 보살펴온 대모다. 2003년 가택연금에서 풀려난 아웅산수찌가 먀탄을 찾아가 서 이 싸움꾼 집안에 경의를 표했던 건 잘 알려진 이야기다.

이른바 8888 민주항쟁 이듬해인 1989년 2월, 군사정부의 체포령을 피해 동생 탄케와 함께 인디아 국경으로 빠져나간 탄독은 버마민주게릴라전선(BDGF)과 버마학생동맹(ABSL) 조직을 통해 무장투쟁을 준비했다. 그러나 인디아 정부에 막혀 뜻을 못 이룬 채 정

치투쟁에 매달리다가 2000년 매솟으로 넘어왔다.

"왜 무장투쟁에서 노동운동 쪽으로?" "학생 때부터 노동운동했으니 길 바꾼 건 아니다. 8888 뒤엔 무장투쟁 말고 달리 택할 길이 없었고. 근데 인디아 국경에 닿고 보니 무장투쟁은커녕 끼니 찾아 길 닦는 공사판만 헤맸지. 그러다 델리로 가서 한동안 정치투쟁에 매달렸는데, 다 뜬구름 잡는 기분이었어. 기껏 성명서나 날리고. 내겐 안 어울리는 옷이었지. 해서 품었던 뜻이나 한번 펴보고 죽자는 심정으로 매솟에 온 거야." "굳이 인디아를 접고 여기 타이-버마 국경으로?" "인디아 국경엔 버마 노동자가 없었으니까."

그렇게 2000년 매솟에 온 탄독은 동지 여섯과 함께 버마노동자연대기구를 만들었다. "여기 와서 보니 노동환경도 문제였지만, 당장 아이들이 눈에 밟히더구먼. 지금 이 학교 자린데, 주인한테 사정사정해서 가마니 깔고 판자 올려 학교부터 열었지. 그땐 여기가 빈터였고."

친구와 이웃이 쥐어준 샐닢으로 문 연 판자학교가 입 타면서 2003년 노르웨이 노동단체에 이어 2005년 한국과 오스트레일리아 노동단체가 탄독한테 힘을 보탰다. 그렇게 해서 2014년 탄독은 매솟 한 귀퉁이에 교실 일곱 개와 사무실 한 개에다 노동자 회의실을 갖춘 제법 예쁜 2층짜리 학교를 세워 타이 교육부 공인까지 받아냈다.

"현재 교사 일곱이 아이 160명 가르치는데 내년쯤 중학교 과정도 열려고 여기저기 뛰어다니지만…" 탄독은 긴 한숨을 내쉰다. 쉽지 않다는 뜻이다. 현실은 오히려 거꾸로 간다. 그동안 이 학교 예산을 떠맡았던 오스트레일리아 이주노동자지원단체(APHEDA)가 올해를 끝으로 손 뗀다니.

"도와주겠다는 이들이 좀 있긴 한데, 정치적 배경을 지닌 아무 돈이나 덥석 받을 수 없어 마다했지. 뛰고 있으니 어떻게든 되겠지." 그이는 열없는 마음을 껄껄 웃음으로 때운다.

아이 160명 가르치는 데 드는 1년 총예산이 60만 밧이라고 한다. 우리 돈 2,000만 원에 160명 아이들 1년 운명이 달렸다. 명품가방 하나 값에 160명 아이들 일생이 오락가락한다.

"탄독 선생님이 우리한테 말은 안 해도 학교 사정 어렵다는 걸 안다. 우린 이러지도 저러지도 못해 속만 태운다. 일도 손에 안 잡히고. 어떻게든 아이들 공부는 시켜야 할 텐데…." 한 달 꼬박 일해 12만 원 버는 산다 웨인 같은 학부모들 고민도 점점 깊어지고 있다.

학교가 쉬는 일요일이라 한숨 돌릴 줄 알았더니, 탄독은 아침부터 학교로 몰려든 버마 노동자들 교육에다 상담에다 녹초가 된다. 노동자와 그 아이들까지 가르치는 이 고단한 일을 탄독은 "내 꿈이었고, 내 팔자다."고 한다. "그래서 즐겁고, 그래서 아름답다."고도 한다.

나는 어렴풋이 짐작만 할 뿐, 탄독이 말하는 그 즐거움과 그 아름다움의 속내를 잘 모른다. 그저 160명 아이들이 버마의 미래라는 아주 추상적인 말만 떠버렸을 뿐.

이 세상은 꼭 있어야 하고, 꼭 해야 할 일에 참 야멸치다. 어떻게 든 이 아이들 내년을 지켜줘야 할 텐데! 그리하여, 내 친구 탄독 일 생이 계속 즐겁고 아름다웠으면 좋겠다.

도시로 내려온
국경

2018년 5월 25~27일
매솟Maesot | 타이
치앙마이Chiang Mai | 타이

무거운 눈꺼풀, 그러나 가벼운 걸음, 내 동물적 본능은 커피 냄새를 쫓아간다. 기어이 문 연 커피숍을 찾아낸다. 커피 향과 담배 연기 사이로 국경의 낭만이 꼬물거린다.

밤새 기사를 마감하고 맞은 아침, 찡그렸던 얼굴이 스르르 펴지는 이 순간만큼은 나만을 위해 쓰고 싶다.

이내 전화가 울린다. 못 들은 척. 전화를 꺼내기도 귀찮지만, 그보다 이 고요한 아침을 지키고 싶다. 한 5분 사이에 네댓 번이나 울리더니 지쳤는가 보다. 30분쯤 지났을까, 다시 울린다. 누군가 급한 일이라도? 받아보자.

"형, 전화 좀 빨리 받아요! 지금 어디?" 귀에 익은 목소리다. "아,

매솟인데. 내일 제5여단(까렌민족해방군) 들어가려고.""접고, 빨리 치앙마이로 되돌아와요.""갑자기 왜?""어제, 랭군Rangoon에서 회의 마치고 치앙마이로 왔어요.""그럼, 우리 집에 짐 풀고, 사흘쯤 뒤에 봐.""그게 아니라, 내일부터 치앙마이에서 전국휴전협정(NCA) 회의 열려요.""아니 그러면 미리 좀 알려주지.""우리도 어제 랭군에서 결정한 일이라."

버마학생민주전선(ABSDF) 의장 탄케Than Khe 전화를 받고 곧장 치앙마이로 되돌아간다.

5월 26일 아침 9시, 치앙마이, 쿤푸캄호텔에 버마 소수민족무장조직(EAOs)들이 '전국휴전협정 조정회의'로 둘러앉았다. 이 전국휴전협정이란 건 2011년부터 테인세인Thein Sein 대통령 정부가 내전 종식을 내걸고 소수민족 무장조직과 맺은 개별 휴전협정을 2015년 전국 공동휴전으로 명문화한 상위 협정을 일컫는다.

까렌민족연합(KNU), 빠오민족해방군(PNLA), 샨주복구회의(RCSS)(전 샨주남부군(SSA-S)), 아라깐해방당(ALP), 친민족전선(CNF), 민주까렌불교군-5(DKBA-5), 까렌민족연합/까렌민족해방군-평화회의(KNU/KNLA-PC), 신몬주당(NMSP), 라후민주연합(LDU)을 포함한 아홉 개 소수민족해방조직과 유일한 민주혁명 무장조직인 버마학생민주전선이 그 협정에 서명했다.

국경이 도시로 내려왔다. 흔치 않지만 가끔 있는 일이다. 개별 휴전협정을 맺었으나 아직 전국휴전협정에 서명 안 한 까레니군(KA)

도 회의에는 참석했으니 버마-타이 국경 1,800km를 낀 버마 내 소수민족 해방조직 모두가 오늘 치앙마이로 옮겨온 셈이다. 이들 가운데 친민족전선은 인디아 국경에서 왔고, 아라깐해방당은 방글라데시 국경 쪽이지만 독자적 해방구 없이 까렌민족연합에 더부살이해온 경우다.

흔히들 치앙마이 하면 관광도시나 휴양지를 떠올린다. 해마다 관광객 천만이 찾아드니 그럴 법도 한데, 그 속살을 들여다보면 관광 하나로 뭉뚱그릴 만큼 만만한 곳이 아니다. 여긴 본디 독립왕국 터인 데다 옛날부터 타이 안팎에서 온갖 세력들이 몰려든 복잡한 국제정치 무대였다.

그러다 보니 사람들은 치앙마이를 국경도시로 여겨왔다. 치앙마이주Chiang Mai Province로 따지자면 버마와 국경을 맞댔으니 틀린 말은 아니지만, 국경에서 100km 넘게 떨어진 치앙마이시를 국경도시라 부르기엔 좀 머쓱한 구석이 있다. 아마도 국경을 역사적 개념으로 본 게 아닌가 싶다.

그 사연은 이렇다. 타이 북부를 중심으로 버마 산주 남부와 라오스 서부를 아우른 란나왕국(1296~1768년) 수도였던 치앙마이는 19세기 들어 치앙마이왕국(1802~1899년)을 계승했다. 1774년부터 1899년까지 시암왕국(타이)에 조공을 바치던 치앙마이는 1939년 타이왕국의 한 주로 편입당해 오늘에 이른다.

이런 역사적 잔상이 오늘까지 이어지며 치앙마이에 감성적 국경선을 입힌 게 아닌가 싶다. 실제로 아직도 '잃어버린 왕국'을 가슴 한

쪽에 품고 사는 치앙마이 토박이들이 적잖은 걸 보면.

국경이란 게 사전적 의미로야 나라와 나라를 가르는 경계지만, 현실 속에서는 역사적, 문화적, 정치적, 종교적, 인종적, 경제적 국경에다 심리적 국경까지 아주 다양한 개념으로 존재하니까.

현대사로 넘어오면 치앙마이는 좀 더 두터운 정치적 국경을 걸치게 된다. 냉전기간 내내 치앙마이는 버마, 중국, 라오스를 낀 인도차이나의 반공 거점 노릇을 했다. 그 시절 치앙마이는 미국, 영국, 프랑스, 일본, 소비에트연방, 중국을 비롯한 세계 각국 정보원들이 날뛴 '스파이 도시'로 이름 날렸다.

관광객조차 없던 1950년 미국이 국경 변방 치앙마이에 영사관을 연 건 우연이 아니었다. 지금도 세계 곳곳에 심은 미국 영사관이 CIA를 비롯한 온갖 정보기관들 거점 노릇을 하듯, 그 시절 CIA는 1950년부터 치앙마이를 거점 삼아 중국 인민해방군에 쫓겨 버마 국경을 넘은 장제스의 국민당 잔당을 인도차이나 반공용병으로 부렸다.

CIA를 말하고 보니 치앙마이의 마약을 빼놓을 수 없다. 그즈음 CIA는 버마 국경에서 국민당 잔당이 생산한 아편을 자신들이 비밀스레 운영해온 에어아메리카 항공편으로 치앙마이를 거쳐 방콕까지 실어주며 전비를 삭쳤다. '큰 아편'으로 불렸던 국민당 잔당 제3군 사령관 리원환도, '아편왕'이란 별명을 달고 국제마약시장을 주름잡았던 쿤사도 모두 치앙마이에 비밀금고를 꾸렸다. 그렇게 국제반공전선과 국제마약시장 심장 노릇을 한 치앙마이는 1990년대 들어

숙졌지만, 그 돈줄들은 요즘도 이름만 대면 모두가 알 만한 호텔, 부동산, 술집, 식당으로 흘러내린다.

스파이 도시 치앙마이의 악명은 2000년대 들어서도 끈질기게 이어졌다. 2002년 CIA가 아부 주바이다Abu Zubaydah를 비롯한 알카에다 용의자 불법 고문으로 큰 말썽을 일으킨 적이 있다. 이른바 '블랙 사이트Black Site'(미국 상원정보선정위원회는 '사이트 그린Site Green'으로 기록)로 알려진 그 비밀 고문실을 차린 곳이 바로 치앙마이였다. 지난 3월 CIA 국장 임명을 놓고 테러 용의자 고문 경력으로 난리쳤던 지나 해스펠Gina Haspel이 그즈음 치앙마이 블랙 사이트의 총책이었다.

하나 더 보자. 2010년 버마 총선이 다가오던 10월 무렵, 내 취재에 걸려든 아주 비밀스런 이야기다. 까렌민족해방군을 비롯한 버마의 소수민족 무장조직 사령관들이 워싱턴을 들락거리더니 치앙마이에 비밀 사무실을 열었다. 머잖아 CIA 요원이 그 사무실을 거점 삼아 소수민족 무장조직들에게 통신을 가르쳤고, 특히 까렌민족해방군 전선에는 첩보용 카메라와 비디오 같은 특수 장비를 깔았다. 동시에 소수민족 무장조직들 진영에서는 일제히 특수전 훈련 프로그램을 돌렸다.

이어 총선 이틀 전인 11월 5일에는 소수민족 무장조직들이 버마연방의회(UBP)라는 정치연합체와 비상연방동맹회의(CEFU)라는 군사동맹체를 결성했다. CIA를 앞세운 미국 정부가 여전히 치앙마이를 대버마 전진기지로 삼는다는 뜻이다.

버마 이야기가 나온 김에 국제정치판으로써 치앙마이를 들여다보자.

치앙마이는 1980년대부터 '혁명도시' 노릇을 해왔다. 1948년 버마 독립 때부터 해방을 외쳐온 소수민족들 무장투쟁이 거세게 달아오르며 버마를 낀 타이와 중국 국경 전역에 전선이 펼쳐지던 때였다. 1988년 민주항쟁 뒤 타이와 중국 국경으로 빠져나온 학생들이 버마학생민주전선 이름 아래 무장투쟁에 뛰어든 것도 한몫 단단히 했다.

버마-타이 국경지역에 해방구를 튼 소수민족 무장조직들이 바깥세상으로 통할 수 있는 길은 오직 타이뿐이었고, 그 길은 북부 중심지이자 전통적인 국제 비밀 정치판이었던 치앙마이로 뻗었다. 역사적으로 늘 버마와 부딪쳐온 타이 정부는 이 소수민족 무장세력을 국경 완충판 삼아 소리 없이 치앙마이를 열어주었다.

그로부터 버마 소수민족해방조직과 민주혁명단체는 저마다 치앙마이에 비밀 거점을 차렸다. 더욱이 버마-중국 국경지역에 해방구를 튼 소수민족 무장조직들까지 자유롭게 움직일 수 있는 치앙마이에 아지트를 차려 통신, 선전, 보급 거점으로 삼았다. 이게 버마 사안을 쫓는 연구자와 언론인에다 국제구호단체 들이 유독 치앙마이에 들끓는 까닭이기도.

그러다 버마 정부와 소수민족 무장조직들이 비밀 휴전협상 테이블을 차린 2011년부터 치앙마이는 아예 비선 버마 정치판이 되었다. 바깥엔 안 알려졌지만, 처음부터 거의 모든 휴전협상이 치앙마이에서 벌어졌다. 그 무렵 버마 정부 협상대표였던 아웅민 대통령실 장관을 비롯해 소수민족 무장조직 대표들은 하루가 멀다 않고 치앙마이를 몰래 드나들었다. 타이 정부가 그 뒤를 받쳤던 건 말할 나위도 없다. 그렇게 해서 요즘 버마 소수민족해방조직과 민주혁명조직이 국경을 치앙마이로 옮겨온 셈이다.

5월 27일 다시 치앙마이 쿤푸캄호텔, 오늘은 전국휴전협정그룹이 제20차 '평화진행조정팀회의(PPST)'란 이름을 걸고 마주 앉았다. 버마 군부가 내건 전제조건 탓에 1년째 제자리걸음해온 정치회담 대응책을 마련하는 자리다. 이 회의 결과를 들고 대표단이 랭군에 가서 군부와 담판 짓겠다고.

이 '정치회담'이란 건 버마 평화를 위한 3단계 로드맵 가운데 첫 번째 휴전협정을 낀 '평화회담'에 이은 두 번째 단계로 최종적인 버마연방 창설을 위한 '민족회담'의 준비 과정에 해당한다.

어제 실무회의와 달리 오늘은 전국휴전협정에 서명한 버마학생민주전선과 아홉 개 소수민족 무장조직 지도자들이 모두 한자리에 모였다. 내겐 정보 사냥 기회기도 하지만, 그보다 반가운 얼굴들을 한꺼번에 본다는 게 흔치 않은 일이라 들뜬 마음으로 회의장 구석구석을 돌아다닌다.

이번 회의를 이끄는 까렌민족연합 의장 무뚜새뿌Mutu Say Poe는 회의장 들머리에서 만나자마자 "인터뷰 없다."며 손사래부터 친다. "의제에 대해 몇 마디만?" "군부와 협상 전에 미리 말할 순 없고, 다만 군부가 요구한 정치회담 전제조건은 결코 못 받아들인다는 게 우리 뜻이야." "그럼 협상 깰 수도?" "우리 쪽에서 먼저 깨는 일은 절대 없다." 무뚝뚝하기로 소문난 무뚜새뿌는 좀 미안했는지 "회의 마치고 끄웨투윈Kwe Htoo Win(까렌민족연합 부의장)하고 이야기해라."며 총총걸음으로 사라진다.

점심시간이 가까워올 무렵 화장실 가는 샨주복구회의 의장 욧석 장군Gen. Yawd Serk을 붙잡았다. 그이는 "말 못할 것도 없다."며 시계를 보더니 점심이나 먹자며 방으로 초대한다.

"알다시피 군부가 '연방 탈퇴 불가', '개별 연방군(소수민족 군대) 불가', '민족회담 협의 불가'를 정치회담 전제조건으로 내건 거야. 이미 평화회담에서 결정한 '전제조건 없다'는 대원칙을 군부가 깬 거지. 해서 돌파구 찾자는 게 이 회의야." "그 돌파구란 게 어느 쪽으로?" "뻔하잖아. 결과는 이미 나와 있어. 우린 전제조건 못 받아들인다는 거야." "두 쪽이 서로 고집하면 결국 정치회담으로 못 넘어간다는 뜻인데?" "벌써 1년째야. 군부가 평화로 가기 싫다는 거지."

듣고 있던 버마학생민주전선 의장 탄케가 거들고 나선다. "우리가 받을 수 없는 이런 전제조건 내민 건 군부가 정치회담 할 마음 없다는 거야." "군부는 그렇다 치고, 아웅산수찌 정부 입장은?" "아웅산수찌는 평화회담 의지만 내세웠지 전략도 계획도 능력도 없어. 군부에 끌려다니며 꿈만 꾸는 거지." "이놈의 회의 영원히 안 끝날 것 같은데?" "그렇지. 죽을 때까지 회의만 하다 말거야." 탄케는 휴

전협정 맺은 뒤부터 7년째 이어지는 회의에 지쳤다며 앞날을 비관
적으로 본다.

오후 5시, 회의 마치고 나오는 소수민족 대표들 얼굴이 시무룩
하다. 저마다 고단한 몸짓 끝에 뿔뿔이 흩어진다. 낯빛을 보면 회의
결과가 보인다. 돌파구도 마땅찮고 다가온 군부와 협상 전망도 신
통찮다는 뜻이다. 예감이란 게 있다. 정치회담도 평화도 모조리 물
건너갔다.

북부 버마에서는 오늘도 정부군이 까친독립군(KIA), 미얀마민
족민주동맹군(MNDAA), 따앙민족해방군(TNLA), 아라깐군(AA)
을 비롯한 소수민족해방세력들을 무차별 공격하고 있다.

"비록 휴전협정 맺었지만 우리가 다시 전선으로 되돌아갈지 말
지는 군부 의지에 달렸다." 민족연합연방회의(UNFC) 의장 나이한
따Nai Han Tha 어깨가 전에 없이 무거워 보인다. 버마 평화는 아직 멀
기만 하다.

샨의 빛나는
산

2018년 6월 5~7일
로이따이렝Loi Tai Leng | 버마

6월 5일 새벽 5시, 소수민족해방군 대표자회의로 치앙마이에 들른 샨주복구회의 의장이자 그 무장조직 샨주남부군 사령관인 욧석 장군을 따라 국경길에 오른다.

762개 꼬부랑고갯길로 악명 높은 샛길 1095를 타고 북서쪽으로 128km를 날듯이 달려 빠이Pai에 닿는다. 치앙마이에서 세 시간 넘게 걸리는 이 산길을 딱 2시간 5분 만에! 아마도 이 분야 신기록이 아닌가 싶다. 덕분에 온몸이 욱신거린다.

"이봐, 좀 살살 달리세. 누굴 죽이려고 작정했나?" "우린 늘 이렇게 다니는데." 전투하듯 자동차를 몬 샨주남부군 게릴라 에이는 대수롭잖은 듯 낄낄댄다. 오히려 더 밟는 느낌이다. 내 불안함은 괜한 게 아니다. 2014년에서 2017년까지 4년 동안 이 길에서 6,000건에 이르는 교통사고가 났으니. 줄잡아 하루 네 건이 넘는다.

빠이를 거쳐 다시 1095 따라 북서쪽으로 40km쯤 달려 샛길 1226 들머리에서 앞서간 욧석 가족과 만난다. 여기까지 흔히 관광객이 지나다니는 길이다. 이제부터 버마 국경 향해 북쪽으로 난 1226을 따라간다. 타이 최북단 마을 반빵캄Ban Pang Kham까지 이어지는 이 무인지대 14km는 그야말로 절경이다. 날카로운 바위산과 그 틈을 비집고 아슬아슬 자란 나무들이 거센 야성을 뿜어댄다. 겸재 정선이 휘갈긴 '불정대'인가 했더니, 머잖아 오롯이 다듬은 '하경산수도'로 그 아름다움을 드러낸다. 바위산이 흔치 않은 타이에서는 보기 드문 풍경이다. 날아다니는 자동차에다, 빼어난 풍광에다 아침나절 내내 넋이 빠진다.

타이 국경수비대 검문소에서 다시 현실로 되돌아온다. 기껏 14km 무인지대를 지나는 동안 네 번이나 검문소를 만난다. 때마다 타이 군인들은 욧석 장군 자동차를 보자마자 경례를 붙인다. 물론 검문도 검색도 없다. 차창도 열지 않은 채 그냥 통과다.
타이 정부군이 욧석의 샨주남부군을 몰래 도우며 버마 정부군을 견제해온 사실이 이 상징적인 풍경 하나로 증명된 셈이다. 덩달아 나까지 귀빈 대접 받는다. 옆에 앉은 욧석 비서 짜이홍캄이 우쭐댄다.
"그 봐. 아무 문제 없다고 했잖아!"
"그럼, 며칠 전 말라리아 조사하러 가는 연구자로 입 맞췄던 건?"

"그건 욧석 장군하고 같이 못 갈 경우를 대비해서."

그랬다. 다 군걱정이었다. 지난 30년 동안 수도 없이 버마 국경을 넘나들었지만 타이 국경수비대한테 경례를 받아본 건 처음이다. 내게 버마 국경이란 건 언제나 몰래 넘어야 할 '개구멍'이었고, 타이 국경수비대란 건 늘 따돌려야 할 '경비견'이었으니.

여기서부터 비포장 산길로 접어든다. 버마 국경에서 4km 떨어진 반빵캄에 잠깐 들러 숨을 돌린다. 샨주에서 넘어온 사람들이 세운 이 마을은 샨주남부군이 바깥세상과 선을 단 보급투쟁 전진기지다. 여기서부터 비포장 산길로 접어든다. 사륜구동 자동차도 헉헉댈 만큼 가파른 길을 따라 로이따이렝 산봉우리에 오른다.

버마 침략 물리친 왕으로 이름난 나레수안왕King Naresuan(1590~1605년) 동상을 세워둔 남쪽이 타이 정부군 기지고, 그 너머 북쪽이 버마의 샨주다. 이건 로이따이렝 꼭대기를 남북으로 갈라 타이와 버마가 국경선을 그었다는 뜻이다.

해발 1,400m 로이따이렝, 여기가 샨주 해방을 외쳐온 샨주복구회의와 그 무장조직 샨주남부군 본부다. 로이따이렝에 오르면 세 겹으로 펼쳐진 샨주의 엄청난 산세에 기가 질린다. 첫 겹은 타이와 국경을 가르는 로이따이렝, 둘째 겹은 북녘 2km 떨어진 세계 최대 마약군벌 와주연합군 진지, 그 너머 25km 떨어진 셋째 겹은 버마 정부군 고지다.

겹겹이 전선인 이 로이따이렝엔 늘 전운이 감돈다. 2000년대 초

만큼 심란하진 않지만 팽팽한 긴장감은 여전하다. 샨주남부군과 와주연합군이 걸핏하면 치고받은 데다, 2011년 샨주남부군과 버마 정부군이 휴전협정 맺은 뒤로도 심심찮게 총질을 주고받는 탓에.

로이따이렝도 오랜만이다. 샨주남부군이 버마 정부군과 휴전협정 맺은 뒤론 처음이니 한 7년 넘은 듯.

"오느라 힘들었을 텐데, 차 한잔하며 좀 쉬었다가 나하고 부사관 교육장 가보세. 오늘이 개학식이니 교육생들도 만나보고, 자네한텐 좋은 기횔걸세." 로이따이렝에 닿자마자 양복 벗고 군복으로 갈아입는 욧석 장군은 새벽부터 험한 길을 달려와 힘들긴 마찬가지일 텐데, 지친 기색조차 없다. 과연 산사나이들이다!

오후 2시, 샨주남부군 부사관 교육장은 120명 전사들로 후끈 달아오른다. 2개월짜리 교육과정 거쳐 부사관이 될 이 교육생들이 실질적으로 전선을 이끌어갈 줏대들이다. 연단에는 샨주남부군 부사령관 컬응은 소장Maj.Gen. Kherh Ngeun을 비롯한 낯익은 얼굴들이 자리했다. 욧석 장군은 연설에 앞서 몇몇 교육생을 일으켜 세워 내게 소개한다.

"까렌민족해방군과 까레니군에서 온 교육생들 일어나 봐." 여섯 명이 차례차례 일어나 힘찬 목소리로 관등성명을 댄다. "버마 정부군이 알면 지랄할 텐데? 소수민족해방군들 사이에 군사 교류나 훈련 못하도록 못 박은 휴전협정 위반이라고.""그러면 버마 정부군도 훈련 멈춰야 해. 그쪽은 훈련뿐 아니라 북부 까친주Kachin State를 지금도 공격하고 있잖아." "그래도 예민한 문제다. 이게 기사로 나갈 텐데?" "뭐가 문제야. 이런 걸로 그쪽이 휴전협정 깨면 우린 전선으로 되돌아가면 그만이다."

외교적 수사도 없고 눈치도 안 보는 욧석 장군은 한마디로 늘 화끈하다. 1만 웃도는 병력과 중무장에다 넉넉한 재원이 그 자신감일 테지만, 아무튼.

욧석 장군은 경험담을 빗댄 연설에서 '전선 지도자 태도', '샨주 복구회의 원칙(헌법) 수호', '대 시민 봉사', '재원 운용 지혜'를 강조한다. 이어 샨주남부군 지도자들이 돌아가며 네 시간 넘게 강연하는 동안 교육장 안은 한 치 흐트러짐도 없다. 교육생들 얼굴에는 저마다 굳은 의지가 서렸고.

6시가 좀 지나 교육장을 나서는 전사들 어깨 너머로 장엄한 노을이 거대한 산악을 물들인다. 마치 샨 민족해방투쟁 60년을 응원하듯 엄청나게 센 기운을 뿜어대며.

0430시, 6월 6일은 아직 깊이 잠들어 있다. 나만 일어나야 하는 '억울함'에 이리저리 뒤척인다. 잠깐 눈이 감긴 사이 통역 맡은 짜이홍캄이 방문을 두드린다. 이 세상엔 나 말고도 억울한 인생이 하나 더. 미안한 마음에 벌떡 일어나 고양이 세수를 하고 튀어나간다. 샨주남부군 본부에서 산길 따라 자동차로 15분, 어둠과 안개의 협공 속에 한 치 앞도 볼 수 없는 신병 훈련장엔 유령 같은 몸짓들이 어른거린다.

한 방울 피는 역사의 한 줄

흐르는 피는 역사의 한 장

조국 샨 해방을 위해

죽음을 두려워 말라

용감한 전사들이여

깃발을 높이 올려라

우리는 영원히 칼을 들리라.

0500시, 풋내기 전사 250명 우렁찬 군가와 함께 로이따이렝 새
벽이 꿈틀댄다. 샨 깃발을 올리고, 샨 맹세를 외치고, 뜀박질로 이어
지는 훈련병들 가쁜 숨결이 아침을 쥐어친다.

0600시, 비로소 검게 탄 전사들 얼굴이 눈에 잡힌다.

"제 롤모델인 욧석 장군처럼 샨 해방 위해 싸우려고 군사훈련 참
여했어요. 대학 마치면 로이따이렝으로 되돌아와야죠." 샨주 주도
따웅지Taunggyi 출신으로 랭군 다곤대학 영문학과 학생인 짜이셍티
(23세)의 늠름한 모습에서 미래의 욧석이 살짝 비친다.

"법 아래 모두가 평등한 샨 해방 위해 전사의 길 택했어요. 버마
통치 아래 살기 싫으니까요." 로이따이렝 출신 짜이캄시셍(20세) 눈
에선 샨의 희망이 이글거린다.

6개월마다 쏟아내는 신병 250명, 6개월마다 쏟아내는 부사관
150명, 이렇게 길러낸 샨주남부군 병력이 1만을 웃돈다.

"버마 정부군이 총 거두지 않는 한, 우리 샨 지킬 수 있는 건 군

사력뿐이다." 이 욧석 말이 해방구 로이따이렝을 떠받치는 영혼이고 정신이고 법이다.

샨 해방투쟁이 60년째다. 뒤집어 말하면 버마 정부가 정규군 40만에다 온갖 화력을 투입하고도 지난 60년 동안 샨을 무릎 꿇리지 못했다는 뜻이다. "앞으로 60년 뒤에도 버마 정부가 무력으론 결코 샨을 지배할 수 없다. 그 증거가 이 로이따이렝이다." 욧석 말은 우스개가 아니다. 버마 정부군이 총을 내리고 평화를 향해 가야 하는 까닭이다. 그게 소수민족 자결권과 자치를 인정하고 함께 살아가는 버마연방이다. 그게 버마 정부가 죽어라고 외쳐온 연방제다. 버마 정부는 1948년 독립 뒤부터 30여 개 웃도는 크고 작은 소수민족 무장세력을 단 한 번도 무력으로 제압하지 못했다. 결과는 이렇게 뻔히 나와 있다. 선택은 오롯이 버마 정부 몫이다. 소수민족해방조직들은 언제든 총 내릴 준비가 되어 있다. 버마 정부가 총을 거둔다면.

0700시, 아이들이 몰려드는 로이따이렝민족학교가 마침내 산악을 깨운다. 60년째 해방 외쳐온 소수민족 샨 운명처럼 쉽사리 올 것 같지 않던 로이따이렝의 아침이 아이들 재잘거림 너머로 다소곳이 고개를 내민다.

초등학생 500명, 중학생 250명, 고등학생 50여 명이 뒤섞인 운동장은 이내 난장판이 된다. 술래잡기, 말뚝박기, 땅따먹기…, 놀이는 마치 탈 없이 보낸 지난밤을 서로 확인하는 전선 아이들 의식 같기도.

1,000m 웃도는 벼랑을 밟고 선 아이들 눈동자엔 저마다 산을 품은 하늘이 내려앉았다. '거룩하다'는 말이 있다. 살면서 별로 써본 적 없는 이 말을 바치고 싶다. 문득, 이 풍경 속으로 들어가보고 싶다. 가만히 다가가 조심스레 건드려본다. 이방인을 쳐다보는 수줍은 아이들이 적이 몸을 사린다.

"꿈이 뭐니?" "전사요. 우리 샨 지킬 거예요." 사내놈들 대꾸는 하나같이 전사다. "그럼, 넌?" "우리 샨 사람 돌보는 간호사예요." 계집아이들은 열에 여덟이 간호사다. 귀 세워 들어본다. 아이들은 모두 "우리 샨"을 입에 달고 산다. 그렇다. 로이따이렝의 꿈은 하나다. '우리 샨'이다.

아침 종이 울린다. 운동장은 곧 고자누룩. 모두들 머리 숙인 합장으로 불경을 따른다. 이윽고 800여 명 아이들이 샨의 맹세를 외친다. 온 산악이 울렁거린다.

안개가 걷히는가 싶더니 이내 먹구름이 몰려온다. 텅 빈 운동장엔 아이들 잔상이 꼬물거린다. 태어나면서부터 민족해방을 몸에 익히고 전사를 꿈꾸며 자라는 아이들, 운명적 투쟁을 향해 한 발 한 발 다가가는 해방구의 아이들, 머잖아 총칼을 손에 쥐게 될 전선의 아이들이 애달피 스쳐간다. 샨의 역사는 이 아이들한테 너무 모진 짐을 지웠는지도 모르겠다.

1999년 샨주남부군을 이끌고 온 욧석 장군이 이 산악에 로이따이렝(샨의 빛나는 산)이란 이름을 붙였으니 어느덧 19년, 그 사이 샨주남부군은 이 산악 해방구에 혁명낙원을 건설했다. 전사들이 우글 거리는 산꼭대기 요새와 그 아래 4,000여 주민이 삶터를 다진 중턱 마을 넷을 오르내리다 보면 얼핏, 타이 관광지인가 싶기도.

능선에 내건 태양전지판과 골짜기에 차린 상수원을 통해 전기가 돌고 수돗물이 흘러넘친다. 사람들은 국경 넘어오는 타이 전파 잡아 인터넷으로 한국 드라마를 즐기고 무선전화기로 이웃과 수다 떤다. 산등성이 따라 뚫은 길에는 자동차가 돌아다닌다. 이 산악전선에!

게다가 의사 셋에 간호사 스물다섯 지닌 병원까지 갖췄다. 이 로이따이렝병원은 환자 치료뿐 아니라, 해마다 여섯 달짜리 교육과정 통해 길러낸 의료요원 50여 명을 다섯 개 해방구와 전선에 파견해 왔다. 하여 로이따이렝병원은 의료 사각지대인 산악 해방구의 희망봉으로 우뚝 섰다.

그동안 나는 숱한 혁명조직 해방구를 취재해왔지만 여기만 한 자립도 지닌 대민사업은 어디에서도 본 적 없다. 이런 무상교육과 무상의료는 버마 정부도 못 해낸 일들이다. 더구나 바깥세상과 선을 달 수 있는 유일한 통로인 타이 국경 '개구멍'으로 몰래몰래 보급투쟁 해온 로이따이렝이고 보면, 그저 입이 쩍 벌어질 수밖에.

옛날부터 해온 생각이다. '로이따이렝은 난공불락 요새다.' 험난한 지형과 산주남부군 무장이 다가 아니다. 마을에선 미래의 전사들이 태어나고, 학교에선 샨 해방의 맹세가 울려 퍼지고, 병원에선 아픈 이들을 어루만져준다. 그 사이 로이따이렝에서 해방투쟁은 전통문화로 삶으로 자리 잡았다. 버마 정부군이 죽으라고 달려들었지만 로이따이렝을 점령할 수 없었던 까닭이다. 버마 정부군이 괜히 휴전 협정에 목맨 게 아니었다는 뜻이다.

로이따이렝의 밤이 깊어간다. 벌레들조차 숨죽인 전선의 이 고요는 다가오는 총성을 알리는 불길한 신호다. 내 바람은 늘 하나였다. 이 전선일기가 마지막 페이지이기를.

멍에, 아편과 혁명 사이

욋석 장군Gen. Yawd Serk | 샨주복구회의(RCSS) 의장, 샨주남부군(SSA-S) 사령관

"5년쯤 전, 아내와 서울 구경 다녀왔어. 딸도 데리고."

여태, 산악전선 누벼온 '반군' 지도자한테 들었던 말치고 가장 '반란적'이다. 반군 지도자들이 바깥세상으로 비밀스레 정치적 나들이 해온 것과는 결이 다르다.

"한국 가수나 배우는 어떻게 만들어지나?"

이쯤 되면 신세대 게릴라 지도자상이 나온 셈이다. 욋석 장군은 1959년 샨주 남부 몽냐웅Mong Nyaung에서 났으니 우리로 치면 곧 환갑이다. 근데 신세대라고? 70~80대 언저리가 주류인 버마 소수민족해방전선 지도자들 사이에선 그렇다는 말이다. 1948년 버마 독립 뒤부터 소수민족해방전선을 이끌었던 1세대 지도자들은 모두 사라졌고, 이제 2세대 지도자들도 거의 저물어가는 판이다. 욋석은 2.5 세대의 선두주자로 볼 만하다.

열일곱 되던 1976년 샨주 군벌 연합인 샨연합혁명군(SURA)에 뛰어든 욋석은 꼬박 42년을 전선에서 보냈다. 전선 50년이 잣대라는 소수민족해방전선 전설급으로 들어설 날도 머잖았다. 그이가 밟아온 길은 말도 많고 탈도 많았던 만큼 여전히 곱잖게 보는 이들도 적지 않다. 욋석의 팔자는 1985년과 1996년 두 번에 걸쳐 극적으로 뒤바뀌었다.

"1985년, 쿤사의 샨연합군(SUA)과 모헹Mo Heng이 이끈 따이혁명회의(TRC, 샨연합혁명군의 한 갈래)가 뭉쳐 몽따이군(MTA) 만들었잖아. 그때 나는 따이혁명회의에 몸담았고." '아편왕'이란 별명 달고 국제마약시장 주물렀던 쿤사가 몽따이군을 앞세워 샨주 해방투쟁 선언하면서부터 욧석 팔자가 꼬인 셈이다. 그 시절 쿤사는 최대 화력 지닌 몽따이군을 해방투쟁보다 마약사업 발판으로 삼았고, 소수민족해방조직들은 쿤사와 정치적, 군사적 연대를 거부했다.

"애초 나는 마약장사꾼인 쿤사를 안 믿었고 인정도 안 했지만, 따이혁명회의에서 아무 결정도 할 수 없는 위치였으니 쿤사와 조직 합칠 때 따를 수밖에 없었지."

바로 이 대목이다. 욧석이 어떤 생각을 했든, 어떤 말을 하든 이미 그이 삶은 얼룩져버렸다. 원했든 원치 않았든 쿤사의 조직에 몸담았던 사실이 지울 수 없는 멍에로.

변명이든 사실이든, 그렇게 욧석한테 1985년이 묻어간 인생이었다면, 1996년은 오롯이 제 몫으로 살아가는 출발지였다. 그 1996년은 쿤사가 몽따이군 2만과 함께 버마 군사정부에 투항한 해였다. 여기서 욧석은 샨 해방 전사로 다시 태어난다. 욧석은 투항 거부한 옛 따이혁명회의 출신 300여 명을 이끌고 산주남부군을 조직한 뒤, 1999년 로이따이렝으로 옮겨왔다. 이듬해인 2000년 상위 정치조직인 샨주복구회의를 창설해 소수민족해방조직들과 손잡고 버마 군사정부에 맞섰다.

그러나 한편에선 샨주남부군도 아편에 손댄다며 끊임없이 의심해왔다. "우리가 이 지역에 아편 금지했고, 아편 뿌리 뽑겠다고 유엔마약범죄사무소(UNODC)와 같이 일해온 걸 잘 알면서도 그런 말들을. 버마 정부군이 퍼트리는 흑색선전이다. 아편 주범은 오히려 버마 정부군이잖아." 욧석 표정이 크게 일그러진다.

실제로 버마 군부가 국경지역 아편 생산과 유통에 전방위로 개입해 부를 쌓아온 건 익히 알려진 사실이다. 아편 이야기를 주고받는 동안 그이 얼굴은 내내 어둡기만.

본디 욧석은 표정 변화가 없는 데다 쓸 만한 말만 골라 하고, 잘 웃지도 않는다. 한마디로 심각한 인상이다. 읽어내기 만만찮다. 그런 욧석과 이야기하다 보면 딱 두 군데서 불편한 속내를 드러낸다. 목소리가 낮아지고 얼굴이 어두워진다. '쿤사'와 '아편'이다. 그렇다고 요리조리 핑계 대거나 변명 늘어놓진 않지만, 속에 맺힌 한이 올라오는 것까지는 못 감추는 듯.

"그건 내가 짊어지고 갈 멍에다."

그렇다. 이게 욧석이 할 수 있는 마지막 대답이 아닌가 싶다. 어차피 흉터뿐인 속살을 자꾸 후벼 판다는 게 너무 잔인하다는 생각도 들고, 어떤 이야기는 오히려 내가 품고 가야 하는 건지도 모르겠다. 때때로 우리는 직업과 인간관계 사이에서 적잖이 혼란을 겪기도 한다. 상대가 믿고 풀어헤친 속살을 어디까지 봤다고 나불거리는 게 직업적 가치며 윤리인지 잣대가 또렷지 않은 탓이다. 취재원과 관계가 해를 거듭할수록 그 고민은 더 깊어질 수밖에 없고.

고백건대, 이게 '동무'가 돼버린 버마전선 취재 30년이 내게 안긴 고민이기도. 하여 기사를 쓸 때만큼은 그 얼굴들을 떠올리지 않으려고 애써온 까닭이다. 그렇다고 내 고민이란 게 사실을 꾸미거나 거짓을 말하거나 진실을 감추는 따위가 아님은 말할 나위도 없다. 내 고민은 적과 동지를 또렷이 구분하는 일일 뿐이다. 기자로서 내게 '중립'이란 건 없다. 나는 '객관성'으로 위장해 자본과 권력을 좇는 상업 언론을 믿지도 따르지도 않는다. 오직 내 눈으로 보고 내 귀로 듣고 내 심장이 내린 명령을 좇을 뿐이다. 하여 내게 진실은 오직 내 발에 채인 현장일 수밖에 없다.

기자로서 내 직업적 한계는 여기까지다. 나머지는 샨 사람들 판단과 샨 역사에 맡길 수밖에.

샨주남부군으로 화제를 바꾼다. "버마 안팎 언론이 샨주남부군의 강제 징병과 강제 징수를 문제 삼는데?" "가짜 뉴스다. 우린 강제 징병 없다. 여긴 샨주복구회의 헌법 따르는 독립 해방구다. 남성 군복무 5년은 의무다. 모두에게." "그게 그 말 아닌가?" "강제와 의무는 다르다. 한국은 병역을 의무라 부르나 강제라 부르나? 우리도 헌법에 따른 의무다." "어기면?" "법과 사법위원회 판결에 따라 처벌한다." "국경지역 대민 징세는 어디든 해묵은 문젠데?" "우린 다르다. 주민한테 왜 세금 뜯나? 마을에 내려가 물어보라. 세금 내는 사람 있는지? 우리한텐 세법이 있다. 사업가들한테만 합법적인 세금 걷는다. 사업 통해 이문 얻는 사람이 세금 내는 건 이 세상 어디든 똑같다."

소수민족해방전선 지도자들 가운데 언론 친화적 인물로 손꼽히는 욧석이지만 이 대목에서는 언론을 싸잡아 거칠게 나무란다. "확인도 않고 마구 써대는 기자란 자들이 큰 문제야. 여기 와본 기자가 몇이나 된다고? 나한테 징병이든 징세든 물어본 기자가 아무도 없어. 근데 어떻게 그런 기사가 나도는 거야. 현장 본 적도 없으면서 웬 전문가들은 그리 많은지."

이제 잘 시간이 됐다. 마지막으로 현안인 정치회담 건을 짚어본다. 샨복구회의(샨주남부군)는 2011년 테인세인 대통령 정부와 개별 휴전협정을 맺은 데 이어, 2015년 휴전에 서명한 여덟 개(현재 열 개) 소수민족해방군 일원으로 버마 정부와 전국휴전협정을 맺었다. 그 다음 단계는 정치회담이고, 그 다음은 연방제로 가는 민족회담인데 지금껏 정치회담이 제자리걸음이다.

"벌써 7년째 지루한 회의만. 버마 군부가 연방제 안 하겠다는 건데?" "연방은커녕 죽기 전에 정치회담이나 보겠나. 장담컨대 2~3년 안에는 힘들다." "그렇다고 뾰족한 해결책도 없잖아?" "없긴 왜 없나. 버마 정부가 빵롱협정Panglong Agreement으로 돌아가서 약속 지키면 끝이다. 그게 내전 끝내고 연방 창설하고 평화로 가는 유일한 길이다."

욧석이 말한 빵롱협정은 1947년 영국으로부터 독립을 앞둔 버마의 아웅산 장군과 샨Shan, 친Chin, 까친Kachin을 비롯한 소수민족이 자결권과 자치권을 상호 인정하는 버마연방 창설에 합의한 협정이었다. 이 빵롱협정은 버마연방 10년 뒤 소수민족들 선택에 따라 탈

퇴 가능한 권리까지 담았다. 그러나 아웅산 장군이 살해당하고 버마민족주의로 무장한 군사독재 정권이 이어지면서 빵롱협정은 휴지 쪼가리가 되고 말았다. 그로부터 소수민족들은 정당한 권리마저 빼앗긴 채 70년 넘도록 버마 정부에 맞서 해방투쟁을 벌여왔다.

자리를 털면서 한마디 더. "전 테인세인 준군사정부와 현 아웅산수찌 정부, 어느 쪽이 협상하기 편한가?" "둘 다 똑같이 불편하다. 나은 쪽이 없다." "군부와는?" "그건 말할 것도 없고. 정치회담 막힌 거 보면 알잖아." "그럼 어디로 가고 있나?" "뭐, 협상은 협상이고 우린 우리 길로." "총 놓을 수 없다는 거겠지?" 욧석은 대답 대신 내 어깨를 툭 치며 껄껄껄 웃는다.

로이따이렝을 삼킬 것 같은 어두운 먹구름이 몰려온다. 샨의 내일도 그리 밝을 것 같지가 않다.

식민통치,
저주의 유산

2018년 6월 7~12일
매홍손Mae Hong Son | 타이

"내일 새벽에 떠난다고? 힘들여 왔는데 푹 쉬었다 가지 왜 이렇게 빨리? 타이 쪽 검문소에는 이야기해두었으니 별 탈 없을 걸세. 운전해줄 아이도 타이 군인들 잘 아니까. 언제든 오시게. 건강 잘 챙기고."

6월 7일 새벽녘, 윳석 장군이 마련해준 자동차를 타고 샨주남부군 본부를 떠난다. 30년을 만나온 사람들, 30년을 몰래몰래 드나든 버마전선이지만 떠날 때는 늘 아쉽다. 오늘처럼 안개라도 짙게 낀 날이면 발길이 참 안 떨어진다. 곧 되돌아오리란 다짐을 로이따이렝에 묻어두고 타이 국경을 넘는다.

타이 최북단 마을 반빵캄으로 내려와 숨을 고른 뒤, 14km 무인지대를 지나 빵마파Pang Mapha로 빠져나온다. 여기서부터는 10~15km 떨어진 버마 국경을 동쪽에 끼고 샛길 1095를 따라 서남쪽으로 달린다.

'아름다움' 따지는 잣대가 저마다 다르겠지만, 내겐 빵마파를 지나 매홍손까지 64km 내내 따라붙는 이 산악지대가 타이에서 으뜸 아닌가 싶다. 버마 샨주에서 뻗어 내린 이른바 '샨 힐Shan Hill' 끝자락쯤인 이 동네는 한마디로 산이 물결친다. 산길 1095를 따라 오른쪽 버마 국경엔 도이상루앙Doi Sang Luang과 도이탐파Doi Tham Pha가 왼쪽엔 도이쿠Doi Khu, 도이남만양Doi Nam Man Yang, 도이 쁠라이낏Doi Plai Kit, 같은 1,000~2,000m 산들이 줄줄줄 이어진다. 손 타지 않은 원시림과 어우러진 참한 소수민족문화는 이 산악에 내린 축복이다. 국경 흥취는 느낄 수 있는 이들한테 내린 보너스고.

누구든 좋다. 발아래 일렁이는 산을 밑그림 삼아 나무와 꽃과 나비와 어울려 마시는 커피 한잔을 꿈꿔왔다면 여기 반보Ban Bo를 권하고 싶다. 빵마파에서 20km 남짓, 도이쿠 언저리에 산악 소수민족 라후Lahu 마을이 하나 나온다. 주민 200 채 안 되는 작은 마을이라 자칫 지나치기 십상인데, 빛깔 고운 전통 옷 걸친 아낙네들이 눈에 띄면 반보가 가까워졌다는 신호다.

이 반보는 관광지가 아니다. 여긴 마을 표시도 이정표도 없다. 그냥 1095가 지나는 산비탈 마을이다. 내가 말하고 싶은 건 마을 앞 낭떠러지에 라후 젊은이가 차린 '덱도이Dek Doi'라는 커피집이다. 우리말로 '산 아이'란 이름부터 마음을 사로잡는다. 들머리야 그저 흔한 산골 커피집인데, 그 안으로 들어서면 그야말로 별천지다. 수백 길 벼랑 아래 겹겹이 펼쳐지는 산악이 한눈에 차오른다. 입이 쩍 벌어지며 오감이 절로 꿈틀댄다. 하늘과 산을 담아 마시는 커피, 여기가 바로 선계다.

덱도이 발밑은 벼랑에 꾸민 게스트하우스다. 자연과 사람이 한데 담긴 풍경화가 완성되려는지, 낭떠러지로 뽑아낸 툇마루에 아리따운 여인이 홀로 누워 책을 읽는다. 눈인사 끝에 고운 목소리가 울린다.

"여긴 어떻게?"

"그냥 지나다가. 당신은?"

"방콕 훌쩍 떠나 북으로 다니다가."

"그럼 발길에 행운을. 안녕."

"당신도 안녕."

나는 덱도이에서 내려다보고 그이는 게스트하우스에서 올려다보는 5m 허공이 우리한테 주어진 인연이다. 세상엔 닮은 사람이 있나 보다. 기껏 몇 마디, 우리는 서로 떠돌이 피의 끌림을 본능적으로 느낀다. 하여, 아주 짧은 순간이지만 우리는 편안함을 주고받는다. 그러나 서로를 붙들지 않는다. 그래서 확신한다. 그이도 혈액형 G!

덱도이, 벼랑 게스트하우스, 되돌아오리라. 언제가 될진 알 수 없지만. 두어 시간 산길 내내 오락가락하던 비는 국경도시 매홍손에 닿을 때쯤 억수로 변한다. 열대 사바나의 장마를 알리는 서곡이다. 어딜 가나 비를 몰고 다니기로 소문난 나는 이번 여행에서도 제 몫을 한 셈이다. 하루 전만 해도 죽을 만큼 더웠다는 매홍손 사람들한테 멋진 선물을 안고 왔으니.

타이 북서쪽 끄트머리 매홍손주Mae Hong Son Province 주도로 인구 63,000을 거느린 매홍손은 자연과 어우러진 아주 아담한 국경도시다. 무엇보다 여긴 자동차 없이 돌아다닐 수 있어 너무 좋다. 도심이랄 것도 없지만, 천천히 걸어 두어 시간이면 구석구석 다 둘러보고 손 지도까지 그릴 만하다. 게다가 온 천지가 산이고 숲인 데다 고층 빌딩이 없어 눈이 참 행복하다. 하여 매홍손에 닿으면 마음부터 착 가라앉는 게 아주 편안해진다.

북쪽으로 버마의 샨주, 서쪽으로 까레니주Karenni State와 국경을 맞댄 매홍손주는 본디 1767년 태어날 땐 샨주에 속했으나 19세기 말 앵글로–시암국경위원회Anglo-Siam Boundary Commission(1892~1893년) 결정에 따라 타이 영토가 되었다. 이게 오늘까지 산과 까레니 사람들이 매홍손에 넘치는 까닭이다.

특히 1948년 버마 독립 뒤부터 해방투쟁을 벌여온 소수민족 까레니한테는 이 매홍손이 그야말로 숨통이자 젖줄이었다. 그동안 까레니 해방투쟁을 이끌어온 까레니민족진보당(KNPP)과 그 군사조직 까레니군(KA)이 바깥세상과 선을 달고 보급 물자를 마련할 수 있는 유일한 통로가 매홍손이었으니. 물론, 버마 정부군과 사이에 국경 완충판이 필요한 타이 정부군은 알게 모르게 까레니군 뒤를 받쳐왔고.

게다가 1980년대 중후반부터는 버마 정부군 공격과 강제이주 정책을 피해 국경 넘은 까레니 난민이 매홍손으로 밀려들었다. 버마 국경에서 1.5km, 매홍손에 25~30km 떨어진 반마이나이소이 Ban Mai Nai Soi와 반매수린Ban Mae Surin이라는 두 난민촌에는 여태 고향으로 못 돌아간 14,000 난민이 살고 있다. 여기다 까레니 국경지역으로 빠져나온 국내실향민(IDPs) 35,000을 합하면 50,000에 이르는 까레니 사람들이 버마와 타이 어느 쪽 시민도 아닌 국경 유령으로 떠돈다.

이건 25만쯤 헤아리는 까레니 인구의 20%가 난민이라는 뜻이다. 인류사에서 한 인종 공동체가 이처럼 단기간에 큰 비율로 해체당한 경우는 흔치 않다. 그럼에도 까레니 난민은 눈길 한 번 제대로 못 받았다. 국제사회도 언론도 모조리 난민 '수'에만 매달렸지 '비율'엔 관심조차 없었던 탓이다.

"몇몇 민간 구호단체들이 애는 써왔지만 턱도 없잖아. 난민 문제만 해도 이문 따져 움직이는 게 국제사회니까. 여긴 석유도 안 나고 정치적 이해관계도 없다고 보는 거지. 코소보나 중동 봐. 국제사회가 난민 어떻게 대접했는지."

까레니군 부사령관 아웅 소장Maj.Gen. Aung Myat을 만나고 돌아 나오는 반마이나이소이 난민촌이 그래서 더 아리게 다가온다.

중앙아시아에서 티벳과 중국을 거쳐 기원전 7세기 무렵 버마로 뻗어 내린 까레니는 본디 붉은색을 좋아해 흔히들 '붉은 까렌Red Karen'이라 불러왔다. 까렌과 친척뻘인 까레니는 인종적으로 중국-티벳 계통인 까야Kayah, 게바Geba, 빠다웅Padaung, 브레Bre를 비롯한 여러 갈래 핏줄로 나뉜다.

까레니는 비록 아주 작은 덩치지만 버마 현대사에서 독특한 모습을 보였다. 1948년 버마 독립 뒤부터 자치와 연방제를 해방투쟁 동력 삼아온 여느 소수민족들과 달리 까레니는 처음부터 독립을 외쳐왔다. 영국 식민주의자와 버마의 민돈민왕King Mindon Min이 까레니 독립을 보장한 1875년 협약이 그 근거였다.

그 시절 영국은 까렌, 까레니, 까친, 친 같은 소수민족을 무장시켜 이른바 분할통치로 다수 버마족을 지배한 데 이어, 제2차 세계대전이 터지자 독립을 미끼로 그 소수민족들한테 도움받았다. 그러나 전쟁에서 승리한 영국은 약속도 책임도 저버린 채 사라졌다. 여기가 바로 상호 불신감과 적개심을 걷어내지 못한 채 오늘까지 이어지는 버마 민족분쟁의 출발지였다. 영국 식민주의가 낳은 저주의 유산이었다.

매홍손에 닿고부터 밤낮없이 비가 내린다. 잦아드는가 싶으면 이내 장대비로 바뀌기를 쉼 없이 되풀이한다. 까레니군 본부 냐무Nya Moe로 들어갈 약속을 잡아둔 채 하늘만 쳐다본 지 사흘째, 안절부절 전화질만 해댄다. 서쪽으로 직선거리 기껏 12km 냐무를 코앞에 두고 발이 묶였다.

들썩이는 엉덩이를 다잡지 못해 냐무 뒤로 잡아둔 약속을 당겨 까레니민족진보당(KNPP) 의장 에이벌 트윗Abel Tweed을 찾아간다. 타이 영내에 거점 차린 보안 탓에 지명을 또렷이 밝힐 수 없으니 국경 언저리 반후아이스아타오쯤으로 해두자.

"왜 벌써 왔어? 내가 말했잖아. 장마철 대비해 지난주에 3개월짜리 보급투쟁 마친 냐무는 이미 고립되었다고. 진흙탕이라 자동차도 못 올라가. 걸어가든지." 에이벌은 낄낄대며 속을 긁어놓는다. "아, 요즘 전투도 없는데 뭐하러 냐무에 또 간다고. 수도 없이 들락거렸잖아." "2012년 휴전협정 뒤론 못 봤으니." "달라진 것도 없어."

에이벌은 어디론가 전화를 걸며 또 약 올린다. "걷긴 힘들겠지? 진흙탕에 꼬박 하루는 걸릴 텐데." 곧장 손사래 치며 그이 말을 막는다. 빗길 냐무행 등산은 지옥이니까. 10년쯤 전 장마철에 냐무로 오르며 다짐한 게 있었다. '죽어도 장마철엔 이 산길을 걷지 않겠다!'

"보급책인데, 지금은 아예 못 간대. 며칠 기다려봐. 비 그치면 또 모르니." 에이벌은 전화를 끊고 차를 내오면서 "매홍손에 온 김에 푹 쉬었다 가라."고 애 달군다.

올해 일흔셋으로 랭군대학에서 공부했던 역사를 바탕 삼은 해박한 지식에다 까레니군 사령관으로 전선 경험까지 지닌 에이벌은 그동안 여느 소수민족해방군과 늘 다른 길을 걸어온 '까레니 고집'의 상징 같은 인물이다. 그이는 신몬주당(NMSP) 의장 나이한따Nai Han Thar, 까렌민족연합 전 부의장 데이빗 탁까보David Tharkabow와 함께 버마 소수민족해방전선에서 '3고집'으로 통하는 강경파 가운데 한 명이다.

찻잔이 몇 차례 도는 사이 이야기는 자연스레 정치로 옮겨간다. 2011~2012년 버마 정부와 개별 휴전협정을 맺은 여덟 개(현재 열 개) 소수민족해방군이 2015년 전국휴전협정(NCA)에 서명했으나 다음 단계인 정치회담으로 못 나가는 현실부터 도마에 오른다.

"까레니군은 버마 정부와 개별 휴전협정 맺어놓고 왜 전국휴전협정엔 서명 안 하고 버티나?" "우리가 서명한들, 뭐가 달라지나? 현실 봐. 군부가 정치회담 한 발짝이라도 내딛었나." "까레니가 내건 전국휴전협정 9개항 전제조건이 이미 서명한 전국휴전협정그룹 의제와 같은데, 들어가서 함께 힘 모으는 게 옳지 않겠나?" "버마 정부 어떻게 믿으라고? 우린 서명하기 전에 못 박자는 뜻이야." "전국휴전협정 서명한 다른 해방군들 사이에 까레니군 놓고 말들이 많다. 불만 듣고 있나?" "어쩔 수 없어. 서로 상황 다르니. 까레니 운명은 까레니가 결정하는 수밖에. 이런 중대한 사안을 그냥 묻어갈 순 없잖아." 그이 고집은 여전하다.

그동안 까레니군은 소수민족해방군 동맹체인 민족민주전선(NDF)과 버마민주동맹(DAB) 일원이었고, 1997년 독립 포기와 민주연방 참여를 선언했지만 정치적으로는 늘 독자적인 길을 걸어왔다. 소수민족해방세력 가운데서도 가장 작은 까레니가 지녀온 피해의식과 보호본능이 그 바탕에 깔린 것으로 볼 만하다.

두어 시간 넘게 이야기를 나누고 일어설 즈음 에이벌이 묻는다. "자네는 정치회담 어떻게 보나?" 그이 눈에서 까레니의 외로움이 슬쩍 묻어난다. "어차피 아웅산수찌 정부야 허수아비고, 현실은 군부 손에 달렸으니 까레니도 장기전 대비해야겠지요. 정치회담 들어가면 연방제 거부할 명분 없고, 연방제 되면 권력 잃는다고 믿는 군부야 죽어라 시간 끌 게 뻔하잖아요. 해서 소수민족들이 받을 수 없는 조건 계속 내걸어왔던 거고. 까레니군이 전국휴전협정에 서명 않는 것도 군부한테 빌밋거리 될 수 있어요. 그러니 까레니군도 외톨이로 있지 말고 전국휴전협정에 서명해서 힘 모으는 게 좋지 않겠어요."

소수에 또 소수인 까레니가 애처롭기만. 버려둔 소수에 대한 미안함이 빗길을 쫓아 매홍손까지 따라붙는다.

비를 타고 내린 버마 현대사의 비밀

비투 장군Gen. Bee Htoo | 까레니군Karenni Army 사령관

"오는 길 멀지? 이 동네 얼마만인가?" "한 3년. 얼굴 편해 보이는데 요?" "아냐. 요 며칠 배탈 때문에 죽을 맛이야."

2012년 버마 정부군과 휴전협정 맺은 뒤 까레니전선에도 총소 리가 멈췄다. 비투 장군은 요즘 매홍손에서 남쪽으로 84km 떨어 진 한 국경마을로 내려와 동맹군 회담을 준비한다. 여긴 쿤유암Khun Yuam 언저리라고 해두자.

"근데, 자넨 왜 갑자기 까야Kayah라고 하나?" 뒷간 다녀오던 비 투가 대뜸 소리친다. 함께 간 버마학생민주전선 사무총장 서니 마힌 더Sonny Mahinder와 테이블에 놓인 지도를 보며 버마 행정구역을 따 지는데 그이가 끼어들었다.

"까야라 한 적 없는데?" "방금 그랬잖아. 까야란 게 어딨어?" "아, 그건 버마식으로 여기 지도에." "버마식은 또 어디 있나. 이 세상엔 까레니뿐이야!" 까야주Kayah State는 까레니주Karenni State를 버마군사 정부가 바꿔버린 지명이다.

이게 버마의 고민이고 현실이다. 1989년 군사정부가 국호와 지 명을 바꿔버렸으니 30년이 다 돼가지만 아직도 국경뿐 아니라 버 마 시민사회는 옛날을 입에 달고 산다. 민족해방·민주혁명 진영에

서는 더 그렇다. 불법 군사정부가 시민 동의 없이 나라 이름을 버마에서 미얀마로, 수도 이름을 랭군에서 양곤으로 바꾼 걸 인정 못한다는 뜻이다. 그즈음 까레니도 까야로 바뀌었다. 이게 시민의 뜻을 좇아야 하는 직업적 윤리에 따라 여태 내가 '버마', '랭군', '까레니' 같은 옛 이름을 고집하며 대한민국 언론과 실랑이 벌여온 까닭이다.

이 국호와 지명 논란은 2016년 아웅산수찌가 정부를 구성할 때 크게 불거졌다. 그동안 군사정부를 부정하며 줄기차게 버마를 고집해왔던 아웅산수찌는 결국 "내 개인적으로는 버마가 옳다고 믿지만 국제 외교에서는 편의에 따라 미얀마를 함께 써도 좋다."고 밝혔다. 말하자면 나라 이름이 둘이 된 셈이다.

사실은 영국 식민주의자가 버마족을 일컫는 바마Barma를 따서 부른 버마Burma도 국호로 어울린다고 보긴 힘들다. 공식적으로 135개 소수민족이 어우러진 나라에서 60% 채 안 되는 버마족만을 상징하는 탓이다. 군사정부가 식민잔재 청산을 외치며 내세운 미얀마도 다를 바 없다. 버마가 입말이라면 미얀마는 글말로 똑같이 버마족을 상징할 뿐이다. 40% 웃도는 소수민족들이 거부감을 느낄 수밖에는. 이게 식민지를 대물림한 군사독재가 남긴 아주 불편한 유산이다.

까야란 말에 발끈하는 비투를 보았듯이, 그이는 타고난 전사다. 말도 눈길도 돌리는 법이 없다. 오랫동안 봐온 비투는 한결같다. 좀 거칠지만 꾸밈없는 그이 모습에 나는 편안함을 느낀다. 내가 겪어본 세련미 넘치는 숱한 도시 정치인들과 유전자부터 다르다는 생각이 들고.

"뭘 더 들을 게 있다고, 오늘 정치 얘기는 안 한다. 그냥 놀다 가 게." "그럼, 비도 오고 하니 숨겨놓은 개인사나 좀 들어봅시다." 손 사래 치던 그이는 못 이긴 척 말문을 연다. "숨겨놓은 게 뭐 있나. 이 미 다 아는 이야기일 텐데."

1955년, 텅스텐 광산으로 이름난 까레니주 모찌Mawchi에서 태 어난 비투는 열여섯 되던 1971년 까레니민족진보당에 뛰어들었다. "아홉 살 땐가 밀림학교로 찾아와 역사 가르친 이웃 까렌민족해방 군 전사들이 멋지게 보이더라고. 저거다 싶었지. 그러다 조금씩 나 이 먹으며 버마가 우리 까레니를 함부로 대한다는 걸 깨달은 거야. 피 끓는 나이에 가만있을 수 없었지."

그래서 1973년 까레니군 전사의 길로 들어선 비투는 1975년 까레니 해방구를 뒤흔든 이른바 야도전투Yado Battle를 이끌었다. "버 마 정부군 제26대대 공격해서 대위 포함 열아홉 명 날렸어. 그 전투 뒤 버마 정부군이 마을 스물여섯 개를 보복 공격했고, 전선이 까레 니 전역으로 펼쳐졌어."

비투는 비사가 떠올랐던지 느닷없이 화제를 돌린다. "책에도 없 고 기록에도 없는 재미난 이야기 몇 개 해줄까?" "좋지요. 그런 이야 기 듣고 싶어 왔으니." "1977년이야. 버마공산당(BCP)이 우리한테 와서 군사훈련과 무기 지원 약속했고, 그해 내가 동지 104명과 함 께 버마공산당 본부였던 샨주 빵상Panghsang으로 무기 받으러 갔단 말이지. 근데, 살윈강Salwin River 언저리에서 샨주북부군(SSA-N)과 말썽이 났어. 자기들 영역 침범했다고. 그자들은 우리 동맹군이 아니었으니. 결국 무기도 빼앗기고 통신도 끊기고 먹을거리도 바닥난 채 아홉 달 동안 죽을 고생했어.”

말 그대로다. 듣도 보도 못한 이야기다. 그 시절 공공의 적인 버마 군사정부에 맞서 소수민족해방군들이 버마공산당과 선을 달았던 건 역사다. 그러나 까레니군이 샨주북부군한테 잡혔다거나 버마공산당한테 무기 받았다는 건 알려진 바 없는 비사다. 그 과정들이 세밀하게 드러난 것도 처음이다.

귀를 쫑긋 세운 내게 비투는 내친김에 다 풀어놓겠다는 듯 1986년을 입에 올렸다. “만샤Man Shar(까렌민족연합 전 사무총장) 알지?”“잘 알지요.”“그이와 함께 까친독립군 본부 빠자우Pajau로 민족민주전선 회의 하러 갔지. 그 회의에 모였던 대표단 서른두 명이 빵상으로 버마공산당 만나러 간 거야.”“그게 버마공산당과 소수민족해방군 연합전선 이야기지요?”“그렇지. 그때만 해도 버마공산당이 화력 좋았으니 소수민족해방군과 손잡으면 해볼 만 했던 거야. 그쪽도 전선을 넓게 쥐고 있는 우리가 필요했고.”“그 회의 결과는?”“뭐, 아무것도 결정한 건 없었지만 서로 힘 모아보자고. 그러고 돌아오는 길에 소총 28자루 선물로 받았어. 근데 타이 국경 매사이를 넘다 타이 국경수비대한테 걸린 거야.”“불법 신분, 불법 월경, 불법 무기 소지, 심각했겠군요?”“까친독립군이 타이 군인들한테 옥과 루비 같은 보석 줘서 풀려났지. 총도 돌려받았고. 예나 이제나 국경이란 게 돈이면 안 되는 게 없잖아. 요즘이야 우리도 각국 정부들과 선도 닿고 외교란 게 있으니 그런 일 없겠지만 그 시절엔 그랬어."

1986년 민족민주전선(NDF)과 버마공산당이 군사작전에 상호 협조하기로 동의했던 건 역사다. 그러나 민족민주전선 대표들이 빵상을 방문했다거나 버마공산당한테 무기를 받았다는 건 알려진 바 없는 비사다.

참고로 민족민주전선은 1975년 버마 군사정부에 맞서 까친독립기구(KIO), 친민족전선(CNF), 샨주군(SSA), 라후주군(LSA), 까렌민족연합(KNU), 까레니민족진보당(KNPP), 라후민족기구(LNO), 신몬주당(NMSP), 아라깐해방당(ALP), 빨라웅주해방당(PSLP), 와민족군(WNA), 빠오민족기구(PNO), 까얀신국가당(KNLP)이 조직한 소수민족해방군의 정치·군사동맹체다.

사실 오늘 비투가 흘린 이야기는 버마 현대사에서 중요한 대목인데 그동안 아주 느슨하게 다뤄져왔다. 소수민족해방군과 버마공산당이 공식적인 동맹을 맺었거나 합동군사작전으로 버마 정부군에 맞선 적은 없지만 두 진영이 상호 협조에 뜻을 모았고, 까렌과 까친과 샨을 비롯한 일부 전선에서는 소규모 연합작전을 벌였다. 그러나 그 연대가 어떤 선에서 이뤄졌는지는 또렷지 않다. 사료도 없을 뿐더러, 모두들 입을 닫아버린 까닭이다.

이건 1962년 쿠데타로 집권한 네윈 군사정부가 이른바 버마식 사회주의를 내걸어 반대쪽 소수민족해방군이나 민주혁명조직이 좌파 이념을 입에 올리기 힘들었던 버마 안팎 분위기 탓으로 볼

만하다. 버마 사회에서는 군사독재와 사회주의를 동의어로 여겨 좌
파에 대한 거부감이 만만찮았다. 게다가 소수민족해방군이나 민주
혁명조직이 유럽과 미국한테 정치적, 군사적, 재정적 도움을 받게
되면서 그 침묵은 더 깊어질 수밖에 없었다. 이게 소수민족해방군
이 버마공산당과 손잡았던 사실을 쉬쉬해온 까닭이다. 실제로 소수
민족해방군 진영이나 민주혁명전선 지도부 안에는 좌파 이념을 지
닌 이들이 적잖지만 공개적으로 밝히는 경우는 아주 드물었다. 지
금도 마찬가지다.

그렇게 해서 소수민족해방군과 버마공산당의 관계는 역사에서
묻히고 말았다. 이젠 증언해줄 만한 이들마저 거의 사라지고 없다.
지난 30년 동안 소수민족해방군을 드나들며 모든 지도부를 만나왔
지만 이 대목에서만큼은 저마다 얼버무렸다. 하여 오늘 비투가 풀어
낸 이야기보따리만 해도 내겐 놀라운 일이다. 이 몇 토막 이야기로
도 버마 현대사를 통째로 받은 기분이다.

부슬부슬 내리는 비를 바라보는 비투 눈가에 짙은 주름이 잡힌
다. 아마도 이 비가 그이 감성을 자극한 게 아닌가 싶다.
"군인 된 걸 후회한 적이 딱 한 번 있었어."
46년을 전선에서 보낸 비투한테도 한이 없진 않았던 듯. "버마
정부군이 도망치며 버리고 간 무기를 거두자 했더니 사령관이 위
험하다며 말리는 바람에 열 받아 물러났지. 그 일로 사령관도 같이
물러났고." 그 시절 사령관이 바로 현재 까레니민족진보당 의장인

에이벌 트윗이었다. 그렇게 1986년 까레니군 부사령관이었던 비투는 티데구Tidegu전선에서 옷을 벗었다. 자존심 강한 전선 지도자의 도발이었던 셈이다. 그러나 그 해가 가기 전 까레니민족진보당 의장이었던 쁠라레Plar Reh 간청 끝에 비투는 사령관으로 되돌아왔다.

"가장 기억에 박힌 전투는?" "1992년, 102연대 이끌고 싸웠던 후아이쁠라오전투Huai Polao Battle겠지. 버마학생민주전선 303연대도 우리 쪽에 힘 보탰고." 비투는 옆에 앉은 서니를 지긋이 바라본다. 서니가 그 버마학생민주전선 303연대 연대장이었다. "3일 동안 전투에서 버마 정부군 열여덟 날리고 스물여덟 사로잡았잖아. 나중에 국제적십자사 중재로 모두 풀어줬지만." 치고 빠지는 게릴라전을 벌여온 까레니군한테는 흔치 않은 전과였다.

비투는 잠깐 말을 멈추더니 되묻는다. "그때 자네가 취재했지?" "그걸 어떻게 다 기억해요? 전투는 못 봤고 포로 석방 중재 때." "까레니 들어온 기자가 몇 안 되니까. 그게 까레니군 첫 취재였나?" "그런 건 아니고. 1990년 람보힐Rambo Hill전선이 첫 취재였지요."

"참, 요즘 까레니군 수는 얼마나? 한 500~600은 되려나?" "그건 내 입으로 말 못해. 기자가 알아서 꼽을 일이지." "1990년대 중반 정점일 때 1,000이었지요?" "그때야 그랬지. 근데, 숫자는 안 중요해. 우린 50명만 있어도 싸울 수 있어. 로이꼬Loikaw(까레니주 주도)까지 칠 수 있고." "아무튼, 요즘 전쟁 안 해서 좀 편하겠군요?" "늘 해오던 게 전쟁이었는데, 잠깐 쉰다고 편하겠어. 끝난 것도 아니고." "그래도 여기 총소리 없는 곳에서," 비투는 말을 자르고 든다. "총소리

안 들린다고 우리 심장에 박힌 한까지 사라지겠나?" 그이 얼굴이 이내 어두워진다. "나만 해도 여동생은 정부군한테 총 맞아 죽었고, 남동생은 정부군이 깐 지뢰 밟아 죽었어. 이런 게 까레니 사람들 모두한테 박혔다고 생각해봐." 소수민족 까레니 사람들이 겪어온 아픔을 까레니군 사령관도 피해갈 수 없었던 모양이다.

"다시 태어나도 버마가 안 변하면 또 총 들 수밖에. 까레니로 태어난 내 운명이고 내 자존심이고 내 명예야." 까레니 해방투쟁을 이끌어온 비투는 "어제는 오늘이고, 오늘은 내일이다. 1948년 독립 뒤부터 소수민족 무력으로 짓밟아온 버마 정부 안 믿는다."고 딱 잘라 말한다.
"지금껏 맺었던 숱한 휴전협정 누가 깼어? 그게 내 답이야."
믿음 없는 버마 현대사, 평화는 아직 멀기만 하다.

일어설 때가 되었다. 추적추적 내리는 빗속에 마당까지 따라 나온 비투가 한마디. "자네도 타이에서 오래 살았으니 이제 타이 여자 만나 가정 꾸리는 게 어때? 늘 그렇게 혼자 일만 좇아 떠돌지 말고. 인생이 별거 아냐. 짧기도 하고." "예, 알겠어요. 건강 잘 챙기시고. 치앙마이 오면 연락하세요."
작별 인사를 나누다 문득, 느낀다. 우리는 그동안 서로를 연민으로 바라보고 있었던 게 아닌가 싶다. 나는 거친 해방 전사의 삶을, 그이는 가난한 기자의 삶을.
연민을 다리 삼아 만나는 인생들 사이엔 배반이 없으리라 믿으며 매홍손으로 되돌아간다.

"군부가 변해야
버마가 변한다."

2018년 6월 19일
매솟Maesot | 타이
레이와Lay Wah | 버마

아침 7시, 잠결에 전화를 받는다.

"문태, 점심때쯤 사람 보낼 테니 준비하고 있게."

까렌민족연합(KNU) 부의장 끄웨투윈Kwe Htoo Win 말이 환청처럼 지나간다. 어젯밤 10시 치앙마이를 떠나 새벽 4시 매솟 호텔에 짐 풀고 누운 지 두어 시간 만이다. 닷새째 퍼붓는 비가 헤어나기 힘든 잠을 부른다.

13시 30분, 끄웨투윈이 보낸 자동차를 타고 타이와 버마 까렌주 국경을 가르는 모에이강 따라 북으로 달린다. 이 지방도 105는 내 30대의 영혼과 열정을 아낌없이 바쳤던 길이다. 30년 전, 놀란 눈으로 버마전선에 오른 풋내기였던 나는 이 길을 통해 국경을 드나들며 전선기자로서 일과 삶을 익혀나갔다. 버마전선은 내게 학교였고, 이 지방도 105는 등굣길이었던 셈이다.

예나 이제나, 이 길을 달릴 때면 나는 동무들과 산으로 강으로 돌아다니며 키운 모험심에다 책읽기와 글쓰기로 얻은 상상력을 한껏 키워준 초등학교를 떠올린다. 내 인생의 황금기를 함께한 멋진 신세계였다. 그 뒤론 대학에 이르기까지 기쁜 마음으로 학교를 다닌 적이 없던 내게 다시 등교의 즐거움을 안겨준 게 이 지방도 105였다. 나는 이 길을 오르내리며 국경, 경계인, 소수민족, 피난민, 빈곤, 전쟁, 혁명 같은 내 삶의 화두를 하나씩 가슴에 담아나갔다.

눈부시게 아름다운 길 105를 따라 130km쯤 달려 매살릿Mae Salit에 닿는다. 잠깐 숨을 고르고 다시 북으로 10km, 모에이강 둑에 '개구멍'이 나온다. 여기가 강 건너 버마 쪽 까렌민족연합과 그 군사조직 까렌민족해방군이 본부를 차린 레이와로 들어가는 길목이다. 잡초만 우거진 이 무인지대엔 까렌민족해방군이 연락소로 쓰는 허름한 집이 하나 있을 뿐, 타이 국경수비대나 검문소 따위도 없다. 타이정부가 눈감아준다는 뜻이다.

모에이강 둑에서 까렌민족해방군 배를 기다린다. 여느 때라면 기껏 20~30m 남짓한 강폭이 장마철로 접어든 터라 100m쯤으로 크게 불었다. 수줍은 아이마냥 살랑이던 물결은 온데간데없고 무시무시한 소용돌이까지 일으키는 거센 황톳물을 흘려댄다.

10분쯤 지났을까, 한 전사가 배를 몰고 온다. 이제 국경 넘어 까렌 땅으로 들어간다.

소수민족 까렌의 발원지는 또렷지 않다. '모래가 흐르는 강' 전설을 대물림해온 까렌 사람들은 흔히 고비사막을 고향으로 여기지만, 연구자들 가운데는 까렌어가 중국-티벳계라는 역사언어학을 내세워 황하 언저리로 보는 이들도 적잖다.

까렌이 언제부터 버마에 삶터를 다졌는지도 흐릿하긴 마찬가지다. 그저 AD 300~800년 사이로 어림잡을 뿐. 인구만 해도 그렇다. 현재 까렌은 버마에 500만~600만, 타이에 100만, 그리고 미국과 유럽에 100만이 산다는데 그 수를 오롯이 알 길이 없다. 700만에서 900만 사이로 자료마다 다르듯이.

까렌이 바깥세상에 알려진 건 비극의 현대사를 통해서다. 까렌과 까친을 비롯한 소수민족을 앞세워 다수 버마족을 지배한 영국 식민주의자의 이른바 분할통치가 그 비극의 씨앗이었다면, 제2차 세계대전에서 독립 보장을 미끼로 소수민족들을 총알받이로 써먹고는 사라져버린 영국 식민주의자의 배신이 그 비극의 싹이었다. 1948년 독립한 버마가 소수민족의 자치와 자결 약속을 깨트리면서 줄기를 뻗은 그 비극은 이어진 군인독재정부의 탄압 아래 무럭무럭 자라 결국 버마 전역을 뒤덮은 분쟁이라는 나무가 되었다.

그렇게 영국 식민통치에서 군사독재로 대물림한 버마 현대사 속에서 까렌민족연합이 태어났다. 1947년 창설한 까렌민족연합은 군사조직인 까렌민족해방군을 이끌고 1949년부터 오늘에 이르기까지 69년 동안 세계 최장기 무장 해방투쟁을 벌여왔다. 그 사이 까렌민족연합은 소수민족해방군 동맹체인 민족민주전선(NDF, 1976년 창설), 소수민족해방조직과 민주혁명조직 동맹체인 버마민주동맹(DAB, 1988년 창설)을 비롯해 망명 정치조직과 무장조직을 아우르는 연합체인 버마연방민족회의(NCUB, 1992년 창설)의 줏대로서 버마 군사정부에 맞서왔다.

레이와도 참 오랜만이다. 2012년 까렌민족해방군과 버마 정부군이 휴전협정 맺은 뒤론 첫 걸음이다. 그사이 지도부야 매솟이나 치앙마이에서 만나왔지만 전투 없는 전선 찾을 일이 없었으니.

까렌민족연합은 1995년 마너플로Manerplaw가 버마 정부군한테 함락당한 뒤, 남쪽으로 20km 떨어진 까렌민족해방군 제7여단 자리인 이 레이와로 옮겨와 새 본부를 차렸다. 1975년 건설한 마너플로는 까렌뿐 아니라 민족민주전선, 버마민주동맹, 버마연방민족회의를 비롯한 모든 동맹체의 상징이자 거점이기도 했다. 그렇게 민족해방·민주혁명 투쟁 심장이었던 그 마너플로가 무너지고부터 버마전선은 급격히 시들고 말았다.

불길에 휩싸여 허물어지던 마너플로의 최후는 내게도 엄청난 충격이었다. 내게 전선학교였던 마너플로가 사라지면서 버마전선을 향한 내 발길도 차츰차츰 더뎌졌다.

그로부터 나는 레이와를 드나들었지만 때마다 마너플로를 향한 그리움만 도졌을 뿐 별 감흥이 없었다. 까렌민족해방군 일곱 개 여단과 특수대대 하나에 7,000 게릴라를 거느린 본부라고는 하나 늘 맥 빠진 기운이 돌아 마뜩잖았고. 어쩌면 해방·혁명 투쟁 깃발이 대차게 휘날리던 1990년대와 달라진 국경 상황을 인정하고 싶지 않은 내 고집 탓이었는지도 모르겠다.

그 레이와가 오늘은 느낌이 좀 다르다. 전에 볼 수 없던 아주 센 기운이 넘친다. 오늘부터 22일까지 이어질 닷새짜리 까렌민족연합 비상총회 열기 때문인지, 아무튼.

까렌주 일곱 개 해방구에서 달려온 중앙상임위원 51명이 차례로 나서 쩌렁쩌렁 목소리를 높이는 회의장은 후끈 달아올랐다. 의장과 중앙집행위원 몇몇이 끌고 다닌 국경 소수민족 정치판에서 이런 격정적인 토론은 좀체 보기 힘든 풍경이다.

"이 비상총회는 다가오는 버마 군부와 회담에 들고 갈 의제 다듬고 결정을 하는 자리다." 까렌민족연합 부의장 끄웨투윈이 귀띔해준다.

사실 내 관심사는 레이와에 오기 전부터 '버마 군부와 회담 전 비보도' 조건이 달린 회의 내용보다, 오히려 까렌민족연합이 이 예민한 정치적 계절에 비상총회 초대 약속을 지킬 것인가에 쏠려 있었다. 지난 추 초대를 받아놓고도 긴가민가했던 건 그동안 까렌민족연합이 중앙위원회를 언론이나 바깥에 공개한 적이 없었던 탓이다.

어제만 해도 끄웨투윈이 "회의장 비공개와 회의 내용 비보도가 원칙이고, 회의 뒤에 중앙위원들과 인터뷰만 할 수 있다."는 조건을 달았다. 근데 정작 와서 보니 웬걸, 아무 눈총도 안 받고 회의장 안팎을 마음대로 드나들 수 있다. 까렌민족연합 통역은 붙어 다니며 회의 내용까지 일일이 알려준다. 사진도 맘껏 찍을 수 있고.

그 덕에 나는 까렌민족연합 중앙상임위원 51명 사진을 모두 지닌 유일한 기자가 되었고, 오랜만에 반가운 얼굴들을 한자리에서 무더기로 만나는 기쁨도 얻는다.

오늘 레이와의 모습은 까렌에 불어오는 변화의 바람으로 볼 만하다. 보수적이었던 까렌민족연합 지도부가 서서히 3세대로 넘어가는 신호이기도. 70~80대 언저리 해방투쟁 2세대가 여전히 버틴 국경 소수민족해방조직들 사이에서 올해 예순넷인 끄웨투윈 같은 '젊은이'가 바람잡이로 나서고부터 벌어진 일이다.

이제 남은 건 버마 정부를 쥐고 흔드는 군부의 변화다. 2011~2012년 버마 정부와 소수민족해방군들이 개별 휴전협정을 맺은 데 이어 2015년 전국휴전협정까지 맺었다. 그럼에도 다음 단계인 정치회담으로 한 발짝도 못 나간 건 '조건 없는 회담'이라는 대원칙을 깨트린 군부 탓이다.

까렌을 비롯한 소수민족해방세력들은 전국휴전협정에 서명한 뒤, 지난 3년 동안 정치회담을 손꼽아 기다려왔다. 버마 사회의 두 기본모순인 이 '소수민족 문제'와 '민주화 문제'를 풀지 않고는 내일이 없다는 게 지난 70년의 교훈이었다.

장담컨대, 국경 소수민족해방세력들은 이미 모든 준비를 마쳤다. 군부만 변하면 버마가 변한다. 오늘 레이와도 바로 그 군부의 변화를 닦달하고 있다.

나는 레이와에서 버마 현대사가 돌아가는 현장을 내 눈으로 보고, 내 손으로 기록하는 행운을 누린다. 오늘처럼 기자로서 한 현장을 독점한다는 건 더할 수 없는 명예다. 그러나 한편으론 나의 '고객'이 내게 안겨놓은 무거운 책임을 느낀다. 기쁨과 부담감이 뒤섞인 이 묘한 느낌을 나는 발로 기사를 써온 현장 기자의 자존심이라 여겨왔다.

1700시, 회의가 끝났나 보다. 회의장 안이 웅성웅성 도깨비시장판이다. 다들 오랜만에 만났을 테니. 나도 이제 반가운 얼굴들을 하나하나 잡으러 간다.

총을 훔친 소년, 민족해방군 사령관이 되다

조니 장군Gen. Johny | 까렌민족해방군(KNLA) 사령관

버마가 독립하던 1948년 태어났으니 올해 꼭 일흔이다. 열여섯에 전사가 되었으니 전선 나이로 쉰넷이다. 세계 최장기 전선 기록을 이어온 그이는 이미 전설급으로 들어섰다.

"후회 없다. 우리 까렌 위해 싸웠으니 영광이지."

높낮이도 꾸밈도 없는 말투에다 무뚝뚝한 그이를 볼 때마다 한 경계 넘은 사람 같다. 외길 인생들만 풍길 수 있는 멋인가도 싶고.

그렇다고 그이 몸에서 우러나는 카리스마를 독단과 헷갈릴 일은 없다. "인터뷰 자리 자네가 편한 데로 정해봐. 나야 안이든 밖이든 다 좋으니." "밖이 시원하고 좋을 것 같지요?" 조니는 두말없이 일어나 비상총회장 밖으로 먼저 나간다. 그러고는 땅바닥을 살피더니 내 의자를 바로잡아준다. "그쪽 땅이 좀 울퉁불퉁하지? 자, 여기로 앉아봐."

슬며시 마음을 쓰는 조니, 30년 전이나 오늘이나 달라진 게 없다. 이게 버마 국경 소수민족해방전선에서 저마다 "조니" "조니" 해온 까닭이다.

나는 이런 걸 '잔정'으로 봐왔는데, 여태 내가 민족해방, 민주혁명 전선에서 만난 전설급 지도자들한테 하나같이 받았던 느낌이

다. 버마 소수민족해방전선 상징인 까렌민족해방군 전 사령관 보마Bo Mya, 아프가니스탄 대소항쟁 영웅 아흐맛 샤 마수드Ahmad Sha Massoud, 팔레스타인 독립투쟁을 이끈 하마스 지도자 아흐멧 야신 Ahmed Yassin 같은 이들이 다 그랬다.

예컨대, 마수드는 손수 주걱으로 밥을 퍼서 일일이 전사들한테 돌렸고, 그 전사들은 "마수드"를 외치며 전선으로 달려갔다. 총상 입은 한 전사는 신음 대신 "마수드, 마수드, 마수드…"를 부르며 숨 거뒀다. 1997년 아프가니스탄 판쉴Panjshir전선이었다. 지도자의 잔정이 전선을 움직일 수 있다는 사실을 보았다.

그동안 내가 게릴라 지도자들 됨됨이와 깜냥을 이 잔정 통해 가늠해온 까닭이다. 달리, 쥐어짜낸 카리스마와 우러나는 카리스마를 구별하는 잣대도 이 잔정이었고.

요즘 정치적으로 국경이 어디 할 곳 없이 다들 아주 예민해 오늘 인터뷰는 현안으로 들어가기 전에 뜸을 좀 들여야겠다. "비상총회 중이라 어차피 정치 이야기는 안 할 것 같으니 옛날이야기나 좀 들어봅시다. 20년도 더 전에 내게 했던 그 도둑질 이야기 같은." "무슨 도둑질?" "총 훔친." 바위처럼 단단한 조니 표정 속에서 살짝 웃음이 비친다.

"아, 그건 1964년 고등학교 때지. 내가 나고 자란 빠안Hpa-An의 라잉브웨란 마을이었는데, 버마 군인들이 와서 돼지든 닭이든 닥치는 대로 빼앗아가고 행패 부리는 거야. 참다못해 그놈들 총 네 자루 훔쳐 까렌민족해방군으로 도망쳤어."

그렇게 용감한 '도둑질'을 통해 전사가 된 조니는 1980년대 중반 제19대대장으로 까렌전사에 최대 승리로 꼽는 노우터 마을 전투를 이끌었다.

"그 전투에서 버마 정부군 제38대대 70명 날렸지. 50자루 넘는 총과 박격포에다 대포까지 거뒀고. 우린 동지 넷 잃었어. 넷이 중상 입었고." 세계게릴라전사를 훑어봐도 단일 전투에서 이만한 기록은 흔치 않다.

말 그대로 전선에서 잔뼈가 굵은 조니는 2007년 까렌민족해방군 제7여단장이 되었고, 2012년부터 총사령관으로 까렌 해방투쟁을 이끌어왔다.

전쟁 이야기로 자연스레 조니 말문이 열렸다. 이만하면 뜸이 들은 듯. "2012년 버마 정부군과 휴전 뒤에도 심심찮게 전투 소식 들리던데, 지난달에도?" "정부군이 우리 해방구 쪽으로 길 닦겠다고 넘어왔어. 휴전협정 위반이지." "휴전 중, 발포 명령은 누가 내리나요?" "휴전협정 뒤론 발포권을 야전 지휘관들한테 넘겨놨어. 정부군이 통지 없이 단 한 치라도 넘어오면 자동 발포로." "지난달 교전 뒤에 버마 정부군 최고사령관이자 실권자인 민아웅흘라잉 장군Gen. Min Aung Hlaing과 비밀리에 만났다던데?" "알고 있구먼. 숨길 것도 없지. 민아웅흘라잉한테 따졌더니 도로 건설 멈추도록 하겠다더군. 근데 장마 끝나면 또 몰라. 그자가 말뿐이니 믿을 수도 없고."

"민아웅흘라잉 못 믿으면 휴전협정도 마찬가지겠군요?" "그렇지. 이 휴전협정이란 게 그저 종이 쪼가리야. 뭐 있어? 까렌 자치나 권리 보장한 것도 아니고, 국경 경계비 세운 것도 아니잖아. 아무 구속력도 없고 그냥 싸움만 멈춘다는 거야. 휴전협정 한두 번이었나. 그때마다 휴전협정 깨고 공격한 게 누구야."

조니는 휴전협정에 강한 의문을 단다. "죽기 전에 진짜 평화란 걸 볼 수나 있을지!" 군사를 책임진 사령관마저 못 믿는 휴전, 이게 그동안 버마 정부가 선전해온 휴전협정 실체다.

"근데, 2년 전부터 동맹군인 몬민족해방군(MNLA)과 치고받는 적전분열로 버마 정부군만 신나게 생겼어요. 동맹군끼리 왜 싸워요?" "땅 문제야, 땅. 본디 덩치 작은 몬 쪽을 우리가 영토나 군사로 많이 도와줬잖아. 문제는 몬민족해방군이 1994년 정부군과 휴전협정 맺으면서 우리가 준 땅을 정부 쪽에 넘겨버린 거지. 그쪽이 잘못한 거야. 그걸 올 3월에 해결했고 이젠 조용해." 조니는 정부군이든 동맹군이든 상대가 있는 날카로운 사안에도 거침없이 속내를 드러낸다.

"민아웅흘라잉 회담 건, 휴전협정 건, 몬민족해방군 건, 대놓고 말한 거 괜찮지요? 그쪽이 알면 아주 불쾌하게 여길 텐데?" "뭐가 문제야? 다 옳은 말인데!" 외교적 수사 없는 그이와 인터뷰가 재미있고 즐거울 수밖에.

"말이 난 김에 하나만 더 짚어봅시다. 요즘 까렌민족해방군 남부 6여단, 서부 1여단, 3여단 쪽에서 내분 소식 들리던데요? 지휘관들 이탈할 것 같다는 말도 있고." "상황 다 듣고 있다. 근데 이런 걸 어떻게 알았나?" 워낙 깊숙한 정보고 심각한 문제라 웬만하면 잡아 떼거나 발뺌할 만도 한데, 조니는 곧장 인정해버린다. 조심스레 던진 질문이 오히려 싱겁게 돼버린 꼴이다.

"휴전협정 낀 요즘 정치 상황이 불만스러운 이들도 있겠지. 안에서 말썽 피울 바에야 떨어져 나가는 게 좋을 수도 있다." "그렇게 가벼이 넘길 문제 아니지요. 그동안 까렌민족해방군은 늘 분파주의와 이탈로 어려움 겪었잖아요. 1994년 까렌민주불교군(DKBA), 2007년 까렌민족연합/까렌민족해방군-평화회의(KNU/KNLA-PC)로 줄줄이 떨어져 나갔는데, 또 이탈자 생기면 치명적이지 않겠어요?" "서로 생각 다를 수 있다는 걸 받아들이면 그만이야. 다들 총 지녔으니 스스로 결정하면 돼. 조직이란 걸 덩치로만 따질 수도 없고."

조니는 마치 남 일처럼 이야기한다. 국경전선에서는 총이 정치고 총이 답이라는 뜻이다. 이 대목은 해방군 내부 사정이 궁금해 이런저런 사족을 달고 나오길 바라며 던진 물음인데 별일도 아니라는 듯 끊어 치는 대답에 맥이 빠져버린다. 하기야 삶과 죽음이 오락가락하는 전선에서 일생을 보낸 그이한테 뭐 그리 두렵거나 심각할 게 있으리오만.

빗줄기가 굵어진다. 조니는 8월 12일 '까렌 순교자의 날'에 다시 보자며 자리에서 일어난다. "후손한테 해방 세상 못 물려준 게 미안할 따름이지!" 그이 등짝에 매달려가는 회한이 참 무거워 보인다.

30년 전
멈춰버린 시계

2018년 6월 23일
꼬무라Kawmoora | 버마
슈웨꼭꼬Shwe Kokko | 버마

12월 24일 1800시, 버마 정부군 3,000명이 땅거미 지는 모에이강 물돌이 목을 치고 들어왔다. 폭 150m 3겹 철책선에서 이내 불꽃이 튀었다. 500m 앞 케블루산Mt. Khe Blu(400m) 꼭대기 정부군 고지에서는 120mm 야포 24문이 쉬지 않고 불을 뿜었다. 스웨덴제 84mm 대탱크포는 모래자루와 통나무로 덮은 지하 2m 동맹군 벙커를 뚫고 들었다. 남북 1.5km, 동서 0.6km, 손바닥만 한 물돌이는 초토가 되었다.

12월 25일 0400시, 자정을 넘어 숨죽였던 물돌이에 다시 총성이 울렸다. 캡틴흘라웨이다리Cap. Hla Way Bridge 쪽으로 숨어들던 정부군 상륙조 40여 명이 동맹군에 걸려 물귀신이 되었다. 흥분한 정부군 야포는 거칠게 불을 뿜었고 물돌이의 새벽은 화약 냄새와 피비린내로 뒤덮였다. 1700시, 300여 전사자를 낸 정부군이 물러나면서 전선이 잦아들었다.

1988년 까렌민족해방군 꼬무라기지에서 벌어진 '크리스마스전투'였다. 세계게릴라전사에 최대 격전으로 꼽을 만한 그 전투는 버마 정부군 공격에 맞서 까렌민족해방군 101특수대대 300명, 제4여단 특수지원군 150명, 아라깐해방군 80명, 버마학생민주전선 제211연대 150명이 버마민주동맹 깃발 아래 방어선을 쳤다. 그즈음 여섯 달 넘게 버마 정부군 공격을 받아온 동맹군은 12월 들어 보급선마저 끊겨 햇볕도 안 드는 지하 2m 벙커에서 마른 국수와 물로 끼니를 때웠다. 이어 12월 22일부터 정부군은 하루 5,000~7,000발에 이르는 포탄을 퍼부어댔다.

특히, 그해 버마 민주항쟁 뒤 정부군에 쫓겨 국경으로 빠져나온 청년·학생이 조직한 버마학생민주전선은 까렌 지도부의 후퇴 명령을 거부한 채 쇠사슬로 발목을 묶고 방어선을 지켜냈다. 11월 5일 갓 태어난 조직으로 전투 경험도 없던 이들의 영웅적 투쟁이 알려지면서 소수민족해방군들은 비로소 버마학생민주전선을 동맹군으로 받아들여 무기를 지급했다.

버마 소수민족해방투쟁사에 한 획을 그은 꼬무라는 타이와 버마의 까렌주 국경을 가르는 모에이강 물돌이를 가리킨다. 흔히들 완까Wanka로도 불러왔다. 타이 국경도시 매솟에서 북서쪽으로 20km

떨어진 이 꼬무라는 까렌민족해방군 보급로가 걸린 전략 요충지이자 난공불락 요새로 강한 상징성을 지녀왔다. 그러나 애초 꼬무라는 물돌이란 지형적 특성 탓에 늘 버마 정부군한테 3면이 포위당한 채 모진 방어전을 치를 수밖에 없었다. 까렌민족해방군 숨통은 오직 강 건너 타이뿐이었고.

버마 정부군은 1980년대 중반부터 10년에 걸쳐 2,000여 전사자를 내면서도 눈엣가시로 여긴 이 꼬무라를 줄기차게 공격했다. 결국 1995년 꼬무라는 운명의 날을 맞았다. 2월 21일 동틀 무렵, 꼬무라는 1만 병력과 중국제 벙커 파괴용 210mm 포를 동원해 두 달 동안 밀어붙인 버마 정부군 남부사령부한테 함락당했다. 1,000 병력으로 맞선 까렌민족해방군은 전사 212명과 전상 200명이라는 막대한 희생을 치른 채 꼬무라를 넘겨주고 말았다. 버마 정부군 쪽은 전사 131명과 전상 302명이 났다. 그리고 세계게릴라전사에 '꼬무라전투'로 기록되었다.

그 날, 나는 타이 정부군한테 막혀 모에이강 둑 언저리에서 꼬무라 최후의 순간을 애달피 지켜보았다. 1990년대 꼬무라 지하 벙커를 들락거린 유일한 기자로서 내 자존심도 함께 무너져 내렸다.

검은 연기와 불길에 휩싸여 숨이 넘어가던 그 꼬무라를 가슴 깊이 담아온 나는 꼭 10년 만인 2005년 다시 꼬무라행 기회를 잡았다. 버마 정부군과 손잡은 까렌민주불교군(DKBA)이 점령한 꼬무라는 내게 '적진'이었다. 까렌민주불교군은 1994년 말 까렌민족해방군에서 떨어져 나가 버마 정부군 지원 아래 소수민족해방군 쪽으로 총부리 돌린 자들이었으니.

그즈음 나는 밀선 통해 꼬무라를 손에 쥔 까렌민주불교군 특수대대 사령관 칫투 대령Col. Chit Thu을 구슬려 어렵사리 길을 텄다. 그렇게 해서 1995년부터 까렌민주불교군이 점령해온 꼬무라 내부를 처음 바깥세상에 알렸다.

그로부터 또 13년이 지났다. 한동안 잊고 살았던 꼬무라가 궁금했다. 매솟에서 꼬무라 잠입을 노린다. 그새 꼬무라 주인은 까렌민주불교군에서 국경경비대(BGF)로 간판을 바꿔 달았다. 2010년 까렌민주불교군이 버마 정부군 국경경비대에 편입된 탓이다. 어느덧 소장이 된 칫투는 버마 정부군한테 충성을 다짐한 대가로 꼬무라의 맹주 자리를 지켜냈고.

이 국경경비대란 건 2008년 버마 정부가 신헌법에 따라 소수민족 무장세력을 정부군 통제 아래 편입하겠다는 이른바 내전종식안으로 들이댔다. 그러나 소수민족해방군 진영에서는 이 제안을 항복 요구라며 곧장 거부해버렸다. 결국 버마 정부군은 2010년 친정부 소수민족 무장조직인 까렌민주불교군, 까친방위군(KDA), 신민주군-까친(NDA-K), 빠오민족군(PNA), 넷을 데리고 국경경비대를 창설했다.

오랜만에 칫투를 찾았으나 선이 안 닿는다. 그이가 요즘 국경경비대 사무총장으로 까렌주 주도인 빠안에 가 있다는 소리만 들릴 뿐. 대신 밀선을 통해 현재 꼬무라를 거느린 슈웨꼭꼬Shwe Kokko 지역 국경경비대 사령관이자 칫투의 오른팔인 마웅윈 소령Maj. Maung

Win과 선을 단다. "우리 첫투 사령관을 잘 안다고? 그러면 들어와
도 좋다. 빠안으로 연락은 내가 할 테니." 뜻밖에 마웅원은 까탈 없
이 받아들인다.

6월 23일 11시, 첫투의 비서 에콩이 호텔로 찾아왔다.

"아직도 꼬무라 '개구멍' 있나?"

"옛날 그 길목은 타이군이 버텨 못 가요."

이 개구멍이란 건 꼬무라를 마주보는 모에이강 둑 남쪽 2km 지
점 논이었다. 타이 국경수비대 탓에 카메라를 쌀자루에 숨기고 안경
을 벗고 농부로 변장해서 드나들던 곳이다.

"그럼, 요즘은 어디로?"

"꼬무라 북동쪽으로 2km쯤 떨어진 슈웨꼭꼬 어귀로."

20분쯤 달려 모에이강에 닿고 보니 건너 쪽 버마 강둑은 엠비리
조트클럽이라는 카지노다. '적진'으로 들어가는 긴장과 흥분을 안고
온 내 꼴이 우습게 되었다.

여긴 개구멍이 아니라 아무나 다닐 수 있는 길이다. 타이 쪽 모
에이강 둑에 서면 카지노 전용 배가 모시러 온다. 자동이다. 여권도
비자도 필요 없다. 물론 세관이니 출입국사무소 따위도 없다. 도박
꾼들이 불법으로 국경을 넘나든다는 뜻이다.

들머리 쪽 타이 국경수비대 검문소도 겉치레일 뿐이다. 이건 도
박꾼을 위한 '특별 개구멍'인 셈이다. 버마도 타이도 도박은 불법이
다. 물론 카지노도 불법이다. 그렇다면 여긴 불법 카지노에 불법 출

입국에 엉망진창 무법지대란 말이다. 여기가 바로 버마 정부군, 버마 국경경비대, 타이 정부군, 중국 카지노 자본이 공생하며 굴러가는 사각부패 현장이다.

"휴전협정이 평화 대신 카지노를 몰고 왔다." 매솟 까렌학교 교장 만 발라신Mahn Balashin 말마따나 휴전협정 뒤 버마-타이, 버마-중국 국경 전역엔 50여 개 웃도는 불법 카지노가 판친다. 여기 모에이강을 낀 국경에만도 아홉 개 카지노가 한 해 3억 밧(100억 원)을 굴릴 정도다. 버마 정부군도 국경경비대도 모조리 이 불법 사업으로 부를 챙겨왔다. 아웅산수찌가 이끄는 허수아비 정부는 입도 뻥긋 못한 채, 이 총잡이들 불법 사업을 눈감아왔고. 이런 판에 몇몇 소수민족해방군도 카지노 사업에 손댄다는 소문이 나돈다. 이게 휴전협정이 준 위대한 선물이고, 이게 휴전의 정치경제학이다.

잭팟 꿈이 눈가에 서린 중국 남자 넷, 타이 여자 셋과 함께 엠비리조트클럽에서 보낸 배를 타고 모에이강 건너 까렌으로 들어간다. 사람들이 '칫투카지노'라 부르는 엠비리조트클럽 바로 뒷집이 칫투 개인 사무실이다.

약속 시간 12시가 지났으나 국경경비대 기지에서 떠났다는 마웅원 소령은 아직도 오고 있는 중이란다. 급한 마음에 칫투 비서 에콩을 다그쳐 꼬무라부터 둘러보기로.

장마철이라 곳곳이 진흙탕이다. 꼬무라까지 직선거리 2km를 두고 진흙길을 피해 가느라 10km쯤 헤맨다. 30~50cm 진흙구덩이가 분화구처럼 널린 통에 꼬무라 들머리 무인지대에 닿고 보니 35분이나 걸렸다.

케블루산이 눈에 든다. 버마 정부군이 꼬무라를 향해 포탄을 날렸던 고지, 바로 그놈이다.

"빌어먹을 케블루!"

욕부터 튄다. 나는 1990년대 중반까지 꼬무라를 드나들 때마다 이 케블루산을 저주했다. 언제든 불을 뿜을 수 있는 산이 나를 내려다본다는 게 아주 불쾌했고, 늘 불길한 상상에 시달렸다. 더 정직하게 말하면, 이 케블루를 볼 때마다 오금이 저렸다. 전선이 펼쳐지기라도 하면 그 긴장감은 그야말로 피를 말렸고.

케블루산 자락을 지나자마자 저만치 모에이강이 눈에 차오른다. 심장이 뛴다. 내 몸이 기억하는 역사의 현장인 게 틀림없다. 무인지대 500m를 거쳐 물돌이로 들어선다. 기껏 150m 물돌목에 까렌민족해방군이 세 겹 철책을 쳤던 곳이다. 여기를 버마 정부군도 까렌민족해방군도 모두 '킬링존Killing Zone'이라 불렀다.

버마 정부군이 날린 하루 수천 발 포탄을 받아내던 이 물돌이는 말 그대로 폐허였다. 나무 한 그루 없던 이 땅에는 잡초마저 드물었다. 살아 있는 것이라곤 오직 하나, 포탄 맞아 천장과 벽이 날아간 허름한 판잣집에 앉은 부처뿐이었다. 핏빛 제전을 바라보며 중생들의 지옥행을 처절하게 경고하던 그 부처 모신 집을 사람들은 절이라 불렀다.

전선이 걷힌 1992년 어느 날, 호기심에 찾아간 나를 그 부처는 빙그레 웃으며 노려보았다. 섬뜩한 기운을 느낀 나는 이내 고개를 돌렸다. 미소에 감춘 분노가 얼마나 무서운지 비로소 깨달았다. 그리고 머잖아 부처도 절도 사라져버렸다.

그 밖, 이 땅에 살아 있던 모든 생명체는 까렌민족해방군 전사들과 함께 깊은 땅속으로 숨어들었다. 벌레도 들짐승도 모조리. 마주친 쥐한테 연민을 느낄 수 있다는 걸 깨달은 곳도 바로 여기 지하 2m 벙커였다.

그런 꼬무라에서 옛 자취를 찾겠다는 건 애초 감상이었는지도 모르겠다. 찾으려야 찾을 게 없는 폐허였으니. 게다가 꼬무라를 점령한 정부군이 벙커마저 없애버려 이제 어디가 어딘지조차 헷갈릴 판이다. 타이 쪽에서 몰래 건너던 모에이강 둑 개구멍마저 또렷이 짚어낼 수 없고. 그저 잊혀버린 세월을 원망하듯 모에이강만 속절없이 흐느낄 뿐.

이제 꼬무라에는 누군가 심은 옥수수만 수북이 자란다. 그렇다. 사람이라는 종은 참 질기다. 걷어내지 못한 전쟁 배설물이 겹겹이 쌓인 이 땅에 생명의 씨앗을 뿌려대는 걸 보면.

"얼마 전, 여기서 농부 아이 둘이 불발탄 건드려 죽었어요." 에콩이 때맞춰 사고 소식을 전한다. "1995년 정부군 점령 뒤부터 여기서 몇이나 죽고 다쳤나?" "불발탄이나 지뢰 사고가 많다는 것만 알지, 그 내막은 아무도 몰라요. 정부도 정부군도 밝힌 적 없고. 그러니 사람들이 여긴 아예 안 오죠. 저도 처음 이예요." 꼬무라는 이런 곳이다.

흔히 포탄이나 폭탄은 15~25%에 이르는 불발탄을 낳는다. 10년 동안 꼬무라에 쏟아부은 총폭량이 얼마나 되는지 아는 이는 아무도 없다. 꼬무라의 크리스마스전투를 이끌었던 까렌민족해방군 사령관 또흘라 대령Col. Taw Hla이 "그런 건 버마 정부군도 우리도 모르긴 마찬가지다. 염라대왕만 안다!"고 했듯이.

장담컨대, 불발탄과 지뢰를 걷어내지 않는 한 꼬무라의 내일은 없다. 오늘처럼 영원히 무인지대로. 옥수수를 심은 간 큰 농부의 아들과 그 아들의 아들, 또 그 아들의 아들이 죽음을 대물림할 뿐. 꼬무라에서는 아직 전쟁이 끝나지 않았다.

버마 정부군이 죽기 살기로 꼬무라를 점령한 뒤 어느덧 23년이 흘렀다. 한데 버마 정부군은 불발탄과 지뢰를 걷어내기는커녕 꼬무라를 내동댕이쳐버렸다. 여태 꼬무라에서 한 일이라곤 기껏 국경경비대 소년병 넷을 배치한 게 다였다. 옥수수나 심으려고 10년에 걸쳐 그 큰 희생을 치렀던지? 미치지 않고서야!

고백건대, 애초 나는 이 꼬무라를 의심했다. 버마 정부군이야 소수민족 박멸을 원했으니 그렇다 치고, 까렌민족해방군이 별 가치도 없어 보이는 이 손바닥만 한 꼬무라에 왜 그토록 매달리는지 이해하기 힘들었던 탓이다. 까렌민족해방군 지도부와 여러 차례 꼬무라를 놓고 이야기 나눴지만 속 시원한 답을 못 들었다. 다들 추상적 가치만 입에 올렸다.

그러다 1995년 꼬무라가 함락당한 뒤에야 까렌민족해방군 사령관 보먀가 했던 말을 깨달았다.

"전쟁이란 건 전략만 갖고 하는 게 아냐. 죽어도 지켜야 하는 게 있어. 꼬무라가 그래. 자존심이란 게 있고, 명예란 게 있어. 그걸 버리면 끝이야."

죽어도 지켜야 할 꼬무라, 그건 까렌민족해방군의 혼이고 정신이었다. 그게 꼬무라의 전략적 가치였다. 그리고 그 가치는 현실로 드러났다. 꼬무라가 함락당하자 국경 소수민족해방전선이 통째 흔들렸고 이내 곳곳이 무너져 내렸다. 그로부터 까렌민족해방군을 비롯한 소수민족해방전선은 맥없이 시들고 말았다. 뒤집어 보면, 왜 버마 정부군이 10년 동안 그토록 꼬무라 점령에 매달렸는지도 드러난 셈이다.

내가 꼬무라를 다시 보고자 한 건 추억 캐기 따위가 아니었다. 맥 빠진 소수민족해방전선, 움츠러든 국경전선을 인정할 수 없는 내 고집이 그 잃어버린 혼과 정신을 확인하고 싶었던 까닭이다.

어쩌면, 나는 23년 전 꼬무라에서 멈춰버린 고장 난 감성시계를 차고 2018년 6월 23일 13시 20분을 보고 있는지도 모르겠다. 이제 그만, 꼬무라를 놓아줄 때가 되었는지도….

복잡한 심사를 삭이며 오늘도 되돌아온다. 한적한 시골마을 슈웨꼭꼬 분위기가 심상찮다. 곳곳에 길을 닦고, 수도관을 놓고, 전기를 깔고, 공장과 주택단지가 들어서는 게 영 구꿈맞다.

"저게 다 뭔가?" "중국 업체 10여 개가 들어와서 공장 짓는다고." 운전대 잡은 에콩이 짧게 받아친다. "저 컨테이너 같이 늘어선 조립식 집들은?" "카지노와 중국 회사에서 일하는 중국인 숙소." "저 사무실 같은 건?" "온라인 카지노 운영하는 중국인들." "불법 이지?" "여긴 뭐든 할 수 있으니." 에콩은 뭔가 마땅찮은 표정이다. "왜 인상을?" "중국인이 여길 점령해버린 기분이 들어." "이게 다 칫 투 사업일 텐데 비서인 자네가 왜 불만?" "난 국경경비대 군인 아니 고 민간인이에요. 곧 여길 떠날 거고." 듣고 나니 이것저것 묻기에 마음이 좀 편해진다.

에콩 말마따나 슈웨꼭꼬는 이미 작은 중국이다. 길거리마다 중 국인이 몰려다니고, 중국인 거주지역과 공장 들머리에는 어김없이 중국 경비원이 눈알을 부라린다. 무슨 거대한 비밀이라도 있다고 가 는 곳마다 카메라를 막아댄다. 주민 3,000 국경마을에 1,000 웃도 는 중국인이 몰려든 이 낯선 풍경은 머잖아 사라져버릴 까렌 공동 체 슈웨꼭꼬의 예고편이다.

이 슈웨꼭꼬 변화 한복판에는 칫투가 있다. 1995년 버마 정부 군이 점령한 꼬무라와 슈웨꼭꼬를 넘겨받은 까렌민주불교군 특수 대대 사령관 칫투는 국경 밀무역 통해 이 지역 군벌로 자리 잡았다. 버마 군부는 칫투한테 충성 대가로 합법, 불법 가림 없이 막대한 지 역 이권을 안겨줬다. 칫투는 그동안 돈줄이었던 목재와 보석 사업 에 이어 카지노로 부를 쌓더니 이젠 중국 자본을 끌어들여 아예 제 국을 건설하고 있다.

속을 들여다볼 수 없게끔 높이 친 담벼락이 300m도 넘게 이어지는 거대한 칫투 집은 그 부의 상징이고, 식당이나 찻집마다 걸린 칫투 사진은 그 권력의 징표다.

칫투는 2017년 이른바 '슈웨꼭꼬 프로젝트'란 이름 아래 중국 투자회사 야따이인터내셔널홀딩그룹Yatai International Holding Group을 끌어들였다. 이 프로젝트에 따르면 2027년 완공 목표로 슈웨꼭꼬 일대 5,085라이(250만 평) 땅에 150억 달러(17조 원)를 투자해 백화점, 호텔, 카지노, 위락시설, 주택단지, 공단, 물류창고에다 공항까지 지닌 첨단기술도시를 만든다고 한다. 2017년 까렌주 정부는 '미얀마 야따이 슈웨꼭꼬 경제특구'란 임시 별명까지 달아주며 뒤를 받쳤다. 버마 중앙정부도 중국 투자회사에 준 70년 토지사용권을 곧 99년으로 늘려주겠다며 거들고 나섰다.

거기다 슈웨꼭꼬는 아시안하이웨이Asian Highway가 20km 떨어진 매솟과 먀와디를 지나는 데다, 중국 정부가 이다이이루一带一路의 버마 관문으로 노린다는 소문까지 겹쳤으니 이 프로젝트를 뜯어먹는 자들한테는 장밋빛 미래가 드리운 셈이다.

부패한 버마 군부와 지역 군벌 손에 놀아나는 이 슈웨꼭꼬 개발 계획이 누구를 위한 것인가? 여태 아무도 의문 달지 않았다. 현장을 안 들여다본 탓이다. 찻집에서 만난 주민은 저마다 절레절레 고개 젓는다.

"여기 들어온 업체는 모두 중국인 데려와 일한다. 공사판조차 우리 마을 사람 안 쓰는데 뭘 기대하겠나. 엄청난 돈이 몰려온다지만 우리한테 떨어질 게 없다." 40대 남자는 벽에 걸린 칫투 사진을 가리키며 끝내 이름을 안 밝힌다. 칫투가 무섭다는 뜻이다.

"백화점, 공항, 호텔 들어온들 마을 사람들한텐 그림의 떡이다. 돈이 없으니 그런 데 갈 일도 없지만. 그보다 땅값이나 제대로 보상해주었으면 좋으련만. 우린 2.5라이(1,212평)에 4,800달러 바랐는데 국경경비대 쪽이 들은 척도 안 하고 1,600달러로 정해버렸으니." 찻집 주인아주머니가 용감하게 거들었다.

둘러앉은 예닐곱 손님은 손사래 치며 듣기만 한다. 모두들 불만 많은 눈친데 말을 삼가고 몸을 사린다. 그저 표정으로 읽어달라는 신호만 보낸다. 두려움에 질린 사람들이 살아가는 슈웨꼭꼬는 13년 전 그대로다. 그때도 주민들은 이방인을 피했고 아무도 입을 안 열었다.

한쪽에선 개발이랍시고 중국인이 몰려들어 온 천지를 갈아엎지만, 정작 그 변화는 주민 몫이 아니다. 개발에서 밀려난 주민은 예나 이제나 '그 밖'일 뿐.

주민이 무서워하는 군벌, 그 군벌이 몰고 온 개발로 북적대는 슈웨꼭꼬, 그 이문은 누구한테 돌아가겠는가? 슈웨꼭꼬 프로젝트가 불쾌한 까닭이다.

소수민족해방 깃발 아래 벌여온 군벌들 이권놀음, 그 위선적 깃발에 휘둘리는 국경 현실이 참 쓰라리다. 슈웨꼭꼬는 버마 현대사를 주물러온 군복들이 배 채우는 이른바 '카키 비즈니스Khaki Business' 현장이다.

혁명은 내부 적으로부터 무너진다

마웅윈 소령Maj. Maung Win | 국경경비대 슈웨꼭꼬 사령관, 전 까렌민족불교군

칫투 사무실에서 한 시간째, 담배만 죽어난다. 국경경비대 기지에서 제때 출발했는데 빗길 탓에 늦어진다고. 이 동네 진흙탕을 아는 터라 꾹 참고 기다린다. 목마른 놈이 우물 판다고.

이윽고, 한 사나이가 사무실로 들어선다. "내가 마웅윈 소령이오." 딴딴한 몸집과 거센 말투 새로 삐져나오는 거드름, 마웅윈한테서 왠지 칫투 냄새가 난다. 칫투 오른팔로 곁에서 보고 배운 게 틀림없다. 계급은 소령인데 태도는 소장이다. 그렇다면 탐색이 좀 필요할 듯.

"까렌 배신하고 국경경비대 완장 차니 마음 편한가?" 악수하며 툭 찔러본다. 통역이 쭈뼛쭈뼛 조심스레 말을 전한다. "배신은 무슨 배신. 정치적 입장 달랐을 뿐인데." 별 감정 없이 제법 잘 받아낸다. 말은 통할 듯.

"까렌민주불교군 때와 지금 국경경비대, 어느 쪽이 나은가?" "그때보다야 지금이 불편하지." "왜 불편한가?" "그땐 자유로웠으니." "이젠 버마 정부군 명령 따라야 하니 그렇겠지?" "명령보다 법과 규칙이 너무 많아서. 결정도 빨리 맘대로 못하고." "그게 그 말이지 뭐냐?" "일일이 명령받을 일은 없다." "불편하면 국경경비대 때려치우고 까렌으로 되돌아오면 되잖아?" "그건, 정치니까 내가 뭐라 할

순 없고. 앞으로 어떻게 될지는 모르지."

마웅윈은 화끈한 구석이 있다. 제법 까칠한 화법을 들이대는데
도 개의치 않고 바로바로 받아친다. 첫 만남치고는 그런대로 괜찮다.

마웅윈은 냉장고에서 한 바구니 들고 온 깡통 콜라, 깡통 사이
다, 깡통 우유, 깡통 차, 깡통 주스 따위를 테이블 위에 늘어놓는다.
깡통 열댓 개를 앞에 두고 인터뷰하긴 처음이다. 모르긴 몰라도, 마
웅윈이 깡통에서만큼은 통 큰 게 드러났다. "이런 거 말고 커피는
없나?" 마웅윈은 또 깡통을 들고 온다. 커피도 깡통이다. 이 동네는
모조리 깡통이다.

"하던 이야기 좀 더 해보자. 정부군 쪽으로 총부리 돌릴 수도 있
다는 말인가?" "못할 것도 없지. 상황 달라지면. 이젠 까렌민족해방
군하고도 잘 지내니까." "국경경비대 참여하고 맘고생 심했던 모양
이네?" "뭐, 그렇지." "말이 난 김에, 이 지역 국경경비대 편제는 알
려진 바 없는데, 비밀인가?" "비밀은 무슨. 까렌주 전체 열세 개 대
대고, 여기 슈웨꼭꼬엔 네 개 대대가 있어." "병력 구성은?" "각 지
역별 국경경비대는 326명 기본이고 그 가운데 30명은 정부군이야."
"그럼, 행정이나 운영은 누가 맡나?" "그야 정부군이지."

마웅윈은 공개된 적 없는 세밀한 정보를 거침없이 쏟아낸다. 고
맙게도!

"그래서 버마 정부군한테 월급은 얼마나 받나?" "국경경비대도
월급은 정부군과 똑같아. 사병은 16만 짯(13만 원)부터." "당신은 소

령인데 얼마나?" "난 41만 짯(33만 원)" "제법 많네?" "많긴, 우리(까렌민주불교군)가 따로 사업 안 하면 먹고살기 힘들어." "무슨 사업하는데?" "많지, 뭐. 외국 투자도 많이 들어왔고. 여기 카지노도 그렇고." "카지노는 불법이잖아?" "왜 불법? 우리 영내에서 우리가 하는 일인데." "영내가 어딨나? 여긴 버마 정부군 점령지인데. 버마 정부는 도박 불법으로 못 박았고." "어쨌든 여긴 국경경비대 관할지역이다. 정부군도 인정했고." "서로 나눠 먹겠군?" "나야 그런 것까진 모르겠고." 잘 나가던 마웅원은 여기서 처음 꼬리 내린다. 이 주제는 더 말하기 싫다는 뜻이다.

화제를 까렌으로 돌린다. "한동안 까렌민족해방군 공격 안 하더구면?" "안 싸운 지 한참 됐지. 2007년이 마지막이었으니. 작은 총질이야 실수로 몇 번 있었지만. 친구끼리 계속 싸울 수 있나." "한 핏줄인데, 형제 아니고 친구인가?" 마웅원은 대답 대신 칫투 책상 위에 놓인 사진을 들고 와서 보여준다. "이 사진 보면 알잖아. 우리가 아무 문제 없다는 걸."

사진 속에는 칫투가 까렌민족해방군 사령관 조니 장군과 까렌민족연합 의장 무뚜새뿌한테 허리 숙여 꽃 바치는 장면이 담겼다. 말하자면, 적장한테.

마웅원은 "놀랍지 않으냐?"고 묻는다. "아니, 전혀!"

까렌민주불교군이 버마 정부군과 손잡고 까렌민족해방군을 공격해왔지만, 그동안 몇몇 지도부끼리는 어울린다는 사실을 알고 있던 터라 그리 놀랄 만한 일은 아니었다.

13년 전 칫투가 내게 했던 말이 있다. "보먀(당시 까렌민족해방군 사령관/까렌민족연합 의장)가 매솟 병원에 입원했을 때 병문안도 했고, 병원비도 댔다. 조니 사령관(당시 까렌민족해방군 7여단 사령관)과는 매솟에서 만나 술도 한잔씩 한다. 난 지금도 그이들 존경한다."

1995년 까렌민족해방군 마너플로 본부가 무너지기 전까지 소대장쯤이었던 칫투한테는 소수민족해방전선을 호령한 보먀가 하늘 같은 존재였을 테니. 그런데도 세상 일은 알 수 없다. 칫투는 까렌민주불교군에 참여해서 버마 정부군과 손잡고 그 마너플로를 점령한 반란군이 되었으니. 그러고는 또 어제의 지도자를 존경하고… 그 속을 누가 알랴! 인간사를 더럽혀온 정치라고 해두자. 온갖 배반으로 얼룩진 버마 현대사의 한 장이기도 하고.

그러고 보니 지난 주 만났던 조니 사령관이 했던 말도 있다. "그 아이들(국경경비대에 편입된 까렌민주불교군) 월급은 버마 정부군한테 받고 정작 일은 내 말을 듣지."

마웅원이 보여준 사진이 좀 긴가민가했던 조니 말을 확인시켜준 걸로 해두자.

이쯤에서 인터뷰를 접는다. 까렌민주불교군과 버마 정부군 관계를 비롯해 지하정치 몇 가지를 찔러보지만 몸 사리는 마웅원을 눈치 챘으니. 그런 건 마웅원 영역이 아니라는 뜻이다. 칫투 없는 슈웨꼭꼬에서 정치를 입에 올릴 수 있는 자는 아무도 없으므로.

버마 현대사의 고질적 전통인 '배반'과 '분열'은 국경 소수민족해방전선에도 어김없이 스며들었다. 1948년 버마 독립 뒤부터 숱한 소수민족해방조직들이 찢어지고 갈라지며 제 살을 파먹는 동안 부패한 버마 군인 독재자들은 질기게 생명력을 이어왔다.

"혁명은 내부 적으로부터 무너진다."

해묵은 이 불쾌한 화두가 버마 소수민족해방전선 몫이었다. 까렌의 땅, 까렌 사람들의 영혼이 깃든 꼬무라도 슈웨꼭꼬도 모조리 버마 정부군 손아귀에 들어가버린 까닭이다.

5장
혁명의 뒤안길

킬링필드,
미국한테 묻는다

2020년 2월 27~28일
부어쳇Bua Chet | 타이
초암사응암Choam Sa-Ngam | 캄보디아

새벽 6시, 콧노래가 절로 난다. 내 친구 피 짤라워룩스와 함께 떠나는 여행이 마냥 즐겁다. 방콕에서부터 3,500km 웃도는 이번 10일짜리 여정을 운전에다 통역까지 기꺼이 맡아준 피는 26년 동안 숱한 전선을 함께 누빈 카메라맨이다. 말없이 눈빛만으로도 통하는 그이는 늘 혼자 다니는 버릇이 몸에 밴 내게 흔치 않은 동반자다.

"오늘은 시간 재지 말고, 그냥 천천히 가세."
운전대 잡은 피는 씩 웃으며 내 허벅지를 툭 친다. 내 마음을 읽었고 행복하다는 뜻이다. 그이는 빨간 신호등에 막히자 종이를 말아 든다.
"저는 오늘 캄보디아와 국경을 맞댄 타이 동북부 부어쳇이라는 작은 마을까지 손님을 모시고 갈 기장 피입니다. 오늘 날씨는 맑고, 기온은 아직 모르겠고, 도착 예정 시간은 커피와 주전부리에 달렸습니다."

우리는 낄낄대며 새벽길을 달린다.

캄보디아 내전 때부터 이 길을 수도 없이 달렸던 우리는 잘 안다. 어차피 시간을 잰들 오늘 하루는 오직 길을 갈 뿐, 몇 시간 빠르거나 늦는다고 달라질 게 아무것도 없다는 사실을.

더 또렷이 말하자면, 피와 함께 가는 길은 시간을 맞춰낼 수도 없다. 남들이 예닐곱 시간 걸린다는 이 길을 우리는 한 열 시간쯤으로 넉넉히 잡는 게 좋다. 커피숍만 나타나면 세월아 네월아 퍼질러 앉고, 장마당이라도 눈에 띄면 기웃거려야 하니까. 사실은 우리가 함께 뛴 현장이 늘 분쟁이나 정변 지역이다 보니 이렇게 오가는 길 말고는 달리 여유 부릴 틈이 없었던 까닭이다. 현장 노동자인 우리는 일하기 전 몸을 달군다는 뜻에서 이걸 '웜업warm up'이라 부른다.

방콕에서 북부행 고속도로 1번과 동북부행 2번이 갈리는 사라부리Saraburi까지 106km, 우리는 이 길에서 커피에 커피에 커피를 마시다 벌써 네 시간 흘렸다. 여기서부터 동북부로 접어드는 국도 24를 따라 355km를 달려 상카Sangkha에서 잠깐 숨을 고른 뒤, 남동쪽 샛길 2077로 갈아타고 20km를 더 달려 부어쳇에 닿는다. 해가 뉘엿뉘엿 넘어가는 저녁 6시 30분, 산길도 꼬부랑길도 없는 500km에 꼬박 열두 시간 걸렸다. 남들보다 배나 더 걸린 셈이다.

푸똥리조트에 짐 풀고 거리로 나선 저녁 7시, 아직 초저녁인데 먹을 곳이 마땅찮다. 여기저기 헤매다 동네 가라오케 마당에서 저녁을 때운다. 비록 밥은 모래알 같지만 손님이 없어 참 다행이다. 주모는 눈치챘는지 귀 따가운 스피커를 아예 꺼버린다. 고맙게도.

먹는 둥 마는 둥 한 끼 때운 우리는 다시 동네 한 바퀴, 이번에는 없는 줄 알면서도 커피숍을 찾아 기웃거린다. 그렇게 두어 바퀴 둘러본 부어쳇이 아주 서름서름하다. 한 7년 만인데 이렇게 낯설 수가.

캄보디아와 국경 맞댄 수린주Surin Province 골짜기 마을인 부어쳇엔 그사이 은행 다섯에다 주유소 넷이 들어섰다. 대형병원과 고등학교, 테스코 로터스, 세븐일레븐도 전에 볼 수 없던 풍경이다. 형편없이 낡았던 외길도 말끔한 4차선으로 다듬어놓았고.

캄보디아 국경과 18km 떨어진 부어쳇엔 그새 돈줄이 흘렀던 모양이다. 타이 국경 총사응암Chong Sa-Ngam 세관 자료엔 지난 1월 국경무역 총액이 7,200만 밧(약 25억 원)이며, 주로 카사바(타피오카 녹말 원료), 중고 기계 부품, 농기구를 수출했고 건어물과 숯을 수입한 것으로 나온다. 어림잡아 한 해 300억 원이 오간다는 말인데, 교통도 시원찮은 외딴 국경치고 제법 쏠쏠하다.

한데 현실은 숫자 놀음이 아니라고. "전엔 캄보디아 사람들이 관광도 오고, 생필품도 구해가고, 병원도 찾곤 했는데 요 몇 년째 뜸해. 우리 집에 손님이 한 명도 없는 걸 봐. 마을도 텅 비었잖아." 푸똥리조트 주인 롱루언 말 그대로다. 맥 빠진 부어쳇, 시장에도 거리에도 사람이 없다. "언제부터 경기가 이렇게 나빠졌나?" "뭘 언제부터 야, 군인들 들어서고부터지." 롱루언이 핏대를 높인다. 도시든 시골 이든 어딜 가나 다들 못 살겠다고 아우성치는 걸 보면 2014년 쿠데 타로 권력을 쥔 쁘라윳 짠오차 군사정부가 경제를 망치긴 망친 듯.

길고 길었던 하루가 저문다. 국경의 밤은 깊어가고.

28일 아침 8시, 안롱웽을 향해 길을 나선다. 부어쳇에서 남동쪽 샛길 2328을 거쳐 4001로 갈아타고 33km 떨어진 총사응암 국경 건널목에 닿는다.

8시 40분, 여긴 아직 잠결이다. 오가는 이들도 없다. 출입국사무 소 직원들은 아예 앞뜰에 나와 앉았다. 본디 대중교통이 안 닿는 골 짜기라 관광객이 드문 데다 경기까지 엉망이니.

근데, 국경을 넘자니 어째 좀 뒤숭숭하다. 중국에 이어 한국에 서도 한창 코로나 바이러스가 날뛰며 확진자가 2,000을 넘었다는 소식이 전해진 판에 한국 여권을 들이댔으니. 아직 타이는 확진자 41명으로 선방해온 터라 몸을 사릴 수밖에. 직원들 표정이 사뭇 심 각하다.

눈치챈 피가 재빨리 나서 직원들을 안심시킨다. "미스터 정은 30년째 방콕에 사는 타이 사람이다. 서울 갔다 온 지도 9개월 넘었 고." 그제야 얼굴이 밝아진 직원들이 저마다 한마디씩 안전 여행을 빌어준다.

여기 공무원들은 보기 드물게 친절하다. 으레 퉁명스럽고 좀 거들먹거리는 큰 국경 건널목 공무원들과 결이 다르다. 부소장은 사무실 밖으로 나와 휴대용 손세정제까지 선물한다. 오는 길에 약국마다 들렀지만 알코올을 못 구해 애태웠던 터라 고맙기 짝이 없다. 온갖 불평불만 쏟아내다가도 이런 잔잔한 감동들 때문에 30년째 타이에 발 묶였는지도 모르겠다. 콧등이 짠하다. 팔랑개비 같은 내 감성을 어쩔 수 없다. 본디 이렇게 돼먹었으니.

체온을 재고 타이 국경을 넘는다. 캄보디아 쪽에선 초암사웅암 Choam Sa-Ngam이라 부르는 출입국사무소로 들어간다. 체온계부터 들이대지만 여기도 다들 친절하다. 무슨 꼬투리라도 잡아 한 푼 뜯겠다고 눈알 부라리는 여느 캄보디아 국경 건널목과 다르다.

그사이 이 동네도 많이 변했다. 빼곡히 들어섰던 허름한 가게들을 모두 없애버렸고, 길도 4차선으로 넓혀놓았다. 한마디로 휑하다. 말끔한 건 좋은데 사람 냄새 나던 옛날 정감은 다 사라져버렸다. 가게 앞 길거리에 앉아 아무나 붙들고 커피 잔 기울이며 놀던 재미는 추억 속으로.

이제 초암사웅암 국경에서는 아무것도 할 수 없다. 물론 이국적 정취니 국경의 낭만 따위도 없다. 이 국경 건널목은 여권에 도장 찍었으면 그냥 지나가라는 뜻이다. 이렇게 텅 빈 국경 건널목은 세상 어디에도 흔치 않다.

한데, 여길 그냥 지나치려 해도 피할 수 없는 흉물덩어리가 하나 있다. 아무것도 없는 국경에 우뚝 솟은 눈꼴사나운 현대식 빌딩, 13

층쯤 되는 초암사응암리조트카지노다. 한 20년 전부터 캄보디아 국경 전역에 몰아친 카지노 열풍의 한 장면이다. 초암사응암에서 유일한 현금작물인 이 카지노의 고객은 말할 나위도 없이 국경을 맞댄 이웃 수린주나 시사껫주Sisaket Province에서 찾아드는 타이 사람들이다.

이런 국경 골짜기에서 카지노를 본다는 건 그리 유쾌한 일이 아니다. 프로페셔널 도박꾼이나 지난밤 돼지꿈을 꾼 이들이 아니라면.

안롱웽으로 가기 전 잠깐 둘러볼 데가 있다. 초암사응암 카지노 바로 맞은편, 그러니까 남쪽으로 난 골목이다. 눈여겨 안 보면 지나칠 법한 이 골목 어귀 한쪽 벌판이 크메르루즈의 '브라더 넘버 원Brother Number One'으로 불렸던 뽈 뽓Pol Pot 주검을 태운 자리다.

그 언저리엔 '뽈 뽓 화장터'란 낡은 간판만 하나 서 있다. 1998년 4월 15일 독살이니 자살이니 의문을 남긴 채 저승으로 간 뽈 뽓의 일생도, 크메르루즈의 역사도, 하다못해 화장터 안내문조차 하나 없다.

화장터로 들어서면 군복 윗도리 걸친 늙은이가 잽싸게 나타나 한 사람에 2달러씩 거둬간다. 음…, 입장료라고 한다. 미심쩍어도 실랑이까지 벌일 건 없다. 그냥 그러려니 넘어가는 게 여행을 잡치지 않는 길이라 여기고.

세 평 남짓 화장터는 말뚝을 박아 야트막이 녹슨 함석지붕 올린 게 다다. 뽈 뽓 무덤인 셈이다. 그 앞엔 먼지만 수북한 향꽂이에다 자물쇠 채운 철판 보시함을 놓았고.

마지막으로 여기를 찾았던 9년 전보다 더 스산한 음기가 돈다.

그땐 그나마 뽈 뽓의 강한 기운이 행운을 준다는 소문이 돌아 복권 당첨 꿈꾸는 자들이 몰려와 꽃이라도 꽂고 했으니. 이젠 그 효험마저 한물갔나 보다. 꽃통에 켜켜이 쌓인 먼지를 보면 오래전 사람 발길이 끊긴 게 틀림없다.

화장터 모퉁이 나무 그늘에 앉아 낙엽 태우는 한 소녀를 바라본다. 연기 속으로 사라졌다 나타났다 되풀이하는 소녀의 찡그린 얼굴에서 얼핏, 쓰라린 캄보디아 현대사가 묻어난다. 힘이 지배하는 현실에서야 어쩔 수 없다손 치더라도 역사에서만큼은 결코 양보할 수 없는 게 있다. 진실이다. 뽈 뽓 화장터에서 다시 킬링필드를 꺼내드는 까닭이다.

이 킬링필드란 말은 1978년 캄보디아를 무력 침공한 베트남 정부 입에서 처음 튀어나왔다. 크메르루즈로 더 잘 알려진 깜뿌치어공산당(CPK) 정부를 몰아내고 괴뢰정부를 세운 베트남은 침략의 정당성을 선전하는 밑감으로 킬링필드를 퍼트렸다.

그러자 미국과 서방 진영은 프랑스 신부 프랑수아 퐁쇼François Ponchaud가 "크메르루즈의 200만 학살"을 우긴 《캄보디아-이어 제로Cambodia-Year Zero》를 성경처럼 떠받들며 킬링필드를 확대 재생산했다. 특히 미국 정부는 지나친 부풀림으로 밝혀져 애초 연구자들 눈 밖에 난 그 '200만 학살설'을 내세워 뽈 뽓이라는 악마를 창조했다.

여기서 의문 하나, 미국 정부는 왜 자신들의 적 베트남이 퍼트린

킬링필드에 그토록 매달렸을까? 답도 하나다. 캄보디아 킬링필드는
미국이 먼저 저질렀고, 그 사실을 감출 덮개가 필요했던 탓이다. 미
국은 베트남전쟁에서 캄보디아 국경을 넘나드는 비엣꽁Việt Cộng(남
베트남민족해방전선)을 박멸하겠다며 선전포고도 없이 중립국인 캄
보디아를 비밀리에 폭격해 숱한 인민을 학살했다. '오퍼레이션 메
뉴Operation Menu'란 작전명 아래 1969년부터 1973년까지 4년 2개
월 동안 벌인 짓이다.

이걸 제1기 킬링필드라 부른다면, 1975년 캄보디아를 해방한
크메르루즈가 1979년 1월까지 3년 9개월 동안 저지른 학살은 제2
기 킬링필드가 되는 셈이다. 따라서 그 8년 동안 미국과 크메르루즈
가 번갈아가며 벌인 학살을 구분해야 온전한 역사가 된다는 뜻이다.

"때 되면 미국한테도 반드시 인민 학살 책임 묻겠다."

이건 1995년 캄보디아 총리 훈 센Hun Sen이 나와 인터뷰에서 했
던 말이다. 비록 25년이 지난 오늘까지 이뤄지진 않았지만, 캄보디
아 정치인 가운데 공개적으로 미국의 책임을 입에 올린 첫 기록이
었다.

이번엔 킬링필드 희생자 수를 따져보자. 제1기 킬링필드에서 미
군이 살해한 인민 수를 핀란드정부조사위원회(FIC)는 60만으로, 캄
보디아 연구자로 이름난 데이비드 챈들러David Chandler나 마이클 빅
커리Michael Vickery는 40만~80만으로 헤아려왔다.

그리고 제2기 킬링필드는 론 놀 장군Gen. Lon Nol이 이끈 미국 괴
뢰정부 부역자를 숙청하는 과정에서 크메르루즈가 저질렀다. 그 희

생자 수를 챈들러는 10만으로, 빅커리는 15만~30만으로 꼽았다. 물론 이 두 학자가 밝힌 수는 정치적 희생자들이다. 핀란드정부조사위원회는 숙청, 기아, 질병, 중노동, 자연사를 모두 합해 100만으로 어림잡았다. 그렇게 해서 연구자들은 제2기 킬링필드에서 사망한 인민 수를 80만~120만쯤으로 봐왔다.

그러나 이 제2기 희생자 책임을 크메르루즈한테 모두 떠넘길 수 없다는 게 연구자들 주장이다. 그즈음 미국 정부가 유엔이나 국제 구호단체들의 캄보디아 지원을 막아버려 기아와 질병으로 숱한 이들이 숨진 데다 자연사한 사람까지 모두 그 수에 포함한 탓이었다.

이렇듯 제1기와 제2기의 희생자 수를 오롯이 아는 사람은 아무도 없다. 다만, 연구자들이 그 8년 동안 희생자 수를 모두 합해 150만~200만쯤으로 꼽아왔을 뿐. 결과만 놓고 보면 크메르루즈가 집권 기간 동안 인민을 제대로 돌보지 못했고 인민을 살해한 것도 사실이다. 그렇다고 제1기에서 미군이 저지른 인민 학살 책임까지 모두 크메르루즈한테 뒤집어씌울 수는 없다. 킬링필드를 반드시 두 시기로 나눠 그 책임을 따져야 하는 까닭이다.

그 제2기 킬링필드의 책임을 이 화장터에서 재로 변한 크메르루즈 지도자 뽈 뽓한테 물어야 옳다는 뜻이다. 이게 역사다.

"인민 학살 책임에서 내가 져야 할 몫이 있다면 마다 않겠다. 그러나 미국이 학살한 인민 책임까지 떠넘긴다면 결코 받아들일 수 없다."

이건 깜뿌치어공산당 부서기장으로 '브라더 넘버 투'였던 누온 찌어Noun Chea가 2005년 나와 인터뷰에서 했던 말이다. 결국 미국의 학살 책임까지 뒤집어쓰고 저승으로 가버렸지만.

뽈 뽓 화장터에서 되새김질한 킬링필드로 마음 한구석이 어둑해진다. 함께 온 피도 말문을 닫았다. 어쩔 수 없다. 인간사가 다 그렇듯 여행인들 어찌 즐겁기만 할쏘냐. 어차피 우리는 적당한 불편함을 미리 내다보고 이번 여로에 올랐으니 애써 피하거나 지나쳐버릴 것도 없다. 현실은 현실대로, 역사는 역사대로 마주치면 그뿐이다. 그게 기쁨이든 괴로움이든 느끼는 만큼이 여행자의 몫일 테니.

실패한 혁명,
실패한 영혼

2020년 2월 28~29일
안롱웽Anlong Veng | 캄보디아

초암사응암 국경에서 당렉산Dangrek Mountain 내리막 국도 66을 따라 15km 떨어진 안롱웽으로 간다. 끝없이 펼쳐진 안롱웽 대평원을 향해 뽈 뽓 화장터에서 안고 온 무거운 마음을 벗어던진다. 속이 다 후련하다.

캄보디아 수도 프놈뺀에서 420km 떨어진 최북단 안롱웽은 19세기 전까지만 해도 행정이 안 미치는 고립지대였다. 안롱웽이 사람들 입에 오르내리게 된 건 현대사로 접어들어 '국가'란 틀이 충돌하면서부터다.

1867년 타이(시암왕국) 정부가 안롱웽을 나콘시암주Nakhon Siam Province로 편입하자, 1907년 인도차이나를 식민통치하던 프랑스가 안롱웽을 캄보디아 영토로 되돌려놓았다. 이어 프랑스-타이전쟁 Franco-Thai War(1940년 10월~1941년 5월) 중이던 1941년 타이가 다시 안롱웽을 당시 총리 이름을 딴 쁠랙피분송크람주Plaek Pibulsonggram Province로 강제 편입했다. 그 뒤 제2차 세계대전에서 패전국이 된 타이는 1946년 안롱웽을 캄보디아한테 되돌려주었다.

1953년 프랑스로부터 독립한 캄보디아는 안롱웽을 옷도민짜이주Ddar Meanchey Province 행정구역에 집어넣었다. 그러나 1970년부터 전쟁터가 된 안롱웽은 다시 행정 사각지대가 되었다. 그 사이 안롱웽은 론 놀 정부, 크메르루즈 정부, 베트남 정부, 다시 크메르루즈 점령기를 거쳐 1999년에야 캄보디아의 공식적인 읍으로 자리 잡았다.

조막만 한 두메마을 하나가 150년 가까이 온갖 정치세력에 휘둘리며 모진 풍파를 겪어온 셈이다. 마을 하나를 놓고 이처럼 나라 안팎 세력들이 쟁탈전을 벌인 건 세계사를 통틀어도 흔치 않은 일이다.

타이의 시사껫주에서 넘어온 크메르인이 터를 다진 안롱웽은 옛날부터 '도둑마을'로 악명 떨쳤다. 안롱웽 사람들이 캄보디아의 시엠립주Siem Reap Province에서 소를 훔쳐 타이 국경 너머에 판다는 소문이 난 데다, 행정 사각지대다 보니 탈주범과 산적이 들끓었던 탓이다.

요즘도 안롱웽을 낀 거칠고 메마른 국경지역을 둘러보면 한숨만 나는 판에 그 시절엔 오죽했으랴. 기껏 등나무로 짠 돗자리를 타이에 내다 팔고 소금을 받아오는 물물교환이 다였다고 하는데. 도둑질 말고 달리 먹고살 길이 마땅찮았을 듯.

실제로 안롱웽은 1990년대 말까지만 해도 교통, 통신, 학교, 병원 같은 사회기반시설마저 없는 고립지대였다. 모든 게 넘쳐나는 도시 사람 눈으로 국경의 생존 문제에 윤리적 잣대를 들이댄다면 영원히 접점을 찾을 수 없지 않을까 싶다. 먹을거리가 없어 아이들이 숨넘어가는 이 거친 국경 산악에서 그 어버이한테 우리가 윽박지를 윤리란 건 대체 무엇일까? 어떤 보호 제도도 사회적 안전장치도 안 닿는 국경을 도시의 잣대로 끼워 맞춘다는 건 너무 잔인하고 불공평하지 않겠는가?

괜한 화두를 잡았나 보다. 머리가 지끈거린다. 급히 고금동서를 한 바퀴 둘러보지만 모두한테 어울리는 공통의 선이란 건 없다. 다만 누구도 굶어 죽거나 맞아 죽을 의무가 없는 것만큼은 또렷하다. 바로 혁명의 씨앗이었다.

역사를 잠깐 곱씹다 보니 어느새 안롱웽이다. 기웃거릴 것도 없이 모노롬게스트하우스에 짐을 푼다. 이제 안롱웽에도 고만고만한 게스트하우스 예닐곱이 눈에 띄는데, 우린 죽어라고 단골집만 찾아다니니.

먹 감다 뛰쳐나온 주인장이 찾아온 손님을 보고 깜짝 놀란다. 요즘 이 동네도 관광객 씨가 말랐다는 뜻이다. 캄보디아 정부가 2000년부터 떠들어댄 안롱웽의 '크메르루즈 역사관광 프로젝트'도 헛물만 켜는 게 빤히 보인다. 안롱웽을 찾아드는 외국인이 한 달에 많아야 기껏 40~50명이라니 프로젝트랄 것도 없다. 그나마 관광객이라 해야 거의 모두 초암사웅암 카지노를 오가는 길에 잠깐 들리는 이들이고.

애초 캄보디아 정부가 이 역사관광 프로젝트를 띄울 때부터 말들이 많았다. 무엇보다 크메르루즈 역사에 대한 뜻매김이 여전히 논란인 가운데 전쟁과 희생의 상업적 이용을 나무라는 소리가 높았다. 그동안 국제사회에서도 학살, 전쟁 같은 비극적 현장을 상품으로 다루는 이른바 '다크 투어리즘Dark Tourism'이 역사적 의미보다 지나치게 상업성을 띤다며 손가락질받아온 터에 정부가 달려들었으니.

그렇다고 캄보디아 정부가 이 역사관광 프로젝트로 관광객을 편하게 모신다거나 지역 주민한테 도움이 될 만한 투자를 한 것도 아니다. 이 프로젝트는 크메르루즈 지도자였던 뽈 뽓의 집과 화장터를 비롯한 열네 곳을 역사관광 코스에 담았지만, 정작 찾아가는 길부터 고문이다. 먼지 풀풀 날리는 엉망진창 비포장 길은 그렇다 치더라도 변변한 이정표마저 없다. 안내용 지도가 있는 것도 아니고. 이 동네는 길 묻다 보면 하루가 다 간다.

역사 현장도 마찬가지다. 어렵사리 닿고 보면 어디가 어디고 뭐가 뭔지 도무지 알 길이 없다. 들머리에 낡은 간판 하나가 다다. 역사적 의미 한 토막 적어놓은 곳도 없다. 이건 관광객이 알아서 크메르루즈 역사를 공부하고 오라는 윽박지름이다. 이 바쁜 세상, 누가 관광에 공부까지! 한마디로 이놈의 프로젝트는 손 안 대고 코 풀겠다는 꼴이다. 장사를 하려면 뭔가 투자를 하는 게 상식인데.

무엇보다 심각한 대목은 따로 있다. 예컨대, 사람들은 크메르루즈하면 킬링필드부터 떠올린다. 근데, 이 킬링필드 역사마저 오롯이 매조지지 못한 터에 크메르루즈를 관광상품으로 팔아먹는다는 건 캄보디아 사회 입장에서 치명적 자해행위다.

이 빗나간 역사관광 프로젝트의 좋은 본보기가 뽈 뽓 집이다. 이 집은 초암사웅암 국경에서 동북으로 10km쯤 떨어진 끄발안소앙 Kbal Ansoang 쪽 당렉산에 자리 잡았다. 타이 국경 넘나드는 가파른 산악을 30분쯤 달리면 깊은 밀림 속에 낡은 벽돌집이 하나 나온다. 초라한 벙커가 딸린 스무 평 남짓 이 집이 캄보디아 해방투쟁을 이끈 크메르루즈 본부였다고 믿기엔 참 멋쩍다. 근데 어디를 둘러봐도 뽈 뽓 자취는 없다. 최근 관광객이 다녀간 흔적도 없고.

크메르루즈 역사관광 코스 가운데 가장 멀고 험한 곳이 뽈 뽓 집인데, 이정표도 없는 이 국경 산길을 어떤 관광객이 찾아낼 수 있을지? 게다가 어렵사리 찾아온들 이 집이 무슨 의미인지조차 알 길이 없다. 크메르루즈 역사를 모르면 그저 폐가를 보고 허탈하게 발길을 돌릴 수밖에.

더 끔찍한 게 있다. 목숨 건 관광이다. 옛날부터 캄보디아전선을 취재해온 우리는 잘 안다. 이 당렉산 일대는 한마디로 지뢰밭이다. 캄보디아 정부는 지뢰도 말끔히 안 걷어낸 판에 관광객을 부르는 아주 위험한 짓을 해왔다. 사실은 당렉산만도 아니다. 안롱웽 중심지를 벗어나면 어디든 지뢰투성이다. 현지 사정 잘 아는 농부들마저 밭일하다 지뢰 밟아 죽고 다치는 판에 관광 프로젝트라니!

말이 난 김에 한마디 덧붙인다. 캄보디아에는 400만~600만 개 지뢰가 깔렸다. 1992년부터 캄보디아 정부와 국제단체들이 지뢰제거작업을 해왔지만 고작 50만 개쯤 걷어내는 데 그쳤다. 이걸 다 걷어내려면 400년쯤 걸린다는 말이 그냥 나온 게 아니다. 그사이 지뢰와 불발탄 사고로 어림잡아 20,000명이 목숨 잃었고, 45,000명이 중상 입었다. 특히 타이와 국경선 817km 전역은 말 그대로 온통 지뢰밭이다. 1985~1989년 베트남 괴뢰정부 깜뿌치어인민공화국이 크메르루즈 동선을 차단하고자 국경선 따라 진지를 구축하며 깔았던 지뢰다. 이른바 'K5 벨트K5 Belt'(K5 Plan, K5 project)니 '죽의 장막Bamboo Curtain'이라 부른 군사작전이었다.

함께 온 피가 여기저기 나붙은 지뢰 경고판 볼 때마다 눈짓을 보낸다. 사연이 있다. 우리는 지뢰밭 구사일생 동지다. 캄보디아 국경을 몰래 들락거리며 크메르루즈를 취재하던 시절인 1994년이었다. 그날 우리는 크메르루즈 제519사단장 인터뷰 건으로 프놈말라이Phnom Malay 쪽 개구멍 샛강을 넘었다. 취재를 마친 해거름, 폭우로 불어난 샛강을 가까스로 건너온 우리를 보고 헐레벌떡 달려온 프놈말라이 통신원이 숨넘어가는 소리를 질러댔다. "두어 시간 전, 바로 여기 이 개구멍 앞에서 농부가 지뢰 밟아 죽었다. 소도 죽고. 난 당신들이 사고당한 줄 알고 얼마나 놀랐는지."

그 사고는 폭우에 쓸려온 지뢰를 개구멍 앞에서 '누가 먼저 밟느냐', 오직 시간문제였다. 불행하게도 그 농부가 우리보다 먼저 밟았을 뿐이고. 만약, 제519사단에서 장대비를 피하느라 두어 시간 머물지 않았다면 우리가 먼저였을 수도.

피가 보낸 눈짓은 그 끔찍한 기억을 떠올리며 조심하라는 뜻이었다.

크메르루즈 역사관광 프로젝트 욕질은 이쯤에서 접는 게 좋을 듯. 더 해봐야 정신만 시끄러울 테니.

안롱웽으로 되돌아와 크메르루즈 '브라더 넘버 파이브'로 불렸던 군사령관 따목Ta Mok 집을 찾아간다. 안롱웽 한복판에서 북쪽으로 1km쯤 떨어진 이 따목 집은 사람들이 따목못Ta Mok Lake이라 부르는 물가에 자리 잡았다. 본디 오칙못O'Chik Lake인데, 따목이 농사용 댐을 만들면서 그 언저리가 야트막이 잠긴 곳이다. 앙상궂은 몸통만 남은 죽은 나무들이 드문드문 박힌 이 못은 언제 봐도 공포영화 들머리 같은 을씨년스런 기운이 흐른다.

따목이 한때 본부로 썼던 이 집 들머리엔 크메르루즈 이동라디오방송국 노릇 했던 중국제 트럭이 쓰러져 있다. 엔진도 운전석도 바퀴도 모조리 사라져버린 빈껍데기가 실패한 혁명을 증언하듯.

전시장처럼 꾸민 따목 집은 시멘트 바탕 2층 목조에다 회의장과 예닐곱 개 큰 방을 지녔지만 그저 휑하다. 따목 자취라 할 만한 건 아예 없고, 벽에 크메르루즈 기록사진을 붙여놓은 게 다다. 그 기록사진도 7~8년 전엔 없었던 것들이다.

"크메르루즈 최고지도자 뽈 뽓 집은 깊은 산속이고 아주 초라했는데, 어떻게 서열 5위였던 따목은 안롱웽 한복판 전망 좋은 곳에 이런 큰 집 짓고 살았나?" 따목 집을 한 바퀴 둘러본 피가 고개 갸웃거리듯 여기가 헷갈리는 지점이다. 제아무리 눈치 빠른 관광객도 집 하나로 이내 권력 무게를 잰다는 건 쉬운 일이 아니다. 해서 이 동네는 간추린 역사라도 적은 안내문 같은 게 꼭 필요하다는 뜻이다. 또 관광 프로젝트를 욕하고 말았는데, 아무튼. 이제 그 사연을 좇아 찬찬히 안롱웽을 둘러보자.

크메르루즈 혁명의 끝자락부터 거꾸로 돌아본다. 따목 무덤으로 간다. 2006년 사망한 따목은 안롱웽에서 국도 66을 따라 북쪽으로 9km쯤 떨어진 스라초욱파고다Srah Chhouk Pagoda 한 곁에 누웠다. 이름이나 비문은 없지만 시멘트 돔으로 감싼 이 앙꼬식Angkor style 장려한 무덤은 따목의 손자가 2009년에 지었다고 한다. 이 무덤은 안롱웽 마지막 군주였던 따목의 부와 권력을 보여주는 상징적 현장이다.

그 가까이에는 극단적 비꼿거리가 하나 있다. 따목 무덤에서 150m쯤 남쪽으로 내려오면 타툭 마을 찻길가에 나지막한 돌무더기가 나온다. 이건 크메르루즈 부총리 겸 국방장관이었던 손 센Son Sen과 그 가족을 함께 파묻은 무덤이다. 길가에 간판만 하나 세워놓았을 뿐, 그저 잡초 우거진 쓰레기터다.

한때 민족해방과 공산주의 낙원을 꿈꾸었던 이들은 주검의 평등조차 못 이뤘다. 폐타이어와 쓰레기 더미에서 불타 외진 벌판에 내동댕이쳐진 뽈 뽓, 온 가족이 총살당하고 능욕당한 뒤 돌무더기 밑에 파묻힌 손 센, 안롱웽이 떠들썩했던 장례식을 거쳐 웅장한 무덤에 고이 누운 따목, 이게 혁명 동지였던 셋의 마지막 모습이다.

이제 우리는 이 무덤에 갇힌 크메르루즈 역사를 끄집어낼 때가 되었다. 비틀고 감추기에 안간힘 써온 캄보디아 정부가 내민 정체 불명 '크메르루즈 역사관광 프로젝트'로는 결코, 혁명사를 들여다 볼 수 없는 탓이다.

크메르루즈Khmer Rouge는 프랑스어의 영어식 발음으로 캄보디아 사람들이 '크메이 끄라홈(붉은 크메르)'이라 부르는 깜뿌치어공산당 (CPK)을 일컫은 말인데, 1960년대 노로돔 시아눅Norodom Sihanouk 전 국왕이 처음 입에 올리고부터 널리 퍼졌다.

본디 1951년 마르크스-레닌주의와 크메르민족주의를 안고 태어난 크메르루즈는 1960년대 중국공산당(CPC) 도움을 받아 노로돔 시아눅 정부에 맞섰다. 그러나 1970년 CIA 지원을 받은 론 놀 장군이 쿠데타로 시아눅 정부를 몰아내자 크메르루즈는 반미해방 투쟁으로 총부리를 돌렸다.

1975년 4월 17일, 론 놀 괴뢰정부를 몰아내고 캄보디아를 해방 한 크메르루즈는 시아눅을 국가수반(1975년 4월 17일~1976년 4월 2일)으로 내세워 이듬해 1월 5일 민주깜뿌치어Democratic Kampuchea 를 선포했다. 그로부터 이른바 '3무(무빈부, 무착취, 무계급) 농업사 회'를 이상향으로 내건 민주깜뿌치어 정부는 반외세 자력갱생을 외 치며 화폐금지, 시장금지, 무역금지, 외국문화금지 같은 극단적 정책을 떠나갔다. 그 과정에서 론 놀과 미국에 부역했던 10만 웃도는 이들을 숙청했다.

그 공상적 공산주의를 이끈 최고지도자가 깜뿌치어공산당 서기 장 겸 총리 뽈 뽓이었다. 그 뒤를 받친 지도부가 서열 순으로 부서기 장 겸 인민대표회의 상임위원장 누온 찌어Nuon Chea, 부총리 겸 외무 장관 이엥 사리Ieng Sary, 국가수반 키우 삼판Khieu Samphan, 군사령관 따목, 부총리 겸 국방장관 손 센이었고.

한편, 크메르민족주의를 앞세운 민주깜뿌치어 정부는 태어나면 서부터 이웃 베트남과 국경선을 놓고 무력 충돌했다. 결국 그 국경 분쟁은 민주깜뿌치어 정부의 친중국 노선에 강한 불만을 지녔던 베 트남의 전면 침공으로 이어졌다. 인도차이나 공산당 맹주를 자처해 온 베트남의 전통적인 대중국 적개심이 그 동력이었던 건 말할 나 위도 없다. 1978년 12월 25일 베트남 정부는 베트남인민군(PAVN) 12개 사단과 친베트남 깜뿌치어구국연합전선(KUFNS) 8개 대대를 비롯한 15만 대군을 투입해 2주 만에 캄보디아를 점령했다. 이어 베 트남은 1979년 1월 8일, 헹 삼린Heng Samrin을 내세워 괴뢰정부 깜뿌 치어인민공화국People's Republic of Kampuchea을 선포했다.

여기서부터 크메르루즈는 지난한 대베트남 항전 길에 오른다. 쫓 겨난 크메르루즈는 4만~6만 병력을 민주깜뿌치어국방군(NADK) 으로 재편한 뒤, 뽈 뽓이 제5사단과 제36사단을 비롯한 9개 사단을 이끌고 프놈뻰에서 서쪽으로 300km 떨어진 꼬꽁Koh Kong 북부에 정치본부를 차렸다. 이엥 사리는 제415사단과 제450사단을 비롯한 4개 사단을 이끌고 서북부 타이 국경 쭈오프놈끄라완Chuor Phnom Krâvanh 산악을 낀 말라이Malai에 경제본부를 꾸렸고, 따목과 손 센은 제808사단과 제616사단을 비롯한 13개 사단을 이끌고 최북단 타이 국경 당렉산맥Dangrek Range에 군사본부를 마련해 항쟁 발판을 깔았다.

특히 따목의 거점인 안롱웽을 내려다보는 당렉산맥 일대 '마운틴1003'과 손 센의 거점인 타이, 라오스, 캄보디아 세 나라 접경 '마운틴1001'은 캄보디아 전역의 게릴라전을 지원했다.

그즈음 베트남군한테 점령당한 안롱웽과 북부지역 주민은 유엔 국경구조기구(UNBRO) 도움을 받아 오뜨라오O'Trao, 당뚱Dang Tung, 스뚱짠Stung Chan을 비롯한 타이 난민촌에 삶터를 꾸렸다. 물론 크메르루즈도 피난민에 뒤섞여 타이 국경을 넘었다. 당렉산맥에 최후 방어선 친 따목은 쁘라삿쁘레아위히어를 마주보는 오뜨라오 난민촌에 마운틴1003 비밀본부를 차렸고.

그렇게 베트남의 사회주의 형제국 캄보디아 침공으로 국제사회도 복잡하게 뒤엉켰다. 무엇보다 냉전의 틀이 무너졌다. 소비에트와 동구권은 전통적 동맹국인 베트남의 뒤를 받쳤고, 아시아 공산당 맹주 자리를 놓고 베트남과 겨뤄온 중국은 쫓겨난 크메르루즈를 지원했다. 미국과 서방도 그동안 '악마'로 여겼던 크메르루즈한테 막대한 재원과 무기를 비밀스레 제공했다.

베트남의 서진에 두려움을 느낀 타이는 '적'이었던 중국 지원을 받아 크메르루즈에 무기, 병참, 통신, 정보를 지원했고, 아세안은 정치, 외교로 크메르루즈를 도왔다. 미국이 쥐락펴락해온 유엔은 쫓겨난 크메르루즈를 여전히 캄보디아 합법정부로 추인했다. 한마디로 국제사회가 포악한 공산주의자로 낙인찍었던 크메르루즈를 지원하는 궤변의 시대가 열린 셈이다.

한편 미국과 서방의 도움이 필요했던 크메르루즈는 1981년 공식적으로 공산주의 포기를 선언한 데 이어, 1982년 시하눅이 이끈 왕당파 민족연합전선(FUNCINPEC)과 손 산Son San이 이끈 공화파 크메르인민민족해방전선(KPNLF)을 끌어들여 민주깜뿌치어연합정부(CGDK)를 선포했다. 그러나 이 삼각동맹은 1984~1985년 베트남군 건기 대공세에 밀려 캄보디아 내부의 거의 모든 군사거점을 잃고 조직을 타이 영내로 옮겼다. 이때부터 크메르루즈는 타이 국경을 낀 게릴라전으로 베트남군에 맞섰다.

바로 여기서부터 따목이 크메르루즈 줏대로 떠오른다. 따목은 1984년 마운틴1001을 잃은 손 센이 마운틴 1003으로 옮겨오면서 쁘라삿쁘레아위히어Prast Preah Vihea를 낀 마운틴 1002까지 아우르는 북부전선 군권을 손에 쥐었다.

그렇게 타이 국경에 거점을 마련한 크메르루즈는 10년 동안 대베트남 항전을 벌였고, 결국 베트남군은 53,000 전사자를 낸 끝에 1989년 9월 26일 캄보디아에서 물러났다. 이때부터 크메르루즈는 베트남이 심어놓고 간 훈 센 총리의 깜뿌치어인민공화국 정부로 총부리를 돌렸다. 크메르루즈는 베트남군이 떠나자마자 두 전략 거점을 탈환했다. 10월 24일 이엥 사리가 보석광산으로 이름난 빠일린Pailin을 되찾은 데 이어, 12월 24일 따목이 안롱웽을 점령했다.

그로부터 안롱웽이 크메르루즈의 심장 노릇을 하게 된다. 난민촌 주민을 안롱웽으로 귀향시킨 따목은 행정시설에다 학교와 병원을 짓고 길을 다듬었다. 군사시설뿐이었던 안롱웽이 마을 모습을 갖추기 시작한 게 그 무렵이었다.

요즘 관광객이 지나다니는 초암사응암-안롱웽 국도 66, 안롱웽-시엠립 국도 67, 안롱웽-삼라옹 국도 68은 모두 그 시절 따목이 다듬고 넓힌 길이다. 그 전엔 트럭이 다닐 수 없을 만큼 아주 좁고 낡은 길이었다. 뿐만 아니라 타이 영내 당렉산 길들도 모두 따목이 닦았다. 따목은 그 길들을 통해 타이에 내다 판 엄청난 목재를 밑천 삼아 개발사업을 벌이며 안롱웽의 군주로 영향력을 키워나갔다.

그러나 머잖아 크메르루즈는 프놈뻰 재입성의 꿈을 날린 채 고난의 길로 접어든다. 1989년 베트남군 철수와 맞물린 동구 사회주의권 붕괴로 냉전이 시드는 가운데 1990년대 들어 미국과 베트남의 관계개선이 인도차이나에도 봄바람을 몰고 왔다. 이어 미국, 중국, 타이가 공식적으로 크메르루즈 지원 중단을 선언했다. 국경 밀림 속 크메르루즈는 크게 흔들렸고 병력 수가 2만으로 급격히 줄어들었다.

그리고 1991년 파리평화협정Paris Peace Agreement 체결 끝에 베트남-캄보디아전쟁이 공식적으로 막을 내린다. 미국, 중국, 베트남, 캄보디아, 프랑스를 비롯한 19개국이 서명한 이 냉전 뒤 첫 다가간 협정에 따라 1992년부터 1993년 9월까지 유엔캄보디아과도행정기구(UNTAC)와 유엔평화유지군이 캄보디아를 접수했다. 이어 1993년 5월 총선을 거쳐 시아눅을 국왕으로 추대한 입헌군주제 캄보디아왕국Kingdom of Cambodia을 선포했다.

그 과정에서 유엔행정기구와 유엔평화유지군은 '유엔군의 크메르루즈 점령지역 점검', '크메르루즈 무장해제', '크메르루즈 총선 참여'를 규정한 파리평화협정 가운데 어느 것도 못 이뤄냈다. 그 시절 내 취재 경험을 돌아보면 유엔평화유지군은 크메르루즈와 충돌이 두려워 몸 사리기에 바빴다. 크메르루즈 무장해제는 굳이 말할 것도 없고 점령지역 점검마저 못했다. 그즈음 캄보디아 안팎에서는 막대한 예산을 투입한 15,900 평화유지군의 적극적인 개입을 요구하는 소리가 빗발쳤지만 유엔은 끝내 '평화'만 주절거리다 물러났다.

그 1년 8개월 동안 캄보디아에서 내가 본 유엔군 동선은 오직 하나였다. 낮엔 순찰이랍시고 크메르루즈가 없는 곳을 골라 다녔고, 밤엔 프놈펜 술집에서 무사히 끝난 하루를 자축했다. 굶주린 시민은 흥청망청 돌아다니는 그 유엔군과 유엔 직원들을 부러운 눈으로 쳐다보며 격한 박탈감에 시달렸고.

게다가 유엔행정기구는 크메르루즈의 총선 참여도 못 끌어낸 채 반쪽짜리 선거를 치르고 손 털었다. 애초 캄보디아민족연합당(CNUP)을 창당한 크메르루즈가 총선 준비를 해왔던 터라 아쉬움이 더 클 수밖에 없었다.

"20년 동안 전쟁했다. 무장해제도 총선 참여도 신변 안전이 보장되었을 때나 가능한 일이다. 아무 조건 없이 총 내리고 총선 참여하라는 건 항복 요구다. 그러니 시아눅을 앞세운 민족연합전선은 국제적 음모다. 우리는 캄보디아를 외세로부터 해방시킬 것이다."

총선을 한 달 앞둔 그해 4월 초, 크메르루즈 전 국가수반 키우 삼판이 나와 인터뷰에서 했던 말이다. 크메르루즈가 정치적 불신과 신변 안전을 내세워 총선 보이콧을 선언한 뒤였다.

실제로 유엔행정기구는 뽈 뽓을 비롯한 크메르루즈 지도부와 협상 한 번 제대로 한 적 없었다. 중립적 위치에서 캄보디아 총선을 관리해야 마땅한 유엔이 처음부터 크메르루즈를 제압할 '적'으로 보았을 뿐, 협상 대상으로 여기지 않은 탓이다. 그게 키우 삼판이 말한 "정치적 불신"이었다.

냉전 뒤 처음으로 한 국가의 정부 기능을 대신한 캄보디아과도 행정기구는 유엔의 역할과 책임에 큰 의문만 남겼다. 문제는 총선 뒤였다. 총선 결과는 58석을 얻은 노로돔 라나릿Norodom Ranariddh 왕자가 이끈 민족연합전선(FUNCINPEC)이 제1당, 51석을 얻은 훈센이 이끈 캄보디아인민당(CPP)이 제2당으로 드러났다. 그러나 훈센이 총선 결과를 부정하며 큰 혼란이 일었다. 시하눅 국왕이 중재에 나섰고, 결국 제1총리 라나릿과 제2총리 훈 센을 비롯해 제1국방장관과 제2국방장관처럼 내각의 모든 장관이 둘인 기형적 연립정부가 태어났다.

이제 크메르루즈 입장에서는 상대해야 할 정부가 둘이 된 셈이다. 반대로 총리 라나릿과 훈 센은 대중적 지지를 얻고자 경쟁적으로 크메르루즈 사안에 매달렸다. 두 총리 진영에서는 크메르루즈 공격과 투항 소문이 하루가 멀다 않고 터져 나왔다.

그러던 1993년 8월, 정부군이 크메르루즈 본부 프놈짯Phnom Chhat을 점령했다. 뽈 뽓과 키우 삼판은 따목이 거점을 차린 안롱웽으로 옮겨갔다. 그로부터 안롱웽은 크메르루즈 본부가 되었다.

이듬해인 1994년 캄보디아 정부는 크메르루즈를 불법집단으로 공표했고, 궐석재판에서 뽈 뽓을 비롯한 지도부 열 명에게 종신형을 때렸다. 이때부터 크메르루즈의 개별 투항이 이어졌고 지도부 사이에 서로를 의심하는 분열의 싹이 텄다.

위기감 느낀 크메르루즈는 키우 삼판을 총리로 따목을 군사령관으로 내세운 민족연합민족구제캄보디아임시정부(PGNUNSC)를 띄워 무한 투쟁을 선언했다. 이때만 해도 뽈 뽓의 정치적 영향력을 부정하는 이는 아무도 없었다. 그러나 현실 속에서는 안롱웽을 쥔 따목이 권력의 핵으로 떠올랐다.

그렇게 해서 크메르루즈는 안롱웽을 차지한 따목과 프놈말라이의 제450사단(사령관 속 피업Sok Pheap)에다 빠일린의 제415사단(사령관 이 찌언Y Chhen)을 거느린 이엥 사리가 실질적인 군권을 나눠 가지게 된다.

그러나 1996년 새해 들머리부터 크메르루즈는 치명타를 입는다. 반떼이민짜이Banteay Meanchey의 제519사단 사단장 소 홍So Hong,

프놈스루엇Phnom Srouch 사령관 께오 산Keo San, 오랄산Oral Mountain 사령관 께오 퐁Keo Pong이 줄줄이 투항한 데 이어, 8월로 접어들자 소문으로 나돌던 이엥 사리 투항이 현실로 드러났다.

"투항 아니다. 총 내린 것도 아니고. 우린 내전 종식과 평화 바라는 시민을 따라 사회통합에 참여했다. 정부가 통합 조건 어기면 우린 언제든 다시 싸운다."

이건 그해 9월 24일, 프놈말라이에서 나와 인터뷰한 이엥 사리가 했던 말인데, 결과는 투항이었다.

빠일린과 프놈말라이의 3,000 병력을 이끌고 정부에 투항한 이엥 사리 소식이 전해지면서 크메르루즈는 걷잡을 수 없이 흔들렸고, 중소 단위 부대별 투항이 꼬리 물었다. 그즈음 크메르루즈 병력은 1만으로 줄었다. 한편 1993년 프놈짯 함락 때 빠일린에 거점을 마련했던 누온 찌어도 이엥 사리 투항에 따라 안롱웽으로 옮겨갔다.

이제 하나 남은 크메르루즈 거점 안롱웽의 시간이 다가온다. 크메르루즈는 1994년 2월에 이어 안롱웽의 함락과 탈환을 몇 차례 거듭했고, 그사이 지도부는 자멸적 분열로 빠져들었다.

그 첫 물살이 1996년 10월에 덮쳤다. 뽈 뽓은 투항한 이엥 사리의 마음을 돌리고자 누온 찌어와 따목을 빠일린으로 보냈다. 그러나 협상은 실패했고, 오히려 위협받은 그 둘은 손 센이 머물던 삼롯Samlot으로 탈출한 뒤 손 센과 함께 타이를 거쳐 안롱웽으로 되돌아왔다. 화난 뽈 뽓이 그 셋을 1997년 2월까지 감금하면서 돌이킬 수 없는 불신감을 키웠다.

1997년, 캄보디아 현대사에서 가장 숨 가빴던 한 해가 열린다. 2월 들어 뽈 뽓은 군 지휘관 400여 명이 참석한 인민대회를 열고 자신을 포함한 지도부의 전면 퇴진과 함께 젊은 세대로 '19위원회 Committee 19'라는 새 지도부를 꾸렸다. 그리고 뽈 뽓은 측근인 소 사로은So Saroeun을 군사령관에 앉히고 따목 쪽 야전 지휘관들을 모두 행정으로 돌렸다. 뽈 뽓의 그 형식적 퇴진은 따목을 견제하고 군권을 쥐겠다는 속셈이었다. 이때부터 불신감은 권력투쟁으로 불거진다. 두어 달 뒤, 뽈 뽓이 임명한 지휘관들이 전선으로 떠난 사이 따목은 안롱웽 언저리에 있던 측근들을 끌어모아 19위원회를 무력화시키고 다시 안롱웽을 접수했다. 동시에 따목은 이엥 사리의 빠일린 투항 조건처럼 '안롱웽 자치'와 '특별사면'을 내걸고 라나릿 총리가 이끈 민족연합전선과 비밀협상 테이블에 앉았다.

그러던 6월 9일, 안롱웽에서 충격적인 사건이 터진다. 뽈 뽓이 손 센과 그의 아내 윤 얏Yun Yat(민주깜뿌치어 정부 문화교육장관)을 "베트남 스파이 노릇 한 배신자다."며 처형했다. 그 집행에 나선 군인들은 손 센의 두 딸과 손자를 비롯한 가족 열 명에다 운전기사, 전령병까지 모두 열셋을 살해했다. 두 딸은 능욕한 뒤 자동차로 짓뭉갰고.

손 센 처형 소식이 흘러나오자 다음 목표가 자신을 향한다고 여긴 따목은 제980사단, 제912사단을 동원해 10일부터 14일까지 뽈 뽓의 제801사단, 제920사단과 무력 충돌했다. 그 전투에서 따목의 지원 요청을 받은 라나릿 총리의 민족연합전선 군 지도자 닉분짜이Nhek Bun Chhay는 인근 오스맛O'smach에서 헬리콥터로 무기를 공수했다.

뽈 뽓은 전세가 불리하게 돌아가자 14일 군사령관 소 사로은을 따목한테 보내 휴전 제의를 했으나 거부당했다. 곧장 뽈 뽓과 누온 찌어, 키우 삼판을 비롯한 지도부는 안롱웽에서 30km 떨어진 뜨라뻬앙쁘라삿Trapeang Prasat의 오스와이O Svay 동굴로 옮겨갔다.

19일, 따목은 뽈 뽓과 지도부를 체포해 안롱웽 창고에 가뒀다. 그리고 며칠 뒤 뽈 뽓과 소 사로은은 초암사응암 감옥에 집어넣었고 누온 찌어와 키우 삼판은 풀어주었다.

7월 25일, 뽈 뽓과 소 사로은을 비롯한 군 지휘관 셋이 인민재판장에 끌려 나왔다.

"뽈 뽓은 우리를 나락으로 빠트린 배신자!"

"배신자 뽈 뽓을 저승으로!"

"뽈 뽓을 처형하라!"

거의 아이와 여성 500명으로 가득 채운 인민재판장은 단 한 번도 본 적 없는 하늘 같았던 지도자 뽈 뽓을 향해 거칠게 삿대질해댔다. 따목이 지명한 검사 넷은 '손 센 살해', '따목 살해 시도', '캄보디아 통합 방해' 죄목으로 이들한테 종신형을 때렸다. 인민재판정은 함성으로 답했고.

그렇게 뽈 뽓이 인민재판에서 종신형을 받고 가택연금당하기 20여 일 전, 프놈뻰에서는 크메르루즈 운명을 가를 정변이 터졌다. 7월 5일, 훈 센 총리의 캄보디아인민당 군대가 라나릿 총리의 민족연합전선 군대와 충돌했다. 두 총리를 둔 연립정부의 아슬아슬했던 동거가 깨지면서 권력투쟁은 훈 센의 승리로 끝났다. 훈 센의 쿠데타였다.

"쿠데타 아니다. 라나릿이 크메르루즈 끌어들여 권력을 독점하고자 따목과 불법 비밀협상 벌여왔다. 쿠데타 음모 꾸민 건 오히려 라나릿이다."

7월 12일, 훈 센이 내게 했던 말이다. 쿠데타 뒤 캄보디아 안팎 언론을 통틀어 훈 센과 첫 단독 인터뷰 자리였다.

사실은 그 무력 충돌에서 크메르루즈 투항군을 몰래 동원했던 건 오히려 훈 센이었다. 앞서 비밀협상을 통해 이엥 사리 투항을 이끌었던 주인공도 훈 센이었다. 훈 센 논리로 따지자면 그것도 불법이다. 두 총리가 크메르루즈를 어떻게 정치적으로 이용했는지 또렷이 드러난 사건이었다. 그렇게 해서 베트남 괴뢰정부 시절이던 1985년 서른둘에 세계 최연소 총리가 된 훈 센은 오늘까지 35년 동안 세계 최장기 총리 기록을 이어가는 중이다.

1998년, 이제 크메르루즈의 최후가 다가온다. 훈 센 쿠데타로 라나릿과 그 추종자들이 해외로 탈출해버린 통에 그동안 따목과 민족연합전선이 벌여온 비밀협상도 물거품이 되고 말았다.

대신 그 비밀협상 자리엔 훈 센이 들어섰다. 안롱웽 지역의 크메르루즈 제980사단장 임 판나Yim Phanna, 제417사단장 임 뺌Yim Pem 같은 지휘관들이 따목 몰래 훈 센과 테이블에 앉았다. 그러나 투항 3일 전 비밀이 새 나갔고 따목은 곧장 군대를 동원해 이들을 공격했다. 그게 3월 24일이었다. 이어 뽈 뽓을 따르던 제801사단이 반따목전선에 뛰어들었다. 훈 센은 임 판나 쪽에 무기를 지원하며 따목을 몰아쳤다. 이때부터 60% 웃도는 크메르루즈 병력이 반따목전선에 서게 된다.

벼랑 끝에 몰린 따목은 안롱웽 철수 결정을 내렸다. 안롱웽 사람들은 따목을 따라 타이 국경 너머 푸노이Phu Noi 난민촌으로 갈 것인지, 아니면 반따목군을 따라 제980사단이 자리 잡은 남쪽 50km 지점 오바이땁O'Bai Tap으로 갈 것인지 갈림길에 섰다. 이내 피난민은 둘로 갈려 뿔뿔이 흩어졌다.

안롱웽을 잃은 따목은 가택연금 상태인 뽈 뽓을 비롯한 지도부를 데리고 푸노이 난민촌으로 옮겨갔다. 그리고 아흐레 뒤인 4월 2일, 따목이 이끄는 2,000여 병력이 다시 안롱웽을 탈환했다. 1970년부터 숱한 정파들이 점령과 함락을 되풀이해온 안롱웽은 아흐레만에 또 주인이 두 번이나 바뀐 셈이다.

그로부터 보름 뒤인 4월 15일 뽈 뽓이 사망했다. 사인은 심부전증으로 알려졌으나 그이 방에서 신경안정제(Valume)와 말라리아치료제(Chloroquine)가 다량 발견돼 자살설과 타살설이 한데 얽혀 나돌았다. 3일 뒤, 따목을 따르는 이들이 "저승 가는 길에도 저주받아라."며 폐타이어와 쓰레기 더미로 뽈 뽓을 화장했다. 의학적 확인이 없었던 터라 뽈 뽓 죽음은 영원히 미제로 남게 되었다.

4월 말, 따목은 투항군과 정부군 연합에 밀려 다시 안롱웽을 잃고 북쪽 20km 지점 당렉산 마운틴200으로 후퇴했다. 5월 4일, 마운틴200마저 함락당한 따목은 뽈 뽓의 집이 있던 끄발안소앙으로 옮겨갔다. 여기서부터 따목을 따르던 크메르루즈의 개별 투항이 꼬리 물었고, 따목 운명도 막바지로 치달았다. 버티기에 들어간 따목은 안롱웽 자치를 투항 조건으로 내걸고 5월부터 훈 센 정부와 협상선을 달았다. 그러나 훈 센 정부가 이빨 빠진 호랑이한테 호락호락 먹잇감을 줄 리가. 끝내 협상은 실패하고 말았다.

12월 4일, 마침내 따목이 항복했다. 민주깜뿌치어를 잃고 쫓겨난 크메르루즈의 20년 무장투쟁도 끝났다. 투항한 크메르루즈 군대는 정부군에 편입되었다. 훈 센은 투항군 이끈 임 뺌을 정부군 제8사단장으로, 임 판나를 제4군 부사령관으로, 임 산Yim San을 안롱웽 첫 군수로 몫몫이 임명했다.

12월 18일, 투항한 누온 찌어와 키우 삼판은 빠일린으로 옮겨 새 삶터를 마련했다.

그리고 1999년 2월 9일, 부총리 겸 국방장관 띠어 반Tea Banh이 안롱웽으로 날아와 성대한 투항식을 했다. 투항자들은 정부군 군복으로 갈아입으며 크메르루즈 역사의 마지막 페이지를 닫았다.

안롱웽에서 가택연금 상태로 반년을 보낸 '브라더 넘버 파이브' 따목은 6월 4일 프놈펜군형무소에 갇혔다. 따목은 법적 절차 없는 옥살이로 말썽 빚다 2006년 7월 21일 고혈압과 결핵 합병증으로 사망했다.

'브라더 넘버 투' 누온 찌어는 2007년 9월 19일 체포당한 뒤, 2014년 크메르루즈 전범을 다루는 캄보디아특별재판소(ECCC)에서 반인륜범죄로 종신형을 받고 복역하다 2019년 8월 4일 패혈증과 장기부전으로 사망했다.

'브라더 넘버 스리' 이엥 사리는 2007년 11월 12일 체포당해 캄보디아특별재판소에서 반인륜범죄와 대량학살 재판을 받던 2013년 3월 14일 심부전증으로 사망했다.

마지막 남은 크메르루즈 지도자 '브라더 넘버 포' 키우 삼판은 2007년 11월 19일 체포당해 캄보디아특별재판소에서 반인륜범죄로 종신형을 받고 복역 중이다.

그리고 안롱웽 역사는 크메르루즈와 함께 무덤 속에 갇히고 말았다. 오늘 안롱웽에서 역사의 자취를 찾을 수 없는 까닭이다. 이 땅에 삶 붙여온 사람들은 그저 뽈 뽓을 '악마'로 따목을 '영웅'으로 여기며 속절없이 한 시대를 살아가고.

안롱웽엔 악마도 영웅도 없다. 오직 해방과 혁명을 꿈꾸었던 실패한 영혼들만 헤매고 있을 뿐. 그 실패 대가는 모두에게 비극적 최후를 안겨주었고.

돌이켜보면 캄보디아 현대사의 비극, 그 책임에서 자유로운 영혼은 아무도 없다. 크메르루즈 정치국원과 사단장을 거쳐 베트남 괴뢰정부를 이끌었던 헹 삼린도, 크메르루즈의 민주깜뿌치어 정부에서 국가수반 노릇 했던 노로돔 시아눅 전 국왕도, 크메르루즈와 손잡고 반베트남전선을 폈던 라나릿 전 총리도, 크메르루즈 대대장 출신으로 세계 최장기 권력을 누려온 훈 센 총리도 모두 마찬가지다.

이들은 제 몸에 걸쳤던 크메르루즈를 악마로 만들어 질기게 살아남은 둔갑술의 귀재들이다. 그 누구도 크메르루즈와 인연을 입에 올린 적 없다. 그리고 캄보디아 현대사는 승리한 자들의 오늘만 기록했다. 크메르루즈의 멍에를 지닌, 크메르루즈한테 신세진 캄보디아 현대사를 다시 써야 하는 까닭이다.

안롱웽을 둘러보다 느낀 불편함과 분노, 그 감추고 비틀어버린 무덤 속 역사를 꺼내 일기에 남긴다. 안롱웽을 찾는 이들이 역사를 몸에 걸치고 편안하게 여행하길 바라며.

얼룩진
크메르의 영광

2020년 2월 29일
쁘라삿쁘레아위히어Prasat Preah Vihear | 캄보디아

캄보디아 현대사와 마주친 안룽웽의 어제는 좀 무겁고 피곤했다. 뒤척인 지난밤도 너무 짧았다.

아침 7시, 게슴츠레한 눈으로 망설인다. 좀 더 빈둥거릴까 말까. 피가 뇌두질 않는다. "아침 먹으러 가자." 방문 두드린 게 두 번째다. 우리는 게스트하우스를 나서며 눈짓으로 단박에 아침 메뉴를 정한다. '놈빵'을 찾아간다. 프렌치 바게트라고도 하는 이 놈빵은 프랑스 식민지 유산임엔 틀림없지만, 파리에서도 맛보기 힘든 캄보디아 명물이 된 지 오래다. 길거리나 시장판 어디든 좋다. 누구든 이 놈빵으로 출출한 아침 배를 채우고 나면 캄보디아가 달리 보일 것이다.

입맛에 따라 버무린 돼지고기를 넣은 '놈빵 삭 츠로욱', 소고기 구이를 넣은 '놈빵 삭 꼬', 생선을 넣은 '놈빵 뜨라이 코'를 골라 먹

으면 된다. 뭐가 됐든 그 고갱이는 절인 파파야, 당근, 오이, 고수, 고추로 버무린 무침이다. 담백한 빵 맛만 원한다면 내장 없이도 그만이다. 가방에 꽂아 다니며 틈틈이 꺼내 먹어도 좋다.

프놈뻰 벗어나면 먹을 데가 마땅찮았던 1990년대 우리는 아침, 점심, 저녁 모두 놈빵으로 때우곤 했다. 내남없이 가방에 기다란 놈빵을 꽂고 취재 현장을 돌아다녔던 시절이다.

포성이 날뛰던 밤을 지나 놈빵 한 조각에 커피 한잔으로 맞았던 전선의 아침, 우리한테 그 놈빵은 무사함을 확인하는 신호였다. 우리는 말라비틀어진 놈빵을 씹으며 전쟁 속에서 작은 행복 읽는 법을 배웠다. 놈빵과 함께했던 캄보디아의 그 아침들은 내게 축복이었다. 하여 나는 지금도 캄보디아 하면 놈빵부터 떠올린다.

아침부터 쪼아대는 땡볕을 맞으며 쁘라삿쁘레아위히어로 간다. 이 사원은 안롱웽에서 동북쪽 82km 지점, 당렉산맥을 가르는 캄보디아와 타이 국경선 한복판에 자리 잡았다.

안롱웽을 벗어나 지방도 2648을 따라 동쪽으로 32km 떨어진 뜨라뻬앙쁘라삿에서 커피 한잔, 이제 동북쪽으로 길을 잡아 나간다. 여기서부터 앙끄롱Ang Krong까지 44km는 메마른 벌판이 이어진다. 드문드문 새로 지은 이주민 집들이 눈에 띌 뿐, 거의 무인지대다.

앙끄롱에서 1km쯤 떨어진 매표소에서 입장권을 산 뒤, 북으로 국도 62를 따라 타이 국경을 향해 6km 더 달린다. 막판 400~500m 구간은 그야말로 곡예 등반이다. 기울기 40도쯤 될 법한 이 가파른 언덕은 운전 경력 45년에 사륜구동 자동차를 몰고 온 피도 가까스로 오를 만큼 애먹는다.

　여행자를 위해 한마디, 만약 사륜구동 자동차에 산악 운전 경험이 없다면 매표소 앞에서 손님 기다리는 현지 자동차나 오토바이로 바꿔 타기를 권한다. 물론 이들은 한 눈 감고도 이 산길을 들락거리는 전문가다. 자동차를 돌릴 수도 없는 이 산길은 곳곳이 낭떠러지다. 사원을 보러 와서 쓸데없이 목숨 건 모험할 일은 없으므로!

　안롱웽에서 쁘라삿쁘레이위히어 들머리까지 두어 시간 걸렸다. 기념품 가게와 식당 예닐곱을 지나 왼쪽에 타이 국경을 끼고 나지막한 등성이를 따라 500m쯤 걸어 오른다.

　마지막으로 여기를 찾았던 게 2013년이었으니, 꼭 7년 만이다. 그새 아주 두터워진 무장이 눈에 띈다. 타이 국경 쪽을 향해 10m쯤마다 콘크리트 벙커에다 크고 작은 병영이 들어찼다. 이건 2008~2011년 타이군과 캄보디아군이 쁘라삿쁘레아위히어 언저리 영토를 놓고 난타전 벌일 때도 볼 수 없던 풍경이다. 군인도 전보다 훨씬 늘었다. 어떤 이들은 사복을 걸쳤지만, 우리 눈은 못 속이니까. 여차하면 다시 치고받을 준비해왔다는 뜻이다.

　벙커가 끝나는 지점에서 하늘 찌를 듯 솟은 초대형 캄보디아 국기와 유네스코(UNESCO) 깃발 너머 웅장한 사원이 모습을 드러낸다.

9~11세기에 지은 이 사원은 자연과 어우러진 설계에서부터 조각과 장식에 이르기까지 크메르 건축물 가운데 가장 빼어난 작품으로 꼽을 만하다. 북쪽 하단 일부를 빼면 원형이 고스란히 살아남아 더 높은 가치를 뽐내고.

덩치로 따지자면 앙꼬왓Angkor Wat에 견줄 바 아니지만, 끝없이 펼쳐진 캄보디아 대평원을 내려다보는 당렉산맥 525m 봉우리 뽀이따디Poy Tadi에 앉은 그 맵시만큼은 가히 천상계다. 안개라도 짙게 드리운 날엔 내가 하늘에 오른 건지 사원이 땅으로 내려온 건지 헷갈릴 만큼 몽환적 기운을 뿜어댄다. '신께 바치는 성스러운 사원'이란 쁘라삿쁘레아위히어 속뜻에 절로 고개가 끄덕여지고.

앙꼬제국Angkor Empire(크메르제국)을 빼놓곤 캄보디아 역사를 말할 수 없다. 802년 자야와르만2세왕King Jayavarman II이 프놈꿀렌Phnom Kulen에서 스스로 짜끄라와르띤Chakravartin(왕들의 왕)이라 선언한 뒤부터 인도차이나를 지배한 대제국이었다. 서쪽으로 타이와 버마, 북쪽으로 중국 윈난, 동쪽으로 베트남, 남쪽으로 말레이시아 일부까지 품었던 거대한 앙꼬제국의 영광은 타이의 아유타야왕국(1350~1767년)에 밀린 뽄히어얏왕King Ponhea Yat이 1431년 수도를 프놈뻰 북서쪽 우동Oudong으로 옮길 때까지 600년 넘게 이어졌다. 이 쁘라삿쁘레아위히어가 그 앙꼬제국의 유산이다.

여기 올 때마다 들고 온 화두가 캄보디아-타이 국경분쟁인지라 발길은 자연스레 국경선부터 쫓아간다. 얕은 계곡을 따라 건천이 흐르는 사원 북쪽 끄트머리에서부터 4.6km² 땅이 캄보디아-타이 영토분쟁지역이다.

현재 두 나라가 국경선으로 삼는 이 건천은 폭이 10m도 채 안 돼 전투라도 벌어지면 서로 코앞에서 방아쇠를 당기는 아주 살벌한 곳이다. 전투가 없을 때는 두 쪽 군인들이 건너다니며 먹을거리도 나눠 먹곤 했지만, 어쨌든.

이번엔 국경선 풍경이 좀 낯설다. 7년 전과 달리 건너편 타이는 방어선을 안쪽으로 뺀 듯, 병영도 군인도 안 보인다. 대신 건천을 따라 두터운 철조망을 쳐놓았다. 이젠 서로 발길을 끊었다는 뜻이다.

캄보디아 쪽은 전보다 더 많은 벙커로 진지를 다져놓았다. 관광객 출입금지 구역인 진지 안쪽으로 50~60m를 태연스레 걸어 들어간다. 몇몇 군인이 눈을 흘기는가 싶더니, 이내 소대장쯤 되는 이가 다가온다. "여긴 들어오면 안 되는데, 어떻게 왔는지?" 기자라고 하면 허가증이니 뭐니 복잡해진다. 이럴 땐 그저 캄보디아 팬인 어리숙한 관광객 흉내 내는 게 상책이다. "왜 여기 군인들이? 저긴 왜 철조망을?" "저쪽은 타이군이 점령해서." "캄보디아 땅이라던데 왜 타이가?" 빙긋이 웃는 그이가 되묻는다. "근데, 어디서 왔나?" "한국." "아, 내 사촌동생이 한국에서 일하는데."

됐다. 말문이 트였다. 우군이라 여겼는지 소대장은 기꺼이 앞장서 국경선과 맞닿은 진지 안쪽까지 구석구석 보여준다. 여기도 7년 전에 견줘 방어선이 훨씬 두터워졌다. 건천을 따라 타이 쪽이 철망을 친 데 비해 캄보디아 쪽은 아예 콘크리트 벙커를 빼곡히 구축했다. 요즘 전투가 없으니 중화기야 볼 수 없지만 그래도 제법 많은 군인이 어슬렁댄다. 잠정적 국경선인 이 건천을 보면 누가 공세고 누가 수세인지 또렷이 드러난다. 빼앗으려는 쪽보다 지키려는 쪽 의지가 훨씬 더 굳게 보이고.

이 쁘라삿쁘레아위히어를 낀 두 나라 영토분쟁은 1863년 프랑스가 캄보디아를 식민지로 삼킨 뒤부터 비롯되었으니 꽤 긴 역사를 지녔다. 1867년 프랑스-시암협약Franco-Siamese Treaty을 통해 타이는 바땀방Battambang을 비롯한 4개 주를 제외한 캄보디아 지배권을 포기했다. 이어 1904년 프랑스-시암협약에 따라 타이는 그 4개 주를 그리고 프랑스는 르이Loei와 뜨랏Trat 2개 주를 서로 반환하면서 타이-캄보디아 국경선을 물길에 따라 긋기로 했다.

그에 따라 1907년 프랑스가 두 나라 국경위원회를 대표해서 타이-캄보디아 국경 지도를 만들었다. 여기서 쁘레아위히어가 사달 났다. 강을 따라 그은 국경선에서 쁘레아위히어를 낀 물줄기가 타이 쪽으로 흐르는데 정작 지도에는 캄보디아 영토 안으로 표시한 탓이다. 문제는 그 지도를 공식적으로 인정하고 국경선에 합의한 타이 정부였다. 타이 정부가 독자적인 측량을 통해 그 지도의 오류를 발견한 건 1930년대 들어서였다.

티격대던 타이 정부는 1940년 프랑스와 맺었던 협약을 깨고 캄보디아 4개 주를 비롯해 이웃 라오스와 버마 일부를 점령했고, 그 과정에서 캄보디아의 쁘레아위히어주Preah Vihear Province를 아예 타이의 나콘짬빠삭주Nakhon Champa Sak Province로 강제 편입해버렸다. 결국 그해 10월부터 이듬해 5월까지 프랑스와 타이는 난타전을 벌였다. 이름하여 프랑스-타이전쟁Franco-Thai War이었다.

이어 제2차 세계대전에서 일본의 동맹국이었던 타이는 종전 뒤 패전국 신분으로 모든 점령지를 반환했다. 그러다 1953년 캄보디아 독립과 함께 프랑스가 떠나자 타이군은 1954년 다시 쁘라삿쁘레아위히어 일대를 무력 점령했다.

실랑이 벌이던 타이와 캄보디아는 1962년 쁘레아위히어 영토주권 문제를 국제사법재판소(ICJ)로 끌고 갔다. 타이 정부는 프랑스 지도의 오류를 들이대며 쁘레아위히어의 영토주권을 주장했으나 국제사법재판소는 이미 그 지도를 1907년 두 정부가 인정했고 너무 오래된 일이라며 캄보디아의 손을 들어주었다. 그렇게 해서 쁘라삿쁘레아위히어는 캄보디아의 소유가 되었고, 타이군은 철수했다. 그러나 쁘라삿쁘레아위히어 언저리 영토에 대한 판결이 빠져 불씨를 남겼다. 그 판결을 놓고 캄보디아 정부는 사원에 딸린 언저리 영토까지 포함한 것으로, 타이 정부는 사원만으로 서로 유리하게 해석하며 지난한 분쟁을 겪어왔다.

해묵은 이 논란이 2008년 다시 되살아났다. 두 나라는 쁘라삿쁘레아위히어의 유네스코 세계유산 등재를 놓고 날카롭게 부딪쳤다. 2007년까지만 해도 캄보디아 정부의 등재 계획을 지원했던 타이 정부가 2008년 1월 "타이 정부 동의 없는 등재 인정 안 한다."며 갑자기 태도를 바꿨다. 3월 들어 캄보디아 정부가 등재 계획을 타이 정부에 전했고, 6월 18일 두 정부는 등재 합의를 공동성명서로 밝혔다.

그러자 6월 22일 친왕정 옐로셔츠를 비롯한 타이 극우민족주의자들이 쁘레아위히어 국경으로 몰려가 유네스코 등재 반대 시위를 벌였고, 캄보디아 정부는 시위 주동자를 불법 월경 혐의로 체포해 말썽이 났다. 방콕과 프놈뺀에서 서로 상대국을 비난하는 극우민족주의 시위대가 날뛰던 가운데, 7월 8일 유네스코가 쁘라삿쁘레아위히어를 세계유산에 올렸다.

곧장 두 정부가 쁘레아위히어 국경에 1,000 웃도는 병력과 중화기를 투입해 으르렁대더니, 9월 들어 기어이 불을 뿜었다. 그로부터 대포를 동원한 무력 충돌이 2011년 12월 15일까지 이어졌다. 그 충돌로 캄보디아는 군인 열아홉과 시민 둘, 타이는 군인 열여섯과 시민 둘이 각각 목숨을 잃었고 쌍방 200여 명 중상자가 났다. 총탄과 포탄이 날아든 쁘라삿쁘레아위히어도 상처를 입었다.

두 정부는 무력 충돌 중이던 2011년 4월, 쁘레아위히어 영토주권 문제를 1962년에 이어 다시 국제사법재판소로 끌고 갔다. 2013년 11월 11일, 소장 페테르 톰카Peter Tomka가 이끈 17인 재판정은 만장일치로 "쁘라삿쁘레아위히어의 캄보디아 영토주권 인정한 1962년 판결을 재확인한다."며 타이 정부한테 군인, 경찰, 경비대 철수 의무를 지웠다. 그러나 이번에도 국제사법재판소는 캄보디아 정부가 제소한 쁘라삿쁘레아위히어 언저리 4.6km² 영토주권에 대한 판결 없이 "캄보디아와 타이는 국제사회와 협력해서 세계문화유산 지역을 보호하라."는 훈수로 때워 여전히 불씨를 살려놓았다.

그 결과 국제사법재판소의 실효성에 의문만 남겼고, 타이와 캄보디아 정부는 1962년과 다를 바 없이 또 서로 유리하게 판결문을 해독했다. 타이 외무장관 수라뽕 또위짝차이꿈Surapong Tovichakchaikul은 "두 나라 모두 받아들일 만한 판결이었다."며 윈-윈을 강조했고, 캄보디아 외무장관 하오 남홍Hor Nanhong은 "아주 좋은 결과다. 만족스럽다."며 에둘러 승리감을 드러냈다. 그렇다면 두 나라 총리 말을 들어볼 만하다.

"합리적인 판결에 따라 협상은 하되 타이 주권만은 지켜낼 것이다. 국경은 우리 군대가 잘 통제하고 있다." 타이 총리 잉락 친나왓Yingluck Shinawatra 방송 연설이었다.

"분쟁의 평화적 해결 강조한 역사적 중요성 지닌 판결이다. 우린 서로를 긴장시킬 어떤 자극적 행동도 하지 않을 것이다." 캄보디아 총리 훈 센 성명서였다.

두 총리도 서로 승리를 우겼지만 어감과 그 속내는 좀 다르다. 잉락의 강한 다짐과 훈 센의 여유, 누가 승리자일까? 캄보디아는 잃은게 없다. 1962년에 이어 다시 한번 쁘라삿쁘레아위히어 소유권을 인정받았고, 4.6km² 땅도 내주진 않았으니. 그러나 타이는 아무것도 얻은 게 없다. 쁘라삿쁘레아위히어도 4.6km² 땅도 못 얻었다. 그럼에도 두 정부가 모두 만족했다는 건 애초 현상유지정책을 바탕에 깔고 있었다는 뜻이다. 그러면 두 정부가 중무장 병력을 동원해 서로 치고받았다는 건 영토 문제를 정치적으로 이용해먹었다는 증거다.

　말할 나위도 없이 쁘레아위히어 영토분쟁 본질은 국가를 앞세운 민족주의다. 그 바탕엔 국가로 위장한 정부가 도사렸고. 타이와 캄보디아는 그동안 이 극우적 이념을 내세워 심심찮게 부딪쳤다. 그좋은 본보기가 2003년 1월 29일 프놈뻰 폭동이었다.

　"타이 배우 수와난 꽁잉이 앙꼬왓 주인을 타이라고 했다." 캄보디아 언론에 나돈 이 말 한마디에 시위대가 타이 대사관과 타이항공을 비롯한 타이 재산을 불태운 사건이다. 앞서 10여 일 동안 이미 폭동 낌새가 있었으나 캄보디아 정부는 손 놓고 바라보기만 했다. 그러자 방콕 쪽에서도 시위대가 캄보디아 대사관으로 몰려가 거칠게 난동 부렸다. 그런 말을 한 적 없다는 배우 수와난의 진실 여부를 떠나 소문만으로도 폭동이 일 만큼 두 나라 사이에는 도발적인 민족주의 기운이 흘렀다.

　이런 극우민족주의가 영토주권을 놓고 겨룬 2008년 쁘레아위히어 무력 충돌 밑감이었다.

　존경받아온 타이 역사학자 찬윗 까셋시리Charnvit Kasetsiri 말부터 들어볼 만하다.

　"두말할 것도 없다. 쁘라삿쁘레아위히어는 역사적으로 크메르제국이 만들었고, 법률적으로도 1962년과 2013년 두 번에 걸쳐 캄보디아 소유로 확정되었다. 방콕과 프놈뻰 두 정부와 극우들이 이 사원을 볼모로 잡고 정치적 놀음 벌여온 게 본질이다."

실제로 그즈음 캄보디아 총리 훈 센은 2006년 쿠데타로 쫓겨난 탁신 친나왓 전 타이 총리를 경제고문으로 임명해 방콕 쪽 군부와 반탁신 진영을 크게 긁어놓았다. 그게 2008년 쁘라삿쁘레아위히어의 유네스코 등재를 놓고 반탁신 극우민족주의 옐로셔츠가 "훈 센과 결탁한 탁신이 타이 영토를 팔아먹었다."고 외치며 국경 시위를 벌였던 배경이다.

두 나라 관계는 2008년 12월 타이에서 반탁신 군부 지원을 받은 민주당(DP)의 아삐싯 웨차치와 총리가 등장하자 극한 대립으로 치달았다. 2008년 9월 소규모 총격전을 벌였던 국경엔 2009년부터 로켓유탄발사기(RPG)가 튀어나오더니 2011년 들어서는 120mm 포를 비롯한 중화기가 불을 뿜었다.

눈여겨보면 그 국경 충돌이 달아오른 2009년은 타이와 캄보디아 두 정치판이 모두 뒤틀리던 때였다. 방콕에서는 군사정부에 이어 군부 도움받아 집권한 민주당이 합법성 시비에 휘말렸고, 프놈뻰에서는 장기집권해온 훈 센이 총선 들머리에 큰 혼란을 겪고 있었다. 이게 두 정부가 민족주의를 앞세워 쁘라삿쁘레아위히어를 정치적 재물로 삼았던 배경이다. 걸핏하면 국경 긴장을 정치적 연장으로 써먹는 타이와 캄보디아 정치판의 해묵은 수법이었다.

여기서 두 나라 무력 충돌이 시들해진 2011년 중반을 되짚어볼 만하다. 프놈뻰에서는 훈 센이 총선 압승을 발판 삼아 집권연장에 성공했고, 방콕에서는 8월 들어 탁신의 여동생 잉락 친나왓이 총리로 등장했다. 두 정부가 서로 입맛 맞는 상대를 얻은 시점이다. 정치적 난제를 해결한 훈 센 정부도 탁신을 앞세운 잉락 정부도 더 싸울 일이 없어진 셈이다. 두 정부는 보란 듯이 우정을 앞세웠고, 그해 12월 15일 국경 결투가 막을 내렸다.

그로부터 9년이 지났다. 그사이 방콕엔 2014년 쿠데타로 집권한 쁘라윳 짠오차 군사정부가, 프놈뻰엔 여전히 훈 센 총리의 전체주의 정부가 굴러왔다. 무장 철학을 지닌 이 두 체제는 서로 충돌하기 좀 거북한 상대다. 국경이 조용한 까닭이다.

그렇다고 쁘레아위히어전선이 아주 가셨다는 말은 아니다. 쁘라삿쁘레아위히어를 끼고 두 쪽이 묻어놓은 숱한 지뢰와 벙커와 병력은 수틀리면 다시 치고받을 수 있다는 뜻이다. 7년 전에 견줘 더 두터워진 무장이 그 증거다. 여긴 방콕과 프놈뻰 정치 상황에 따라 언제든 불 뿜을 태세 갖추고 잠깐 쉬고 있는 전선이다. 19세기 말부터 타이와 캄보디아 국기가 번갈아 꽂힌 이 동네 4.6km² 땅은 여전히 주권 공백 상태다. 언제든 힘센 놈이 차지할 수 있는 땅이란 말이다.

이쯤에서 그동안 쁘레아위히어 국경분쟁을 취재해온 내 관전평을 하나 올린다. 무엇보다 1962년과 2013년 두 차례 국제사법재판소 판결 과정을 짚어볼 만하다. 두 대목이 눈에 띈다. 하나는 흔히들 가장 중요하다고 믿어온 실효적 지배와 지도 같은 사료들이 결정적 단서가 못 되었다는 사실이다. 1962년 판결을 보자. 그 시절 쁘라삿 쁘레아위히어와 그 언저리 영토는 타이 정부군이 지배했고, 타이 정부는 1907년 옛 지도의 오류를 지적하며 과학적인 실측 지도를 비롯한 온갖 사료들을 들이댔다. 그러나 결과는 캄보디아 손이 올라갔다. 2013년 판결도 마찬가지였다. 4.6km² 영토분쟁지 일부를 지배해온 타이 정부는 1962년보다 더 많은 사료와 문서를 증거로 내세웠지만 또 캄보디아 판정승으로 끝났다.

4.6km² 영토주권을 미제로 남긴 두 판결이 언뜻 무승부로 보이지만, 현상유지는 힘이 약한 캄보디아 입장에서 승리였다. 타이가 영토를 얻지 못한 실패였다면, 캄보디아는 영토를 잃지 않은 성공이었다.

다른 하나는 법률단 구성의 중요성이다. 이게 고갱이였다. 1962년 재판을 다시 보자. 캄보디아 정부는 제2차 세계대전 뒤 냉전기를 쥐고 흔들었던 미국 전 국무장관 딘 애치슨Dean Gooderham Acheson을 대표 변호사 삼아 국경 지도를 그렸던 프랑스 전문가들로 법률단을 꾸렸다. 타이 정부는 국제사회에 낯선 영국 정치인 프랭크 소스키스Frank Soskice를 법률단 대표로 내세웠다. 여기서 이미 승부가 갈렸다. 그 재판은 얼핏 인도차이나 식민지를 놓고 다퉜던 프랑스와 영국의 대리전 모습을 보였지만, 가장 중요한 건 20세기 최강자 미국이 끼어들었다는 사실이다. 국제사법재판소는 유엔 산하 기구고, 예나 이제나 유엔을 쥐락펴락해온 게 미국이었다. 결과는 뻔했다. 미국을 낀 캄보디아의 승리였다.

2013년 국제재판을 보자. 타이 정부는 1962년 재판에서 교훈을 얻은 듯, 제네바 주재 자국 대사를 대표로 미국과 프랑스 학자들을 동원해 대규모 법률단을 꾸렸다. 캄보디아 정부는 영국에 본사를 둔

국제영토분쟁 전문 다국적 로펌인 에버쉐즈Eversheds를 앞세웠다. 이렇듯 두 정부가 짠 국제 법률단은 1962년과 정반대였다. 그러나 그 사이 국제사회는 다국적 로펌이 쥐고 흔드는 세상으로 바뀌어 있었다. 재판 결과 이번에도 다시 캄보디아 손이 올라갔다.

결론적으로 두 번 모두 세상 돌아가는 판을 정확하게 꿰뚫어 본 캄보디아 정부의 전략이 빛난 승리였다. 일본과 중국이 덮어 놓고 말썽부리는 섬을 지닌 우리가 눈여겨볼 만한 대목이다.

제2차 세계대전 뒤 오늘에 이르기까지 거의 모든 나라가 국경 영토주권 문제로 분쟁을 겪어왔다. 근대민족국가와 식민주의가 낳은 고질적 패악임은 말할 나위도 없다. 이제라도 편협한 민족주의와 이기적인 국가주의를 걷어내고 평화공존 철학을 가르치지 않는 한, 이 영토분쟁은 대를 이어 피를 부를 것이다.

그동안 쁘레아위히어 영토분쟁을 취재하면서 숱한 이들과 나눴던 이야기 가운데 한 토막을 소개하고 싶다.

"처음부터 나라를 가르는 지도란 게 어디 있었나. 세상 만물이 변하는데 지도라고 변하지 말란 법이 어디 있고. 그깟 지도란 건 다시 그리면 그뿐이야. 사람을 중심에 놓고 지도를 그리란 말이야. 왜 정치가 끼어들어 남의 사원(쁘라삿쁘레아위히어)을 내 것이라 우겨. 둘러봐, 사원 짓고 운영하려면 그 언저리 땅도 있어야 할 것 아냐. 사원만 달랑 짓는 경우가 어디 있어? 상식적으로 쁘라삿쁘레아위히어 크기라면 언저리 땅도 엄청 필요한 거야. 근데 사원은 캄보디아, 언저리 땅은 타이라고, 그게 말이 돼? 차라리 사원도 타이 것이라고 우기든지. 그깟 도랑을 국경선이라고? 도랑 낀 사원이 타이에만도 얼마나 많아."

사회 문제를 향해 거침없이 내질러온 타이 스님 낏띠삭 낏띠소바노Kittisak Kittisobhano 말이다. 정치에 주눅 든 타이 불교계에서 양심껏 말한다는 건 그리 쉬운 일이 아니다. 국가나 민족이 걸린 문제라면 더 그렇다.

캄보디아군 진지를 나와 이제 시바Shiva 신에게 바쳤다는 쁘라삿쁘레아위히어를 둘러보러 간다. 이 사원 북쪽 끝과 맞닿은 진지에서부터 남쪽을 향한 등산이다. 기울기 60도는 될 법한 가파른 섬돌을 하나씩 오른다. 폭 8m, 길이 78.5m에 바위를 깎아 만든 섬돌 163개가 까마득하기만. 한 스무 발짝 올랐을까, 벌써 숨이 찬다. 도시에 길든 내 허파와 심장이 괴로움을 토해낸다.

이건 성스러운 신들의 세계로 들어가려면 반드시 거쳐야 하는 고행의 길이라고들 한다. 아, 굳이 캄보디아군 진지를 볼 필요 없는 관광객은 이 고행을 안 겪어도 된다. 현재 관광용으로 다듬어놓은 길이 이 섬돌 끝나는 중턱에서 시작하니.

163 섬돌을 오르면 허물어진 사원 일부가 눈에 들고 여기서부터 또 섬돌이 이어진다. 남북을 축으로 800m에 이를 만큼 길게 뻗친 쁘라삿쁘레아위히어는 보통 직사각형에 성단이 동쪽을 바라보는 전통 크메르 사원들과 아주 딴판이다. 물론 이 세상 중심이자 힌두 신들이 사는 메루산Mount Meru을 상징하는 건축양식이야 여느 크

메르 사원과 다를 바 없지만.

사암으로 지은 이 사원은 다섯 고쁘라Gopura를 섬돌로 이어놓았다. 고쁘라란 건 인디아 남부 건축양식으로 힌두 사원의 경내를 드나드는 문이다. 말하자면, 북쪽 타이 국경 평원 120m 지대에서부터 남쪽 525m 산꼭대기 뿌이따디 사이에 버틴 다섯 고쁘라를 하나씩 지날 때마다 가파른 섬돌이 나온다는 뜻이다. 그러니 하늘에서 내려다보지 않는 다음에야 쁘라삿쁘레아위히어를 한눈에 다 담을 길은 없다.

사원을 지나 바위투성이 뿌이따디에 앉아 캄보디아 대평원을 바라본다. 하늘과 땅이 처음 열린 날, 그 태초의 기억을 간직한 압도적 기운에 질려 그동안 품고 살아온 자질구레한 것들을 모조리 토해낸다. 나와 함께 우주의 쓰레기로부터 온 이 자연 앞에서만큼은 겉치레니 거짓 따위로 내 성분을 감출 일이 없으므로.

머잖아 내가 돌아가야 할 땅이 가물거리는 아지랑이 사이로 얼핏얼핏 솟아오른다. 비록 숨은 헐떡이지만 마음만은 참 편하다.

오늘에야 비로소 깨닫는다. 저 아래 북쪽 끝 섬돌에서부터 고행에 들어 사원을 지나며 영혼을 씻고 마침내 남쪽 산꼭대기에서 몸뚱어리를 쉬도록 이끄는 쁘라삿쁘레아위히어의 깊은 뜻을!

온갖 미혹을 뿌리치고 자아에 드는 과정을 단 한 마디 말도 없이 이토록 자연스레 가르친 크메르 선조들의 지혜 앞에 절로 머리가 숙여진다.

찾는 이가 아주 드물었던 시절, 나는 두 번이나 홀로 이 뽀이따
디 꼭대기에 앉았지만 그저 독점적 낭만만 떠올렸을 뿐이다. 아름답
다거나 위대하다거나, 홀로 느끼는 자랑스러움 같은.

한 시간쯤 앉았던 뽀이따디를 이제 떠날 때가 되었다. 도시까지
품고 갈 기운을 차곡차곡 챙기는 동안 사원 쪽에서 정겨운 재잘거
림이 올라온다. 이내 젊은이 예닐곱이 기념촬영으로 난리를 피운다.
바위 끄트머리에서 아슬아슬 곡예 촬영도 마다 않는다. 사진을 찍
고 하산하던 이들이 이제야 이방인을 보았는지 반갑게 인사를 건넨
다. 시엠립에서 온 이 초등학교 선생들은 한국 사람인 걸 알고는 방
탄소년단에다 들어본 적도 없는 드라마 제목과 배우 이름까지 줄
줄줄 쏟아낸다.

이 외진 국경 골짜기 사원에서 한류라!

어느덧 내겐 한류 팬을 실망시키지 않아야 할 의무가 주어졌다.
참 열없지만 기꺼운 마음으로 들어준다. 군데군데 맞장구도 쳐줘야
한다. 이유는 오직 하나, 내 고향이 한류 생산지니까.

뽀이따디를 내려오다 100m쯤 떨어진 동쪽 옆구리에 진 친 캄보
디아 정부군 병영을 잠깐 둘러본다. 이것도 전엔 없던 시설이다. 처
마 밑에서 땡볕을 피하던 군인들이 쉬었다 가란다. 물이나 한잔 얻어
마시고 갈까 했더니 수박과 망고를 내놓는 터에 또 퍼질고 앉는다.
이런저런 이야기 끝에 군인들 입에서 또 단골메뉴가 나온다. 타이와
베트남을 향한 적개심이다. 그 이유는 간단하다. 이 쁘라삿쁘레아위

히어를 넘보았던 이들에 대한 증오심의 대물림이다. 이 군인들 적개심과 증오심은 다른 말로 쁘라삿쁘레아위히어가 지닌 역사성이다.

흔히들 "앙꼬왓을 손에 쥔 자가 캄보디아의 지배자다."고 말해왔다. 캄보디아 국기가 그 증거다. 1953년 프랑스로부터 독립한 캄보디아왕국(1953~1970년)에서부터 크메르공화국(1970~1975년), 민주깜뿌치어(1975~1979년), 깜뿌치어인민공화국(1979~1989년), 캄보디아(1989~1993년)를 거쳐 현 캄보디아왕국(1993년~현재)에 이르기까지 모든 국기의 중심에는 앙꼬왓이 담겼다. 왕정, 공화정, 괴뢰정부, 좌파정부, 우파정부 가림 없다. 어떤 정파 어떤 정부가 들어서든 캄보디아 국기는 오직 앙꼬왓이었다.

그러면 쁘라삿쁘레아위히어를 보자. 이 사원은 대중적 상징성에서야 앙꼬왓에 견줄 바가 아니다. 그러나 정치적, 군사적, 지리적, 전략적 상징성만큼은 앙꼬왓 못잖다. 예부터 쁘라삿쁘레아위히어는 국토 최북단 지표로서 캄보디아 지배자라면 반드시 지켜내야 할 고지 제1호였다. 이 사원을 못 지킨 권력은 어김없이 역사에서 밀려났다. 하여 쁘라삿쁘레아위히어는 캄보디아 근현대사를 통해 지난한 전쟁터가 되었다.

백 년도 더 된 타이와 영토분쟁은 제쳐두고라도 그동안 숱한 정파들이 쁘라삿쁘레아위히어 점령전을 벌였다. 1975년 4월 17일, 크메르루즈가 미국 괴뢰정부 론 놀을 몰아내고 캄보디아를 해방했을 때도 론 놀의 군대가 최후까지 버틴 곳이 쁘라삿쁘레아위히어였다.

크메르루즈가 한 달 동안 사력을 다해 5월 22일 쁘라삿쁘레아위히 어를 점령하면서 실질적인 해방전쟁이 끝났다.

이어 1978년 12월 25일 캄보디아를 무력 침공한 베트남군도 주 력을 투입해 사생결단으로 맞선 크메르루즈를 물리치고 쁘라삿쁘레 아위히어를 손에 넣었다. 베트남 정부도 이 외진 산악에 자리 잡은 쁘라삿쁘레아위히어의 상징성을 그만큼 중요하게 여겼다는 뜻이다.

여기서 이른바 '쁘레아위히어의 비극'이 터진다. 베트남군이 침 공하자 수십만 캄보디아 피난민이 타이 국경을 넘어 난리가 났다. 그러던 1979년 6월 12일, 끄리엥삭 차마난Gen. Kriangsak Chomanan 타 이 총리 정부가 난민 42,000여 명을 돌려보낸다며 쁘라삿쁘레아위 히어로 실어갔다. 그러고는 타이 군인들이 쁘라삿쁘레아위히어 언 저리 벼랑으로 난민을 몰아붙였다. 난민들은 길도 없는 낭떠러지 지뢰밭으로 떨어졌다. 명령을 거부한 이들은 현장에서 사살당했다. 그즈음 유엔난민기구(UNHCR)는 사망자 3,000명과 실종자 7,000명을 보고했다. 그러나 이 쁘레아위히어 난민학살사건은 제 대로 된 조사도 없이 역사에서 묻히고 말았다. 오히려 유엔과 국제 사회는 재발 막겠다며 타이 정부한테 10년 넘도록 막대한 난민 지 원금을 안겼을 뿐.

그로부터 크메르루즈는 쁘라삿쁘레아위히어 탈환에 갖은 애를 썼지만 중화기를 동원한 베트남군을 당해낼 수 없었다. 쁘라삿쁘레 아위히어는 1989년 군대를 철수할 때까지 베트남이 쥐고 있었다.

그 기간 동안 베트남은 캄보디아의 지배자였다. 역사는 그렇게 쁘라 삿쁘레아위히어를 지켜낸 자의 편이었다.

베트남군이 철수하고 4년이 지난 1993년, 크메르루즈는 캄보디아 정부군이 쥐고 있던 쁘라삿쁘레아위히어를 재탈환했다. 그러나 1998년 12월, 크메르루즈가 정부군에 투항하면서 쁘라삿쁘레아위히어는 캄보디아 정부로 넘어갔다. 쁘라삿쁘레아위히어를 포기한 크메르루즈는 역사에서 사라졌다.

이제 빤히 보이는 타이 쪽에 걸친 영토분쟁지로 넘어간다. 쁘라 삿쁘레아위히어 북쪽 끝에서 기껏 몇 발짝 길을 두고 240km나 둘러가야 하니 속에 천불이 난다. 싸울 땐 싸우더라도 평화로울 때만큼은 국경 건널목을 열어두면 참 좋을 텐데 말이다. 전쟁 끝난 지가 9년 넘었는데 아직도 국경 닫고 있는 꼴이 한심하기 짝이 없다.

여긴 두 나라가 통하는 멋진 길도 있다. 1998년 타이 정부가 먼저 쁘라삿쁘레아위히어로 가는 길을 열었고, 2003년 캄보디아 정부도 길을 뚫었다. 오직 문제는 국경 건널목이다. 2008년 국경분쟁이 터지면서 서로 막아버린 게 오늘에 이른다. "국경엔 정치만 있을 뿐 시민이 없다."는 말이 이래서 나왔다.

아세안 회원국끼리 중화기를 동원해 치고받은 유일한 악질 기록까지 세운 타이와 캄보디아, 그 전장 앞에서 시민이 할 수 있는 말이 별로 안 떠오른다. "어쩔 수 없다." 한마디를 남기고 왔던 길을 고스란히 되돌아간다. 내내 국경선을 탓하며. 안롱웽을 거쳐 타이 국경 초암사웅암을 넘어 자정 무렵 깐타랄락Kantharalak에서 고단한 하루를 접는다.

국경선,
꺼지지 않은
분쟁의 불씨

2020년 3월 1~2일
파모이댕Pha Mor E Daeng | 타이
에메랄드트라이앵글Emerald Triangle | 타이-캄보디아-라오스 국경

캄보디아와 국경을 맞댄 시사껫주의 깐타랄락에서 느지막이 아침을 맞는다. 쁘라삿쁘레아위히어에서 안롱웽을 거쳐 타이로 넘어온 지난밤 여정이 만만찮았던 게 피도 나도 푸석한 얼굴에서 드러난다. 타이와 캄보디아 국경 산악을 넘나들며 쉬지 않고 달리긴 했지만, 방콕을 떠난 지 기껏 나흘 만에 우리는 서로 지친 낌새를 눈치챈다.

　23년 전, '아프가니스탄전선 3개월 연속 취재'라는 대기록을 세웠던 우리는 커피 잔을 앞에 놓고 흐르는 세월을 이야기했다. 마음만은 그날에 꽁꽁 묶어두기로 다짐하며.

　깐타랄락에서 지방도 221을 따라 남쪽으로 35km 떨어진 캄보디아 국경 파모이댕으로 간다. 23km 지점, 반품스롤Ban Phum Srol이

라는 작은 마을을 잠깐 둘러본다. 2008~2011년 쁘레아위히어를 놓고 타이와 캄보디아가 싸울 때 피해를 본 마을이다. 아직도 골목 모퉁이마다 콘크리트 벙커가 깔렸다. 개인 벙커를 지닌 집들도 적잖다. 포격을 받아 지붕이 날아갔던 품스롤중학교는 담장을 따라 대형 벙커 열댓을 삥 둘러쳐 얼핏 보면 병영이나 다를 바 없고. 한 해 4,000만 관광객이 드나드는 타이에 이런 벙커로 뒤덮인 마을이 있다는 건 상상하기 어렵겠지만, 실화다.

2011년 2월, 캄보디아 정부군이 120mm 포로 국경에서 12km나 떨어진 이 마을을 때렸던 탓이다. 타이 정부는 '민간인 마을 포격'을 거칠게 타박했고, 캄보디아 정부는 '군사시설 포격'이라고 맞받아치며 한동안 아주 시끄러웠다.

그즈음 타이 언론은 입을 닫았지만 현장 취재를 한 내 눈에는 타이 정부도 책임이 있었다. 마을 앞쪽 한길가, 품스롤중학교 바로 옆에 왓품스롤Wat Phum Srol이라고 타이군이 지원한 절이 하나 있다. 이 절 안뜰에 타이군이 대형 벙커를 만들어 군용시설로 사용했으니 캄보디아군 입장에서는 반품스롤을 민간인 마을로 보지 않았던 셈이다.

여기서 왜 타이군이 굳이 민간인 마을에, 그것도 절 안에다 군사시설을 차렸는지 의문을 달 것까진 없다. 전쟁에서 군대가 시민을 방패로 삼아온 건 어제오늘 일이 아니니까. 게다가 타이군도 포격으로 캄보디아 시민을 살해했고 쁘라삿쁘레아위히어 유적까지 깨트렸으니 피장파장이었다.

전쟁을 업으로 삼는 중무장 군인이 민간인 마을에 몸을 숨기질 않나, 무차별 포격으로 비무장 시민을 살해하질 않나, 해서 내가 이 타이-캄보디아 국경분쟁을 아주 질 낮게 봐왔다. 하기야 질 좋은 전쟁이란 게 이 세상에 없긴 하지만, 아무튼.

사실은 여기도 분단지대다. 반품스롤 사람과 캄보디아 쪽 쁘레아위히어 사람은 모두 크메르인으로 한 핏줄이고 크메르말로 서로 교통해왔다. 정치가, 국경선이 둘을 갈라 원수로 만들어버렸지만.

반품스롤에서 12km쯤 북쪽으로 달려 카오프라위한국립공원 Khao Phra Wiharn National Park으로 접어든다. 프라위한은 타이 사람이 쁘라삿쁘레아위히어를 일컫는 말이다. 이 국립공원 북쪽 끝 날카로운 벼랑이 파모이댕이다. 집체만 한 바위에 '파모이댕'이라 세긴 곳이 전망대이자 타이와 캄보디아를 가르는 국경선이다. 여기서 발아래 내려다보는 동쪽이 캄보디아 대평원이고, 동남쪽으로 언덕을 올려다보면 1km쯤 앞 봉우리 꼭대기가 캄보디아 쪽 당렉산맥의 뽀이따디다. 파모이댕 전망대에서 그 뽀이따디에 앉은 쁘라삿쁘레아위히어의 동쪽 면을 볼 수 있다.

파모이댕과 뽀이따디 사이 언덕 한복판엔 붉은 사암으로 만든 쌍둥이 불탑이 서 있고, 그 한 모퉁이엔 대형 타이 국기가 휘날린다. 여기가 현재 타이군이 점령한 영토분쟁지역이다. 마지막으로 여길 찾았던 2013년과 견줘보면 캄보디아군 진영과 마찬가지로 타이군 진영에도 더 많은 벙커와 군사시설이 들어찼다. 콘크리트 병영에다 대형 통신탑에다 길목마다 친 철조망도 전에 볼 수 없던 풍경이다.

여기 온 김에 타이 군인들과 이야기나 좀 나눠볼까 했더니 국립공원 들머리에서부터 군사지역으로 통하는 길이 아예 막혔다. 전엔 기자증만 보여주면 자유롭게 드나들던 곳인데 이젠 접근조차 할 수 없다. 육중한 바리게이트로 막은 길목엔 초병조차 없는 걸 보니 요즘은 군인들이 들락거릴 때만 길을 열고 닫는 듯.

국립공원 관리자는 "기자가 국경선 안으로 들어가려면 2군 사령부 허가받아 와야 한다."고 으름장 놓는다. 2군 본부가 여기서 300km나 떨어진 나콘랏차시마Nakhon Ratchasima에 있다. 그냥 웃고 만다. 꼭 필요했다면 방콕 육군본부에서 허가받아 오지 2군은 무슨 2군. 우린 군대를 잘 안다. 2군 사령부에 간들 대답은 뻔하다. "취재라면 육군본부 허락받아야 한다." 국립공원 관리자가 도사 앞에 요령 흔든 꼴이다.

이번 여행에서 타이-캄보디아 국경분쟁지 쁘레아위히어를 둘러본 느낌이 아주 꺼림칙하다. 비록 지난 9년 동안 전쟁은 멈췄지만 여전히 국경선을 따라 숨죽인 긴장감이 흐르는 탓이다. 2008~2011년 국경분쟁 때만 해도 두 진영 모두 좀 헐렁해 보였다면 이번엔 아주 꼼꼼한 느낌이 든다. 두 쪽 군사시설을 눈여겨보면 서로 소총이나 똑딱거리지 않겠다는 굳은 의지가 드러난다. 다른 말로 포격전에 대비해 두터운 방어선을 친 매우 살벌한 전선이다. 감도는 이 거북한 기운은 두 진영이 모두 전쟁 준비 끝내고 방콕과 프놈뻰에서 단추 누르기만 기다리는 느낌이랄까. 오랜만에 이 동네를 찾으면서 타이-캄보디아 국경의 평화를 기대했던 내가 어리석었는지도 모르겠다. 여긴 여전히 전선이다.

이제 캄보디아 국경을 낀 타이 동북부 마지막 여정을 좇아 에메랄드트라이앵글로 간다. 파모이댕에서 반품스롤 어귀까지 내려온 뒤, 동쪽으로 향하는 샛길 2248을 타고 오른쪽에 캄보디아 국경을 끼고 달린다. 30km쯤 왔을까, 남여은Nam Yuen에서 커피 한잔으로 숨 돌리고 다시 길을 잡아 나간다. 구석구석 타이를 헤집고 다녔던 나와 피지만 이 동네는 첫길인 데다 이정표마저 없는 외진 골짜기라 애먹는다.

어느덧 해는 뉘엿뉘엿 넘어가고 잠자리가 걱정이다. 하룻밤 묵을 만한 데가 좀체 안 나타난다. 물어물어 나짤루아이Na Chaluai 쪽으로 25km를 더 달려 푸총나요이국립공원Phu Chong Na Yoi National Park 언저리에 자리 잡은 꽁게스트하우스란 곳에 짐을 푼다. 아주 널찍한 마당과 꽃밭이 피곤함을 달래준다. 이부자리도 깨끗하고 따뜻한 물도 나온다. 이런 골짜기에서 더 바랄 게 없다.

먹 감고 튀어나온 저녁 7시 30분, 이미 온 세상이 잠들었다. 게스트하우스 주인장은 20여 개 방갈로가 딸린 이 큰 집을 길손한테 맡긴 채 어디론가 사라져버렸다. 먹을 데도 마실 데도 없는 고립지대다. 암흑천지 나짤루아이 쪽으로 10km쯤 기웃거리며 달린다. 길바닥 국수판을 접는 아주머니를 구슬려 겨우 한 끼 때운다.

"행복하다!" 피가 아는 몇 안 되는 한국말이 터져 나온다. 이렇게 우리는 국수 한 그릇으로 행복함을 서로 나눈다. 닷새 동안 오렌지 몇 알과 달걀 몇 알에다 차 몇 잔으로 때웠던 아프가니스탄 취재 때를 떠올리며.

3월 2일 아침이 밝았다. 7시, 꽁게스트하우스를 떠나 샛길 4121을 따라 무인지대를 달린다. 7시 30분, 나지막한 언덕 너머 팔란스아톤본호수Phalan Suea Thon Bon Lake를 낀 타이군 아누퐁 기지에 닿는다. 총복전투Chong Bok Battle에서 동료를 구하려다 전사한 아누뽕 분야쁘라팁Anupong Bunyaprathip 이름을 딴 작은 병영이다. 여기 진 친이들은 흔히 국경수비대라 부르는 타이군 준군사조직인 타한프란Thahan Phran이다.

이 기지 앞 호숫가에 세운 '총복전쟁터' 표지석으로부터 1.5km쯤 떨어진 왼쪽이 라오스고 오른쪽이 캄보디아다. 여기가 트라이앵글이 맞긴 한데 산에 가려 세 나라 국경선을 한눈에 담을 순 없다.

아, 내친 김에 총복전투부터 좀 살피고 가는 게 좋겠다. 이건 1985년 1월부터 1987년 12월까지 타이군과 베트남군이 치고받은 역사다. 잘 알려지진 않았지만, 인도차이나전사에서 빼놓을 수 없는 전투다. 요즘 타이 사람 가운데도 국경을 안 맞댄 베트남군과 싸운 이 역사를 아는 이가 흔치 않다. 사연은 이렇다. 1978년 12월 25일 캄보디아를 무력 침공한 베트남군이 2주 만에 크메르루즈의 민주깜뿌치어 정부를 몰아냈고, 크메르루즈는 타이 국경지역을 발판 삼아 반베트남 전선을 펼쳤다. 그러자 1979년 10월부터 베트남군이 크메르루즈를 쫓아 타이 국경을 넘나들면서 타이군과 충돌하기 시작했다. 그 과정에 가장 치열한 전투가 벌어졌던 곳이 이 총복전선이다.

애초 이 총복은 쫓겨난 크메르루즈 국방장관 손 센이 베트남군에 맞서 거점을 차린 이른바 '마운틴1001'의 일부였다. 그러나 베트남군이 1984~1985년 건기 대공세 때 마운틴1001을 점령하고부터 총복을 사이에 두고 타이군과 부딪치게 되었다.

그즈음 베트남군은 타이 정부에 맞서 이 일대가 본디 캄보디아 영토라며 총복 점령 합법성을 주장했다. 그러다 1989년 베트남군이 철수한 뒤 타이군이 총복을 점령해 오늘에 이르지만, 여태 캄보디아와 또렷한 국경선을 긋지 못해 실랑이 벌여왔다.

총복전투 이야기 탓에 여기도 거친 전선인가 싶을 텐데, 사실은 빼어나게 아름다운 곳이다. 고즈넉한 산과 호수와 하늘의 어울림이 발길을 붙든다. 호숫가 정자에 앉아 온몸을 정겹게 휘감아 도는 산들바람 맞으며 실눈 뜨고 바라보는 쪽빛 세상, 여긴 무릉도원이다. 도무지 자리를 뜰 수 없다. 피와 나는 그냥 눌러앉아 한없이 호수만 바라본다. 이런 포근함 느낀 게 언제였던가 싶다. 얼마나 지났을까, 등 뒤로 부드러운 소리가 날아든다.

"안녕하세요. 여긴 어떻게?" 이 골짜기를 찾은 이방인이 신기했던지 남편 간병차 왔다는 한 군인 아내가 반갑게 인사를 건넨다.

"여기 온 지 세 달쨌데 사람을 못 봐서."

"저기 군인들도 있는데?"

"아, 저건 그냥 군인이고."

한바탕 웃는 피와 나를 수줍게 바라보며 기지로 되돌아갔던 여인이 10여 분 뒤 커피 두 잔을 들고 다시 나타난다.

"아직 밥 짓기 전이라 아침을 대접할 순 없고 해서. 여긴 좋은 커피 없으니 이거라도. 마신 뒤에 커피 잔은 여기 두고 가세요."

호숫가에 앉아 방금 피와 내가 원했던 오직 하나, 그 커피의 꿈이 저절로 이뤄졌다. 여태 내가 마셔본 인스턴트커피 가운데 가장 감동적이다. 살면서 커피만큼은 까다롭게 굴어온 나였다. 전선이 아니면 인스턴트커피를 거들떠보지도 않았고.

커피 맛은 끓이는 사람 마시는 사람 마음에서 우러난다고 했던가. 한 모금 한 모금 들이켤 때마다 줄어드는 커피를 애달피 여기긴 난생처음이다.

이름도 성도 모르는 스쳐갈 인연에게 커피 한잔을 고이 끓여주는 마음, 참 흔치 않은 경험이다. 이 세상엔 이토록 참한 사람들이 있다. 이 세상은 우리가 살아낼 만큼 충분히 멋진 곳이다.

이 호수와 산과 군인의 아내는 모두 내게 귀한 선물이다. 자리를 뜨기 전 곰곰이 보답을 생각한다. 쥐고 있던 펜을 바라본다. 펜은 내가 존경하는 이들한테 바쳐온 선물이다. 고마운 마음 담은 쪽지에 펜을 꽂아두고 일어난다. 커피 한잔과 펜 한 자루의 만남이 오래도록 좋은 추억거리가 되었으면 하는 바람을 담아서.

아누뿔 기지를 나와 자동차 한 대가 겨우 다닐 만큼 좁은 산길을 따라 20분쯤 달려 총복전투 최대 격전지였던 '500고지'에 오른다.

여긴 군사용 해발고도로 이름 붙인 '631고지'와 '745고지'가 나란히 이어지는 당렉산맥 봉우리 가운데 하나다.

500고지 꼭대기엔 타이 국기가 휘날리고, 그 밑엔 제1보병사단 제2341연대 소속으로 1987년 6월 24일 베트남군과 싸우다 전사한 솜차이 깨워쁘라딧Somchai Kaewopradit 원사를 기리는 비문을 박아두었다. 여기까지는 제법 국경전선 분위기가 난다.

한데 이 비문을 박은 국방색 콘크리트 단상 위에 세운 총천연색 군인 인형 셋을 보면 갑자기 디즈니랜드가 떠오른다. 인형 손에 들린 박격포, 유탄발사기, 소총은 아예 장난감이다. 그 앞에 온갖 알록달록한 색깔로 쓴 방문 환영 글귀는 마치 크리스마스 선전판 같고.

여기를 찾는 이들이라면 총복전투를 알고들 올 텐데 이런 유아원 같은 꾸밈새가 왜 필요할까? 이 깊은 국경 골짜기까지 찾아와서 이런 겉치레에 감동받을 사람이 있을는지? 어딜 가나 공무원이 시민을 너무 낮잡아 보는 게 아닌가 싶다. 정작 중요한 총복전투 역사나 그 의미를 알려주는 안내문 같은 건 어디에도 없고.

500고지 언저리 참호를 따라 수풀 곳곳에 숨어 있는 육중한 콘크리트 벙커들이 한때 여기가 전선이었고, 언젠가 또 전선이 될 곳임을 충분히 보여주는데도 말이다.

아무튼 500고지에 올랐으니 총복전투 속살을 좀 더 훑어보고 가자. 애초 인도차이나 공산당 맹주를 자처한 베트남공산당이 라오스와 캄보디아에 이어 타이까지 해방목표로 삼았던 건 공공연한 비밀이다. 하여 캄보디아를 점령한 베트남군이 크메르루즈를 쫓아 타이 국경을 넘나들자 타이 정부가 격하게 긴장했던 건 말할 나위도 없다. 타이군은 제한적 교전으로 베트남군에 맞서는 한편 베트남군의 국경 무인지대 침범은 못 본 척 흘려 넘겼다. 으레 타이 정부는 언론 통제로 이런 국경 상황을 덮어버렸다. 총복도 그 가운데 하나였다.

그러던 1987년 3월 무렵, 타이 정부가 처음 공식적으로 총복 전투를 공개했다. 그제야 총복에서 1985년 1월부터 타이군과 베트남군이 2년 넘게 참호전을 벌여온 사실이 드러났다. 베트남군은 1,500 병력을 투입해 총복을 점령한 뒤, 참호와 땅굴로 진지를 구축하고 중화기로 타이군을 공격했다. 전술적으로 우세한 베트남군에 맞서 전투기까지 동원한 타이군은 664명 전사자를 내며 고지점령전을 벌였다.

타이군과 베트남군이 서로 승리를 외치는 가운데 1987년 12월까지 이어진 총복전투는 타이-캄보디아 국경에서 벌인 유일한 참호전이자 고지점령전이었다. 그 총복전투에서 가장 치열한 점령전을 치른 곳이 여기 이 500고지였다.

500고지에서 정면 2km 앞, 산악 왼쪽이 라오스의 짬빠삭주 Champasack Province고 오른쪽이 캄보디아 쁘레아위히어주Preah Vihear Province다. 이게 세 나라 국경선이 마주치는 이른바 에메랄드트라이앵글이다. 몇 발짝 거리인데 디딜 수는 없다. 군인들이 길을 막아버려 아쉽게도 500고지에서 내려다볼 수밖에.

이 삼각지대를 관광과 농업 개발 전략지로 삼겠다며 타이, 캄보디아, 라오스 정부가 합동으로 '에메랄드트라이앵글 프로젝트'를 띄웠다. 그게 2000년이었다. 에메랄드트라이앵글이라는 이름이 그렇게 태어났다. 이듬해 그 첫 사업으로 삼각지역에 세 나라가 각각 9홀씩, 총 27홀 갖춘 골프장과 호텔 건설 계획을 내놓았다. 관광산업 주도권 쥔 타이 정부는 개발 투자 비용을 얼마든지 대겠다며 후끈 달아올랐다.

그러나 이내 푸총나요이국립공원을 낀 환경 문제가 불거지면서 시민사회가 거세게 대들었다. 동시에 타이-캄보디아 국경선 문제 같은 정치적 난제가 튀어나왔다. 결국 에메랄드트라이앵글 프로젝트는 2000년대 중반을 지나면서 흐지부지되었다.

현장에 와서 보니 타이 정부가 관광개발에 투자하는 것 같진 않은데, 그렇다고 에메랄드트라이앵글 야망까지 버린 것 같지는 않다. 비록 찾는 이는 아무도 없지만 총복전투 격전지에 간판을 내걸고 에메랄드트라이앵글이란 이름을 달아놓은 걸 보면.

근데, 문제는 길이다. 대중교통이 전혀 없는 데다 이정표마저 없다. 재주껏 찾아오라는 뜻이다. 이건 관광지로 개발은 하고 싶지만 돈은 쓰기 싫다는 희한한 심보다.

여기 진짜 문제는 따로 있다. 환경 문제도, 국경선 문제도 아니다. 바로 지뢰다. 이 동네는 1980년대 베트남군이 깐 지뢰만도 10만 개 웃돈다. 애초 지뢰밭에 세운 에메랄드트라이앵글 프로젝트는 미친 짓이었다. 게다가 지뢰를 걷어내기는커녕 이 프로젝트를 내놓은 2000년에도 정작 타이군은 이 지역에 지뢰를 더 깔았다. 물론 이건 군사비밀이다.

관광객 목숨과 안전을 무시한 이 에메랄드트라이앵글 프로젝트의 불쾌한 증거는 총복에 고스란히 남아 있다. 한길가나 벌판은 말할 것도 없고, 관광객을 환영한다는 대문짝만 한 선전판을 걸어놓은 500고지로 오르는 길에도 나무마다 지뢰경고문이 나붙었다.

타이 국경 가운데도 여기 우본랏차타니주Ubon Rachathani Province가 가장 심각한 지뢰매설지역이고, 또 그 가운데 총복전선을 낀 여기 남여은 쪽이 최악지대다. 전쟁 끝나고 33년이 지났지만 이 지역 지뢰는 20%도 못 걷어냈다. 해마다 많게는 20여 명 웃도는 이들이 지뢰사고 당해온 곳이다. 지난해도 이 동네 지뢰 사정에 밝다는 군인과 마을 사람이 여기서 희생당했다. 바깥에서 온 관광객이라면 어떨까?

500고지를 보라. 지뢰밭 사이에 달랑 외길 하나 내놓고 관광객을 불러왔다. 고약하기 짝이 없다. 관광산업이 아무리 중요한들 이건 아니다. 여기 관광객 발길이 안 닿는 게 그나마 다행이다.

500고지 하산 길에 타이지뢰제거센터(TMAC)를 찾아간다. 500고지에서 남여은 쪽으로 15km쯤 내려온 숲속에 자리 잡은 이 타이지뢰제거센터는 군관민합동조직이다. 한 10여 분 기다렸을까, 지뢰제거작업 현장 책임자인 수텝 생캄Suthep Saengkham 상사가 나타난다.

"지난 2월 8일 꼬랏사건 뒤부터 비상 걸려 아무 말도 못 한다."

무뚝뚝한 수텝은 인사 대신 손사래부터 친다. 꼬랏사건이란 건 한 군인이 꼬랏Korat 버스터미널에서 무차별 발포로 시민 29명을 살해하고 58명에게 총상 입힌 끔찍한 짓이었다.

"비상은 비상이고, 지뢰 상황이야 시민한테 알려줄 수 있지 않나?" "우리도 이런 일은 처음이다. 명령이라 어쩔 수 없다." "지뢰제거뿐 아니라 시민한테 정보를 줘서 사고 막는 것도 이 조직 할 일 아닌가?" "그야 당연하지만…." 이리저리 구슬린 끝에 주뼛거리던 수텝이 조심스레 말문을 연다.

35년째 복무 중이라는 수텝 상사는 1986년 총복전투를 거쳐 10여 년 전부터 지뢰제거반에서 일해왔단다. 그는 "10년쩬데 아직도 지뢰밭에 들어가는 게 무섭다. 탐지기와 방호복에다 온갖 장비를 걸쳐도 속은 타들어간다."며 혀를 찬다.

"여긴 언제쯤 지뢰 다 걷어낼 수 있나?" "아무도 모른다. 내가 죽기 전엔 힘들다." "여기 지뢰 그냥 두고 에메랄드트라이앵글을 관광지로 개발할 수 있나?" 수텝 상사는 말없이 고개만 젓는다. "여기 지뢰가 얼마나 묻혔고, 한 해 희생자는 얼마나?" "미안하다. 방콕 본부에서 허가받아 와야 말해줄 수 있다." "근데, 군인이 저지른 사고로 군대 비상 걸린 것하고 시민한테 지뢰 상황 알려주는 일하고 무슨 관계가 있나? 꼬랏사건이 시민이나 지뢰 때문에 생긴 것도 아닌데?" '허가'란 말이 거슬려 꼬치꼬치 물고 늘어진다. "사실은 외부인 접촉 금지령이다. 외부인과 어떤 이야기도 하지 말라는. 높은 데서 내려온 명령이니 우린 따를 수밖에… 미안하다." 거듭, 거듭 미안해하는 그이 얼굴에도 안타까움이 묻어난다. 하기야 옳든 그르든 군인한테 명령이라는데 어기라고 다그친 꼴이니, 결국 내가 미안할 수밖에. 대화는 여기까지다.

　시민을 위해 일해야 할 군대가, 그것도 시민 희생을 막아야 할 의무를 진 군대가 지뢰 매설도 아닌 제거 상황을 무슨 엄청난 군사 비밀인 양 다루는 꼴이 참 한심하다.

　대체 그 높은 곳에 있는 군인이란 자들 머릿속엔 뭐가 들어 있을까? 30년 동안 전쟁판 취재하고 숱한 군인을 만나왔지만 아직도 풀지 못한 숙제다. 전쟁은 군인이 하고 그 희생은 모조리 시민 몫으로 돌리는 게 군사문화란 걸 겨우 이해했을 뿐.

　이 지뢰밭이 외진 국경이 아니라 방콕이라면 어땠을까? 방콕 사람들이 지뢰 밟아 죽어나가도 못 본 척했을까? 방콕에 박힌 지뢰라면 전쟁 끝나고 33년이 지나도록 내버려뒀을까?

　이게 국경 현실이다. 이게 국경 사람들 삶이다.

　이제 캄보디아 국경을 떠나 라오스로 넘어간다.

　'방콕의 아이'가 '되돌아오지 않을 먼 길 떠나며' 다시 마음을 다잡는다.

　"왜 나는 험한 길, 아무도 찾지 않는 곳을 향해 가는가?"

　국경 일기를 쓰면서 그 답을 찾고 싶다. 끝나지 않을 여행, 그 길 위에서.

지 도 로 보 는 국 경 일 기

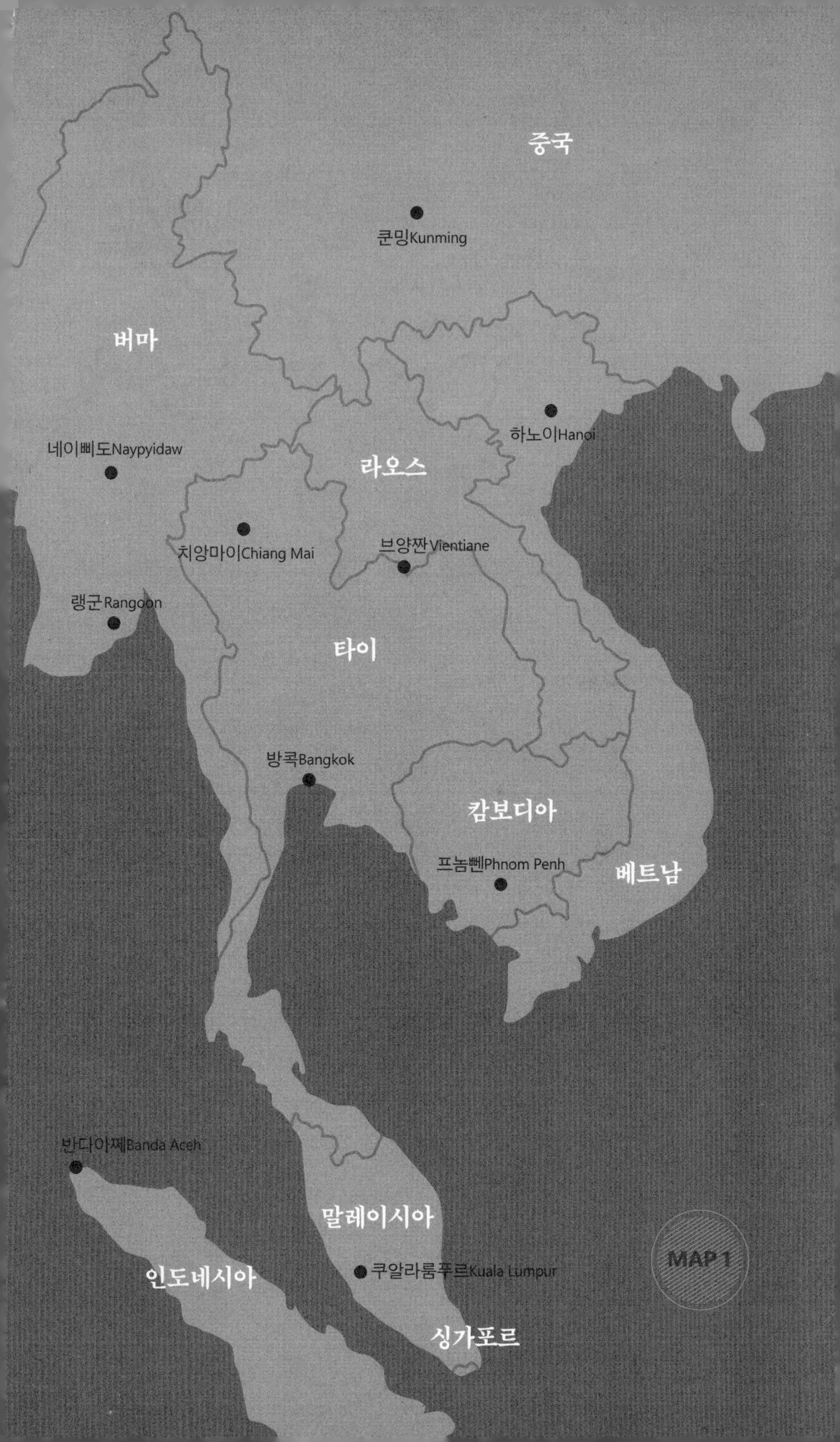

중국

쿤밍Kunming

버마

네이삐도Naypyidaw

하노이Hanoi

라오스

치앙마이Chiang Mai

브앙짠Vientiane

랭군Rangoon

타이

방콕Bangkok

캄보디아

프놈뻰Phnom Penh

베트남

반다아쩨Banda Aceh

말레이시아

쿠알라룸푸르Kuala Lumpur

인도네시아

싱가포르

MAP 1

MAP 2

몽샷
국민당 잔당 본부

버마
샨주

따칠렉

남유
CIA 거점

라오
보께ㅇ

매사이

루악강

매콩강

골든트라이앵글

반파노이-아카
반힌땍

샨연합군 본부

반솝루악

반콴

반도이매살롱
도이매살롱

치앙샌

콘피이롱
후안ㅅ

국민당 잔당 제5군 본부

치앙콩

반노래

타똔

위앙캔

도이ㅍ

반쿰   팡

도이앙캉
탐응읍

치앙라이

도이몬후아이참
반파땅
반후아이쿠

반촘푸
푸지화

국민당 잔당 제3군 본부

아루노타이

타이

치앙다오

파야오

🏠 마을
🔺 산
🔥 전선
🏚 군사기지

치앙마이

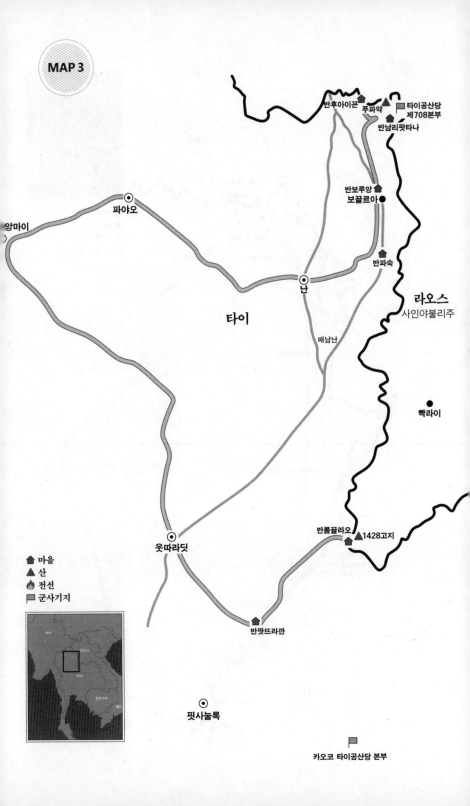

MAP 3

반후아이꼰
푸파약
타이공산당
제708본부
반남리팟타나

반보루앙
보끌르아

반파숙

라오스
사인아불리주

양마이
파야오

난

타이

매남난

빡라이

웃따라딧

반롬끌라오
1428고지

🏠 마을
🔺 산
🔥 전선
🏳 군사기지

핏사눌록

반팟뜨라깐

카오코 타이공산당 본부

MAP 4

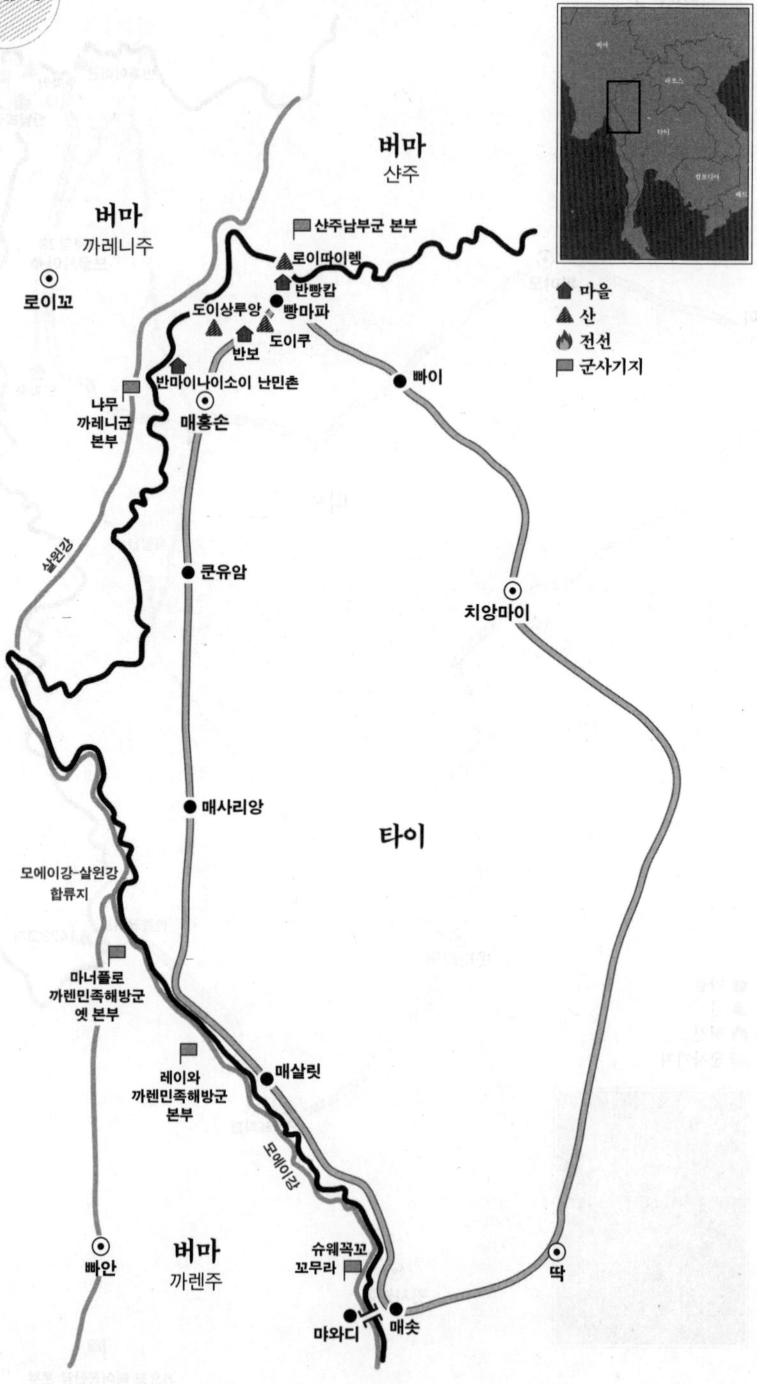

버마
샨주

버마
까레니주

로이꼬

□ 산주남부군 본부
🏴 로이따이렝
🏠 반빵캄
🔺 도이상루앙   빵마파
🔺 반보 🔺 도이루

빠이

□ 나무
까레니군
본부
◉ 매홍손
🏠 반마이나이소이 난민촌

🏠 마을
🔺 산
🔥 전선
□ 군사기지

살윈강

● 쿤유암

◉ 치앙마이

● 매사리앙

타이

모에이강-살윈강
합류지

□ 마너플로
까렌민족해방군
옛 본부

□ 레이와
까렌민족해방군
본부

● 매살릿

모에이강

빠안

버마
까렌주

슈웨꼭꼬
□ 꼬무라
● 먀와디 ✈ 매솟

◉ 딱

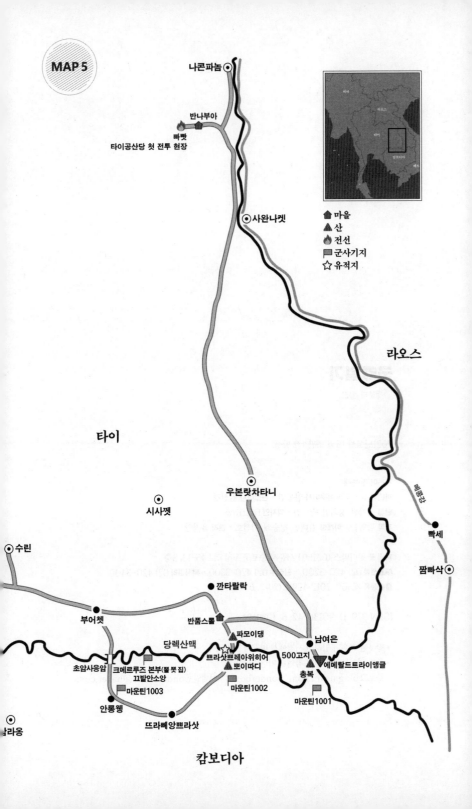

MAP 5

나콘파놈

반나부아
빠뱃
타이공산당 첫 전투 현장

사완나켓

라오스

타이

우본랏차타니

시사껫

빡세

수린

짬빠삭

깐타랄락

부어쳇
반품스룰

파모이댕
당렉산맥
쁘라삿쁘레아위히어
뻐이따디
남여은
500고지
에메랄드트라이앵글
초암사응암
크메르루즈 본부(뿔 뽓 집)
끄발안소앙
총복
마운틴1003
마운틴1002
마운틴1001
안롱웽
뜨라뻬앙쁘라삿

🏠 마을
🏔 산
🔥 전선
⬛ 군사기지
☆ 유적지

캄보디아

국경일기

ⓒ 정문태 2021

2021년 4월 15일 초판 1쇄 발행

지은이 정문태
펴낸이 류지호 · **상무이사** 양동민 · **편집이사** 김선경
편집 이기선, 정회엽, 곽명진 · **디자인** firstrow
제작 김명환 · **마케팅** 김대현, 정승채, 이선호 · **관리** 윤정안

펴낸 곳 원더박스 (03150) 서울시 종로구 우정국로 45-13, 3층
대표전화 02) 420-3200 · **편집부** 02) 420-3300 · **팩시밀리** 02) 420-3400
출판등록 제300-2012-129호 (2012. 6. 27.)

ISBN 979-11-90136-42-6 (03910)

- 잘못된 책은 구입하신 서점에서 바꾸어 드립니다.
- 독자 여러분의 의견과 참여를 기다립니다.
  블로그 blog.naver.com/wonderbox13 · 이메일 wonderbox13@naver.com